U0873651

中国人民大学劳动人事学院**第四代系列教材**

组织行为学

主 编 孙健敏 | 副主编 徐世勇

ORGANIZATIONAL BEHAVIOR

中国人民大学出版社
· 北京 ·

PREFACE

总 序

正值我国改革开放40周年之际，我们迎来了中国人民大学劳动人事学院成立35周年。这套遵循传承、创新理念的中国人民大学“十三五”本科规划教材暨劳动人事学院第四代系列教材正式出版。

35年来，中国人民大学劳动人事学院创设了国内第一个人力资源管理专业、第一个劳动关系专业、第一个劳动经济学博士点；第一次建成国内劳动经济、人力资源管理、社会保障、劳动关系专业最完整的本硕博培养体系等。

35年来，中国人民大学劳动人事学院持续组织编写在劳动学科领域拥有最大影响力的系列教材；持续开展中国就业问题短期研究，发布《中国就业市场景气报告》；持续开展中国人力资源审计研究，发布《中国人力资源法律审计报告》；持续开展中国人力资源职业发展状况追踪调查，发布《中国人力资源职业发展状况调查报告》；持续开展中国企业雇主-雇员匹配数据调查，建设基础性科研数据库；连续举办14届中国人力资源管理新年报告会暨中国人才发展高峰论坛等。

35年来，中国人民大学劳动人事学院首倡发起全球劳动科学学院院长论坛，举办中国劳动科学年会、全球人力资源论坛、中国人力资源服务业博士后学术交流会、中国职业发展论坛、中国助业研讨会、中国新就业论坛等。

“但开风气不为师。”我们高兴地看到，经过几代学人的耕耘，中国人民大学劳动人事学院所倡导的以问题导向、创新导向、实践导向、合作导向为指引的学风，已经成为本学科领域的共识。中国特色社会主义进入新时代，开启了全面建设社会主义现代化国家的新征程，人才培养和学科发展的使命更加重大。党的十九大报告中提出的实施人才强国战略，建设实体经济、科技创新、现代金融、人力资源协同发展的产业体系，在人力资本服务领域培育新增长点，提高就业质量，构建和谐劳动关系，加强社会保障体系建设，建设高素质专业化干部队伍等重大命题，都与我们的学科领域密切相关。与此同时，一场影响深远的变革正在拉开大幕：数字经济时代产生的新就业方式、新组织管理形式、新劳动关系模式等都对传统的研究范式提出了挑战；国家层面实施的供给侧改革、生育政策调整等对劳动力供给、要素市场化配置、社会保障提出了新的调整要求。我们真切地感到：创新已经是新时代所要求的基本方法论，我们必须跟上时代的步伐。学科建设是知识创新的载体。随着开发人力资源、解决民生问题的重要性被提到前所未有的新高度，我们的学科迎来了新的机遇。中国人民大学劳动人事学院下定决心再出发，为发展我国高等教育进行新尝试新探索，践行“劳人之事，成人之美”的新使命，打造“精英型学院、研究型学院、智库型学院、全球型学院、创业型学院、责任型学院、创新型学院”。

“合抱之木，生于毫末；九层之台，起于累土。”我们认识到，课程和教材体系建设尤其是本科教材建设是学科建设的重中之重，直接关系到“为谁培养人、培养什么样的人、怎样培养人”这一根本问题。中国人民大学劳动人事学院具有重视教材建设的优良传统，建院以来的三代教材都影响深远，奠定了本学科的基本框架和教学传授方式。教材建设应当与时俱进，把新的前沿理论、新的研究方法、新的拓展领域等及时囊括进来，体现不断更新的教学理念，适应人才培养的规律。

中国人民大学劳动人事学院从2015年初开始筹划劳动人事学院第四代系列教材的编写工作。在中国人民大学教务处、中国人民大学出版社的指导和帮助下，编委会成员不懈劳作，终于如期奉献出这套全新的系列教材。这套新的系列教材有以下特点：

一是教材编写者虽然仍然全部为中国人民大学劳动人事学院的教师，但是其中有旧雨也有新知。系列教材由资深的名家与中青年学者共同创作完成。他们都对自己的领域有深刻的体认，都有鲜明的学术个性和研究风格。他们在教材中展现出的缜密的逻辑能力和广博的学识素养，能够代表劳动人事学院乃至中国人民大学的学者水平。

二是充分体现我国改革开放40年来的成就和近年来中外学术大交融的成果。这套教材关注中国本土的实践探索，以之为素材，以中国情境为前提，丰富和深化学生对学科专业的认识，尤其体现了学科交叉融合的研究视野，探索将各专业知识融会贯通的教学方式。新增的部分教材使丛书体系更加完备，在科学性、先进性、适用性方面都有新的拓展。

三是更加注意适应本科教学的特殊性。这套教材以本科课堂教学为出发点，在整体编排上注重系统性，在每本教材中注意理论基础性与实践应用性相结合，既奠基铺路、培养兴趣，又为引导学生未来的进阶性学习做好必要准备。教材的编写者都长期活跃在本科教学第一线，在教材的内容和形式上充分考虑教师讲授和学生学习的便利。

我们希望，这套系列教材的出版和使用能够为学科通往成熟之路做好铺垫，培养出更多更优秀的建设者和后备人才。对于教育界同行，我们希望你们不吝赐教，与我们携手为建设具有时代风格、中国品格的劳动科学学科而奋斗；对于新一代学子，我们期待你们能借助这套教材实现梦想，驶入“自由王国”的光明之域，激荡出人生的壮丽图景。

最后，感谢中国人民大学领导、中国人民大学各部处（特别是教务处）、中国人民大学出版社的关心、指导和帮助，感谢每本教材编辑的辛勤劳动。还要感谢各位作者和为教材付出心血的院内同仁。不管留下的脚印是深是浅，所做的工作能否载入汗青，学科的历史终究要由大家继续创造。衷心希望学科的未来能由今天的读者们以更多更好的成果一起创造！

谨以这套系列教材作为中国人民大学劳动人事学院成立35周年的纪念。

杨伟国

中国人民大学劳动人事学院院长

FOREWORD

前 言

企业是人类社会走到近代之后才出现的一种重要现象，它的主要作用体现为对于社会的经济功能。最近几十年来，随着科技的迅猛发展以及经济全球化与一体化的深化，企业之间的竞争日益激烈，新的组织形态不断涌现，“平台型组织”“生态圈”“OKR”等新名词、新概念不断出现。然而，无论如何演化，通过认识人性来预测人的行为依旧是企业进行管理的基本前提，我们坚信这一点不会改变。

由于组织行为学从个体、群体和组织等不同层面来考察人的行为特征，因此它是管理学科中的一个重要科目，也是很多管理类学院给学生设置的重要课程。国内很多学者编写了组织行为学教材，与这些教材相比，本教材的几个特点值得提及。当然，这些特点体现了我们对组织行为学教学的感悟，未必成熟，也未必适合所有的学习情形，权作一家之言。

第一，与我们之前编写的组织行为学教材相比，新增了员工的自主工作行为、职业健康心理两章的内容。我们认为这些领域的研究已经比较成熟，可以支撑教材的内容。

第二，从选材上讲，本教材旨在向学生介绍基本概念与基本理论，对于前沿的研究内容涉及较少。有了这些基本概念和基本理论做基础，学生可进一步学习和深刻理解相关的研究内容。

第三，为了更加贴近中国实践，本教材尽量避免使用国外案例，而是选用发生在中国文化背景下的事例。

第四，在不影响知识准确性的前提下，我们力图使语言表述通俗易懂，减少学生学习中的枯燥感。

本书是团队合作的结晶，很多人参与到本书的写作之中。具体分工如下：徐世勇整理了第 1 章的初稿，李金整理了第 2 章和第 3 章的初稿，孙龙整理了第 4 章的初稿，闻婧整理了第 5 章和第 14 章的初稿，王丹若整理了第 6 章和第 11 章的初稿，陈佳乐整理了第 7 章的初稿，管苾辰整理了第 8 章的初稿，孙慧杰整理了第 9 章的初稿，王媞整理了第 10 章和第 12 章的初稿，边梦琪整理了第 13 章的初稿，孙龙和闻婧整理了全书的学习目标、复习与思考题等内容。孙健敏与徐世勇负责全书的修改、文字润色与定稿等工作。

感谢中国人民大学出版社工商管理分社的诸位编辑，没有他们的辛勤工作，本书不能如此顺利地与读者见面。由于水平所限，书中必有许多不足与疏漏之处，恳请广大读者批评指正！

孙健敏　徐世勇

CONTENTS

目 录

第1章 概论

学习目标

学完本章后，你应该能够：

◎ 理解组织行为学的基本内涵

◎ 了解组织行为学发展历程的各个阶段

◎ 熟悉组织行为学的学科基础

◎ 了解组织行为学的研究方法

引例

管理知识对管理实践有多重要

夏刚和王鹏刚从大学毕业一个月，他俩在本科期间是同班同学，都是管理学专业的。目前，他俩又在同一家大型连锁餐饮企业的分店里找到了销售类工作。

这个企业的销售需要销售员之间的配合，每个员工负责销售的不同环节，如果员工间的合作出现了问题，不同环节的衔接就会受到影响从而危害整个销售。夏刚在这一个月里感觉很不舒服，他与一个同事因为性格不合发生了几次冲突。而王鹏与同事相处得都很融洽，工作也干得风生水起。

你不禁会问，同一个学校、同一个专业毕业的两个人，为什么会有这么大的差距呢？

在大学读书期间，王鹏就认识到管理专业不仅需要实践历练，同时也需要理论学习。因此，王鹏在本科期间读了很多管理类的书籍，考试成绩优异；同时，他还曾经担任校学生会的部长，多次参与组织学校各种社团活动，寒暑假也积极参加社会实践活动。王鹏是个有心人，在活动中很注意把所学的知识应用于学生工作中，这使他的管理能力得到了较大提升。

与王鹏相反，夏刚却认为管理就要靠实践，看很多书没什么用。因此，夏刚在读书时参与了很多实践活动，包括学生社团工作、企业实习等，但是他完全不重视理论知识的学习，有时甚至为了参加社团活动而不上课。因此，夏刚的学习成绩较差，更谈不上把理论与实践结合到一起。

对于管理学专业的学生来讲，组织行为学是一门以研究人为主的基础课程。在学习管理学和组织行为学的过程中，除了要在实践中积累经验，理论知识的积累也非常重要。有了扎实的理论功底，才能在工作中展现出发展潜力。

那么，组织行为学这门课中包含哪些概念和理论？作为一名学生如何把这些知识应用到实践中？这正是本书要解决的问题。

战国末期有一位思想家叫荀子，他曾讨论这样一个问题：人，力不若牛，走不若马，而牛马为用，何也？曰：人能群，彼不能群也。①

现在的问题是，是不是像荀子所说的那样，人多了就会力量大？答案当然是否定的。一支庞大的军队失去秩序后，很容易陷入自相践踏的混乱之中，然后这群乌合之众就沦落为待宰的羊群。

当两个以上的人组成了群体之后，保持人与人之间的协调和配合就显得非常重要，否则就会变成内耗和互相伤害。历史上很多形态的组织（如国家、政府、军队、企业、球队等），都是由于人与人之间的难以协作而失败的。可以毫不夸张地说，管理无处不在。大到一个国家，小到一个机构，甚至一个人都需要进行管理。

组织行为学作为管理学大家庭中的一个重要成员，主要研究的是人，以及如何对人进行管理。通过这门课程的学习，大家可以了解和掌握组织中人的很多行为规律，为今后在企业、政府等部门工作打下良好的理论基础。

在本书的第1章中，你将看到五个方面的内容。第一，组织与管理最基本的内容，这个部分介绍组织与管理的一般知识。如果之前已经研修过“管理学”或“管理学原理”等课程，可以略过这个内容。第二，什么是组织行为学，它对于组织管理的功用是什么。包括涉及哪些话题，这些话题对于促进社会进步、提升组织效率和员工福祉有什么帮助。第三，组织行为学的历史。包括组织行为学产生和发展的社会条件和内在动力是什么，它在当今和可预见的未来面临哪些新问题、新挑战。第四，组织行为学的学科基础。通过这个内容，你可以了解到组织行为学是在哪些基础学科的支持下发展起来的。第五，组织行为学的研究方法。我们将向你介绍组织行为学在回答本学科所面临的问题时采用的一些具体的研究思路和研究手段。

第1节 组织与管理的基础知识

一 组织

任何社会都是一个充满各种各样组织的社会，现代社会更是如此。学校是一个组织，学校里的一个学院是一个组织，村委会是一个组织，政府、工厂、企业、社团等都是组织。组织由一些个体组成，组织有机地组合在一起构成社会。

---

①《荀子·王制篇第九》。

（一）组织的含义

事实上，组织的含义极其多元和复杂。把“组织”用作动词，是指有目的、有系统地把人们集合起来，如组织一场春游活动、组织一场学术报告会、组织一场足球比赛等。把“组织”用作名词，是指按照一定的宗旨和目标建立起来的集合体。本节我们主要解释“组织”作为名词的含义。

在这里，我们将组织定义为：人们为实现一定的目标，运用知识和技能互相协作结合而成的具有一定边界的集体或团体，如党政机关、学校、企业、医院等。组织是社会的细胞和基本单元，是社会运行的基础。

（二）组织的基本特征

我们周围存在各种各样的组织。概括来讲，组织具有四个方面的特征。

第一，组织是由人和群体组成的。这听上去好像不言自明。可是，当我们谈论组织的时候，一般更容易想到的是代表组织的一些象征物，比如建筑物、产品或服务、组织的名字等。实际上，所有这些都不是组织的根本特征，组织的根本特征是人。正是由于人的存在，才使组织具有了生命的意义。我们不会把一个没有人在其中工作的楼房称为组织，也不会把一个只有机器和设备而没有人的空间称为企业。

第二，组织有自己的目标。当一项任务仅靠一个人无法完成时，组织就出现了。所以，组织的存在一定是为了某个目标的实现。企业的存在是为了向顾客提供产品或服务，学校的存在是为了向人们提供教育，医院的存在是为了给人们提供医疗服务。所以，组织目标是组织的第二个重要特征。

第三，组织通过专业分工和协调合作来实现目标。组织之所以存在是因为个人不能完成所有的活动和功能，而这些活动和功能对于实现其目标又是必需的。为了完成这些功能或活动，组织中的每个人都要在实现复杂目标的过程中承担一部分工作或任务。一旦工作被分割开来，每个人就在做自己专业化的工作。同时，专业分工也需要合作，否则就难以达成组织目标。因此，组织还需要一定的方法来协调成员的专业活动。

第四，组织是一个半开半闭的系统，必须与外部环境进行交流。一个组织不能存在于真空中，而是要与周围所处的环境进行物质和能量的交换。如图1-1所示，组织与环

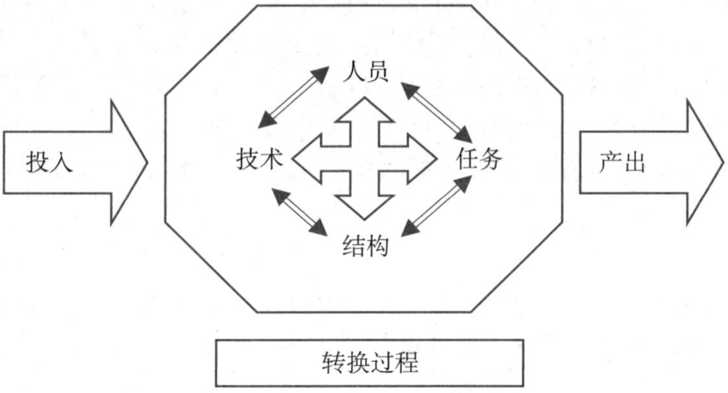

图1-1 组织与环境的关系

境间的交互作用主要体现为以下两个方面。首先，一个组织要从环境中获得资源，例如资金、劳动力、原材料等。如果一个组织不能吸引优秀人才，就不可能存在下去，如果一个组织无法获得必需的原材料或必要的资金，也就无法为社会提供产品或服务。其次，组织要为环境提供产出，无论产品还是服务，都需要有购买者。如果提供的产品或服务没有需求者，组织也就失去了存在的价值。组织的作用就在于通过转换投入和产出的关系或形态实现目标。

二 管理

（一）什么是管理

管理的实践同人类历史一样悠久。但真正对管理进行科学系统的研究，发端于现代的西方社会。

目前大多数学者认为，管理是计划、组织、指挥、协调与控制组织内的人、财、物等资源以达到组织所要达到目的的过程。彼德·德鲁克认为，管理是经由他人的劳动，以完成工作目标的一系列活动。哈罗德·孔茨认为，管理就是设计和保持一种良好的环境，使人在群体里高效率地完成既定的目标。

我国学者孙健敏（1998）对管理的定义是：管理就是由一个或多个人来协调其他人的活动，以便收到个人单独活动所不能收到的效果而进行的各种活动。这个定义有三个要点。第一，管理工作的中心是管理其他人的活动，管理工作的主要目的是通过其他人的活动来收到工作效果。第二，管理工作是通过协调其他人的活动来进行的。第三，管理人员必须同时考虑两个问题，即其他人的活动与其他人。

总而言之，管理工作不是自己去完成工作任务，而是让别人去完成工作任务。管理的艺术和技术就在于如何让别人工作。

（二）管理的功能

传统观点认为，管理的功能主要表现在五个方面：计划、组织、指挥、协调、控制。现代观点一般把管理的功能归纳为四个方面：计划、组织、领导、控制。

1. 计划

计划是对未来状况进行选择和设计的过程，它可以帮助组织界定目标以及达成目标的手段和方法。其必要性有三：第一，计划可以使管理者确认为了达成某种目标，如利润、市场占有率等，公司在资源上所受到的限制。第二，计划可以使管理者知道什么活动才符合公司的既定目标，确定评价一项工作好坏的标准。第三，计划可以使管理者衡量和把握工作过程是否朝着目标迈进，进展程度如何，借以采取适当的纠正和控制措施。

2. 组织①

管理者一旦做出计划、设定目标，就必须着手设计并发展出一套能够成功实现计划并达成目标的结构。组织就是建立这种结构的一系列程序，包括部门设置、工作描述、

① 此处我们使用的是“组织”的动词含义。

工作流程设计等。良好的组织使管理者得以有效地调配和使用各种资源，而这种有效地获得并使用资源的能力，常常是一个组织能否成功的关键。

3. 领导

做出计划、建立组织之后，还必须有人来领导组织内的成员，以确保每个人的行动都朝着实现组织目标的方向努力。我们把领导放在计划和组织之后讨论，但是实际上在计划和组织的过程中领导就已经开始了，领导的有效性在很大程度上决定了组织的有效性。有效的领导会通过沟通和激励的方式保证组织有效运行。

4. 控制

广义地讲，一个人、一个组织或团体有意识地去影响其他人或组织的过程就是控制。这里所说的控制，主要是讲组织实现预定目标的过程中采取各种措施，以保证组织中各部门和各人的工作有利于组织目标的实现。借助控制功能，管理者可以衡量组织的业绩和工作表现，判断当前状态与理想状态的差距，从而采取有效的纠正措施，保证工作的有效性。领导意味着激励别人，而控制意味着指导和督促别人。

第 2 节　组织行为学的含义与作用

前面我们讨论了组织与管理的基本概念。由于是“通过”别人来实现预定的目标，因此，管理的核心是对人的管理。这是当前国内外理论界和实务界的共识。就企业管理而言，生产、开发、销售、财务、仓储、物流的管理都是十分重要的，任何一个环节都不容许出问题。但是，这些环节都是由人来实现和完成的。因此，归根到底还是对人的管理。

现在国内很多企业提倡人本管理、人性化管理，但究竟人性是什么，以人为本是什么意思，这些问题都是有志于学习管理学的人应该了解的，也正是组织行为学试图回答的。

一　什么是组织行为学

组织行为学（organizational behavior，OB）作为管理学的一个重要分支，主要是告诉我们组织环境中人的行为规律，特别关注在企业里员工的行为特点。国内外有很多学者都曾对组织行为学这个概念提出了自己的定义。其中，罗宾斯编写的组织行为学教材在国内影响较大，他认为：“组织行为学是一个研究领域，它研究个体、群体以及结构对组织内部行为的影响规律，以便应用这些知识来提高组织的效能。”除了罗宾斯，还有很多学者都曾经给出组织行为学的定义，大致列举如下。

威廉·迪尔认为：“组织行为学是一门应用社会科学，研究工作组织中个人、团体和组织的行为问题。”

安德鲁·J. 杜布林认为：“组织行为学是系统研究组织环境中所有成员的行为，以成员个人、群体、整个组织及其外部环境的相互作用所形成的行为作为研究对象的一门科学。”

乔·凯利对组织行为学的定义是：“组织行为学是对组织的性质进行系统的研究：

组织是怎样产生、成长和发展的，它怎样对各个成员、组成这些组织的群体、其他组织以及更大的机构发生作用。”

约翰·W. 纽斯特罗姆的定义是：“组织行为学是一门研究人——个体和群体在组织中的行为知识并加以应用的学科。它致力于寻找人的更有效的行为方式。”

除了国外学者，国内一些学者也对组织行为学进行了定义。

徐联仓等人对组织行为学的定义是：“组织行为学是依据实证科学的分析方法，综合运用心理学、社会学、人类学、政治学等学科的有关知识，系统地研究各种组织中人的心理和行为的科学。”

孙健敏、李原认为，组织行为学是“对组织中人的行为的系统研究”。

余凯成对组织行为学的定义是：“组织行为学是系统研究组织环境中人的行为表现及其规律的学科。”

张德提出的定义是：“组织行为学是研究组织中人的心理和行为表现及其规律，提高管理人员预测、引导和控制人的行为的能力，以实现组织既定目标的科学。”

陈国权对于组织行为学的定义是：“组织行为学是依据实证科学的研究方法，综合运用有关学科（包括心理学、社会学、人类学、政治学、工程学、信息和系统科学等）的知识，系统地研究由人组成的各种组织在个体、群体和组织层次上的行为，以达到组织所期望目标的学科。”

张兰霞提出的定义是：“组织行为学是运用系统分析的方法，研究工作组织中人的心理和行为规律，从而预测、引导和控制人的行为，以实现组织既定目标的科学。”

上面列举了组织行为学的很多定义，看上去表达各异。其实，稍加分析你就会发现，这些定义归纳起来主要包括三个方面的含义。

第一，组织行为学是一门应用性很强的学科，它不像哲学、数学、物理等学科那样具有理论性和基础性。组织行为学的大多数观点是在社会学、心理学、系统科学、政治学等学科的基础上发展起来的。直白地讲，组织行为学是站在社会学、心理学和政治学等这些“巨人”的肩膀上才发展起来的。比如，“工作满意度”这个组织行为学中的概念就与社会心理学中“态度”这个概念有着千丝万缕的联系，我们可以直观地将工作满意度理解为员工对自己所从事工作的满意程度（这个满意程度也就是“态度”）。

第二，组织行为学研究的是组织中人的心理和行为规律。在这里，人不仅指个体（也就是一个人），还指群体（也就是一群人）和组织（也就是由很多人组成的机构）。同时，组织行为学也关注特定组织成员的心理和行为，如工厂中的工人和车间主任、商店中的店员和店长、学校中的教师和行政领导、政府中的公务员、军队中的士兵，以及医院中的护士和医生等。

第三，研究组织行为学的目的是要提高我们预测、引导和控制人的行为的能力，以实现组织既定的目标。组织行为学是应用性的学科，主要的目的是把研究所获得的知识运用到实践中。因此，不论我们是研究个体行为、群体行为还是研究组织设计、管理伦理、工作压力，最终都是要为管理工作服务。组织类型不同、所处环境不同、所处发展阶段不同，组织所需要解决的问题也是不同的。管理者学习和研究组织行为学的目的就是要解决一个又一个特定的问题，实现不同情境下的组织目标。

二 组织行为学的研究内容

组织行为学是一门系统地研究组织中人的行为和心理规律的学科，其中组织行为包含个体、群体和组织三个层次。

（一）个体行为

个体行为（behavior of individual）是指处于组织环境中的个人的所作所为。显而易见，一个劳动者是带着自己的特点进入组织的。不同员工在年龄、性别、基本能力、人格特质、价值观和态度等方面都是不同的，这些差别影响着员工在工作中的行为。同时，这些特点又会在组织的长期工作和学习中得到发展或者改变，进而对员工的行为产生影响。这就像在刚组成的一个班级里，每个同学的性格特点都不一样，但是随着时间的推移，很多同学的性格特点会受到班级中其他同学或者班规的影响而发生一些改变。

组织行为学研究个体层面的行为规律，目的在于对个体的行为进行引导和控制，激发个体的工作潜能，使之符合组织目标。其中具体的内容包括员工的气质、性格和能力对其工作效率的影响；员工的知觉、归因、工作态度、工作动力和价值观与其工作效率的关系等。

（二）群体行为

群体行为（behavior of group）是指由个体构成的群体作为一个整体表现出来的行为，包括群体中的人际互动行为（如沟通、谈判与冲突处理）、群体压力导致的从众行为等。组织中的人们总是处在一定的关系之中，这些关系表现出不同程度的远近亲疏。个体、群体、组织是一个不可分割的统一体，如果把组织看成一个系统，那么群体便是构成这个系统的子系统。要有效地达到管理目标，就必须研究群体心理与行为，包括群体心理的特征、群体的凝聚力、群体的合作与竞争、群体的冲突与沟通以及群体中的人际关系等。

（三）组织行为

组织行为（behavior of organization）是指由个体和团队构成的组织整体所表现出来的行为，包括组织中的信息流动、组织发展、组织变革、组织文化和领导行为等。

三 组织行为学对企业和个人有什么用

管理两个人的小店和管理两万人的大型企业比起来，其难度的差别之大不言而喻。因此，一般而言，组织中的人越多，对这些人的管理工作就越复杂。尤其是在当今，随着组织系统日益复杂，管理思想在现代社会中发挥的作用自然也越来越重要。

组织行为学作为一门研究组织中个体、群体、组织的行为特点和规律的学科，能帮助人们更好地管理各个层次的行为，进而达成组织的目标。大致来讲，组织行为学在现代管理中发挥的作用主要体现在如下几个方面。

第一，提高组织运行效率，缓解经济压力。众所周知，最近中国的经济发展呈现出放缓的趋势，这无疑给企业的发展带来较大的不利影响。加强管理、提高运行效率可以作为企业应对当前困境、进行转型升级的重要选择。事实上，良好的员工管理无论在形势艰难还是在形势良好时都很困难——如果不是更难的话。但组织行为学方法有时是不同的。在繁荣时期，对于如何奖励和留住员工等问题的了解更为重要。在艰难时期，对于压力、决策和应对等问题的了解更为重要。

第二，帮助推进“一带一路”建设和“走出去”倡议。随着中国经济的发展，很多中国企业积极制定走出去到海外发展的战略。国家和政府也适时提出了“一带一路”建设的构想，积极推进与国际社会的交流与合作。作为一名管理者，你会发现自己有可能承担海外的工作任务，有可能被调到国外的分公司或合资企业工作。一旦到了那里，你就不得不管理一群来自异域文化的员工，他们在需求、爱好和态度方面与你在国内管理的员工完全不同。为了与这些人有效地共事，你就必须弄清并理解文化环境、宗教信仰如何塑造了这些人，学会调整管理风格以适应这些差异。

第三，改善客户服务，提升客户价值。现在，很多管理者都意识到，企业必须为其客户提供服务，提升客户价值是一家企业能够存在下去的核心理由。很多企业之所以失败，原因就在于其员工难以令客户满意。因此，管理层需要建立一种回应客户需要的文化。而组织行为学可以提供大量指导原则，帮助管理者建立这样一种文化。在这种文化中，员工友好且礼貌、亲切可接近、知识面广、对客户的需要迅速做出反应并愿意去做那些令客户满意的工作。

第四，开发员工的潜能。在古典管理时期，资金、技术、设备在生产中占据重要的地位，所以管理者把管理重心放在充分利用这些生产要素上，忽略了劳动者这个因素对生产效率的重要影响，因此，对人的研究不重视。但现代社会的资金存量、设备都较充足，企业之间的竞争主要是技术的竞争，而这种竞争的本质是人才的争夺。所以，人的积极性与创造性成为组织兴衰成败的关键。组织行为学考虑到了这种变化，致力于了解员工的行为规范，激发人的积极性、主动性和创造性，从而帮助组织实现目标。

第五，提高员工的满意度和幸福感。一个浅显的道理是，世界的一切事物都可以辩证看待。在企业中，没有了雇员，就不会存在雇主；同样，没有了雇主，也就谈不上雇员。因此在组织运行过程中，组织的所有者不仅要保证自己目标的实现，如不断提高组织绩效等，同时要为员工创造条件，使员工乐于在本组织中工作。组织行为学的一个重要作用是在关注如何提高员工工作绩效的同时，帮助组织提升员工的满意度和幸福感。

特别是在以“创新”和“人本”为主旋律的今天，关注员工的心理状态已经成为一个不可阻挡的大趋势。员工在组织中的人际关系与凝聚力不但对组织的生产效率有着重要影响，也会对员工的身心健康产生重要影响。通过对组织行为学的研究，可以更好地改善人际关系，增加员工的福祉。

如今，员工日益感到，工作正在挤压自己的个人生活，他们因此很不快乐。研究表明，员工希望在工作中得到灵活的时间安排，以便更好地处理工作与生活的冲突。除了工作，他们还需要生活。无法帮助员工实现工作与生活平衡的组织会发现，它们越来越难以吸引并留住绝大多数有能力和有积极性的员工。

在后面几章你会看到，组织行为学会提供大量建议来指导管理者设计工作场所和工作岗位，帮助员工处理工作与生活的冲突。

第六，提高领导水平。大家都知道，我们的身体是一个完整的机体，不论哪个器官出了问题，哪怕这个器官看上去不那么重要，都会让我们难受。例如，阑尾对人体来讲并不重要，但如果阑尾发炎，则会让人痛不欲生。类似地，组织就像人的机体一样，也一个完整的系统。组织的正常运行也需要各个方面很好地协调，而在组织的协调中发挥决定作用的就是领导者。领导者的影响力与权威是领导决策得以实施的关键。组织行为学从领导者的影响力与领导者的行为角度研究高效的领导应具有的行为，为组织内的领导行为提供借鉴。

另外，组织行为学的相关理论在改善领导者和被领导者的关系方面也发挥着积极作用。比如，一方面组织中的员工是异质的，具有独特性；另一方面组织中不同岗位的员工要具备不同的技能，充当不同的角色。通过组织行为学的研究可以更好地帮助管理者认识工作的性质以及对人的要求，知人善任，使员工和岗位合理匹配。

第七，推动组织变革和组织发展。每个人的一生都要经历出生、婴儿、幼儿、少年、青年、中年、老年和死亡等几个阶段。这是自然规律，任何人都不能违背。类似地，任何一个组织通常也不会永远存在下去，会随着社会环境的变化而发展、变化甚至消亡。组织行为学的一个重要任务就是研究组织在不同阶段所遇到的主要问题，并提出相应的对策与措施。这些研究可以使领导者更好地理解组织生存与发展的动力，从而使组织更好地适应周围的环境。

第 3 节　组织行为学的历史与未来

奥立弗·温德尔·赫尔姆斯说：“当想知道今天正在发生什么或者想确定明天将会发生什么时，我向后看。”通过回顾组织行为学的历史，我们可以更深入地了解这个领域的发展过程，比如：管理者是如何将规章制度强加于员工的？为什么组织中的许多工人在生产线上从事标准化和重复性的工作？为什么近年来一些组织用以团队为基础的工作单元取代了生产线？本节首先将向你介绍组织行为学理论和实践的演化历程。

一　组织行为学在西方的发展历程

组织行为学的产生和发展过程充分体现了“存在决定意识”的基本道理。18 世纪 60 年代工业革命之后，西方社会分工越来越细，几百人甚至是上万人的大工厂开始大量出现。如何将这些人组织起来进行高效率的大规模社会化生产，就成为摆在人们面前的一个重大难题。组织行为学就是在这样的大背景下，因应了社会的需要而迅速发展起来的一门学科。

我国长期处于农业文明的历史环境中，工业化进程滞后于西方，社会在很长时间内没有发展组织行为学研究的客观需要。因此可以这样说，现代组织行为学是伴随着西方的工业文明发展起来的。大致来看，组织行为学的发展过程可以分为以下几个阶段。

（一）思想启蒙阶段

组织行为学成为一门独立学科的历史并不久远。然而，在组织行为学真正出现之前，人类在思想和实践上进行了不懈的探索。其中，有三位学者在思想方面尤为重要，对于组织行为学发展方向和界限的形成产生了重要的影响：亚当·斯密、查尔斯·巴比奇、罗伯特·欧文。

亚当·斯密（1723—1790）可以算作经济学的开创者，这更多是由于他对古典经济学说的贡献。他在 1776 年出版的《国富论》堪称古典经济学的经典之作。在这部著作中，他提出并论述了一个精彩的观点：组织和社会将从劳动分工中获得经济优势。斯密以针的制造为例指出：10 个工人如果每人分担 1 项具体任务，每天能生产 48 000 根针。但如果这 10 个工人各自为政，每个工人都做抽丝、拉直、剪断、敲针头、磨针尖、焊接针头和针柄这些活的话，那么每天每人能生产 10 根针就已经很幸运了。

斯密总结说：（1）劳动分工提高了工人的技能和技术熟练程度；（2）劳动分工节省了通常由于变换工作而损耗的时间；（3）劳动分工有利于创造出种种节省劳动耗费的办法和机器，从而提高生产率。毫无疑问，亚当·斯密 200 多年前关于劳动分工产生经济优势的学说，促进了 20 世纪以来生产过程中生产线的广泛应用和发展，也间接影响了对工人的管理方式。

查尔斯·巴比奇（1792—1871）是英国的一位数学教授，他在斯密学说的基础上进一步补充了劳动分工的优点。在其 1832 年出版的著作《论机器和制造业的经济》中，巴比奇对斯密关于劳动分工的一系列优势做了补充，包括：（1）减少了熟悉工作所需的时间；（2）降低了在学习阶段的劳动耗费；（3）有助于高技术水平的实现；（4）促进了工人的技术、体力与具体工作任务更细致的搭配。

罗伯特·欧文（1771—1858）是威尔士的一位企业家，18 岁时就拥有了自己的第一家工厂。他之所以在组织行为学的历史上很重要，是因为他是第一位承认工厂制度会损害工人利益的企业家。欧文对他在工厂中目睹的残酷现实很反感，例如，雇用童工（多数在 10 岁以下）、13 小时工作日、悲惨的工作环境等。他指责那些重设备、轻雇员的工厂主，批评他们买了最好的机器却雇用最廉价的劳动力来操作，警告工厂主要对他们“最重要的机器——工人”给予极大的关注，就像对待他们的实物机器一样。欧文认为在改善劳动条件方面花钱，是企业经营人员所能做的一项最佳投资。他声称，关注雇员对企业经营是有利的，同时会减轻人们的不幸。

在那个年代，欧文是一个理想主义者。他倡导的是一个可以减轻工人阶级苦难的乌托邦式的工作场所。1825 年，他主张制定工作时间法、童工保护法，提倡公共教育、工作餐、企业参与社区规划，这比他所处的年代超前了 100 多年。

（二）古典管理阶段

我们都知道，英国在 18 世纪 60 年代（当时我国处于清朝的乾隆盛世时期）开始了后世所称的第一次工业革命的进程。特别是在 1765 年，英国工程师瓦特改良的蒸汽机开始投入到生产中，这大大推动了机器的普及和发展。工业革命使得人类开始从手工业向机器大生产转变，整个社会的生产力获得了突飞猛进的发展。率先完成工业革命的英国也因此很快成为世界上的“日不落帝国”。

到 19 世纪末 20 世纪初，机器大生产日益普及，人数众多的工厂开始大规模出现。为了实现对这些工厂的有效管理，管理开始真正形成一门科学。在这个时期，出现了两个理论流派——科学管理理论和经典组织理论。科学管理理论最主要的代表人物当推美国人泰勒。

泰勒认为，管理的根本目的是谋求最高工作效率，而最高工作效率是雇主和雇员达到共同富裕的基础。在数十年的研究与实践中，泰勒提出了一整套科学管理的方法，如劳动定额、工时定额、工作流程图、计件工资制等。泰勒所倡导的科学管理方法用讲究效率、技术和方法的管理来代替凭个人经验办事的管理。例如，在他主导下进行的“铁锹试验”使得工作效率提高了3倍。由于泰勒所做出的卓越贡献，他被奉为科学管理的创始人，被后世誉为“科学管理之父”。

以泰勒为代表的一批管理研究者（如吉尔布雷斯夫妇）成功地运用精确调查研究和科学实验方法创造、发展了一系列提高劳动生产率的技术和方法，这使得管理理论研究走上了科学的轨道，成为管理学诞生的标志。泰勒及其同道所提出的管理理论也被称为科学管理理论。

除了以泰勒为代表的科学管理理论，同时代的一些学者还提出了经典组织理论。经典组织理论的代表人物包括法国学者亨利·法约尔和德国学者马克斯·韦伯等。

法约尔（1841—1925）出生在法国一个资产阶级家庭，他几乎与泰勒同时著书立说，但当时他的著作一直被泰勒的著作掩盖。1916年，法约尔出版了以他作为高层管理者的经验为基础的管理巨著——《工业管理与一般管理》。该书把管理分为5个环节，管理者所执行的也就是这5个环节的职能：计划、组织、指挥、协调、控制。直至今日，这5个管理环节和职能仍然是学者和管理者研究管理的基本过程及职能的基础，几乎所有管理学教材仍然使用这5项职能作为描述管理者工作的基本框架。从这一点看，法约尔被尊称为“管理理论之父”是当之无愧的。

此外，法约尔还把管理实践描述为与会计、金融、生产、分配以及其他通常的商业活动相区别的事物。他认为，管理活动存在于企业和政府，在家庭中也司空见惯。后来，他进一步归纳了14条管理原则，这些原则在大学中被广泛传授。

（1）工作分工：这项原则与亚当·斯密的劳动分工原理类似。专业化通过提高员工的工作效率来增加产量。

（2）职权：管理者必须善于发布命令。职权给了他们发号施令的权力，但与职权相伴的是责任。一旦使用职权，责任就随之产生。

（3）纪律：员工必须服从和尊重组织的规章制度，管理者和员工对组织的规章制度必须有清晰的理解。组织必须对违反规章制度者进行有效的处罚。

（4）统一指挥：每个员工只应接受一个上级的指挥。

（5）统一指导：对于指向同一目标的组织活动，只能有一个管理者、一个计划。

（6）个人利益服从整体利益：任何一个员工或员工群体的利益都不能超越作为整体的组织利益。

（7）员工报酬：必须改进员工的工作并给予公平的薪资待遇。

（8）集权：集权是指下属参与决策的程度。决策是集权（对管理者而言）还是分权（对下属而言）是一个比例的选择问题。关键在于寻求每一情境下的最佳集权程度。

（9）等级链：等级链是指从最高层到最低层的职权层次。沟通必须遵循这一链条。但是，如果遵循该等级链条引起了迟滞，在各方同意和上级知悉的条件下可以进行交叉沟通。

（10）秩序：人员和物料在恰当的时间应该处在相应的位置。

（11）公正（平等）：管理者应对下属保持善意和公平。

（12）人员任期的稳定：高人员流动率会造成低效率。管理者应该制定有序的人事计划，确保当职位出现空缺时，能找到替代者。

（13）主动性：在被允许参与制定和执行计划时，员工会很努力地去完成工作。

（14）团队精神：宣传团队精神将会在组织中建立和谐与统一。

后来的管理理论家对此虽有些修改，但从本质上讲都脱离不了这 14 条管理原则的精髓和内涵。

法约尔还扩展了“原则”这个概念的内涵：“……我在使用（原则）时丝毫不愿意把它同死板联系在一起，因为在管理事务中没有任何东西是一成不变的，或者是绝对的，这完全是一个做事要恰到好处的问题。我们很少把同一原则重复运用于类似的情况；必须考虑到不同的和各种变化的情况……作为管理者，首先要清楚地知道应该如何使用这些原则。这是一种需要智力、经验、决断和协调能力的复杂而有相当难度的艺术。”

社会学家马克斯·韦伯（1864—1920）出生在德国一个有着广泛社会和政治联系的富裕家庭，他是一位博学的知识分子，对社会学、宗教、经济学和政治学都有广泛的兴趣。与泰勒关注车间层面的管理、法约尔把重点放在一般管理职能上不同，韦伯提出的是职权结构理论。该理论试图为权力建立一个合理合法的基础，并且为挑选人员和进行各种活动做出有秩序的安排。韦伯将组织活动描述为建立在职权关系基础上的活动，是从结构化的角度看管理和组织活动的首创者。

被韦伯称为官僚模型的理想组织结构有如下几个特点：（1）工作专门化：将工作分解成各种简单、日常、详细界定的任务；（2）职权等级：职务和职位都是以等级来组织的，每个低等级的职位都受高一级职位的监督和控制；（3）正式的规章和制度：为了确保一致性和调节员工的行为，管理者必须主要依靠正式的规章和制度；（4）非人格化的人际关系：运用规章和制度时必须一视同仁，要避免人格和个人偏好的介入；（5）正式挑选：所有的组织成员都在具备技术资格的基础上被挑选，这一技术资格为培训、教育、正规考试所证明；（6）职业定向：管理者与其说是他们所管理单位的所有者，不如说是职业官员。他们为固定的薪酬而工作，在组织内寻求自己的事业。

韦伯承认这种理想的官僚模型在现实生活中并不存在，但是它代表了一种对现实世界选择性的重组，在大型组织中，可以作为对工作以及如何完成工作进行推理的基础。因此，韦伯的理论成为大型组织的设计原型。

看了以上的介绍，你可能会比较困惑：科学管理理论和经典组织理论有什么相同和不同的地方？

二者的不同之处在于：科学管理理论侧重劳动管理，也就是对员工劳动效率的管理；而经典组织理论侧重组织管理，也就是员工与员工之间、企业与企业之间的分工协作。

二者的相同之处在于：它们都假定人是理性和考虑经济的（理性人或经济人假设），都没有考虑组织中人的心理、个性与情感。科学管理理论过分重视“机械”的效率观念，不考虑员工的社会性本质，把员工的价值视为同机器一样，完全忽视了员工的主观能动性及理想、感情和尊严。类似地，经典组织理论所描述的组织具有“理性组织”的特点，强调稳定、严格、精确、有序，这与“人具有个性与情感”的基本事实存在严重冲突。因此，我们不妨说，在这个阶段现代意义上的组织行为学的理念和思想还没有出现，但由于这两种理论存在的共同缺陷严重制约了组织效率和员工福祉的提高，因此组织行为学的思想呼之欲出。

在古典管理理论过渡到组织行为学之前，玛丽·派克·福莱特和切斯特·巴纳德这两位学者的贡献不容忽视。他们认识到了人是每一个组织中的核心，是具有社会性的动物，而这恰恰是之前的学者所忽视的。

玛丽·派克·福莱特（1868—1933）出生在美国波士顿，并从她的祖父和父亲那里继承了一笔相当可观的遗产。她在塞耶学院接受了早期教育，然后在哈佛大学安内克斯学院（后改名为拉德克利夫学院）继续其学业，随后到英国剑桥大学纽汉姆学院深造。《众议院里的发言人》一书的出版树立了她作为一位政治哲学家和学者的声望并将她引入到波士顿的知识界。福莱特在哲学和政治学领域受过训练，对职业指导、成人教育和正在兴起的社会心理学感兴趣。福莱特既把泰勒的很多思想予以概括化，又预测到霍桑实验的许多结论，从而成为这两个时代之间的一个联系环节。

福莱特是最早承认应该从个体和群体行为两个角度来看待组织的学者之一。作为一位社会哲学家，她提倡以人为本的观点，认为组织应建立在团体道德而不是个人主义的基础之上；个人潜力除非在群体交往中得以释放，否则依然是个人潜力，管理者的工作就是协调群体、努力激发个人潜力；管理人员与员工应将对方视为合作伙伴——双方都是共同群体中的一个组成部分；管理者领导下属，不仅要依靠正式职权，更要依靠他们的专业技能和知识；等等。在科学管理占据支配地位的背景下，福莱特的思想具有转折性的意义。福莱特的人本主义观点影响了今天我们看待激励、领导行为、权力和职权的方式。

切斯特·巴纳德（1886—1961）出生在美国马萨诸塞州马尔登，由于他对组织的性质和目的有独到的见解，在一生中获得7个荣誉博士学位。他还以作为钢琴音准师以及舞曲乐队成员的收入补贴学习期间的生计。和亨利·法约尔一样，切斯特·巴纳德也是一位实践家。他在1909年进入美国电话电报公司，并于1927年成为新泽西州贝尔实验室的总裁。巴纳德研究过韦伯的著作并深受其影响。但与韦伯机械和非人格化的组织观不同，巴纳德将组织视为需要人际合作的社会系统。在其1938年出版的《经理人员的职能》一书中，巴纳德阐述了他的这些观点。

巴纳德认为，社会活动一般通过正式组织来完成，那些贯穿历史的社会失败是由于人们未能在正式组织中工作造成的。组织是人们自觉、有意、有目的的一种协作，由具有相互作用的社会关系的人组成。管理者的主要作用是进行沟通，激励下属付出更大的努力。巴纳德指出，任何组织都包含三种普遍要素：（1）协作意愿：协作意愿是所有组织不可缺少的首要普遍要素。人们必须愿意为实现一个系统的目标做出贡献。但这种意愿的强度和实践安排却是变动的，因为它是以组织成员所感受或预计的满足或不满足为基础的。（2）共同目标：组织动机和个人动机是不同的。个人之所以愿意为组织做出贡献，并不是因为组织动机就是他们的个人动机，而是因为他们感到，通过组织目标的实现，他们可以获得个人的满足。作为管理者，必须让所有组织成员看到共同目标对于整个组织的意义。(3) 信息交流：协作意愿、共同目标的实现等所有活动都是以信息交流为依据通过沟通实现的。良好的信息交流能够将组织的共同目标传递给个人，通过赢得他们的协作实现组织目标和获得个人满足。所以，一个组织的成功主要依赖于沟通以及从其员工那里获得的合作程度。

（三）人际关系学派阶段

在这个阶段，有两个事件非常重要：一是《心理学与产业效率》出版；二是由霍桑实验推动创立了人际关系学派。

在组织行为学的发展历史中，雨果·明斯特伯格（1863—1916）的贡献不得不提。雨果·明斯特伯格出生在德国，到美国后在哈佛大学工作。他致力于将当时新产生的心理测验用于员工甄选，因此还受到了同事们的不解和轻视。1913 年，雨果·明斯特伯格出版了其专著《心理学与产业效率》，这本书被认为是第一本工业与组织心理学的教材。在这本书中明斯特伯格指出，只有对人的行为进行科学的研究才能总结出一般性的规律，并鉴别出人与人之间的不同。

明斯特伯格

从 1924 年开始的 8 年里，美国哈佛大学心理学家梅奥等人在霍桑工厂进行了著名的霍桑实验，通过这个实验，梅奥等人创立了人际关系学派。在霍桑实验开始时，梅奥的初衷是找到通过改善生产条件和外部环境提高生产率的途径。他们为此进行了包括照明实验、福利实验、访谈实验和群体实验的一系列实验，但实验的结果出人意料。梅奥发现，无论工作条件（例如照明、温度、休息时间长短等）是否改善，实验组和非实验组的产量都在不断上升。这个在当时看来令人费解的结果表明，工作条件的改善不是决定产量的关键因素。因此，梅奥根据霍桑实验的观察结果得出以下结论：工人自身才是影响生产效率的根本原因，工人在团体中所感受的融洽性和安全感在决定工作效率的因素中发挥着最重要的作用，这些因素比奖励性的工资作用更明显。

梅奥

随着研究的深入，人际关系学派的成员提出了一些在当时看来全新的观念：(1) 人是社会中的人，因此具有社会性。除了物质利益因素，影响人的积极性的因素还包括社会的、心理的因素，如交往、友谊、归属感和尊严等。人们的行为并不单纯出于追求金钱的动机，社会心理方面的需求更为重要。(2) 除了工作方法和工作条件等物质因素，生产效率的高低还取决于员工的工作情绪，即员工在工作中感受到的肯定和满足感、员工的态度等。这强调新型的领导者应该注意沟通，倾听员工的意见，提高员工的满意度。(3) 除了正式组织对个体行为产生影响，非正式组织，如由同乡组成的小团体，对个体行为的影响有不可忽视的作用，因此应该重视非正式组织对个体行为的影响。人际关系学派提出的这些管理新观念客观上加深了人们对管理本质的认识。

1949年在美国芝加哥大学一次跨学科的会议上，研究人的行为规律的综合性学科的构想被提出，并以“行为科学”来指称这门综合性学科。行为科学涉及的内容比较广泛，包括政治行为、医学行为、教育行为等多个分支。20世纪60年代后，组织行为学成为行为科学的一个重要发展方向，它主要涉及组织内的人和群体的行为。其特征是既注意人的行为，又注意组织的因素。组织行为学研究人的需要、动机、人格、情绪和思想等，由于人的行为表现是多方面的，因此会涉及心理学、社会学、社会心理学、人类学和生理学等多个学科。

（四）人力资源学派阶段

20世纪50年代后期，美国的经济出现了明显的衰退。人际关系学派只是片面地强调搞好员工氛围的做法已经不能鼓励员工工作，这促使行为科学家重新探讨激励员工积极性的途径，此时心理学界对动机、需要、群体动力等的研究也趋于深化。这些客观因素催生了人际关系学派之后的一个新学派——人力资源学派。

人力资源学派的核心思想是：企业中发生种种问题的根源在于未能发挥员工的潜力。这个学派的重要代表人物包括阿吉里斯、麦格雷戈和马斯洛等，他们都强调应该让员工承担更多的责任，发挥员工的潜力，满足员工的成就感，这样才能调动员工的积极性。

对这一学派有重大贡献的一位学者是心理学家马斯洛，他提出了“自我实现人”假设。马斯洛在他提出的需要层次理论中将人的需要分为生理的需要、安全的需要、爱与归属的需要、尊重的需要、自我实现的需要五个层次。“自我实现人”假设认为，人具有内在的追求，管理者的任务主要是改善组织条件和工作方法，使人们更好地达到自己的目标。

另一位学者阿吉里斯则主要从组织层面来分析影响员工发挥潜力的原因，认为传统的组织设计过于重视规章制度，使员工处处听命于上级，变得消极被动，既束缚了员工的创造性和积极性，又阻碍了个性的成熟发展。在人力资源理论提出之前，人际关系学说主张管理者在一些物质福利方面改善与员工的关系，但始终未能让员工承担更多的责任，满足员工的成就感。阿吉里斯主张，企业管理者应当从组织制度上进行改革，鼓励员工多承担责任，让他们有成长和成熟的机会，这样才能从根本上解决员工的积极性问题。

麦格雷戈提出了人性假设对立的两种观点，即X-Y理论。X理论把人看成厌恶工作、需要严格加以控制的消极因素；而Y理论与X理论相反，认为人并不天生厌恶工作，人们在工作中能自我约束，在现代工业社会中一般人没有充分发挥潜力。根据Y理论，现代组织的管理者应让员工承担更多的责任，更好地发挥人的因素的作用。

（五）权变理论阶段

在西方管理思想史上，有关人的管理思想的认识不断发展，在权变理论出现之前管理学者都认为，一切管理问题都存在一个最优的方案。后来，学者们渐渐认识到，这个思路对于解释管理中的实践问题没有什么帮助。20世纪60年代末，在人力资源学派成长的过程中，权变理论逐渐进入管理领域。通俗来讲，权变理论的学者认为，没有最好的管理方式，只有最适合的管理方式。

具体来讲，权变理论认为管理的对象和环境是变化多端的，因此，简单化的、普遍适用的方案并不存在，必须按照对象和情境的具体情况来选择具体的对策。在权变思想的基础上，组织行为学认为遵循权变理论并不等于没有理论，而是告诉人们怎样从错综复杂的情境中寻找关键变量，然后找出变量之间的因果关系，从而针对一定的情境使用一定的对策。

因此，目前组织行为学的理论和方法虽然倾向于人力资源学派，但是也受到权变理论的重要影响。例如，近10年来对领导行为、激励方式、组织设计、工作再设计等的研究都是在权变思想的影响下进行的。我们会在后面的章节中详细介绍这些内容。

组织行为学在西方的发展历程如表1-1所示。

表1-1　组织行为学在西方的发展历程

阶段	开始的大致时间	该阶段形成的核心思想	该阶段的代表性人物
思想启蒙阶段	18世纪中期	(1) 劳动分工可以提高工作效率。 (2) 需要注意人的因素。	斯密、欧文、巴比奇
古典管理阶段	20世纪初	(1) 人是理性和考虑经济的。 (2) 组织是具有理性的。	泰勒、法约尔、韦伯
人际关系学派阶段	20世纪20年代	(1) 人具有社会性。人的行为并不单纯出于追求金钱的动机，社会心理方面的需求更为重要。 (2) 应该重视非正式组织对个体行为的影响。	明斯特伯格、梅奥
人力资源学派阶段	20世纪50年代后期	企业中发生种种问题的根源在于未能发挥员工的潜力。应该让员工承担更多的责任，发挥员工的潜力，满足员工的成就感。	阿吉里斯、麦格雷戈、马斯洛
权变理论阶段	20世纪60年代末	管理的对象和环境是变化多端的，简单化的、普遍适用的方案并不存在，必须按照对象和情境的具体情况选择具体的对策。	

二　组织行为学在中国

众所周知，从汉代开始我国的经济在世界上就占有重要的一席之地。但由于封建社会“重农轻商”的思想和传统，我国的经济形式一直以小农经济为主，封建统治者对商品经济的压制使得商业在我国没有得到应有的发展。我国古代有士、农、工、商的说法，从这个排序中也可以看出商人和商品经济的地位。

在小农经济形态下，往往是一个大家长带领几个家庭成员在田间劳动。显而易见，这样的人员规模根本不需要什么复杂的管理。而如前所述，商品经济导致的大规模生产才会刺激出管理的需要。因此，在漫长的封建社会时期，商品经济发展的滞后也就直接阻碍了管理思想在我国的萌芽，我国的管理主要作为政治统治的附庸而存在。我国古代的统治者没有把人作为劳动者来研究，也在很大程度上忽略了劳动者在劳动过程中的主观能动性。

20 世纪 70 年代后期，西方的组织行为学理论开始传入我国，并在我国引起大量学者的关注，不少理论工作者、教育工作者和实际工作者对行为科学做了大量介绍和评论。上海管理教育研究会于 1979 年成立行为科学研究组织，开展中国式行为科学与管理心理学的探讨。这是我国组织行为学发展的开端。

20 世纪 80 年代中期，国内学者结合国内组织的特点和需要、应用我国的管理理论和实践结果，开始探索具有中国特色的组织行为学。80 年代以来，组织行为学的地位和作用开始得到应有的肯定和重视，在各高等院校管理类专业的本科生、研究生与工商管理硕士的教学中，组织行为学被列为重要的学习课程。

三 组织行为学的未来

众所周知，人类历史上经历了三次技术革命。第一次技术革命导致了蒸汽机技术的大发展，第二次技术革命推动了电力技术的广泛应用，第三次技术革命就是目前我们所经历的电子信息技术革命。每一次大的技术变革都会导致管理方式的重大变化。20 世纪 80 年代以来，随着信息技术和全球化的发展，原有的企业管理方式经历了一轮变革的浪潮。最近，工业自动化和信息化交互融合的特征越来越明显，有人将其称为第四次技术革命。随着这些变化，组织行为学研究的重点也发生了很大的变化，并且面临许多新的机遇和挑战。

（一）组织行为学所面临的七大挑战

21 世纪以来，组织所处的环境一直在变化，信息技术飞速发展，知识经济和网络经济日益兴起，全球经济一体化使得企业间的竞争日益激烈，行业结构日益分化，员工向多元化发展，企业面临越来越多的社会责任，组织面临的环境越来越呈现复杂性和动态性的特点。在这样的大背景下，组织行为学面临哪些挑战？组织行为学研究者要为这些变化提出哪些解决方案？

1. 如何改善产品质量、提高生产率

管理者面对越来越激烈的竞争，为了提高竞争力，不得不削减开支、提高组织的生产率、提高产品质量、改善服务。这要求管理者重新思考有关组织设计、员工参与、变革计划制定等问题。组织行为学将为管理者处理这些问题提供启示性建议。

2. 如何改善人际技能

企业管理者如何做一个有效的倾听者？如何提供及时有效的反馈？如何精于授权？如何创建有效的团队？这些问题越来越受到现在的管理者和将来的管理者的关注。组织行为学在提高和开发人际管理技能方面提供理论和实践的支持，为解决以上提出的若干问题提供帮助。

3. 如何对多元化的劳动力进行管理

劳动力多元化是指组织的劳动力构成在性别、种族、国籍方面正变得越来越多样化。组织在面对不同的生活方式、家庭需要和工作风格的员工时，需要采取不同的政策。劳动力多元化对管理实践意义重大。管理人员需要改变他们的经营哲学，承认差异，并以能够保证员工稳定和提高生产率的方式对差异做出反应。

4. 如何进行授权

员工开始在组织中承担决策的责任，与管理者的角色界限变得模糊不清。决策制定被推到了操作层，在这样的环境中，员工对自己工作的控制程度越来越高，他们可以自由选择工作日程、程序，解决与工作有关的问题。管理者需要学会如何放松控制，员工需要学会如何对自己所做的工作承担责任以及如何恰当地决策。

5. 如何激发和应对变革

现在变革已经成为组织发展的常态，这需要管理者和员工不断获取新的知识和技能以满足新的工作要求。变革的环境需要组织提高变革水平，组织必须鼓励革新，掌握变革的艺术，维持灵活性，不断改善质量，通过持续不断地革新产品和服务来赢得市场上的竞争优势。员工对革新和变革发挥着重要作用，管理的任务是刺激员工的创造性和对变革的容忍性，使员工成为变革推动力。组织行为学需要为此提供丰富的观点和技术，帮助组织实现这些目标。

6. 如何应对员工对企业的忠诚度减弱

20 世纪 80 年代中期，为了适应全球性的竞争、不友好的接管、收购和兼并等问题，公司开始摈弃传统的工作稳定、基于资历和报酬的政策，这直接导致员工忠诚度急速下降。组织行为学所面临的一个重要挑战就是为管理者设计出能够调动忠诚度不高的员工的工作积极性的方法。

7. 如何改善道德行为

今天，组织成员越来越发现自己面临道德困境（ethical dilemma）。所谓道德困境，是指需要决定什么是正确行为和错误行为的情境。近年来，区分正确和错误的界限变得模糊不清。管理者对此做出了一系列回应，以应对组织面临的道德困境。今天的管理者需要为员工创造一种有道德并且健康的气氛，在这样的气氛中，员工可以全力从事自己的工作，尽量减少碰到模棱两可情境的机会。

（二）组织行为学在未来的变化

1. 组织行为学中组织的含义将不断扩大

一般来说，组织层面的组织行为包括组织结构与行为、组织中的利益团体、权力系统和政治行为、组织文化、组织发展和变革管理等。近年来，组织行为学所研究的组织的范围越来越广，被称为一种广义的组织，包括组织与环境之间的相互关系。新组织的兴起为组织理论的研究提出了许多新课题，如团队的组成结构、员工能力结构及运作中的互动关系、跨文化沟通与冲突解决系统的建立等。美国麻省理工学院教授 D. 韦斯特尼、约翰·范·马林等人认为新组织具有以下几个特点：

第一，网络化。竞争的加剧要求企业最大限度地利用内外部资源，对顾客要求做出尽可能快的反应，并与环境中的变化因素建立网络关系以求稳定，减少经营风险，这在组织内外部分别表现为跨职能团队和与环境的互动加强。

第二，扁平化。信息技术的发展和员工素质的提高使管理幅度的扩大成为可能，企业对环境和技术变化快速灵活地做出反应和进行成本控制也需要组织趋于扁平化。

第三，灵活性。企业环境越来越不可预测，这就需要企业增强灵活性来提升竞争优势。

第四，多元化。企业的员工、利益相关者及其思想、文化观念越来越多元化，激励制度和职业道路也灵活多样。

第五，全球化。全球市场的发展使得企业有条件充分利用不同国家和地区的社会资源和生产要素，来增强企业竞争力。企业的员工、资金、设备、原材料和中间产品都可能来源于不同的国家，都可能向其他国家提供自己的产品和服务，都要学习国外企业的管理经验。

2. 组织行为学中行为的含义也会发生变化

随着社会的发展和企业所面临环境的快速变化，组织必须建立新的行为，才能获得生存和发展。近年来，西方学者提出的组织学习、组织创新和知识管理就是组织中“新行为”的例子。再如，在组织行为学的研究发展过程中，曾相继有人提出了个性、能力、价值观、态度等概念，最近又提出了胜任力的概念，还提出了自我效能感的概念来表达某人在某种环境下对完成某种具体任务的信心。关于态度的概念，研究也更具体，提出了工作承诺和组织承诺等新概念。

3. 组织行为学与其他学科的交叉融合将会进一步加强

组织行为学在其发展过程融合了许多学科的理论和方法，比如心理学、社会学、人类学、政治学等。可以预见，今后组织行为学与这些学科之间的交叉融合将会不断加强。随着科学的发展和技术的进步，人们对自然和社会现象复杂性的认识将日益加深，大量新的发现将会不断冲击现有组织行为学的传统观念，许多新的交叉性组织行为学理论将会不断产生。

第 4 节　组织行为学的学科基础

在本章第 1 节我们分析了关于组织行为学的定义，并从这些定义中提炼出了组织行为学的三个方面。其中第一方面讲组织行为学是一门应用性很强的学科，在其发展过程中吸收了许多学科的概念、理论和方法。下面我们就简要介绍一下推动组织行为学发展的有关学科。

作为一门独立的学科，组织行为学属于应用科学，是在多门行为科学的基础上建立起来的，主要包括心理学、社会学、社会心理学、人类学、政治学、生理学等。心理学和生理学的贡献主要在个体和微观的分析水平；其他几个学科的贡献主要在于帮助我们理解一些宏观的概念，如群体过程或组织。图 1－2 列出了对组织行为学研究有贡献的主要学科。

一　心理学

心理学思想在东西方都有着悠久的历史。科学心理学的建立是以 1879 年德国心理学家冯特在莱比锡大学建立世界上第一个心理实验室为标志的。百余年来，心理学理论

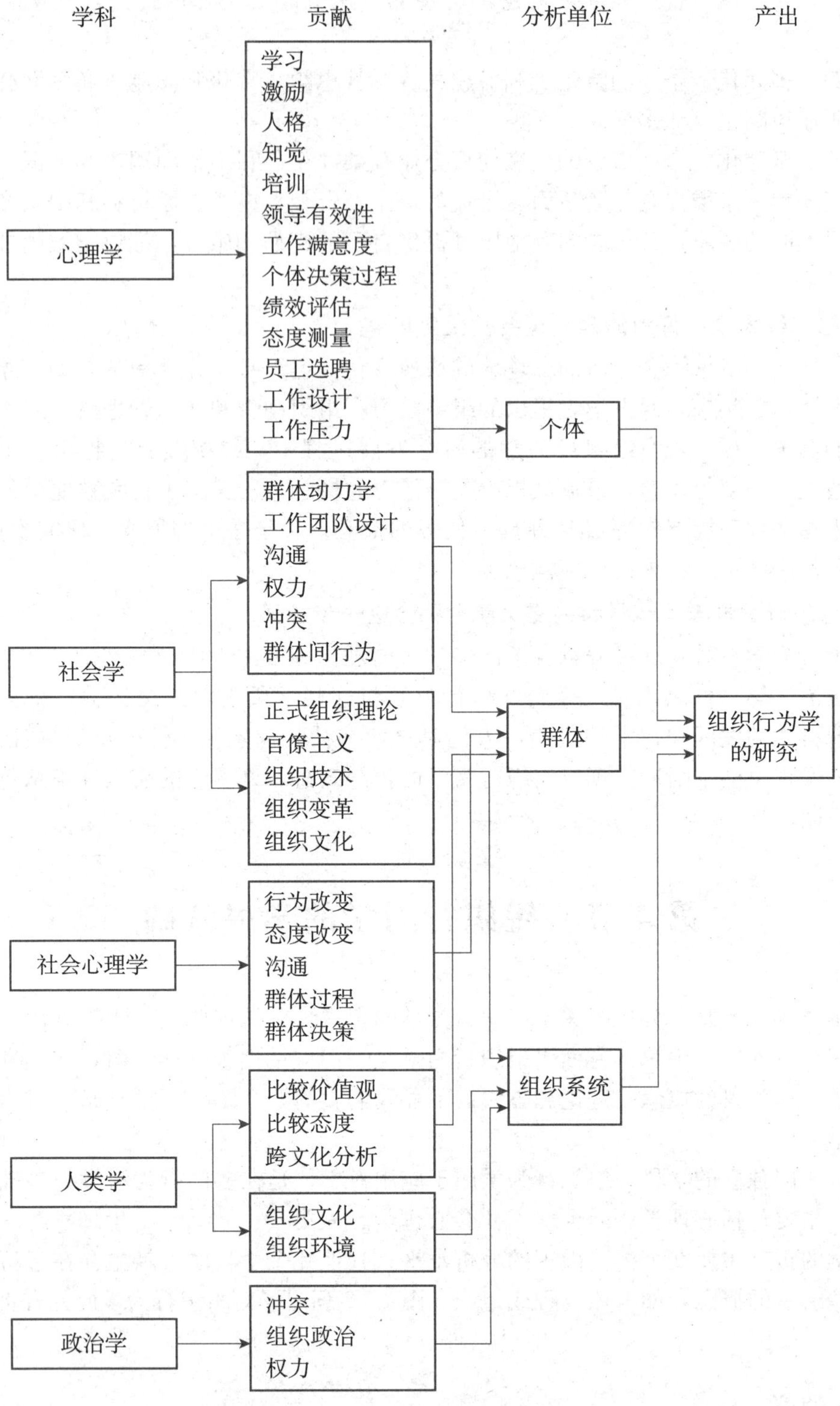

图 1－2　对组织行为学有贡献的学科

的发展异常迅猛，并在各个领域得到比较广泛的应用。

我们都知道，人的心理活动是内隐而难以观测的，而行为却是看得见的。心理活动与行为之间具有密切的联系，人的行为并不是随意做出的，行为的背后往往会有一些心理活动的原因在起作用。因此，要研究组织中人的外显行为的规律性，必须以心理学作为理论基础。

心理学对组织行为学的发展做出了很大的贡献，其中学习心理学家、人格心理学家、咨询心理学家，以及最重要的工业与组织心理学家对于丰富组织行为学的知识功不可没。早期的工业与组织心理学家主要关注疲劳、厌倦和其他与工作条件有关的妨碍工作绩效的因素。近期他们的研究已经扩展到学习、激励、情绪、人格、培训、领导有效性、绩效评估、工作满意度、个体决策过程、态度测量、工作设计及工作压力等方面，这些研究课题都与心理学具有千丝万缕的联系。

二 社会学

社会学（sociology）是研究各种社会现象的学问。前面介绍的心理学主要关注个体，而社会学主要研究社会系统，个体只是在其中充当某个角色。具体来讲，社会学主要研究人在社会、机关、组织和群体中的社会行为，内容包括社会劳动分工、社会角色和地位、社会结构、社会中的各种群体、宗教、反社会行为、自杀等。

组织是由很多群体组合而成的，所以组织行为学把组织看作一个开放、有机的组织。组织、群体和个人与环境构成互动的、复杂的社会体系，彼此之间相互依存。因此研究组织中人的行为必须从其所处的整个社会关系着手，这样才能全面认识人的行为规律。

社会学家为组织行为学领域注入了很多新鲜的知识，包括群体动力学、工作团队设计、组织文化、正式组织理论及结构、官僚主义、沟通、地位、权力、冲突及工作与生活的平衡。组织行为学中与群体有关的知识很多来源于社会学。譬如，群体的形成，群体中成员的角色/角色关系，群体中成员的地位/地位关系，群体的信念、价值观、目标、规范和规章制度，群体的权威和权力，婚姻制度和关系等。

三 社会心理学

社会心理学（social psychology）是心理学的一个重要分支，也是心理学和社会学相互渗透、结合的产物，主要研究社会环境中人与人行为之间的相互影响。具体来讲，它关注在复杂的社会结构及过程中一个人的思想、情感和活动是如何与其他人的信念、动机及行为相互交织和相互作用的。

社会心理学的研究包括人的社会行为和社会态度，社会群体的形成过程和规律，群体成员的态度、士气，领袖，宣传，信息沟通，组织管理，经济行为和国际关系，人在社会群体中的攻击心理、助人心理、对权威的服从、对群体规范的顺从，群体内外的冲突等。

以上提到的这些研究结果对组织行为学的研究具有重要借鉴作用。组织行为学中有关群体、沟通、价值观/态度等内容都与社会心理学的内容密切相关。另外，社会心理学家的重要贡献还在于对行为和态度变化的研究，以及在沟通模式、满足个体需求、群体决策流程等方面的研究。

四　人类学

人类学（anthropology）主要研究人类本身的发展进化过程、特点及规律，通过对社会的研究了解人类及其行为。一般而言，人类学分为体质人类学、文化人类学（又称社会人类学）和考古学。而其中与组织行为学关系最密切的是文化人类学。文化人类学过去主要研究原始社会及其文化，现在已逐步扩展到对现代文明社会及其文化的研究。文化对于人类的行为有着很大的影响。人类通过不断社会化的学习过程，使行为超越了本能性行为，在文化环境中逐步形成价值观、规范、风俗、习惯、民族性等。

组织行为学中很多有关组织文化和跨文化的知识来源于人类学。譬如，不同组织的员工其受教育程度、家庭背景以及所处的社会环境不同，继而会导致他们表现出不同的态度与行为。因此任何组织的管理者和领导者都必须根据不同的文化背景和现实环境，选择相应的有效组织形式和领导方式。

五　政治学、伦理学、生物学、生理学等

政治学主要研究政治环境中个体和群体的行为。具体的研究主题包括冲突、权力分配以及个人如何使用权力获取自身利益。随着政治学的发展和人们对组织是政治实体的判断的形成，组织行为学的研究中逐渐引入了政治学的观点。包括冲突、组织政治、权力等众多政治学研究的话题对我们准确地解释和预测组织中人的行为具有重要贡献。

除了政治学，伦理学、生物学、生理学等也为组织行为学的发展提供了基础。伦理学的道德规范会影响组织中人的行为。人体的生物特征也会影响人的行为，因为人体有自己的生物节奏的规律性，有体力、智力、情绪的低潮与高潮。直到 20 世纪 80 年代，组织行为学才开始运用生理学知识来进行研究，如研究工作压力对个体、群体、组织的行为和工作绩效的影响，主要分析当人们承受工作压力时身体所做出的生理反应，以及所引起的身体生物结构的变化及如何防治等。

第 5 节　组织行为学的研究变量与研究方法

一　组织行为学研究中常见的变量

变量是刻画事物在幅度、强度和程度上变化特征的一个概念。人就不是一个变量。为什么？因为人这个概念本身不具有变化的属性。但人的某些特征却是可以变化的。比如，年龄就是一个变量，它可以描述人在大、小、老、幼方面的变化；再如，性别也是一个变量，它可以描述人在生理方面的差别。

组织行为学研究主要涉及两种类型的变量：自变量和因变量。任何一个系统（或模型）都是由各种变量构成的，当我们分析这些系统（或模型）时，可以选择研究其中一些变量对另一些变量的影响，我们所选择的影响其他变量的变量叫作自变量，而被影响的变量叫作因变量。

（一）因变量

因变量是受自变量影响而产生反应的变量，是需要解释和预测的关键因素。在组织行为学的研究中，学者们倾向于强调生产率、缺勤率、流动率、组织公民行为和工作满意度五个因素。在这里，我们就把这五个因素作为组织中人力资源效果的关键变量。但是，将这五个因素作为组织行为学研究的关键变量并不是因为它们有什么神秘之处，学者们只不过想通过这五个变量表明：组织行为学研究强烈地反映出管理者的兴趣在于作为整体的个人或社会。下面详细阐述一下这些术语，以保证大家的理解是正确的，弄清为什么它们会成为组织行为学中主要的因变量。

1. 生产率

组织生产率的高低是由组织实现其目标的情况来衡量的。要实现较高的生产率，就必须以较低的成本完成输入和输出的转换。这样，生产率就意味着对效果和效率两方面的关注。

例如，如果学校成功地向学生传授了知识并使他们将知识应用于实践，就是有效果的；如果能以较低的成本做到这一点，就是有效率的。如果学校的校长在现有教师的基础上通过减少授课的平均时间或者先进的教辅设备增加了每一位教师所能教授的学生的数量，我们就可以说这所学校是生产效率比较高的。要提高一家销售公司的生产率，我们不仅要保证实现其销售目标或市场份额目标，而且要保证以一定的效率实现这些目标，用来测量效率的指标可以是投资回报率、单位销售额的盈利、人均单位时间的产出等。

当然，我们也可以从个体的角度考虑生产率问题。举个例子，A 和 B 两人是同一家房地产公司的楼盘推销员。假设他们要在 1 个月的时间内把 50 套房子推销出去，如果能在规定的时间内完成任务，那么就是有效果的。但是，生产率的测量还要考虑为完成目标所付出的成本，这就涉及效率。假设 A 用 3 个星期的时间完成了推销任务，平均每天的推销成本（包括车费、餐费、礼品费等）为 40 元，而 B 也用 3 个星期的时间完成了任务，平均每天的推销成本为 35 元。A 和 B 都有效果，因为他们都完成了目标，但是，B 的效率比 A 高，因为其推销成本更低，也就是说，B 以较低的成本实现了同样的效果。

总而言之，生产率是组织行为学所关注的基本问题之一，我们希望知道什么因素会影响个体、群体以及整个组织的效果和效率。

2. 缺勤率

管理者都有这样的感受：自己的员工出现缺勤情况时，总会或多或少感到不适，最终对组织的整体绩效产生消极影响。据估计，由于缺勤导致的每年的花费，美国的公司为 400 亿美元，加拿大的公司为 120 亿加元。这些数字进一步说明，降低缺勤率对组织来说是十分重要的。

很明显，一个组织要想使生产平稳进行，需要所有员工都按时来上班，否则，组织要想实现其目标是很困难的。在以生产线为主的组织里，缺勤就不只是破坏生产了，还可能导致产品质量严重下滑，有时甚至可能使生产设备完全瘫痪。而在知识型企业中，缺勤会导致某些工作流程被打断，重要的决策不得不推迟。一般来讲，任何组织的缺勤程度若超出正常范围，都会对组织的效果和效率产生直接影响。

从另一方面来考虑，缺勤也并非总意味着坏事。虽然大多数缺勤对组织的影响是消极的，但是有些缺勤的发生也会使组织从中受益。过度的疲劳或者过大的压力会使生产率大大降低，尤其是对于一些要求员工警觉性比较高的工作岗位来说，如飞行员、外科医生等，员工主动请求缺勤比他们出勤却无法全身心地投入工作对组织来说更有益处。这种岗位发生一次事故就要付出高昂的代价。同样，对于其他岗位来说，虽然错误没有那样一目了然，但如果员工在压力和疲劳下对组织造成了损失，还不如他们不来上班更有利于绩效的改进。但是，一般情况下，组织会从降低缺勤率中获益。

3. 流动率

组织中的高流动率通常意味着招募、甄选和培训费用的提高。同时，流动也会对组织的有效运作产生影响，因为必须重新找到能够替代的人来补充空缺的岗位并承担其责任。对于组织来说，一定程度的员工流动是正常的也是必需的。如果离开组织的人是无用的或者说是不胜任的，那么流动可能会是好事，因为这样可以使没有能力的人离开组织，使有能力的人找到适合自己的位置，增加组织内部晋升的机会，给组织添加新生力量。但是如果离开组织的人恰恰是组织的核心员工和优秀员工，那么这时流动就是一个破坏因素，会妨碍组织的有效运作，甚至造成更大的损失。世界著名的英特尔公司就有这样一个教训：公司创业初期，天才设计师费根设计的第一代微处理器 8080 一炮打响，该产品给公司开创了巨大的市场。意想不到的是，费根在关键时刻离开了公司，并带走了另两名重要的技术人才，在外面组建了一个新公司，推出了比 8080 更先进的新产品，很快抢占了英特尔的市场。这个沉重的打击使英特尔几乎一败涂地。若干年后，英特尔才重新崛起。

4. 组织公民行为

组织公民行为是指员工一种自由的非正式的工作所要求的行为，有效的组织公民行为能够提高组织的有效性。

可以想到的组织公民行为包括：对工作群体和组织有建设性的陈述；帮助团队中的其他人；主动承担额外的工作任务；关心组织的财产；遵守组织的规章制度和惯例；能够接受临时的强制性任务等。

5. 工作满意度

我们要考察的最后一个因变量是工作满意度。我们把它定义为个体对工作的总体态度，是员工实际得到的报酬数量与他认为自己应得数量之间的差异。与前面几个变量不同，工作满意度代表的是态度而不是行为。为什么工作满意度成为一个主要的因变量？原因有两点。首先，工作满意度与员工的绩效有关，因而成为管理者的兴趣所在；其次，组织行为学研究者存在价值偏爱。

多年来，管理者持有一种信念：满意的员工比不满意的员工生产率要高。虽然许多证据对这个假设的因果关系提出了怀疑，但我们仍然可以争辩：现代社会不应该只关心生活数量，即关心高生产率和物质的获得，还应该关心生活质量。尤其是面对新出现的知识型员工，我们需要对组织中的工作满意度问题更加关注，因此，那些持有强烈人本主义价值观的研究者认为，满意应该是一个组织合法的目标。工作满意度与缺勤和流动负相关，组织有责任给员工提供富有挑战性的工作，使员工从工作中获得满足。因此，虽然工作满意度代表的是态度而不是行为，组织行为研究者仍然把它看成重要的因变量。

（二）自变量

什么因素决定生产率、缺勤率、流动率、组织公民行为和工作满意度？对这个问题的回答涉及自变量。同因变量一样，对自变量的研究也应该从个体行为开始。

1. 个体水平的变量

我们对组织的定义强调组织是由人组成的。从这个事实出发，不难想到我们可以从单个组织成员的角度来研究组织问题。每个人在进入组织之前都拥有不同的经历，而管理者面对的正是这些有着不同社会经历的人，而不是新生儿。打个比方，当个体进入组织时，他们就像一张张图画，每张画都不一样。有些画只是被简单地勾勒过，他们受到谨慎的对待，接触现实的面很小，经历也相对较少。另一些画则被严重地涂抹过，有着各种各样的经历。这告诉我们，人们是带着各自不同的特点进入组织的，这些特点将影响他们在工作中的行为。比较明显的特点是那些个人的或者属于传记的特征，如年龄、性别、婚姻状况、人格特质、价值观与态度、基本能力水平。一旦个体进入劳动力范畴，这些特征基本上是完整的，其中的大部分很难改变。而这些特征对员工的行为会有非常大的影响。因此，每个因素——传记特征、人格特质、价值观、态度以及能力都能作为自变量。其他几个个体水平的变量也会影响员工的行为，包括知觉、个体决策和动机。

2. 群体水平的变量

人们在组织中很少单枪匹马地工作，大多数工作都是通过组织成员的协调合作完成的。组织目标的实现不可能单靠一两个个体的行为。人们在一起工作的方式一般是小组、团队、部门、车间或委员会等。而个体在群体中的行为远比个体单独活动的总和要复杂。如果考虑到人在群体中的行为与他独处时的行为不一样，我们的模型就变得更加复杂。因此，理解组织行为的基础是研究群体行为。

3. 组织系统水平的变量

当我们把正式的结构加到前面有关个体和群体的知识中时，组织行为就达到了其复杂性的最高水平。正像群体比个体成员之和大一样，组织也比其构成群体之和大。在对组织系统的研究中，组织行为学研究者把整个组织作为研究目标，这种相对宏观的思路来源于社会学的知识和理论。他们试图从组织与环境之间的关系分析组织的有效性，研究重点在于理解组织结构和组织设计如何影响组织效率，组织的规模、所应用的技术、组织的年限等也是这个思路所强调的重点问题。正式组织的设计、技术和工作过程、组织的人力资源政策和实践（即选拔过程、培训项目、绩效评估方法等）、内部文化、工作压力水平等也都对因变量有影响。

二 组织行为学的研究方法

你可能会问，组织行为学中这么多的知识点和概念是怎么提出来的？我怎么知道组织行为学为我提供的知识是对的？如果能问出这样的问题，说明你已经开始对组织行为学感兴趣了。不过，这里首先指明一点，在组织行为学的研究中，“想”非常重要，但仅靠“想”还不能构建组织行为学的学术体系。

在组织行为学的发展中，相关学者发展了很多具体的研究方法，通过这些方法可以产生一些正确的知识。这些研究方法各有特点，既可单独使用，也可配合起来使用，以便相互补充。当然，本书无意详细讲解组织行为学的研究方法，如果对方法感兴趣，建议你阅读管理研究方法的有关书籍。下面仅介绍几种常见的研究方法。

（一）观察法

组织中人的行为具有很大的差异性，为把握其活动的规律，必须对人的行为进行观察、统计、总结，从而发现其中的共性与差异，发掘其中的规律。观察是取得直接资料和间接经验的一种重要方法，在没有条件进行访问或实验的场合，观察是取得资料的主要途径。

现场观察是指在正常工作和劳动情境下，有目的、有系统地观察、研究对象以获得数据、得出结论。适用情况有：对领导者工作能力和作风的研究；对员工工作技能和工作压力的研究等。运用现场观察法，必须明确了解观察什么、怎样观察和怎样记录等问题，以便不失时机地捕捉到有关信息。

观察法作为一种基本的研究方法，与日常的、片断的、随意的观察有很大不同。观察法按一定步骤进行。第一步是做好准备工作，观察前必须明确观察的目的并制定详细计划，选好观察对象；第二步是进行观察，详细记录被观察者的各种行为表现，需要注意的是，在观察中必须有选择性和针对性，既要全面又要重点深入；第三步是得出合理的结论，在观察结束后必须对所观察到的事实加以认真整理、分析、概括，作为分析依据。

现场观察的最大优点在于：对于所研究的群体不施加任何影响，不改变活动进程，因此能够掌握研究对象许多生动活泼的实际材料，所以有很大的现实意义，资料的可靠性、可信度较高；使用方便，所得材料真实，因而得到广泛的应用。

但现场观察也有一定的缺点，由于它只能了解到一些表面现象，很难通过这些表面现象进一步把握其本质特征，研究者对于被研究者的情况即使了解得很清楚，由于任何群体都有其特殊性，也很难把研究成果运用于其他群体中。因此，实际使用时还必须与其他方法结合起来，才能取得更好的效果。

总而言之，现场观察法对组织行为的研究者而言是一种简便易行、行之有效的方法，如果能结合以下研究方法，则效果会更好。

（二）访谈法

访谈法分为有组织访谈和无组织访谈。有组织访谈的过程结构严密，层次分明，具有固定的访谈模式。主试根据预先拟定的提纲提出问题，被试针对提出的问题进行回答，访谈过程像是在进行口头问卷调查。而在无组织访谈中，主试提出的问题涉及的范围广，被试可以根据自己的想法，主观地、创造性地回答问题，以有利于双方的感情交流。访谈法简单可行，便于迅速获取第一手资料。但是，主试的驾驭能力对访谈效果影响很大。

（三）问卷调查法

问卷调查法就是运用内容明确、表达正确的问卷量表，让被试根据个人的情况自行选择的研究方法。常用的问卷量表有是非、选择、等级排列三种。问卷调查法可以在较短时间内取得广泛的材料，并使结果数量化、程序化，但是难以对取得的材料进行定性分析，因而也无法用于指导实际的工作行为。

问卷调查法的优点是简单经济，能同时进行大样本的群体调查，快速收集大量资料，数据容易量化，适用于态势研究。这种方法很有价值，研究者和管理者可以用这种方法来调查员工的工作满意度，以及影响员工工作积极性的因素等，许多公司还用这种方法来发现顾客对公司产品的青睐度。

但调查法不大适合针对具体行为，而且对涉及态度的问题的回答未必完全真实，通过调查的形式较易了解被调查者的态度或想法，却不易了解其行为。面对面调查也往往会给人增加心理负担，使人产生防御心理，被调查者还受到社会赞许性的影响，所获得结果的可靠性会降低。另外，问卷调查法也存在回收率低的问题。

（四）心理测验法

心理测验法就是采用标准化的心理测验量表或者精密的测量仪器，来测量被试有关心理品质的研究方法。常用的心理测验有能力测验、人格测验、机械能力测验、语言能力测验、管理能力测验、学术倾向测验、心理健康测验等。

现在，学者们已经开发了很多用于组织行为研究的心理测验量表，这些量表的信度和效度都经过了严格的检验。在企业人力资源管理中，这些心理测验常常被用来进行人员考核、岗位测量与导引、员工选拔等。

（五）实验法

实验法是指在严格控制的环境条件下研究变量间相互关系的方法。其做法是：先假设一个或多个自变量对另一个或另几个因变量的影响，然后设计一个实验，系统地改变自变量，测量这些自变量的改变对因变量的影响。

组织行为学研究中使用的自变量主要有性格、能力、动机、领导风格、组织设计等，因变量主要有工作满意度、工作行为、工作绩效和缺勤率等。实验法有实验室实验法和自然实验法两种类型。

本章小结

1. 我们把组织行为学定义为一个研究领域，它研究个体、群体以及结构对组织内部行为的影响规律，以便应用这些知识来提高组织的效能。

2. 组织行为学研究的对象包含个体行为、群体行为和组织行为三个层次。其中个体行为是指处于组织环境中的个人的所作所为；群体行为是指由个体构成的群体作为一个整体表现出来的行为；组织行为是指由个体和团队构成的组织整体所表现出来的行为。

3. 组织行为学在现代管理中发挥的作用主要体现在以下几个方面：提高组织运行效率，缓解经济压力；帮助推进“一带一路”建设和“走出去”倡议；改善客户服务，提升客户价值；开发员工的潜能；提高员工的满意度和幸福感；提高领导水平；推动组织变革和组织发展。

4. 组织行为学在西方的发展经历了思想启蒙阶段、古典管理阶段、人际关系学派阶段、人力资源学派阶段、权变理论阶段，并于20世纪70年代后期传入我国。我国学者从20世纪80年代中期开始系统地探索具有中国特色的组织行为学研究。

5. 组织行为学是一门综合性的应用学科，它建立在心理学、社会学、社会心理学、人类学、政治学、伦理学、生物学、生理学等学科的基础上；其研究方法包括观察法、访谈法、问卷调查法、心理测验法、实验法等。

关键词

组织　管理　组织行为学　变量　研究方法

复习与思考题

1. 组织行为学在企业的管理实践中可能起到什么作用？
2. 总结组织行为学各发展阶段的主导思想。
3. 组织行为学与人力资源管理的关系如何？

参考文献

1. 胡君辰．组织行为学．北京：中国人民大学出版社，2010.

2. 张德，吴志明．组织行为学．3版．大连：东北财经大学出版社，2011.

3. 孙健敏，李原．组织行为学．上海：复旦大学出版社，2005.

4. 于凯成．组织行为学．3版．大连：大连理工大学出版社，2010.

5. 斯蒂芬·P. 罗宾斯．组织行为学：第10版．北京：中国人民大学出版社，2005.

6. 魏国江，李碧珍．组织行为学．厦门：厦门大学出版社，2009.

7. 王志电，等．组织行为学．郑州：郑州大学出版社，2010.

8. 关培兰．组织行为学．3版．北京：中国人民大学出版社，2011.

9. 徐建平．组织行为学．北京：中国人民大学出版社，2008.

10. 里基·W. 格里芬，格利高里·摩海德，唐宁玉．组织行为学：组织与人员的管理：中国版：第8版．北京：中国市场出版社，2010.

11. 陈春花，等．组织行为学．北京：机械工业出版社，2010.

12. 陈国海．组织行为学．2版．北京：清华大学出版社，2006.

13. 陈维政，余凯成，黄培伦．组织行为学高级教程．北京：高等教育出版社，2004.

14. 陈国权．组织行为学．北京：清华大学出版社，2006.

15. 陈力．组织行为学．北京：人民卫生出版社，2005.

16. 窦胜功，张兰霞，卢纪华．组织行为学教程．北京：清华大学出版社，2005.

17. Spector P E. Industrial and organizational psychology：research & practice. 4th ed. John Wiley & Sons，2006.

案例分析

原因何在

本丁公司是位于美国东北部的一个大型制造公司。一年前，该公司被一个大型企业集团兼并。这个企业集团的主要业务在金融界，对于制造业的情况知之甚少，根据企业集团的惯例派人担任本丁公司的高层管理职务。这些人精通金融交易业务，懂得如何降低成本，他们的目标就是压缩成本，创造最高的劳动生产率。

然而，事情的发展并非如此，在他们上任的头8个月里，销售成本率由原来的72%上升到80%，企业集团领导者想知道原因何在。

本丁公司原来的管理者认为，新管理者采取的削减开支的做法适得其反，因为这些措施影响了工人的情绪，工人普遍存在不满情绪。本丁公司的工人都希望企业集团能够撤换这些新管理者，让原来的管理者"官复原职"，按原来的方法管理企业。

另一方面，这些新管理者认为，他们是在非常时期到任的，所采取的措施提高了劳动生产率，降低了成本。如果不是由于他们的努力，现在公司恐怕都要倒闭了。他们中有人这样辩称："你们怎么能认为我们是劳动生产率下降的罪魁祸首？我们疏通了销售渠道、改革了工资体系、为公司签下了长期优惠贷款协议。如果我们没到这里，没有采取这些措施，公司现在会成什么样子?"

本丁公司的总裁认为，新管理者夸大了他们的贡献，公司目前存在的问题的确由他们所致。他认为，本丁公司的工人担心企业集团正在利用这些财务管理专家判断哪些部门的人员和费用可以削减，这种担心导致劳动生产率下降。总裁所面临的问题是怎样才能验证他的看法。他认为，能够找出成本上升真实原因的唯一办法是请外部专家调查。他特别想聘请组织行为学专家调查本丁公司的员工满意度，确定工人的行为态度和成本上升的关系，如果能够做到这一点，而且能够证明新管理者是产生以上问题的原因，总裁相信他能够说服企业集团撤换这些人，让原来的管理者按照原来的方法管理公司。如果调查确认问题是由原来的管理者导致的，那么这些人可能会被解雇，新管理者将留任。总裁认为后一种情况发生的可能性很小。总而言之，总裁信心十足，正如昨天他对助手所说的那样："不管发生什么问题，我的根本目的就是找出问题的症结所在。只要能够找出真实原因，任何问题我都能解决。"

资料来源：孙健敏，李原．组织行为学．上海：复旦大学出版社，2005：60-61.

讨论题

1. 在这个案例中，管理者遇到了哪些管理困境？可能会应用哪些组织行为学的知识来解决问题？

2. 面对这种情况，你建议组织行为学家采取哪种调查研究方法？为什么？

第 2 章

个体特征与工作

学习目标

学完本章后，你应该能够：

◎ 理解人格、气质、性格在组织行为学中的含义与作用

◎ 熟悉认知风格的含义及分类

◎ 初步掌握工作场所中的人格理论及测量工具

◎ 理解人格与工作的匹配关系

◎ 了解能力的三种类型

◎ 熟悉新兴的智力理论的内容

引例

任正非——一颗经历过沧桑的平常心

很少有企业家像任正非那样，声名显赫又沉默如谜。这位 70 多岁的老人在华为厚重的帷帐内指挥 15 万员工，在全球版图上拼出 2 000 多亿元的销售额。

任正非的工作经历从 30 岁开始。在此之前，与很多白手起家的企业家一样，他在农村度过童年，考上大学走出大山，大学毕业后应征入伍。任正非大学学的是建筑，水到渠成就当了建筑兵，30 多岁时在东北辽阳的一个化纤设备工程上工作。1982 年 1 月，邓小平做了《精简机构是一场革命》的报告，随之而来的是军队大裁员，任正非身处其中。

在还没有出现“下岗”这个词时，任正非已经历了两次下岗。退伍是第一次，转业后到深圳帮南海石油服务公司盖房子是第二次。任正非说，因为不适应市场经济和管理方法，转业后的第一份工作并不顺利，被迫辞职。

“我们这种人在社会上，既不懂技术，又不懂商业交易，生存很困难，很边缘化。”任正非回忆当时的窘境说。1987 年，任正非 43 岁，人生轨迹已在神州大地上画了一个大三角形，但毫无建树。迫使他脱离体制“下海”的，与其说是勇气、胆识或前瞻性，不如说是生活的无奈。25 年后，任正非面对法国记者“当时为什么不出国”的提问回

答，已经有了老婆孩子，总不能自己出国留学不管他们，而且自己英文不好，既要挣钱又要补习英文很困难。“因此我目光短浅了一点，没有出国。”

1987 年，脱离体制的任正非“下海”，以 21 000 元资金创立华为。起初公司主要代销香港产品，风险极小，靠差价获利。创业初期的历史短暂而模糊，在华为将所有火力都集中在通信类业务，且任正非冒险将华为的所有资金投入自主创新研发交换机技术后，未来开始清晰。

起初，华为在用户交换机的 HJD 系列产品上取得了小规模成功。然而，这种成功并没有持续下去。由于对趋势的错误判断，华为接下来推出的一款模拟交换机 JK1000 遭到了新产品数字交换机的严重打击。在推出的第一天，这款被寄予厚望的产品就落伍了。

重压之下，任正非依然坚持自主研发，他转向了数字交换机。此时，大部分研究人员都是半路出家，甚至不得不人手一本普及交换机国内规范的小册子才能开展工作。本应在 1993 年春节前完成的交换机迟迟没有研发成功，华为面临资金链断裂的危险。任正非私下对身边人表示，如果 C&C08 研发失败，他只能跳楼。1993 年年末，C&C08 交换机终于研发成功。其价格比国外同类产品低 2/3，为华为占领了市场，直至今日。

孤注一掷之后获得成功，很容易被解读成胆识造英雄。但任正非说，他是因为无知、因为傻才在电信行业里走下去。“我以为电信市场那么大，做一点点能养活自己就行了。进来才知道电信不是小公司能干的，标准太高了，进步太快了。要活下来只有硬着头皮干到底，不然就干不下来了。”2013 年 11 月 25 日，任正非在法国接受当地记者采访时说。

创业很少是富家公子的选择。创业太艰苦，太容易中途放弃，更适合没什么退路的人。任正非说，当年是硬着头皮才坚持下来的，即使一开始已经知道电信业“最难干”，因为产品太标准化，小公司疲于追赶新标准。“不努力往前跑就会破产，我们没有什么退路，只有坚持到现在。我根本跟不上电信业发展的速度。”任正非说。

任正非眼中的自己和别人赋予的标签，似乎有很远的距离。别人说他低调，他说自己其实喜欢夸夸其谈，“否则不可能鼓动十几万华为人”。别人说在业界他已是一言九鼎，他说“其实我们是个无足轻重的公司”，相比中国每年万亿元级别的出口，华为对美国的销售额每年只有 10 亿美元。

年逾古稀，任正非比其他晚辈企业家更有资格回忆自己的商业轨迹。在他眼里，自己并不是英雄，只是个被生活追赶着担心明天就会失败的商人。就像他所说，自己在改革开放的整个历史过程中仅仅是个过客。与其说他过分谦卑，不如说任正非怀揣着一颗经历过沧桑的平常心。

资料来源：根据凤凰网（http：//tech. ifeng. com/telecom/detail _ 2013 _ 12/28/32550173 _ 0. shtml）的资料整理修改。

我们经常会观察到，有的人在工作中一直表现很好，业绩很好，同事关系很好，也很受领导器重。而有的人却表现平庸，甚至工作干得一团糟。这就促使我们不得不思考，人与人之间为什么会有这么大的差别？研究发现，很多因素都会造成以上这种差别。比如，社会因素、组织管理制度和政策，以及一些个体特征都会影响一个人的工作

表现。其中个体特征是本章要讲解的问题。我们都知道，人与人之间差别很多，年龄不同，性别不同，受教育程度不同，身材外貌不同，脾气秉性不同，聪明程度不同。如果把这些差别分开来讲，会让人有琐碎而庞杂之感。为此，本章从人口统计学特征、人格和能力三个方面进行讲解。

第1节 人口统计学特征与工作

一 年龄对工作的影响

年龄与工作绩效之间的关系在最近越来越受到人们的重视。其原因可能是：首先，很多人持有这样一种观点：随着年龄的增长，个体的工作绩效会不断下降。这种观点虽然没有什么科学依据，但人们普遍是这样认为的，并且用这种认识来指导实际行动。其次，劳动力市场老龄化加深。许多雇主意识到，年长员工代表了一个高素质求职者的巨大潜在群体。最后，延迟退休工作正在逐步推进，退休年龄将会提高。

一方面，年长员工拥有大量的优良品质，如丰富的经验、较好的判断力、较强的工作伦理以及质量保证；另一方面，年长员工也被视为缺乏灵活性和对新技术有抵触情绪。所以，当组织在积极寻求可以接纳和认可变革的员工时，与年龄有关的一些消极信息会阻碍年长员工获得受聘机会，并且在企业裁员时他们更有可能被辞退。

年龄影响工作行为的研究主要集中在以下三个方面。

（1）年龄与离职倾向。研究表明，员工年龄越大，离职倾向越低，越不愿意离开现有的工作岗位。因为年龄越大，可供选择的工作机会就越少，并且年龄越大，通常任职时间也越长，加薪的可能性越大，休假时间越长，养老福利越具有吸引力。

（2）年龄与缺勤率。基于年龄大的员工更不愿意离开现有工作岗位，人们一般认为年龄与缺勤率负相关。虽然不少研究支持了这种负相关，但进一步的考察发现，年龄与缺勤率的关系在一定程度上还受到缺勤原因的影响。缺勤原因分为可以避免的和不可避免的两种。一般来说，年长员工可以避免的缺勤率低于年轻员工，但是不可避免的缺勤率相对较高，这可能是由于年龄关系而造成身体状况不佳，或者在疾病及受伤之后需要更长的恢复时间。

（3）年龄与生产率。普遍的看法是，随着年龄的增长，生产率会不断下降。很多人认为，技能水平，尤其是速度、力量、敏捷性和协调性，会随着时间的推移而不断衰退。另外，一种工作做的时间过长所产生的厌倦感和缺乏智力刺激同样会影响生产率。然而，研究所得到的证据却与这种普遍的看法相左。年长员工由于具备经验等优势可能会比年轻员工有更高的工作绩效。也有研究表明，年龄与工作绩效之间并无相关性。

二 性别对工作的影响

男女性别的不同是否会影响到工作绩效？研究表明，男性与女性之间没有什么重要的差异（如果一定要说有的话）会影响到工作绩效。比如，男女在问题解决能力、分析技能、竞争驱动力、动机、社会交往能力、学习能力等方面都没有表现出明显的不一致。虽然不少心理学研究发现，女性更乐于遵从权威，男性更具有进取心并且比女性有更高的成功预期，但这些差异都很小。尤其是随着女性参与工作的比例不断提高，这方面的情况也发生了显著的变化。因此，当我们重新思考男性与女性的角色构成时有理由假定，女性与男性之间在工作生产率方面没有显著差异。但是性别仍然影响着我们的认知。例如，在传统男性领域获得成功的女性，会被认为是不受人喜爱的、不友好的、不理想的上级。

当然，不同性别在某些方面确实存在差异，如工作时间安排的偏好、缺勤率及离职率等。由于女性可能更多地承担了照顾家庭的责任，会更偏好工作与生活保持平衡的时间安排，相比男性缺勤率与离职率也更高。不过，随着职业女性的增多、家庭观念及生育观念的变化，性别在这些方面的差异也发生了很大变化。

三 种族和族群对工作的影响

种族是一个充满争议的话题。种族指的是人们用于识别和认同自己的生物遗传因素；族群则是一套文化特点，经常与种族部分重叠。这一定义能使每一个体通过种族或者族群特点界定自己。

组织行为学中对种族、族群的研究主要包括种族与甄选决策、绩效评估、薪酬、工作场所歧视等雇佣结果的关系，有如下几项基本的研究发现（由于这方面的大部分研究聚焦于美国白人和美国黑人之间的态度和结果差异，此处关于种族和族群的介绍主要参考了美国学者的研究）：第一，在雇佣环境中，当面临绩效评估、晋升决策及加薪等问题时，员工倾向于帮助同种族的同事。这些偏好的影响是稳定的，但也是微弱的。第二，不同种族对待平权行动的态度存在很大差异。例如，美国黑人比美国白人更支持这一行动。第三，在雇佣决策中，总体上美国黑人的状况不如美国白人。例如，他们在面试过程中获得的评价等级一般比较低，得到较差的工作绩效评估，拿着较少的工资，晋升的机会也不如美国白人多。然而，美国黑人与美国白人之间在所观察到的缺勤率、工作中应用的社会技能或者事故发生率上并没有显著差异。相比美国白人，非裔美国人和拉美裔美国人有更高的流动率。

此外，在使用心理能力等测验对员工进行选拔、晋升、培训及其他人事决策时，对有些种族和族群群体可能会产生不利影响。有证据表明："尽管在平均测试成绩上存在群体差异，但几乎没有确凿的证据能够证明，结构优化的测试在非少数族裔群体中比在少数族裔群体中更能有效地预测教育水平、培训及工作成绩。"在最近的样本中，智商分数在种族或者族群群体中可观察到的差异更小了。不过一般心理能力测验中的种族差异问题仍然是争论的焦点。

四 任职时间对工作的影响

任职时间对工作存在影响。大量研究探讨了任职时间或者说资历与生产率之间的关系。如果我们把资历界定为在某项具体工作上持续的时间，那么可以说，很多近期的研究证据表明，资历与生产率正相关。因此，任职时间（通常表示的是工作经验）可以说是员工生产率一个良好的预测指标。

有关任职时间与缺勤率关系的研究结果十分明确，一致表明二者负相关。事实上，对于缺勤率和缺勤的总天数来说，任职时间是最重要的解释变量。

同样，任职时间在解释离职率上也具有潜在的有效性。在一项工作中干的时间越长，员工越不太可能离职。另外，研究也一致表明，过去行为是未来行为最好的预测指标。有证据表明，员工在过去工作中的任职时间是未来工作离职率最有力的预测指标。

最后，任职时间与满意度正相关。事实上，当我们对年龄与任职时间两个变量分别进行考察时，任职时间比生理年龄对工作满意度的预测更为稳定，也更为一致。

第 2 节　人格与工作

一　什么是人格

（一）人格含义的变迁

在描述人与人之间的差异时，人格是一个最常用的概念。人格（personality）一词源于拉丁语“persona”，最初的意思是指面具、脸谱，但其含义很快就发生了变化。从历史到现代，persona 大概具有如下几个常见的含义。

（1）指舞台上的假面具。这是 persona 最初的含义。据说古罗马的一名戏剧演员为了遮掩他的斜眼而戴上面具，这个面具就被称为 persona。

（2）指生活中的假面具。persona 代表了一个人的外在表现，从此，persona 的含义从舞台上的面具转变为生活中的面具。

（3）指一个人在生活中所扮演的角色。此时，persona 开始描述一个人真实的一面，而不再是指假面具。

（4）指与日常工作、生活相适应的个人品质的总和。这与现代心理学中对人格的通常定义很相近，对于现代心理学中人格概念的演变起了重要作用。

（5）表示一个人的尊严和优越。在罗马时代，贵族是“最有人格”的，平民“有一定的人格”，而奴隶仅被当作能够使用工具的动物，根本就不属于“人”的范围，因此奴隶是没有人格的。我们可以看出，此时 persona 是指一个人社会地位的高低，或者说是“人”与“非人”的区别。

（6）表示一个人的崇高性。人格在这里实际上是伦理学中的一个名词。我们平常说一个人“人格卑劣”，实际上是说这个人道德方面不高尚。

（二）组织行为学对人格的界定

组织行为学对人格的定义最接近上述第（4）条表述，即指与日常工作、生活相适应的个人品质的总和。具体来讲，人格心理学者和组织行为学者认为，人格是一个人在遗传素质的基础上，通过与后天环境的相互作用所形成的相对稳定的、独特的心理行为模式。在理解这个概念时，需要注意以下几个要点：

第一，人格是由一个人内在的心理特征与外部行为方式共同构成的。比如，如果你具有喜欢帮助别人的人格特质，那么就不但具有乐于助人的内心状态，同时能经常做出帮助人的行为。

第二，人格是一个系统模式，它不是多个单一的心理特征或行为方式的拼凑，而是许多心理特征和行为方式相互联系所形成的有一定组织和层次结构的模式。例如，《三国演义》里张飞这个人物性格豪爽，非常勇敢，但比较粗心，待人也不太友善。豪爽、勇敢、粗心、不友善，再加上其他特征有机结合在一起，就构成了张飞这个人物的人格系统。

第三，这种心理行为模式是独特的。我们不否认人与人之间在某些心理或行为特征上有共同性，但从整体上讲，每个人的人格都是独一无二的。这种独特性不仅表现在某些个别的心理或行为特征上，更主要地表现在整个模式上，从而使得人与人相互区别开来。例如，日常学习生活中与你朝夕相处的同学、室友，尽管他们的人格特质远没有小说中脸谱式的人物那么明显，但是我们仍然能觉察出他们的独特性。

第四，这种心理行为模式是相对稳定的。这是讲一个人的人格特质在时间上具有前后一贯性，空间上具有一定的普遍性。例如，如果你是一个性情比较急躁的人，昨天是这样，今天是这样，明天还是这样，这就是所谓人格在时间上的前后一贯性。同样，你在学习上比较急躁，工作中也是这样，甚至在日常生活和人际交往中也表现出急躁，这就是所谓人格在空间上的普遍性。当然，并不排除你有时在某种场合偶尔也会表现出沉稳，这时我们会说，你的举止不像你本人。当然，人格的稳定性是相对的，并不是终生不变的。

第五，这种独特的行为和心理模式不是与生俱来的，而是在先天遗传素质的基础上，通过与后天环境相互作用形成的。一个人从受精卵开始，遗传素质与环境作用就不可分割地联系在一起，它们相互作用，共同对人格的形成和发展发挥作用。

且不论在其他领域的含义，仅在组织行为学中，人格概念就具有非常丰富的内涵，它实际上是指一个人在心理和行为方面稳定的特异性。

心理学的研究认为，人格包括动机、气质、性格和认知风格等方面。本节以下部分主要介绍人格与气质、性格、认知风格等概念的关系。

（三）人格与气质、性格、认知风格等概念的关系

1. 气质

（1）什么是气质。在日常生活中，我们经常会用到“气质”这个词，但其所指的含义与组织行为学和心理学中所表达的相差甚远。在组织行为学和心理学中，气质是指一个人天生的、表现在心理活动的动力方面的典型、稳定的心理差异和特征。根据这个定义，我们也可以看出气质和人格在含义上的不同。气质指的是先天性和生理性的差异，而人格则是指先天性特征和环境因素交互作用所产生的人与人之间的差异。理解气质这个概念需要注意以下两点：

第一，气质是先天的心理特征。它随着遗传与生俱来，因此更加受制于生理组织因素。比如，刚出生的婴儿就存在明显的差异，有的爱哭泣，有的好动，有的比较安静。这些最初的特征更多地显示为气质方面的特点。除了人类，动物也会表现出一些气质方面的差异。我们经常会发现即使都是一个品种的宠物狗，它们在行为上也会有差异，有的天生好动，有的相对安静一些。

第二，气质是人的心理活动的动力特征。所谓动力特征，是指心理活动过程的速度、稳定性、强度和指向性等方面的特征，这些特征一般与活动的内容、动机和目的无关。如果你是一个稳定沉着、具有内向气质的人，不论是参加庆祝会还是追悼会，不论是受到表扬还是批评，你都会喜乐自持、哀怒有控，不会表现出手舞足蹈或呼天抢地等情不自禁的举动。心理活动过程的速度指的是知觉、思维、情感和行为方面的速度。比如，同样是做课堂上老师布置的作业，有的同学可能解题速度极快但错误较多，而有的同学则可能速度极慢、显得拖拖拉拉但是正确率高。所谓稳定性，是指注意力集中时间的长短。例如，老师上课时，班级里有些学生能够较长时间集中注意力，而有的学生则比较容易走神。强度是指情绪和情感的强弱程度、意念力的强弱程度等。例如，班级里的学生在面对老师的表扬时，有的人可能会手舞足蹈，而有的人可能仅仅是开心地笑一笑。

（2）气质在组织管理活动中的作用。作为人格结构中最不易改变的部分，气质对人的行为和活动有明显的影响，因此对于组织管理工作也具有重要意义。

第一，考虑气质类型与工作岗位的匹配。每个人都有自己的气质特征，每个岗位都会对人有一些特殊要求。所以，尽量使人的气质特征与岗位要求相互协调配合，才能有利于工作。例如，如果是一个多血质的人，可以做一些要求灵活应对的工作任务，如采购员、推销员；而如果是一个胆汁质的人，可以做一些突击性、开拓性的工作；如果是一个黏液质的人，可以做一些从事核算和监督职能（如会计、统计等）的管理工作；如果是一个抑郁质的人，可以做一些研究工作。另外，一些特殊职业对人某一方面的气质特征有特殊要求，如飞行员、运动员、驾驶员、宇航员等工作责任重大，要求反应极灵敏，敢于冒险，机智果断，能承受高度的身心紧张等，此时更加需要考虑气质与职业岗位的匹配。

第二，根据气质特征合理调整团队构成，增强团体战斗力。人的气质特征有积极的一面，也有消极的一面。合理调整不同气质的人员组成一个团队，形成气质互补的组合，就可以起到相互克服气质的消极影响，发挥气质的积极作用，从而达到增强凝聚力、战斗力的目的。比如，一个领导班子要做出一个重大决策，需要有果断、机智、冷静、细心、创新、激情等不同气质类型的心理素质，但是很少有人同时具备上述素质，这就要求气质互补的团体组合。

第三，在组织管理中，需要“因气质施教”。多血质的人豁达大度、反应灵活、接受能力强，对他们的培养、教育可采用批评和劝导相结合的方式；胆汁质的人积极主动、生气勃勃、容忍力强，培养、教育他们既要开展有说服力的严厉批评，提高他们的自制力，又不能激怒他们，激化矛盾；黏液质的人沉着、坚毅、冷静，情绪反应较慢，对待他们要耐心说服、开导，多用事实说话；抑郁质的人情感深刻、脆弱、孤僻、冷淡，这样的人不可在公开场合批评、训斥，而应在关怀中激励、在情感中引导，使他们自觉接受别人的批评或主张。

2. 性格

性格是人对现实的稳定态度和习惯化的行为方式，在理解性格的含义时需要把握以下几个方面。

第一，性格是人格结构中最具有道德评价的部分。我们大家都知道，气质并无好坏之分，而性格则有好坏之分。比如有的人公正无私，而有的人则自私自利；在面对灾难或险境时，有的人会不惜牺牲自己保护他人，有的人可能会退缩自保，而有的人则会趁火打劫。这就是人们面对现实时所表现出来的不同态度。

第二，性格是在社会生活中逐渐形成的。由于生活环境的不同，人的性格特点会出现很大的变化。因此，相比气质，性格具有很大的可塑性。“近朱者赤，近墨者黑”，就是讲环境对人的影响，其中的“赤”与“黑”可以理解为性格的“好”与“坏”。

第三，性格具有较强的稳定性。性格一旦形成就比较稳定，在个体的生活实践中经常表露出来，除非经受重大事件的影响，否则很难发生改变。

第四，性格具有复杂的结构。构成性格的特征可以分为态度、情绪、意志、理智四个方面。性格的态度特征是指对待和处理社会关系的性格特点。比如，有的人善良、诚实、热情，有的人残酷、虚伪、冷淡；有的人勤劳，有的人懒惰；有的人自律，有的人放任。性格的情绪特征是指情绪活动的强度、稳定性、持久性以及主导心境等方面的特点。比如，有的人情绪稳定，有的人情绪波动较大；有的人比较乐观，有的人比较悲观。性格的意志特征是指一个人是否具有明确的目的性、纪律性，是否具有较强的独立性与自制力等。比如，有的人遵纪守法，有较强的意志力，有的人违规违纪，依赖性强。性格的认知特征是指在感知、注意、记忆、思维、想象等认识过程中表现出来的性格特点。比如，有的人善于分析，有的人善于综合；有的人记得快、忘得也快，有的人记得慢、忘得也慢。

3. 认知风格

认知风格（cognitive style）也叫认知方式，是指人们偏爱使用的信息加工方式。比如，有的人喜欢与别人讨论问题，而有的人则喜欢自己独立思考。认知风格也具有一定的稳定性，儿童时期所表现出来的某种认知风格可能会保持到成年。

大卫·威坦等人提出的学习风格理论在管理理论中非常具有影响力。他们认为，认知风格由大量与个体解释信息和对信息做出反应的方式有关的因素组成。基于这种思考，他们提出了两个维度：个体收集信息的方式、评价信息的倾向。

个体收集信息的方式可以分为两种：具体经验（concrete experience）和抽象概念（abstract conceptualization）。如果你是一个具有具体经验倾向的人，就会倾向于通过直接经验来获得信息，通过实际、具体的感觉体验进行认知，倾向于将自己沉浸于环境之中获得信息，这种类型的人通过体验和参与进行最有效的学习。但如果你是一个具有抽象概念倾向的人，就会倾向于对抽象、符号或者理论的信息进行掌握和学习，更喜欢学习那些能够进行理性的检验或智力性探索的信息，喜欢从书本中获得信息。

评价信息的倾向即对信息进行解释、评估和反应的策略，与问题的具体解决模式有关，分为反思性观察（reflective observation）和积极实验（active experimentation）两种。如果你是一个具有反思性观察倾向的人，就会避免迅速做出判断，而是会对信息从不同角度进行思考和反思；而如果你是一个具有积极实验倾向的人，就会对得到的信息立即采取行动，将获得的新信息运用于目前的问题或者情境，用实验的方式检查信息的含义和价值。

这样，可以将人的认知风格分为四种：发散（diverging）、吸收（assimilating）、会聚（converging）和适应（accommodating）。

（1）发散：这种人在具体经验和反思性观察维度上得分较高，擅长从多种不同的观点和角度来观察一个具体的情境，喜欢收集大量的信息和进行头脑风暴，往往对艺术、历史、政治、英语和心理学等领域感兴趣。如果你是这种类型的人，会倾向于选择社会服务和艺术传媒方面的工作，偏爱与人交往。

（2）吸收：这种人在反思性观察和抽象概念维度上得分较高，擅长处理广泛的信息，并将其整理成简明、相互联系和有逻辑性的形式，认为理论在逻辑上的完善比实用价值更加重要，往往对经济学、社会学和化学专业更加感兴趣。如果你是这种类型的人，会倾向于选择教育研究和法律等方面的工作，偏爱以收集信息为主的工作。

（3）会聚：这种人在抽象概念和积极实验维度上得分较高，擅长发现理论的实际用途，是问题的解决者和决策者，喜欢处理技术任务和已经描述好的问题而不是社会和人际问题，往往对物理、工程和计算机专业感兴趣。如果你是这种类型的人，会倾向于选择解决技术问题的工作，如工程、计算机科学和医学技术。

（4）适应：这种人在积极实验和具体经验维度上得分较高，擅长积累实际经验，喜欢实施计划，让自己投身于新的、有挑战性的经历，往往对商务和管理专业感兴趣。如果你是这种类型的人，会倾向于选择商务、组织行政等方面的工作，并且喜欢领导或者行政类的工作。

认知风格并不是未来选择职业道路的唯一因素，更不是决定个人命运的因素。认知风格可以帮助个人进行有效学习，还可以帮助个人确定在一个有效的团队中与什么类型的人共同工作。

（四）人格的决定因素

有关人格研究的早期争论主要集中在这样一个问题上：一个人的人格究竟来自遗传还是环境？显然，答案并不是非此即彼的。正如我们在介绍人格的定义时所说的那样，人格是遗传和环境因素的产物。不过，近来的研究倾向于支持遗传的重要性超过了环境这一观点。

遗传（heredity）指的是那些由胚胎决定的因素。我们的身材、相貌、性别、秉性、肌肉的组成和反射、精力水平以及生物规律等特征，都全部或至少大部分受到父母的影响，也就是说，受到他们生物、生理、内在心理构成的影响。遗传观点进一步认为，根据染色体上基因的分子结构，可以全面解释个体的人格特质。

来自不同国家的研究者对成千上万对刚出生就分离并分别在不同家庭中成长的同卵双胞胎进行了研究。如果遗传在决定人格方面所起的作用很小，那么，在这些分开抚养的双胞胎身上将很难发现相似性。但是分开抚养的双胞胎有很多共同的地方。比如，一对双胞胎彼此分离了 39 年，在相距 75 千米的两地分别成长，但研究者发现他们驾驶的汽车型号和颜色完全相同，抽同一品牌的香烟，给自己家的狗起了相同的名字，而且常常去距离各自 2 500 千米的海滨度假。研究者发现，双胞胎人格相似性中的 50%，以及职业与业余偏好相似性中的 30%，可以由遗传做出解释。

有趣的是，对双胞胎的研究表明，父母所提供的生活环境对人格的发展并没有太多影响。与共同成长的兄弟姐妹相比，在不同家庭长大的同卵双胞胎的人格更具有相似性。有点让人泄气的是，父母对我们人格最重要的贡献就是基因（这一结果与当下流行的励志观点有些矛盾)，而不是对我们的教育和后天的努力。

但是这并不表明人永远不会改变。例如，人们在可靠性上的测量分数伴随时间有增长的趋势，因为当年轻人开始扮演一些角色，比如建立一个家庭、开创一份事业时，均需要极大的责任心。然而，需要指出的是，尽管每个人的可靠性都会增加，但是由于每个人的增加大体相当，所以排名顺序基本保持不变。

二 人格对工作行为的预测作用

(一) 卡特尔人格特质理论

卡特尔(Raymond B. Cattell，1905—1998)提出的人格特质理论在工作领域具有广泛的影响。所谓特质(trait)，是指个体所表现出的持久且稳定的特点，包括害羞、进取、顺从、懒惰、忠诚等，这些特点可以用来描述一个人的行为。卡特尔通过因素分析的统计方法得出了16种人格特质，这些特质代表着行为差异的基本属性，每个特质又分为低分者特征与高分者特征两个极端(见表2-1)，卡特尔的理论因此称为16种人格因素(16 personality factor，16PF)。而后，卡特尔在这16种人格特质的基础上设计出一种自陈式问卷。问卷共有A，B，C三种模式，A，B模式由187个问题组成，C模式较简洁，只有107个问题。该测验的信度与效度均不错，在企业、医院等组织中得到广泛应用。

表2-1　　卡特尔的16种人格特质

	人格特质	低分者特征	高分者特征
A	乐群性	缄默孤独	乐群外向
B	聪慧性	迟钝、知识面窄	聪慧、富有才识
C	情绪稳定性	情绪激动	情绪稳定
E	恃强性	谦虚、顺从	支配、攻击
F	兴奋性	严肃、谨慎	轻松、兴奋
G	有恒性	权宜敷衍	有恒负责
H	敢为性	畏怯退缩	冒险敢为
I	敏感性	理智、着重实际	敏感、感情用事
L	怀疑性	信赖随和	怀疑刚愎
M	幻想性	现实、合乎常规	幻想、狂放不羁
N	世故性	坦白直率、天真	精明能干、世故
O	忧虑性	安详沉着、有自信心	忧虑抑郁、烦恼多端
Q1	激进性	保守、服从传统	自由、批评激进
Q2	独立性	依赖、随群附众	自立、当机立断
Q3	自律性	矛盾冲突、不拘小节	知己知彼、自律严谨
Q4	紧张性	心平气和	紧张困扰

(二) 大五模型

近年来，大量颇具影响力的研究证实，有五项人格维度构成了所有人格因素的基础，该人格理论模型称为大五模型（Big Five）。它包括的五个因素是：

（1）外倾性（extraversion）：该因素描述的是一个人对关系的舒适感。外倾者喜欢群居、善于言谈、具有决断性；内倾者倾向于封闭内向、胆小害羞、安静少语。

（2）随和性（agreeableness）：该因素描述的是一个人服从他人的倾向性。随和性较高的人更为合作、热情和信赖他人；随和性较低的人则是冷淡的、敌对的和不受欢迎的。

（3）责任心（conscientiousness）：该因素是对信誉的测量。有高度责任心的人是负责任、有条不紊、值得信赖、持之以恒的；在该因素上得分低的人很容易精力分散、缺乏规划性，且不可信赖。

（4）情绪稳定性（emotional stability）：该因素刻画的是一个人承受压力的能力。情绪稳定性好者是平和、自信、安全的；情绪稳定性差者是紧张、焦虑、失望和缺乏安全感的。

（5）经验开放性（openness to experience）：该因素针对一个人在新奇方面的兴趣和热衷程度。开放性非常高的人富有创造性，凡事好奇，具有艺术的敏感性；开放性非常低的人很保守，对熟悉的事物感到舒适和满足。

很多研究发现，大五人格维度与工作绩效之间有着重要关系，这些研究对大量的职业类型进行了调查，包括专业技术人员（如工程师、建筑师、会计师、律师）、警察、管理者、销售人员、半熟练和熟练技工。工作绩效使用三个指标进行界定：绩效评估、培训效果（在培训项目中获得的成绩），以及人事资料（如薪酬水平）。调查结果显示，对于各行各业的人员来说，责任感这一维度都可以预测其工作绩效。“占绝对优势的证据表明，那些可以信赖、细致周到、做事有条不紊、勤奋刻苦、持之以恒、成就取向的个体，在绝大多数职业当中会取得更高的工作业绩”（Mount，Barrick & Straun，1994）。另外，在责任心上得分较高的个体也会在与工作相关的知识方面水平更高，这可能是由于高责任心的人会在工作中付出更多的努力，而较高的工作知识水平又会带来较高的工作绩效水平。

大五模型中其他人格维度的预测力取决于绩效标准和职业群两项因素。比如，外倾性可以预测管理和销售岗位的工作绩效，这一点比较容易理解，因为这些岗位需要较多的社会交往活动。同样，研究发现经验开放性对于培训效果的预测也十分有用，这一点也是合乎逻辑的。一个比较意外的研究结果是，情绪稳定性与工作绩效无明显相关性。凭直觉人们都认为，平和而有安全感的人应该比焦虑不安的人工作干得更好。一些研究者对该结果的解释是这样的：可能只有那些在情绪稳定性方面得分相对较高的人才会保住自己的工作，而研究样本均选择的是在职受聘员工，因此，他们之间的差异非常小。

大五人格特质影响组织行为学的标准模型如图 2－1 所示。

（三）迈尔斯-布里格斯类型指标

迈尔斯-布里格斯类型指标（Myers-Briggs Type Indicator，MBTI）是一种迫选型、自我报告式的人格测验工具，用以衡量和描述人们在获取信息、做出决策、对待生活等方面的心理活动规律和不同的人格类型表现。它以荣格的心理类型理论为基础，由美国的布里格斯（Briggs）和迈尔斯（Myers）母女二人共同研制开发。美国心理类型应用

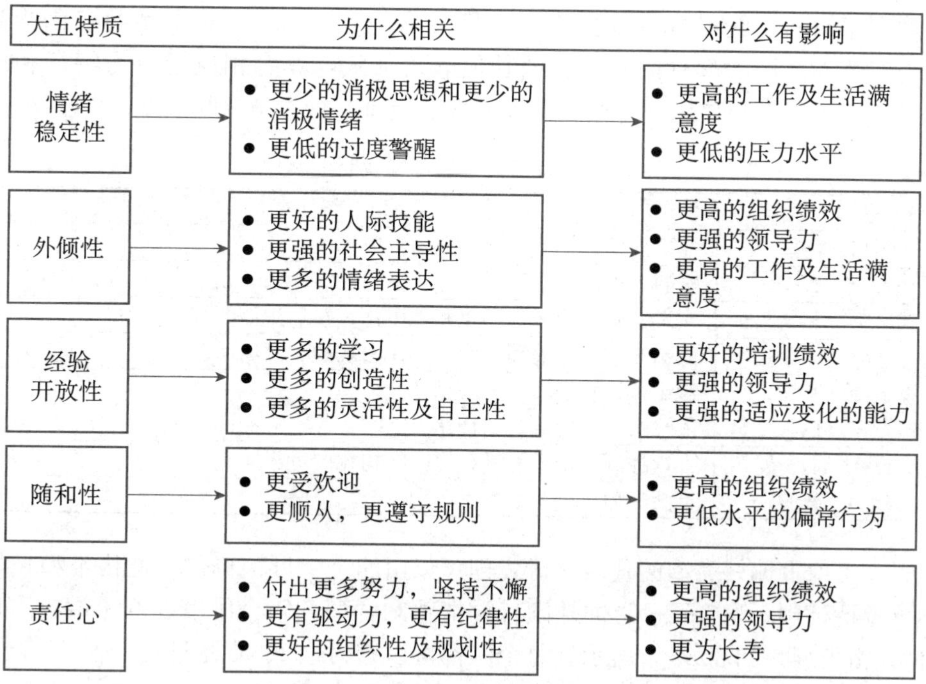

图 2－1　大五人格特质影响组织行为学的标准模型

中心主席麦考利（McCaulley）估计，全世界每年有 170 万名各类人员接受 MBTI 的测试。该量表从以下四个维度来解析人格。

首先，从人们倾向于将心理能量集中在外部世界还是内部世界的角度，可将人格分为外倾型（extroversion，E）和内倾型（introversion，I）。如果你是一个外倾型的人，会较多关注外部世界的人和事，心理能量是指向外部环境的，偏好通过交谈的方式沟通，喜好社交和表达，兴趣广泛；如果你是一个内倾型的人，会倾向于将心理能量指向自身的观念和经验，喜欢反思，喜好独处，不喜欢与人交流，兴趣不广泛但比较执着。

其次，从人们如何获取信息的角度，可将人格分为感觉型（sensing，S）和直觉型（intuition，N）。如果你是一个感觉型的人，会倾向于通过感觉器官获取真实存在的信息，不依赖于理论上的解释，相信自己所看到、听到和触摸到的，通常有敏锐的观察力，注重具体细节，比较实际；如果你是一个直觉型的人，会依靠直觉来获取信息，关注现实的背后，喜欢寻找事物发展的可能性，想象力丰富，富有创造性。

再次，从人们如何处理信息和做出决策的角度，可将人格分为思维型（thinking，T）和情感型（feeling，F）。如果你是一个思维型的人，在处理信息和做出决策时依靠的是事实和逻辑，擅长逻辑思维、客观分析，不以感情为转移，理性公平；如果你是一个情感型的人，对于别人的情感会很敏感，喜欢权衡事物对自己和他人的价值和意义，在决策时过多考虑人的因素而不是客观事实，具有同情心、理解力。

最后，从人们对待外部世界的方式的角度，可将人格分为判断型（judging，J）和知觉型（perceiving，P）。如果你是一个判断型的人，会喜欢用判断的方式对待外部世界，生活得有计划、有秩序，擅长使用系统、有组织的方式解决问题，做事有条不紊，有计划、有目的；如果你是一个知觉型的人，会喜欢灵活，随着信息的变化调整工作目标，喜欢用感知的功能对待外部世界，容易冲动，适应性强，对事物的变化持开放态度。以上每个人格维度都有两种不同的功能表现形式，具有相应的行为特征和价值取向，以及相应的优点和缺点，可以为个人的发展提供一种参考（见表 2－2）。

表 2－2　　MBTI 维度的解释与说明

人格类型	特征
外倾型（E）	性格开朗，善于社交，充满自信
内倾型（I）	安静，害羞
感觉型（S）	注重实际，偏爱程序化和秩序化，并且注重细节
直觉型（N）	依赖无意识的处理过程，关注宏观的“大场面”
思维型（T）	运用理智和逻辑处理问题
情感型（F）	依赖个人的价值观和情绪
判断型（J）	喜欢控制，偏爱充满秩序、结构化的世界
知觉型（P）	灵活变通，顺其自然

取每个维度上偏好类型的代表字母，即可以由四个字母构成你的性格类型，如 ISFJ 即内倾感觉情感判断型，ENFP 即外倾直觉情感知觉型。四个维度、八个端点可以组合成 16 种人格类型，如表 2－3 所示。每个人都可以归为这 16 种类型之一。

表 2－3　　MBTI 的人格类型表

内倾感觉思维判断 ISTJ	内倾感觉情感判断 ISFJ	内倾直觉情感判断 INFJ	内倾直觉思维判断 INTJ
内倾感觉思维知觉 ISTP	内倾感觉情感知觉 ISFP	内倾直觉情感知觉 INFP	内倾直觉思维知觉 INTP
外倾感觉思维判断 ESTJ	外倾感觉情感判断 ESFJ	外倾直觉情感判断 ENFJ	外倾直觉思维判断 ENTJ
外倾感觉思维知觉 ESTP	外倾感觉情感知觉 ESFP	外倾直觉情感知觉 ENFP	外倾直觉思维知觉 ENTP

MBTI 因其独到的理论根基、严格的操作规程和极强的实用性被广泛应用于团队建设、职业生涯设计、教育学习以及个体与家庭治疗等领域（注意，在这里并没有招聘这项人力资源管理职能）。例如，桑普尔（Sample）综述前人的研究发现，16 种人格类型中有 4 种在典型组织中占统治地位，分别是 ISTJ，ESTJ，INTJ，ENTJ，这 4 种人格类型在组织中所占的百分比明显高于基础人群。赖尼瑟（Reynierse，1993）调查了 1 952 名低、中、高层企业管理者，发现这些人与一般人群相比在外倾、思维、判断这几个维度上表现突出，在信息获取方式上低层企业管理者更倾向于感觉，随着管理层级的升高，逐渐向直觉过渡，高层企业管理者中以直觉方式获取信息者占多数。

（四）自我监控

自我监控（self-monitoring）是指个体根据外部情境因素调整自己行为的能力，这一人格特质日益受到人们的重视。

如果你是一个高自我监控者，会对环境线索十分敏感，能根据不同情境采取不同行为，在根据外部环境因素调整行为方面表现出很强的适应性，并能够使公开的角色与私人的自我之间表现出极大差异；如果你是一个低自我监控者，会倾向于在各种情境下都表现出自己的真实性情和态度，不伪装自己，因而在你是谁以及你做什么之间存在高度的行为一致性。

例如，有些员工的能力很强，工作很努力，并且工作结果也不错，但是业绩评估效果仅能达到平均水平。原因可能就在于他无法调整自己的行为以适应变化的环境，这种状况就属于低自我监控。

一些初步的证据表明，高自我监控者比低自我监控者更关注他人的活动，但是有关自我监控的研究还处于起步阶段，因此很难做出较多预测。另外，高自我监控者在职业中会更加灵活应变，更可能在组织中占据核心位置，得到更多的晋升机会（不论在组织内还是跨组织）。我们还可以做出这样的假设：由于高自我监控者能够根据不同的观众而给出不同的呈现，当管理岗位要求个体扮演多重甚至相互冲突的角色时，他们会更为成功。

（五）控制点

我们把个体对于自己是否掌握命运的认知称为控制点（locus of control）。一些人认为自己是命运的主人；另一些人则认为自己受命运的操纵，生活中所发生的一切均是运气和机遇的作用。前者认为自己可以控制命运，我们称其为内控型（internals）；后者认为自己被外界的力量左右，我们称其为外控型（externals）。

大量内控和外控的比较研究一致表明，外控型的人相比内控型的人对工作更不满意、缺勤率更高、对工作环境更为疏远、对工作的卷入程度更低。另外，外控型的人采取主动行动的可能性更低。

总体来说，内控型的人在工作上会干得更好，但这一结论在不同工作中也存在一定的差异。内控型的人在决策之前积极搜寻信息，对获得成功有更强烈的动机，更倾向于控制自己的环境；而外控型的人则更为顺从，更乐于遵循别人的指导。因此，内控型的人在复杂的工作中做得很好，包括绝大多数管理和专业技能的工作，因为这些工作需要进行复杂的信息加工和学习活动。另外，内控型的人也适合从事要求创造性和独立性的工作。例如，几乎所有成功的销售人员都是内控型的人。与此相对照，外控型的人对于结构分明、条例清楚、只有严格遵从指示才会成功的工作会做得很好。

（六）核心自我评价

拥有积极核心自我评价（core self-evaluation）的人喜欢自己，认为自己是有效能和能力的，能够控制周围的环境。拥有消极核心自我评价的人则讨厌自己，质疑自己的能力，认为自己无力控制周围的环境。

核心自我评价会影响工作绩效。拥有积极核心自我评价的人在工作中表现更好，因为他们有更为高远的目标，且对自己的目标更加坚定，为了达到目标更加坚持不懈。一项针对人寿保险代理人的研究发现，核心自我评价是绩效的重要预测指标。在人寿保险的销售过程中，90%的电话销售被拒，因此，保险代理人必须相信自己才能够坚持下去。事实上，这项研究表明，多数成功的销售人员其核心自我评价都是积极的。这种人是更受欢迎的同事，能提供更好的顾客服务，他们所拥有的事业会有更为良好的基础，随着时间的流逝职业生涯也发展得更快。

当然，核心自我评价过于积极而超出实际能力时，也会产生负面影响，如决策错误。过于关注自身的缺点并因此而不开心，同样会产生不良的结果。例如，如果某个人认为自己没有能力去做某些事情，那么他就不会去做，而不去做又会加深自我怀疑。因此，要学会做出恰当的核心自我评价。

（七）主动型人格

我们周围总是存在这样的人，他们会主动改善现在的环境或者创造新的环境，这些人具有主动型人格（proactive personality）。具有这一人格类型的人识别机会，具有主动性，采取行动并且坚持不懈，直到出现有意义的变化。他们冲破艰难险阻，使周围的环境产生积极的变化。表现出主动型人格的人对组织更具吸引力，更有可能成为领导者和组织中的变革推动者。

其他主动型行为的利弊则要针对具体的组织和情境而言。主动型的人更有可能挑战现状，当他不喜欢周围的情境时也会提出来。如果组织要求员工具有创业精神，主动型的人是最佳人选；反之，这些人则可能离开组织自己创业。作为个人，具有主动性更有可能获得职业成功。他们会积极搜索工作和组织的信息，拓展与高层人士的联系，制定职业规划，在遇到阻碍时也会坚持不懈。

（八）自恋

自恋这个词来自希腊神话，讲述了一个虚荣而又骄傲的男子爱上自己的故事。在心理学中，自恋（narcissism）是指一个人具有自我极度重要的感觉，希望获得更多的称羡，有权力意识，并且自大。

自恋可能会产生有害的后果。研究表明，尽管自恋的人认为自己比同事更适合做领导者，但主管还是会把他们评为更差的领导者。自恋的人经常想要获得别人的称羡，渴望获得主管的认可，面对那些威胁到自己的人倾向于把自己看得高人一等（把别人看作无能的）。自恋的人也很容易自私、只顾索取，经常认为别人都是为他们而生的。自恋的人会被老板评价为工作比较低效，尤其在需要帮助他人的时候。

（九）自尊

人们喜爱或不喜爱自己的程度各有不同，这一特质称为自尊（self-esteem）。有关自尊的研究为组织行为学提供了一些很有趣的证据。比如，自尊与成功预期正相关，自尊心强的人相信自己拥有工作成功所必需的大多数能力。另外，自尊心强的人在工作选择上会更冒险，更可能选择那些非传统性的工作。

有关自尊方面最普遍的发现是，自尊心弱的人比自尊心强的人更敏感，更容易受外界影响，需要从别人那里获得积极的评估。为此，他们更可能寻求他人的认同，更倾向于按照自己尊敬的人的信念和行为从事。从管理的角度看，自尊心弱的人更注重取悦他人，很少站在不受欢迎的立场上。人们还发现自尊与工作满意度正相关，大量研究证实自尊心强者比自尊心弱者对工作更满意。

（十）A 型人格与 B 型人格

A 型人格和 B 型人格的划分借用了临床医学的概念。A 型人格表现为：

（1）运动、走路、吃饭通常节奏很快；

（2）对很多事情的进度感到不耐烦；

（3）总是试图同时做两件以上的事情；

（4）无法打发休闲时光；

（5）着迷于数字，他们的成功是以每件事中自己获益多少定量衡量的。

与 A 型人格相对应的是 B 型人格，其特点正好相反。B 型人格“很少受到这种欲望的折磨，诸如要获得越来越多的东西或无休止地压缩完成工作的时间”。

B 型人格表现为：

（1）从来不曾有时间上的紧迫感以及其他类似的缺乏耐心的感觉；

（2）觉得没有必要展示或讨论自己的成就；

（3）充分享受娱乐和休闲，而不是不惜一切代价实现自己的最佳水平；

（4）充分放松而不感到内疚和有负罪感。

A 型人格的人常常处于中高度的焦虑状态。他们总是体验到一种时间上的紧迫性，有着强烈的竞争意识，不断给自己加压，要在最短的时间里干最多的事情。这些特点会明显反映在具体的工作方式当中。比如，A 型人格的人是速度很快的工人，他们更重视数量而不是质量。从管理角度来看，A 型人格的人表现出愿意长时间从事工作，但决策欠佳也绝非偶然，因为他们做得太快了。A 型人格的人很少具有创造性，因为他关注的是数量和速度，遇到问题时常常依赖自己过去的经验。面对一个新问题，他们很少会花专门的时间来研究和开发具体的解决方法。面对环境中的各种挑战和困难，他们很少改变自己的反应方式，因此，他们的行为比 B 型人格的人更易于预测。

A 型人格的人常常被评价为工作积极、勤奋努力、能力强、富于进取、成就动机高。但是，在组织中，A 型人格的人和 B 型人格的人谁更容易成功？尽管 A 型人格的人工作勤勤恳恳、孜孜不倦，B 型人格的人却常常占据组织中的高层职位。最优秀的销售人员常常是 A 型人格，高级管理人员却常常是 B 型人格。为什么？答案在于 A 型人格的人倾向于放弃对质量的追求，而仅仅追求数量，然而在企业当中晋升的往往是那些睿智而非匆忙、机敏而非敌意、有创造性而不是仅有好胜心的人。

（十一）冒险性

人们在冒险意愿上存在差异，并且这种接受或回避风险的倾向对管理者做决策所用的时间以及做决策之前所需的信息量都有影响。比如，一项研究让 79 名管理者进行模拟人事练习，要求他们做出聘用决策。低冒险性的管理者比高冒险性的管理者做出决策花的时间更长，使用的信息也更多。有趣的是，两组的决策准确性相当。

总体来说，大企业中的管理者倾向于不愿意冒险，尤其是与那些成长取向的创业者相比，后者主要致力于管理小型企业。从总体的工作人口来看，在冒险性上也存在差异。了解这些差异并进一步根据工作具体要求考虑与冒险性的匹配是很有意义的。比如，愿意冒险这种特点可能会成为从事审计工作的财会人员的主要障碍，因此最好在这项工作中安排低冒险性的人，但是对一个股票经纪人来说，高冒险性可能会带来更高的业绩，因为这类工作需要迅速做出决策。

（十二）马基雅维利主义

马基雅维利主义（Machiavellianism）人格特质以尼科洛·马基雅维利（Niccolo Machiavelli）的名字命名，马基雅维利因其关于如何获得和操弄权术的专著而闻名。如果你是一个高马基雅维利主义的人，会更讲求实效，保持情感的距离，相信结果能替手段辩护。“只要行得通，就采用它”是高马基雅维利主义者一贯的思想准则。

人们在马基雅维利主义与行为结果的关系方面进行了大量研究，这些结果也受到情境因素的调节。高马基雅维利主义者比低马基雅维利主义者更愿意操纵别人，赢得更多的利益，更难被别人说服，却更多地说服别人。研究发现，高马基雅维利主义者在以下条件下工作更有成效：（1）当他们与别人直接面对面交往，而不是间接地相互作用时；（2）当情境中要求的规则与限制最少，并有即兴发挥的自由时；（3）当对具体问题的情感卷入与能否成功无关时。

高马基雅维利主义者是不是一个好员工取决于他们的工作类型，以及在评估绩效时是否考虑其道德内涵。对于结果不能为手段辩护的工作和行为有绝对的规范标准的工作，以及当上面列出的三个条件不存在时，我们可以预期高马基雅维利主义者的绩效水平会大打折扣。但是，对于需要谈判技能的工作（如劳工谈判者）和成功能带来实质效益的工作（如拿佣金的销售人员），高马基雅维利主义者会十分出色。

第3节 能力与工作

一 能力的含义

能力一词到底是什么意思？心理学家认为，能力（ability）指的是一种心理素质，是顺利完成某种活动的心理条件。例如，一位画家要具有色彩分辨和形象记忆能力，这些能力是保证顺利完成绘画活动的直接心理条件；一名管理人员要具有语言表达能力、逻辑推理能力，这些能力是保证顺利实现管理活动的直接心理条件。

人的能力是各种各样的，通常可以分为一般能力、特殊能力和创造能力。一般能力指的是在完成不同种类的活动中都表现出来的能力，如观察力、记忆力、抽象概括力、想象力、创造力等，其中抽象概括力是一般能力的核心，平时我们所说的智力指的就是一般能力。特殊能力指的是适用于某个特殊领域的能力，例如音乐、绘画、飞行等。创造能力指的是创造新概念、新事物、新产品的能力，是由已知的东西获得未知的东西的能力，符合创造活动的要求。由于不同能力内容的差异，对它们的测量也采用不同的方法。

二 智力的结构及测量

（一）智力的结构

1. 传统的智力结构理论

有关智力的具体构成，不同的学者有不同的观点。例如，美国心理学家瑟斯顿

(Thurstone，1931）提出了基本心智能力构成的七个维度：(1）语言理解，即理解语言含义的能力；(2）语句流畅，即能否迅速做出反应的语文能力；(3）数字运算，即能否迅速、正确地进行计算的能力；(4）空间关系，即方位辨识及空间关系判断能力；(5）联想记忆，即有关两个事物之间联系的机械记忆能力；(6）知觉速度，即能否凭知觉迅速辨别事物异同的能力；(7）一般推理，即能否根据经验做出归纳推理的能力。

英国心理学家弗农（P. E. Vernon，1971）提出了智力的层次结构理论，认为智力的结构是按层次排列的。其中第一层次是普遍因素，即人的基本心理能力，是决定一个人智力高低的主要成分。第二层次分为两大群，即语言和教育方面的因素与操作和机械方面的因素，它们被称为大群因素；第三层次为小群因素，包括语言理解、数量、机械信息、空间信息等内容；第四层次为特殊因素，即完成具体工作时需要的特殊技能。

2. 新兴的智力理论

最近十多年，研究者开始把智力的意义再一步扩展。不少学者提出了多维取向的智力理论。其中比较著名的是加德纳（Gardner）的智力多元论和斯腾伯格（Sternberg）的智力三元论。

美国心理学家加德纳提出的智力多元论（multiple intelligences theory）认为，智力应包括认知智力、社会智力、情绪智力和文化智力。认知智力指的是传统智力测验中一直关心的那部分潜能。社会智力指的是一个人与他人建立有效联系的能力。情绪智力是一种识别、理解和管理情绪的能力。文化智力则是对跨文化的差异具有敏感性，并能够在跨文化的情境中成功运作的能力。

美国耶鲁大学教授斯腾伯格提出的智力三元论主张，人类的智力是三边关系组合的智力统合体。这三种智力成分是组合性智力（componential intelligence）、经验性智力（experiential intelligence）和实践性智力（contextual intelligence）。组合性智力是指个体在问题情境中运用知识分析资料，经由思考、判断、推理以解决问题的能力，传统智力测验中测得的智商代表的就是这部分智力。经验性智力是指个体运用已有经验处理新问题时，统合不同观念而形成的顿悟或创造能力。实践性智力是指个体在日常生活中运用学得的知识和经验处理日常事务的能力。

这些多维取向的智力研究尚处于起步阶段，对未来的研究极具启发性。它能够帮助我们解释，为什么一个所谓的“聪明人”（即有高认知智力的人），却未必能很好地适应日常生活、与他人相处或在领导位置上取得成功。不过，基于多维智力理论的相应智力测量工具还没有出现，以下关于智力测量的部分介绍的都是传统的智力测量工具。

（二）智力的测量

韦克斯勒（D. Wechsler，1896—1981）在智力层次结构论的基础上，编制了闻名全球的韦克斯勒智力量表。该量表包括语言和操作两个分量表，可以分别度量个体的语言能力和操作能力（见表2-4）。在韦氏成人智力测验中，语言量表包括六个项目，操作量表包括五个项目。应用韦氏量表，不仅可以测量出智商的总体水平（综合智商），还可以测量出智商的不同侧面——语言智商和操作智商。

表 2－4 韦氏成人智力量表举例

测验名称		测验内容	测验举例
语言量表	常识	知识的广度	水蒸气是怎么产生的？ 什么是胡椒？
	理解	实际知识和理解能力	为什么电线常用铜制成？ 为什么有人不给售货收据？
	心算	算术推理能力	粉刷一间房子 3 个人用 9 天，如果 3 天内要完成需要多少人？ 一辆汽车 45 分钟行驶 25 千米，20 分钟行驶了多少千米？
	两物相似	抽象概括能力	圆和三角形有何相似之处？ 蛋和种子有何相似之处？
	数字广度	注意力与机械记忆能力	按次序复述以下的数：1，3，7，5，4。 倒数以下的数：5，8，2，4，9，6。
	词汇	语词知识	什么是河马？ “类似”是什么意思？
操作量表	图像组合	处理部分与整体关系的能力	将拼图小板拼成一个物体，如人手、半身像等。
	填图	视觉记忆及视觉理解性	指出每张画中缺了什么，并说出名称。
	图片排序	对社会情境的理解能力	把三张以上的图片按正确顺序排列，并叙述一个故事。
	积木拼图	视觉模式与分析能力	看完一种图案之后，用小木块拼成相同的样子。
	译码	学习与书写速度	学会将每个数字与不同的符号联系在一起，然后在某个数字的空格内填上正确的符号。

资料来源：彭聃龄．普通心理学．北京：北京师范大学出版社，2001.

除了韦氏智力测验，目前比较流行的还有能力倾向测验，以及我国学者开发的多项能力与职业意向测验等。

使用智力测验进行选拔、晋升以及其他人事决策时遇到的一个主要困境是：这些测验可能会对少数族裔和有特殊信仰的群体产生不利影响。国外研究表明，平均而言，在语言、算术、空间能力测验中，某些少数族裔群体的分数低于白人群体一个标准差。正因为如此，一些心理学家尝试编制文化公平性测验，以解决上述问题。这种测验的构想是，试图以图形作为智力测验的题目，从而排除学得知识的影响。瑞文图形推理测验就是其中一个代表（图 2－2 是这种测验的一个例子）。这种文化公平的尝试虽然取得了一定效果，但在选题上受到明显的限制。

概括地说，工作中需要进行的信息加工越多，较高的总体智力水平和语言能力越是成功完成此项工作的必要保证。然而，高智商并不是所有工作的前提条件。在很多工作中，员工的行为具有高度规范性，很少有机会使他们表现出差异。此时可以说，高智商与工作绩效之间相关性并不大，而一些非智力因素的影响更强烈。

三 特殊能力及其测量

特殊能力（special ability）指的是在某种专业活动中表现出来的能力，它是顺利完成专业活动的心理条件。随着社会分工越来越精细，形成了不同实践领域所需要的专门能力。然而，智力测验只提供了对人们一般能力的了解，远远不能满足不同领域对于人

第四组1图

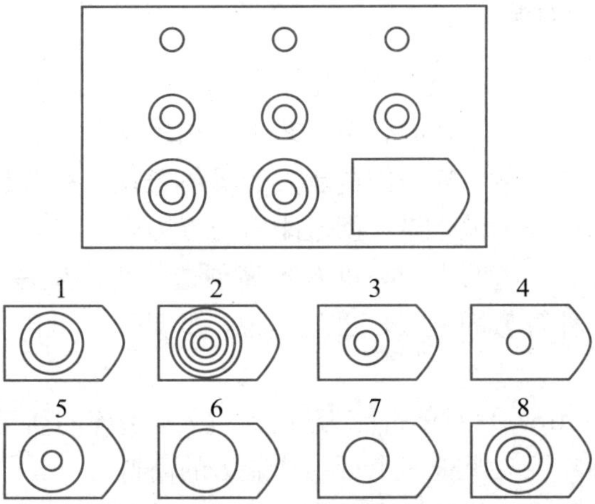

图 2-2　瑞文图形推理测验举例

员选拔和使用的迫切需要。特殊能力测验正是在这种背景下应运而生的，它对职业选择、人员配置都有重要意义，但这种测验发展较晚，不少测验尚未成形，测验的标准化问题还没有得到满意的解决。

特殊能力的测量具有较强的针对性，每种测验只针对一个特定的职业或特定的能力倾向，我们以飞行人员的能力测验为例来说明（见表 2-5）。

表 2-5　飞行人员的能力测验

项目	测验要求
个人简历	与驾驶、领航和轰炸训练有关的经验背景、社会状况和家庭状况
一般知识	对于飞机、飞行技术、汽车驾驶、机械、体育运动的兴趣和知识
空间定向	从一张大的图片中找出内容相同的小照片
观察辨认速度	迅速辨认形状的异同以及对象的细节
选择性反应时间	对于不同空间位置的视觉刺激物进行选择性反应
旋转追踪和注意力分配	眼手的协调活动，同时进行两项工作的注意力分配
手指动作灵活性	利用手指精确摆弄小物件的速度
舵的控制	用脚调节飞机方向舵的踏板
复合协调活动	对于连续呈现的视觉刺激物在操纵杆上做出连续协调的运动反应
双手追踪	通过双手协调动作把指针保持在运动的目标上
瞄准器操纵	用瞄准器追踪或瞄准一个运动目标
判断	解决实际问题的能力
协调阅读	迅速读出雷达显示器上的目标的距离和方向
阅读理解	阅读技术资料，并根据资料得出逻辑结论
仪表和表格阅读	阅读仪表及复杂性表格的速度与准确度
机械原理	日常生活中的机械常识和经验，对物体安排的表象及推理
机械了解	关于机器的构造、工作原理和修理的知识
仪表理解	根据飞机仪表来确定飞机的方位
数学测验	简单运算的速度和准确性
理智活动	判断实际情况的能力

资料来源：李剑锋．组织行为管理．北京：中国人民大学出版社，2000.

四 创造能力及其测量

一个具有创造能力的人往往能超脱具体的知觉情境、思维定式、传统观念的束缚，在习以为常的事物和现象中发现新的联系。艺术家构思出新作品，发明家设计出新型机器，科学家提出新的理论模型，都是创造能力的具体表现。有关创造能力与智力之间的关系，研究大致显示出这样一种趋势：创造能力与智力之间存在某种程度的相关，但并无高相关。也就是说，高智力的人未必也有着高创造能力。但是，“对重要的创造行为来说，个体必须达到某种智慧的阈限，也就是说，要具备最低限度的智力水平”（Guilford，1971）。

吉尔福特（J. P. Guilford）对创造能力进行了较为系统的研究，认为可以通过思维的流畅性、变通性和独特性三个方面衡量创造能力的高低。

（1）流畅性：指的是在单位时间内产生多种反应的数量。创造能力高的人能在短时间内想出数量较多的项目，即反应迅速而且数量众多。例如，在规定的时间内，写出所有偏旁为“亻”的汉字。写出的汉字越多，说明个体的思维流畅性越好。

（2）变通性：指的是做出不同反应的范围或维度。范围越大、维度越多，说明变通性越强。变通性强的人在解决问题时能触类旁通，举一反三，不拘泥于现有的常规方式。例如，创造能力测验中有这样一道题就是测查变通性的：要求被试在5分钟之内列出红砖的用途。如果被试列出的用途只局限于建筑范围内，如盖房子、建教室、铺路、垒墙等，说明被试变通性较差。如果被试举出的例子范围很广，并有一些特别的用途，如压纸、打狗、钉钉子、磨红粉等，则说明变通性很强。

（3）独特性：指的是能对问题提出超乎寻常、角度独特的见解，不受已有观念的束缚和限制。

创造能力测验不同于智力测验。智力测验的内容一般为常识性的，并有固定的答案，因而测量的结果主要反映个人的记忆、理解和一般推理能力。而创造能力测验的内容不强调对现成知识的记忆与理解，更强调独特和异乎寻常。这种特点也导致测验的标准化问题一直未能有效解决。下面列举一些在创造能力测验中出现的项目。

1. 不寻常用途

对下列物品，把你所想到的用途尽量多地说出来：

A. 牙签　　B. 红砖　　C. 曲别针

2. 后果推测

如果国家和地方的法律都突然被废除，请你想象一下可能发生的后果。

3. 非直接联想

请你给出第四个词，使之与前面的三个词都发生联系：

A. 老鼠—蓝色—农舍小屋　　B. 轮子—电—高

C. 外面—狗—猫　　D. 惊奇—线—生日

4. 词的联想

请对下列每一个词尽可能多地做出定义：

A. 螺丝　　B. 布袋　　C. 投掷　　D. 公平

5. 完成寓言

请你对没有结局的短寓言续上三种不同的结尾——道德的、幽默的、悲伤的。本题根据结尾的数目、恰当性、独特性记分。

五 体质能力

体质能力是指从事某项工作所需具备的身体方面的能力。比如，一些工作要求具备耐力、手指灵活性、腿部力量以及其他相关能力。尽管现代很多工作可以用机器来完成，从而使人从繁重的体力工作中解脱出来，但是体质能力（physical abilities）一直很有价值，而且这种价值会一直持续下去。研究人员对上百种不同的工作要求进行了调查，最后确定，体力活动包括9项基本能力（见表2-6）。不同个体在每项能力上都存在一定程度的差异，并且这些能力之间的相关性极低。一个人在某一项能力上得分高，并不意味着在另一项能力上得分也高。如果管理者能确定某一工作对这9项中每项能力的要求程度，并且保证从事此工作的员工达到这些能力要求，那么无疑就会提高工作绩效。

表2-6　　9种基本的体质能力

力量因素	能力
1. 动态力量	不断重复或持续运用肌肉力量的能力
2. 躯干力量	运用躯干肌肉（尤其是腹部肌肉）以达到一定肌肉强度的能力
3. 静态力量	产生力量阻止外部物体的能力
4. 爆发力	在一项或一系列活动中产生最大能量的能力
灵活性因素	能力
5. 广度灵活性	尽可能远地移动躯干和背部肌肉的能力
6. 动态灵活性	进行快速、重复的关节活动的能力
其他因素	能力
7. 躯体协调性	躯体不同部位同时活动时相互协调的能力
8. 平衡性	受到外力推拉时保持身体平衡的能力
9. 耐力	需要延长努力时间时持续保持最高努力水平的能力

本章小结

1. 人格是个体在遗传素质的基础上，通过与后天环境的相互作用所形成的相对稳定、独特的心理行为模式，包括动机、气质、性格和认知风格等方面。

2. 气质是指一个人天生的、表现在心理活动的动力方面的典型、稳定的心理差异和特征。在人职匹配、团队构成中都需要考虑气质的匹配，在组织管理中也需要“因气质施教”。

3. 性格是人对现实的稳定态度和习惯化的行为方式。气质与性格这两种人格结构中的重要组成部分，既有相似之处，又有明显区别，也会相互影响。

4. 认知风格也叫认知方式，是指人们偏爱使用的信息加工方式。认知风格理论中较有影响的是大卫·威坦等人提出的学习风格理论，它将认知风格分为个体收集信息的方式、评价信息的倾向两个维度，其中前者分为具体经验和抽象概念，后者分为反思性观察和积极实验，最后形成发散、吸收、会聚和适应四种类型。

5. 工作场所中几种常见的人格理论包括卡特尔人格特质理论、大五模型、MBTI人格理论，与预测组织行为相关的其他人格特质包括自我监控、控制点、核心自我评价、主动型人格、自恋、自尊、A型人格与B型人格、冒险性、马基雅维利主义。

6. 能力指的是一种心理素质，是顺利完成某种活动的心理条件。人的能力通常可以分为一般能力、特殊能力和创造能力。

7. 美国心理学家加德纳提出了智力多元论，认为智力应包括认知智力、社会智力、情绪智力和文化智力。斯腾伯格提出了智力三元论，主张人类的智力是三边关系组合的智力统合体：组合性智力、经验性智力、实用性智力。

关键词

人格　认知风格　大五人格　MBTI　自我监控　控制点　自尊　冒险性　能力　智力理论

复习与思考题

1. 思考并回答年龄对员工工作表现的影响。
2. 请说明人格、性格、气质三个概念之间的异同。
3. 请具体说明大五模型与工作绩效的关系。
4. 思考并回答特殊能力与一般能力对于工作业绩的影响。

参考文献

1. 彭聃龄．普通心理学．北京：北京师范大学出版社，1988.
2. 郑雪．人格心理学．广州：广东高等教育出版社，2004.
3. 斯蒂芬·P. 罗宾斯．组织行为学：第7版．北京：中国人民大学出版社，1997.
4. 张爱卿．人才测评．北京：中国人民大学出版社，2005.
5. 大卫·A. 威坦，金·S. 卡梅伦．管理技能开发：第5版．北京：清华大学出版社，2004.
6. 周渝霞．论商务谈判中气质类型与人员组织管理的关系．湖北成人教育学院学报，2010，16（6）：71－72.
7. 徐建生，张志，吴保群，秦襄培．团队凝聚力的构成要素及形成过程．武汉工程大学学报，2009，31（4）：52－55.
8. 尤瑾，郭永玉．“大五”与五因素模型：两种不同的人格结构．心理科学进展，2007，15（1）：122－128.
9. 邢群麟．世界上最经典的1 500道心理测试题．北京：中国言实出版社，2006.
10. 田兴燕，郑全全．人格情绪导向模式——对H管理理论的研究．应用心理学，2002，8（2）：3－7.
11. 李剑锋．组织行为管理．北京：中国人民大学出版社，2004.
12. 孟慧，李永鑫．大五人格特质与领导有效性的相关研究．心理科学，2004，27（3）：611－614.
13. 奥伯利·丹尼尔斯．正面强化的神奇力量．北京：新华出版社，2002.

14. 葛树人．心理测验学．台北：桂冠图书公司，1976.

15. Bliese P D，Britt T W. Social support，group consensus and stressor-strain relationships：social context matters. Journal of organizational behavior，2001，22（4）：425-436.

16. Cattell R B. Personality pinned down. Psychology today，1973（7）：40-46.

17. Gerrig R J，Zimbardo P G. Psychology and life. 16th ed. Pearson Education，2002.

18. Guilford J P，Hoepfner R. The analysis of intelligence. New York：McGraw-Hill，1971.

19. Gardner H. Frames of mind：the theory of multiple intelligences. Basic Books，1983.

20. Kilduff M，Day D V. Do chameleons get ahead? the effects of self-monitoring on managerial careers. Academy of management journal，1994（37）：1047-1060.

21. Mount M K，Barick M R，Strauss J P. Validity of observer ratings of the big five personality factors. Journal of applied psychology，1994（79）：272-280.

22. Robbins S. Organizational behavior. 10th ed. Prentice Hall，2002.

23. Vernon P E. The structure of human abilities. London：Methuen，1971.

案例分析

乔布斯的性格与事业成功

在我们身边有很多这样的孩子：他们聪明、有灵气、好动，没有规范；他们与人交往比较困难；他们的家长对教育问题无能为力，任其自然；他们给家里带来很多的麻烦，早早就被贴上“淘气包”“坏孩子”“差生”“无可救药”等标签。在美国也有这样一个孩子，他就是乔布斯。作为苹果的灵魂人物、硅谷的商业偶像，乔布斯也是一个性格自相矛盾的人物，他从禅宗寻求宁静，却又强势逼人。

乔布斯从小就有着强烈的不安全感。他很淘气，总是做与常人不同的事情。他的一位同学多年以后回忆起他的时候曾这样描述他：他是一个孤单的、爱哭的男孩。乔布斯与这位同学曾参加同一支游泳队，这也是他参加的为数不多的体育运动队。“如果比赛失败了，他会自己跑到一边哭泣。他和别的同学也很难相处。他就是这样一个家伙。”这位同学说。在中学时，乔布斯因为身材矮小、体型瘦弱和个性奇怪而被同龄人排斥。可是就是这样一种内心强烈的不安全感，让乔布斯不停地追求与众不同的东西，也造成了他性格上的倔强与不服输。

乔布斯从小就很多动，老乔布斯夫妇刚收养乔布斯之后，就举家迁往南旧金山的一座工业城镇，乔布斯在这里长到了3岁。小时候乔布斯特别调皮多动，他早晨往往很早就起来捣乱，属于那种天生爱搞恶作剧的孩子。有一次，他和小伙伴们跑进了医院，就是想尝尝杀虫剂究竟是什么味道。还有一次，乔布斯把发夹塞到了电源插座内，让它发出难闻的气味以满足自己的好奇心。他在邻居家的摄像机前面做鬼脸，骑在三轮车上对街坊四邻大喊大叫，还看了很多不健康的电视节目。

乔布斯的性格成分中有一种任性、不服输的劲。他爱捣乱，不服从老师的管教，不完成老师布置的家庭作业和课外作业。他认为做这些作业纯属浪费时间，几次被学校勒令退学。小学四年级的时候，他受到一位名叫伊莫金·特迪·希尔的老师的深刻影响，这位老师也最终改变了他的人生。“她在我心目中是一位了不起的老师，”乔布斯说，“她教四年级提高班的课程时，仅花一个月的时间就了解了我的情况。她极力敦促我学习，甚至会这样说：‘我真希望你能完成这些作业，你要是能完成我就给你5美元。’就这样，希尔老师激起了我内心的学习热情。”乔布斯在那一年所学的知识要比小学其他任何一年都多。

孤僻、不合群是乔布斯性格上的弱点。乔布斯在上学时，从同龄伙伴那里并没有收获什么，得到的全是麻烦，因为他与他们格格不入。多年后乔布斯与沃兹尼亚克相识，发现彼此在性格上有相似之处，他们都很孤僻、不合群，不爱开玩笑，也不是团队里的活跃分子。乔布斯对电子学有一种特别的爱好，时常沉浸在自己的世界里。

做事专心的性格给了乔布斯很大帮助。11岁时，乔布斯心中的自由精神和超常的智力水平在学校那种混乱的局面下，毫无施展和提升的机会。他渐渐变得郁郁寡欢，并感到深受挫折，最终向父母提出退出那所学校，并获得了父母的支持和同意。他在这个时候就能以足够的意志力说服他的父母搬家。这种刚强的个性加上做事专心的品性，使他能够克服前进道路上的任何障碍，这一点在乔布斯小时候就显现了出来。

善于说服人让乔布斯获得了经济利益。乔布斯和沃兹尼亚克运用一个称为“蓝匣子”的自制装置盗打长途电话。沃兹尼亚克在斯坦福直线加速器中心的图书馆里做了几次实验性研究，当然有几次也失败了。他提出了一个设计方案，根据这个方案设计的“蓝匣子”要比其他盗打电话高手所用的“蓝匣子”好得多。最大的优点就是它不需要开关，只要有人拨打长途电话，这个装置就会被自动激活。这一技术上的革新让沃兹尼亚克风光了好多年。“我们简直入迷了，”乔布斯说，“真是难以想象，仅仅是制作了这么简单的一个小匣子就能把电话打到世界各地。”当然，没有任何一个打电话者认为拨打这种免费电话是一种偷盗行为，实际上，唯一受损的是电话公司，而电话公司的损失在他们这些人看来是无所谓的。还有什么能比这样做更让人感到荣耀呢？

资料来源：根据百度百科（http：//www.doc88.com/p-668150390734.html）整理。

讨论题

1. 乔布斯的人格对其事业成功产生了哪些有利影响？
2. 乔布斯的人格对其事业成功产生了哪些不利影响？

第 3 章

态度与价值观

学习目标

学完本章后，你应该能够：

◎ 了解态度的含义和作用

◎ 掌握态度与行为改变的理论

◎ 理解并熟记工作满意度、价值观的概念

◎ 了解价值观的各种类型

◎ 了解关于价值观的几个主要观点和理论

◎ 对比终极性价值观和工具性价值观的差异

◎ 熟悉态度与行为之间的关系

引例

褚时健——从“烟王”到“橙王”

褚时健是红塔集团原董事长，昔日赫赫有名的“亚洲烟王”，中国最具争议性的财经人物之一。褚时健以战略性的眼光强化资源优势，并抓住行业机遇，用 17 年的时间将默默无闻的玉溪卷烟厂缔造成亚洲排名第一、世界排名第五的大型集团企业——红塔集团，累计实现税利 991 亿元，成为地方财政支柱、国家税利第一大户。

1999 年 1 月，因经济问题褚时健被判处无期徒刑、剥夺政治权力终身。2001 年，73 岁的褚时健获减刑，保外就医，与妻子承包荒山开始种橙子。十余年后，褚橙年产 10 000 吨，利润超过 6 000 万元，被称为“云南最好吃的橙子”“中国最励志的橙子”。2012 年 11 月 5 日，种橙的第十个年头褚橙首次大规模进入北京市场，褚时健以 86 岁的高龄创造了“褚橙神话”。

褚时健从“烟王”变成“橙王”，从巅峰到谷底再到第二次登顶，创造了世间少有的神话。作为一个成功企业家，褚时健曾说：“我这个人的性情就是不服输，用句时髦的话说就是‘看重自我价值的证明’。人一辈子都要干事情，任何境况下都要有所作为。只要活着，就要干事；只要有事可做，生命就有意义。”褚橙庄园开业时有记者问褚时健如何评价自己的一生，褚老借用了他的传记《褚时健》中的一句话：“我这一生的追求很简单。不管是为国家干还是为自己干，我都有一个不变的追求：沾手的事情就要干好，大事小事都一样。”

资料来源：先燕云，张赋宇．褚时健：影响企业家的企业家．长沙：湖南文艺出版社，2014.

在生活中，我们常常会对不同的人或事物产生不同的评价。同样，面对相同的工作内容，不同的个体可能会有不同的认知和感受，从而产生不同的工作投入。有的人热爱工作，遇到任何困难都能坚持下去；而有的人则消极怠工、敷衍了事。这在一定程度上体现了个体之间态度和价值观的差异。工作场所中的态度和价值观会对一个人的行为产生重要影响。本章的前半部分将对态度、态度与行为的关系及工作满意度等进行讲解，后半部分将讨论价值观的构成及其对个体行为的影响。

第 1 节　态度的基本概念与理论

一　什么是态度

（一）态度的含义

我们在认识客观事物或者工作交往中，总是对人或事做出各种各样的评价，这种对客观对象所表现出来的心理倾向是一种内在的心理准备状态，它一旦变得比较持久稳定，就会成为态度。例如，当你讨厌某个人时，无论他做什么你可能都不喜欢。如果这种不喜欢变得比较稳定，那么就可以说你对这个人形成了一种态度性的看法。因此，态度可以定义为一个人对外界特定事物所持有的评价性、较为稳定的内部心理倾向。

在理解态度的含义时，需要把握以下四点：

第一，态度是一种内在的心理倾向。你可以将自己对某个事物的态度通过外在行为表现出来，也可以隐藏不露。例如，当你对朋友不满意时，既可以通过抗拒行为表现出来，也可以把这种不满藏在心里。

第二，态度总是指向特定的对象。任何一种态度都是有针对性的，反映了主体和客体的关系。例如，你不可能喜欢或者讨厌所有的人，这种喜欢或厌恶总是指向某个或者某些具体的人。

第三，态度具有一定的稳定性和持久性。态度一旦形成，就将持续一段时间，不会轻易改变，这就叫态度的抗变性。当你喜欢某人或某物时，我们说你对其形成了喜欢的态度。如果想改变这种态度，可能会需要一定的时间。

第四，态度是一个包含多种成分的复杂结构，包括认知成分、情感成分和行为成分。任何态度都是在对某些人、事、物的喜好性做出理性评价之后，产生某些情感判断，随后会出现一些行为反应。例如，认识到学习的重要性（理性评价）后，你就会渴望学习新的知识或技能（情感成分），对学习充满期待，学习投入就会增加（行为成分）。

（二）态度的三种成分

如上所述，态度包括认知成分、情感成分和行为成分（见表3-1）。

表3-1　态度的心理结构

态度的心理结构	主要内容
认知成分	人对事物的评价性看法。这种评价性的判断是主观的，可能与实际相符，也可能不符。
情感成分	态度中的情感要素，与个体对某事或某人的情绪体验有关，即人对事物的好恶，带有感情色彩和情绪特征。
行为成分	个体以某种行为方式对某人、某事、某物表现出来的目的和意图，即人对事物的行为准备状态和行为反应倾向。

认知成分（cognitive component）表明了人对事物的评价性看法。当然，这种评价性的判断是主观的，可能与实际相符，也可能不符。例如，独生子女可能认为父母再生一个孩子会减少对自己的关心等。这些判断也许是对的，也许是错的。

情感成分（affective component）是态度中的情感要素，与个体对某事或某人的情绪体验有关，即人对事物的好恶，带有感情色彩和情绪特征。喜爱或讨厌、热爱或憎恨、尊敬或蔑视、耐心或厌烦、热情或冷淡、谦逊或骄横等，都反映了人的态度。

行为成分（behavioral component）是指个体以某种行为方式对某人、某事、某物表现出来的目的和意图，即人对事物的行为准备状态和行为反应倾向。例如，如果喜欢某个人，在他向你请求帮助时，你会愿意帮助他。如果热爱某件事，不管有多少困难，你都会坚持下去。行为成分可以通过观察或者询问有关行为和意图的问题来测量。

态度三种成分之间的关系是复杂的，但在一般情况下三者是协调一致的。例如，如果你认识到吸烟的危害性（认知成分），则在情感上会厌恶吸烟行为（情感成分），表现在行为上则是自己不吸烟，并劝告亲友不要吸烟（行为成分）。这三个方面交织在一起，就形成了你对吸烟的态度。

（三）态度的功能

在研究中人们发现，态度尽管与行为之间没有必然的因果关系，但作为行为的指导和动力系统，对员工的行为有着重要的影响。态度的作用主要包括以下四个方面：

第一，态度影响认知与判断。态度一旦形成，会对认知产生正向作用或负向作用。以正确的价值观为基础的科学态度会对人的社会认知、判断产生积极的影响；而消极的态度容易使人产生偏见、误解，导致判断失误。例如，当你对某个人存有偏见时，无论他做什么，你都可能会做出负面的评价。

第二，态度影响忍耐力。忍耐力指人对挫折的耐受、适应能力，和人对所从事活动的态度有密切关系。例如，团队认同感及忠诚度高的员工，即使在团队处于困境时，也不会离团队而去，而是会更积极地寻求解决办法。

第三，态度影响行为效果。显而易见，假如你对工作持积极态度，就愿意投入更多的时间和精力，也会尽可能地提高自己的工作技能。在这种情况下，工作效果一般会有显著改变。反之，如果你对工作持消极态度，就会影响工作效果的改进。

第四，态度影响人与人之间的相容性。相容性是指在社会交往中，人们与所在群体的融合程度以及组织的凝聚力。如果人与人之间持有真诚、友好、热情、谦和、宽容、互助的态度，那么社会成员之间就会和睦相处，相容性高，组织也会富于凝聚力。反之，虚伪、冷漠、敌视、傲慢、苛求、尖刻的态度会导致人际关系紧张，凝聚力削弱。

（四）态度的形成

研究认为，态度的形成会经历三个阶段：服从、同化和内化。

第一，服从。在服从阶段，一个人会表现出行为成分，但认知成分和情感成分并没有形成，因此，这时他的态度还没有稳定下来。例如，员工会按照上级的规定完成某些安排，可能他们并不认同这样的安排，更多的是服从领导的权威。

第二，同化。所谓同化，是指个体与群体保持一致。在同化阶段，一个人的态度中会有一定的情感成分和认知成分，但此时态度仍然没有形成。接续上面的例子，员工按照上级的规定完成这些安排，可能是因为大家都是这样做的，如果自己不这样做，可能会受到孤立或者被边缘化，因此会感到很大的压力。

第三，内化。所谓内化，是指个体从内心深入接受了某种新的观点，并把它纳入自己的价值观体系中，成为自己行为准则的一部分。接续上面的例子，员工积极主动地完成这些安排，可能是认识到了这样做对企业十分重要，符合企业的发展战略，进而会有更多这样的行为。更重要的是，一旦该员工发现其他同事不积极主动完成上级规定的安排，就会自发地从内心深处对这种行为产生气愤、鄙视和厌烦等消极情绪，并做出相应的行为反应。

二 态度与行为关系的理论

（一）认知失调理论

20 世纪 50 年代末，社会心理学家菲斯廷格（Festinger）提出了认知失调理论（cognitive dissonance theory），解释了态度和行为之间的联系。所谓认知失调，是指一个人认识到自己的态度之间，或者态度与行为之间存在矛盾。菲斯廷格指出，任何形式的不一致都会导致一个人心理上的不适感。因而他会试图减少这种失调，寻求失调最少的稳定状态。例如，我们都知道考试作弊是不对的，当我们作弊时会感到紧张、焦虑、愧疚。但如果我们发现周围很多人都在作弊，这种焦虑感可能就会降低，因为其他人也是这样做的。

然而，没有人能够完全避免失调状态。人们都知道吸烟是有害健康的，但还是有很多人吸烟；家长教育子女时也常常不能够以身作则。那么，消除认知失调的期望的强度会受到哪些因素影响？如何消除这种失调？菲斯廷格认为，人们消除认知失调的愿望取决于三个因素：造成失调的因素的重要性；个人认为自己对失调因素的影响程度；失调可能带来的后果。

第一，造成失调的因素的重要性。如果造成失调的因素相对来说不太重要，改变这种不平衡的压力就比较小。相反，如果造成失调的因素非常重要，就会产生很大的压力，人们就有强烈的愿望来消除这种失调。例如，某些企业的发展会造成环境破坏（排放废弃物污染河流、空气等)，如果企业管理者在追求企业利益时也看重环境保护，那么这种失调就无法被忽略。

管理者可能采用下述做法来消除失调：一是改变行为，停止排放废弃物等以保护环境；二是管理者可以认为这种失调行为并不那么严重从而降低失调感（作为企业的管理者，要重视企业利益，可以先发展再治污）；三是寻找另一个更重要的相关因素来平衡失调因素，比如，认为通过生产给社会带来的效益远远大于污染给社会造成的损失。

第二，个人认为自己对失调因素的影响程度。即当事人认为自己影响、应对失调的能力有多大，这会影响到个体对失调如何做出反应。如果认为这种失调是不可控制的结果，也就是说，没有选择的余地，人们就不大可能改变态度。如果人们自认为无能为力，造成失调的原因在于外部环境条件或上级的命令和规定，则可以把行为作外部归因，从而减轻自己对失调所负的责任。例如，如果导致失调的行为来自老板的指示，那么减少失调的压力比自发行为要小得多。尽管此时失调依然存在，但人们很容易把它合理化并做出辩解。

第三，失调可能带来的后果。这里所说的失调带来的后果是指因失调而可能得到的报偿有多大。如果陷入失调，但由此获得的报偿或收益很大，那么就可以产生一种平衡，认知失调造成的压力也就不会过大。实际上，高报偿本身就是一种强有力的平衡剂，足以矫正认知失调的不一致性。奖赏也会影响到个体减少失调的动机强度。当高度的失调伴随着高奖赏时，可以减少失调所产生的紧张程度。

从以上分析可以看出，认知失调情况下的反应模式是非常复杂的，有认知失调并不意味着一定采取行为来恢复平衡。但认知理论表明，认知失调越大，压力就越大，想消除不平衡的欲念就越强。当上述三个因素的作用达到一定程度时，减少失调的努力就会产生。例如，如果由于工作需要员工被要求说或做与个人态度相冲突、相矛盾的事情，他们倾向于努力改变自己的态度，以使态度与言行相一致。

（二）态度与行为之间关系的影响因素

最初很多人认为，态度决定行为，即有什么样的态度必然导致什么样的行为。随着研究的深入人们发现，态度与行为的关系受到许多因素的影响，这使得态度和行为之间的关系变得错综复杂。克劳斯（Kraus，1995）认为，态度和行为的关系可能会受到以下几个因素的影响（见表3-2）。

表3-2　态度与行为的关系

态度与行为之间的影响因素	主要内容
重要性	被个体认为很重要的态度，倾向于表现出与行为的高度相关性。
具体性	态度和行为的具体性可以增强二者之间的相关程度。态度和行为越具体，二者之间的关系则越明确。
可提取性	很容易回忆起来的态度会比那些不容易从记忆中提取出来的态度更能预测行为。
社会规范	不同的社会规范会对具有相同态度的人产生不同的行为影响。
态度体验	如果评价的态度是个人有过体验的事情，则态度和行为之间的关系会更加强烈。

第一，重要性。重要的态度是那些基本的价值观、自我利益的反应，反映了一个人对于自己看重的个体或群体的认同。被个体认为很重要的态度倾向于表现出与行为的高度相关性。

第二，具体性。态度和行为的具体性可以增强二者之间的相关程度。态度和行为越具体，二者之间的关系则越明确。比如，如果询问是否愿意保护环境（态度），大多数人会回答“是”，但是这并不意味着他们愿意从垃圾箱中挑选出可再利用的物品（行为）。如果询问是否愿意挑选可再利用的物品（态度），此时态度和实际的挑选行为之间的关系就变得更加明显。

第三，可提取性。很容易回忆起来的态度会比那些不容易从记忆中提取出来的态度更能预测行为。有趣的是，你更可能记住的是那些频繁表达的态度。因此，对于某个客体所表达的态度越频繁，你就越可能记住它，而它也越可能影响你的行为。

第四，社会规范。事实上，决定行为的因素并不仅态度一个，社会规范也是其中一个。设想有甲、乙两个同学都持吸烟有害健康的信念，他们的父母也都反对吸烟。上了大学之后，他们分别生活在两个不同的宿舍中。甲同学的舍友都认为吸烟不好，此时他当然不会吸烟。而乙同学的舍友恰好都是吸烟的，他们认为吸烟是一个人成熟和独立的表现。渐渐地，在乙同学的宿舍中就会形成“我们宿舍的人都要吸烟”的不成文规定（这就是宽泛意义上的社会规范）。乙同学与舍友生活的时间越长，就越有可能出现吸烟的行为。有时，这种社会规范会产生社会压力，当社会压力在某种方式上拥有绝对的权力时，态度与行为之间更可能出现差异。它可以解释为什么一名持有强烈反工会态度的员工却会参加亲工会者组织的会议。

第五，态度体验。如果评价的态度是个人有过体验的事情，则态度和行为之间的关系会更加强烈。例如，如果调查大家对酒后驾车的态度，很多人都认为酒后驾车是不对的（态度），但是在实际中还会有人酒后驾车。但是，如果看了酒后驾车造成事故的场面，个人的态度和行为之间就会出现更大的一致性。

以上的解释都是在说明态度如何影响人的行为。一种更新的观点认为，不是态度影响行为，而是行为影响态度！这种观点称为自我知觉理论，我们将在下面对自我知觉理论进行阐释。

（三）自我知觉理论

自我知觉理论（self-perception theory）是考察行为是否影响态度的理论。该理论认为，态度是一种很随意的语言陈述，人们倾向于找出一种听起来合理的答案。被问到自己的态度时，人们并没有太强烈的想法或情感，会回忆与这种事物有关的行为，然后从这些行为中推断出对该事物的态度。例如，如果问某个人是否喜欢曾经就读的大学，他可能会这样想：我在这个学校度过了四年时光，当然喜欢它。从以上的例子可以看出，自我知觉理论认为态度不是在行为之前指导行为的工具，而是在事实发生之后使已经发生的事实具有意义。

自我知觉理论得到了广泛的支持。传统的态度-行为关系总体来说正相关，但行为-态度之间的关系更为有力。当态度不够清晰、模棱两可时尤为如此。如果你对某个事件缺乏经验，或过去对它没怎么考虑过，就会倾向于从你的行为当中推断自己的态度。但是，当你的态度早已在头脑中形成并且界定得十分清晰时，那么，这些态度很可能会指导你的行为。

第 2 节　工作中的态度

一　工作满意度

（一）工作满意度的概念

工作满意度（job satisfaction）是得到广泛认可的一种员工态度，是指员工由于对工作特点进行评估而产生的对工作所抱有的一般性的满意与否的态度。洛克（Locke，1976）认为，它“源自对个体的工作或者工作经历的评估的一种快乐或积极的情绪状态”。一般而言，工作满意度高的员工对工作持积极态度；而工作满意度低的员工对工作则持消极态度。需要说明的是，这里的工作不仅包括岗位职责范围内的行为，同时包括与同事、领导相互交往，遵循组织的规章制度，符合绩效评估标准等各种因素。

（二）工作满意度的测量

对于工作满意度的测量目前主要有两种方法：单一整体评估法（single global rating）与多维度综合评价法（summation score）。单一整体评估法只要求个体回答一个问题，例如“如果把所有因素考虑在内，你对自己的工作满意吗？”要求被试从数字 1～5 所代表的分数等级中圈出一个数字，这些数字代表了从“非常不满意”到“非常满意”的程度。首先需要确定工作中的关键要素，然后询问员工对于每一个维度的感受。通常而言，综合评价法主要有五个典型的维度：工作性质、收入水平、晋升机会、同事关系、上级的监督与控制。通过标准化的量表评估这些维度，数据累加起来就得到了工作满意度总分。

有的人可能会问：哪一种测量方法更好？直觉上，似乎对诸多工作要素的综合反映能够更准确地评估工作满意度，然而，研究结果并未支持这种直觉。有学者对单一整体评估法和更烦琐的多维度综合评价法进行了比较，结果表明前者与后者同样有效。

（三）工作满意度对员工行为与绩效的影响

工作满意度可以影响员工的行为与绩效，包括工作绩效、缺勤率、离职率以及组织公民行为等。

（1）工作绩效。在工作满意度和绩效的讨论中，早期的观点可以概括为一句话：“快乐的员工是高绩效的员工。”也就是说，员工的工作满意度越高，则他的绩效越高。但是大量研究表明，工作满意度和绩效之间的正向关系很弱，就个体而言，满意的员工不一定有较高的生产率，同时不满意的员工生产率不一定低。不过，另外的研究表明，部门或者组织成员的整体满意度提高了，部门和组织层面的绩效确实会提高。因此，如果从组织而非个体层面考察组织的整体工作满意度与组织整体生产率之间的关系，我们会发现高满意度的组织就是更高产的组织。

（2）缺勤率。工作满意度和缺勤率之间有一定程度的负相关。但两者的关系由于存在其他因素的影响而并非高度相关。研究发现，较高的工作满意度不一定导致较低的缺勤率，但是较低的工作满意度更有可能带来缺勤现象。如果组织对员工的病假提供慷慨的福利，那么这无形中会鼓励一部分满意的员工也去申请休病假。

（3）离职率。相对于工作满意度和缺勤率之间的关系，工作满意度和离职率之间的负相关程度更高。在工作满意度和离职率之间的关系中，一个重要的影响变量是员工的绩效水平。研究发现，预测高绩效员工的流动情况时，工作满意度并不重要；而对于低绩效员工，工作满意度的影响则要大得多。影响离职率的因素还有很多，比如劳动力市场供需状况、员工的绩效水平、员工对工作的期望水平等。

（4）组织公民行为。早期对组织公民行为与工作满意度的讨论认为，二者之间有密切联系。工作满意度高的员工更可能以积极的态度来谈论组织、帮助他人，在工作中也做得比正式期望更多。同时，工作满意度高的员工可能更倾向于主动承担正式要求之外的更多责任，因为他们希望回报自己的积极体验。

然而，近来越来越多的研究证据显示，工作满意度通过公平感对组织公民行为产生影响。研究发现，工作满意度与组织公民行为之间的关系总体上仅达到中等程度的相关。但是，当控制了公正性这一变量后，工作满意度与组织公民行为之间无相关。这说明工作满意度来自公平的结果、待遇、程序等。如果你觉得上级主管、组织程序、薪酬制度是不公平的，则工作满意度可能会受到显著影响；相反，如果你认为组织的过程与结果是公平的，则会发展出信任，进而诱发更多的组织公民行为。

（四）员工对不满意的反应方式

员工可以通过很多行为表达他们的不满意。例如，可以通过抱怨、不服从、盗窃组织财产或者逃避一部分工作责任来宣泄他们对组织的不满意，而且这些做法比辞职更为普遍。研究表明，人们可以在两个维度下产生四种不同反应，这两个维度是建设性/破坏性和主动性/被动性（见表 3-3），它们的界定如下。

表 3-3　对工作不满意的反应

	主动性		
破坏性	退出	建议	建设性
	怠工	忠诚	
	被动性		

（1）退出（exit）：行为直接指向离开组织。包括寻找新的工作岗位或者辞职。

（2）建议（voice）：采取主动的、建设性的努力来改善工作条件。包括提出改进建议，主动与上级以及其他类型的团体一起讨论所面临的问题。

（3）忠诚（loyalty）：被动但乐观地等待环境有所改善。包括面对外部批评时站出来为组织说话，相信组织及管理层会做出“正确的事”。

（4）怠工（neglect）：被动地听任事态越来越糟。包括长期缺勤或迟到，降低努力程度，增加失误率。

显然，这个模型包含我们前面所讲的行为变量（如生产率、缺勤率和离职率）。但这一模型补充了建议和忠诚这两种建设性的反应方式，它们能使个体容忍不愉快的情境或者重新恢复满意的工作条件。

（五）影响工作满意度的因素

综合多种研究证据，有四项因素影响高水平的员工工作满意度：富有心理挑战性的工作、公平的报酬、支持性的工作环境和支持性的同事。需要注意的是，管理层是可以左右这些因素的。

所谓富有心理挑战性的工作（mentally challenging work），是指这些工作能为员工提供施展技能的机会，提供多种多样不同的任务，并有一定的自由度让他们决定如何工作，同时可以得到反馈以了解自己干得怎么样。这些特点使得一项工作更富有心理上的挑战性。

公平的报酬（equitable rewards）是指员工希望报酬制度和晋升政策能让他们感到公正、明确，并与期望相一致。当报酬建立在工作要求、个人技能水平、社区工资标准的基础上时，就会被视为公正的，也会导致对工作的满意。类似地，员工还追求公平的晋升政策与活动。晋升不但为员工提供了个人成长的机会，同时增强了他们的责任感，提高了他们的社会地位。因此，如果员工觉得晋升决策是在公平和公正的基础上做出的，则可能会从工作中体验到满意感。

支持性的工作条件（supportive working conditions）是指员工喜欢的那些舒适和没有危险性的物理环境。另外，支持性的工作条件还包括工作场所离家比较近，有整洁并且装备现代的办公设施，有充足的工具和设备等。

支持性的同事（supportive colleagues）是指工作能满足员工的社交需要。友好的和支持性的工作伙伴会提高员工的工作满意度。上级的行为也是决定工作满意度的一个主要因素。研究总体上发现，当员工的直接主管善解人意、友好、对优秀业绩给予表扬、倾听员工的意见、对员工感兴趣时，员工的工作满意度会提高。

二 心理契约

（一）什么是心理契约

心理契约（psychological contract）的内容非常广泛，它是指员工与企业在正式的雇佣合同规定的内容之外存在的隐含的、非正式的、未公开说明的相互期望和理解，也是劳资双方根据劳动合同、企业通行惯例以及双方许诺而形成的一种内隐的、不成文的相互责任。

Robinson，Kraatz & Rousseau（1994）对心理契约的研究结果显示，员工认为“组织的责任”包括丰富化的工作、公平的工资、成长机会、晋升、充足的工具和资源、支持性的工作环境、有吸引力的福利等七个方面；而“员工的责任”有忠诚，加班工作，自愿完成那些非要求的任务，接受搬家的要求，拒绝为竞争对手提供支持，保护组织的私有信息，离职前提前通报，在组织中至少工作两年时间等八个方面。后来的研究发现，上面提及的七项“组织的责任”在员工中出现频率最高。

当然，心理契约具有复杂的结构，对其界定不同，所包含的具体内容也会有所不同。员工与组织关系的状况不同，心理契约的内容也会存在差异。研究显示，心理契约的内涵正在发生重大变化。例如，传统上关注信任、忠诚以及工作稳定性的心理契约正在逐渐向强调交易性和可雇佣性的新的心理契约转变。

心理契约具有如下四个特点：(1) 主观性。心理契约不是责任本身，而是员工对雇佣双方相互责任的认知，并且这种认知有个体自己独特的体验和见解，因此具有主观色彩。(2) 动态性。正式的成文契约一般是稳定的，很少改变，而心理契约受到多种因素的影响，处于持续变更的状态。此外，员工在组织中工作的时间越长，心理契约所涉及的范围就越广，彼此间的相互期望和责任包含的内容就越复杂。(3) 心理契约与期望不同。心理契约不仅有期望的性质，还包括对责任和义务的承诺和互惠。期望未能实现产生的是失落感，而心理契约被违背会产生强烈的消极情绪反应和后续行为，员工会感到自己受到了不公正对待，进而会重新审视与组织的关系。(4) 心理契约与组织承诺存在差异。组织承诺是单向的，指的是员工对组织单方面的投入；心理契约则是双向的，指的是一种员工对于个体与组织之间相互责任与义务的信念。本书后面有对组织承诺更详细的阐释。

关于心理契约的结构主要有三种观点：二维结构、三维结构和四维结构。

第一，二维结构说。二维结构说最早由 Macneil (1985) 提出，该学说认为心理契约包括交易和关系两个维度。交易型契约更多关注具体的、短期的、基于经济和金钱交换的互惠关系（例如，员工为组织生产出某种产品或者提供某种服务，组织为员工提供相应的福利待遇）。关系型契约更多关注广泛的、长期的、基于社会情感方面的互惠关系，契约内容是动态而灵活的，更多包括隐含的和主观上的理解（例如，员工提高工作投入、增强对组织的认同和承诺，组织为员工提供工作保障和发展空间等）。许多研究均验证了二维结构的存在，不过各维度包括的具体内容并不相同。

第二，三维结构说。Rousseau & Tijorimala (1996) 认为，心理契约应该包括交易维度、关系维度和团队成员维度。交易维度依然强调具体、有形、当前利益的相互交换；关系维度则界定为雇佣双方（团队与成员之间）相互支持与信赖，承担长久的、开放性的责任；而团队成员维度则指员工与组织彼此在事业发展上承担责任。Coyle Shapiro & Kessler (2000) 对“雇主责任”进行分析时得到了类似的三个维度：交易责任、培训责任与关系责任。国内学者李原 (2002) 认为，中国员工的心理契约包括规范责任、人际责任和发展责任三个维度。朱晓妹、王重鸣 (2005) 针对中国知识型员工的研究发现，组织责任由物质激励、环境支持和发展机会三个维度构成；员工责任由规范遵循、组织认同、创业导向三个维度构成。

第三，四维结构说。一些研究者根据绩效要求和时间结构在二维结构的基础上创建了心理契约的四维结构。绩效要求指的是作为雇佣条件的绩效描述的清楚程度；时间结构指的是雇佣关系的持久性。四维结构包括交易型、关系型、变动型（过渡型）和平衡型。

（二）影响心理契约的主要因素

心理契约受到性别、年龄、工作年限、组织规模、企业性质和时代背景等多种因素的影响。研究显示，女性认为组织应承担的责任要大于男性认为组织应承担的责任，这可能与女性的敏感性有关。另外，刚参加工作不久的年轻员工正处于适应和学习阶段，因此可能存在更低的心理契约感。研究发现，组织规模、企业性质不同，员工心理契约的内容也存在差异。而随着时代的发展（如竞争环境和工作组织变化），心理契约也处在持续的变化之中。

（三）心理契约对员工行为的影响

心理契约是决定员工行为的重要因素。大量的研究发现，心理契约破坏与组织承诺、组织信任、组织参与、工作满意度、组织公民行为等员工的积极态度和行为负相关；与心理压力、怠工、缺勤、离职、员工偏离性行为等消极态度和行为正相关。例如，罗宾逊（Robinson）的研究表明，心理契约破坏使员工的离职行为增加，组织承诺、工作绩效降低。肖尔（Shore）和巴克斯戴尔（Barksdale）的研究发现，组织给予员工高投资、所承担的责任能满足员工的期望时，员工会回报给组织更高的组织支持、工作绩效，并且离职率会降低。同时，研究还发现，心理契约破坏与员工态度和行为之间的关系受到一些情境因素的影响，即这些因素起到调节作用，如公平敏感度、合同、地位、员工归因、劳动力市场的供求状况、违约的外部不可控因素等都会调节心理契约破坏与员工态度和行为之间的关系。

三 工作中的其他态度

（一）组织承诺

组织承诺（organizational commitment）是指员工对于特定组织及其目标产生认同，并且希望保持组织成员身份的一种心态。高组织承诺意味着一个人对于所在的组织高度认同。

Allen & Meyer（1990）认为，组织承诺应包含情感承诺、继续承诺以及规范承诺三个维度。情感承诺指组织成员对组织的感情依赖、认同与投入。继续承诺指员工继续留在该组织是为了不失去多年的付出所换来的职位和福利等待遇。规范承诺是指员工受长期影响所形成的继续留在组织中的社会责任和义务感。

组织承诺能够影响员工行为。研究数据显示，个体的组织承诺水平可以解释其离职意向和行为34%的变异。研究还发现，人们往往更多地使用工作满意度作为离职意向的预测指标，其实组织承诺的预测力更强。组织承诺之所以是一个更好的预测指标，原因在于它是对组织整体更全面、更长久的反应。一名员工可能会对他所从事的某项具体工作不满意（工作满意度），但这可能只是暂时的，并不是对组织整体不满意。但是，当不满意蔓延至组织本身时（组织承诺），员工更可能会考虑离职。

不过，需要注意的是，随着时代的发展，员工与组织间不成文的忠诚契约已经受到了严重削弱，员工在大部分职业生涯中都待在一家组织中的观念也越来越过时。因此，Rousseau（1997）认为，有关员工-企业联系的测量，例如组织承诺，对于新型雇佣关系来说存在一定的疑问。与过去相比，组织承诺的重要性可能降低了。

（二）工作参与

工作参与（job involvement）是指个人对其目前所从事工作的心理认同程度，以及所认为的绩效水平对自我价值的重要程度。从组织的角度看，工作参与是激发员工动机的关键和建立竞争优势的主要基础；从个体的角度看，提高工作参与程度可以使人们感到工作更有意义，从而更加愉快、全神贯注地投入到工作中。工作参与程度高的员工对他们所做的工作有强烈的认同感，并且更加在意自己的工作。

工作参与包括生理、认知和情感三个维度。工作参与的生理维度是指个体在执行角色任务时能保持生理上的高度卷入；工作参与的认知维度是指个体能够保持认知上的高度活跃及唤醒状态，并且清晰地意识到自己在特定工作情境中的角色和使命；工作参与的情感维度是指个体保持自己与他人（如同事和上级）的联系以及对他人情绪、情感的敏感性。工作参与的这三个维度是相对独立的，例如，个体虽然能够保持生理上的高度参与，但认知和情感却可能处于欠活跃状态。总的来讲，个体在某一维度上的工作参与程度越高，其总体工作参与程度也相应越高。

工作参与能够影响员工行为。研究发现，工作参与程度高会导致低缺勤率和低流动率。然而，相比缺勤率，工作参与似乎可以更稳定地预测流动率，它可以解释流动率变异中的 16%。

（三）员工敬业度

Kahn（1990）指出，员工敬业度（employee engagement）是指员工自我与工作角色的结合，也就是组织成员在工作角色中自我的投入与运用。员工敬业度包括生理投入、认知投入和情感投入三个维度。生理投入是指员工在执行角色任务时，能够保持生理上的高度投入及其相应的行为表现；认知投入是指员工能够保持认知上的高度活跃或唤醒状态，并且意识到自己在工作环境中的角色和使命；情感投入是指员工保持与他人（如同事和上级）有意义的联系以及对他人情绪、情感的敏感性。在工作角色中，员工高度敬业时会在生理、认知或情感上运用和表达自我；员工不敬业时会从物理或心理角度将自我置于工作角色之外，有一定程度的自我回避和自我防卫。也有研究将员工敬业度分为工作敬业度与组织敬业度，这两个概念既相关又有明显区别，研究结果显示，被调查的员工通常表现出比组织敬业度更高的工作敬业度（Alan M. Sakes & Joseph，2006）。

员工敬业度能够影响员工行为。研究发现，当员工敬业度高时，缺勤率、流动率、离职率等较低，会产生更多的组织公民行为、更少的偏离性行为，并对工作绩效产生正向影响。

第 3 节　价值观

一　什么是价值观

（一）价值观的定义

每个人都生活在特定的社会环境中，对现实中的一切事物都会有一定的评价，某些是好的、可接受的、值得的，某些是坏的、不可接受的、不值得的。这就是价值观。罗克奇认为，价值观是一系列基本信念的总和，是个人或社会对某种特定的行为方式或存在的终极状态所持有的持久信念，是人们判断好与坏、对与错、重要与不重要的基本信念。

价值观包括内容属性和强度属性。内容属性是指某种行为模式或存在状态是否重要，强度属性是指该行为模式或存在状态有多重要。例如，甲、乙两人都认为信守承诺是做人的基本准则，这说明两人在价值观的内容属性方面是一致的。但是甲在任何情况下都能信守承诺，而乙偶尔会违背这个准则。对甲来讲，信守承诺这种价值观的强度属性更大。

价值观并不是简单地以一维的方式存在，而是由多个不同但又相互关联的价值衡量标准构筑成相对稳定的层级和结构，因此，更确切地说，价值观是一套以多种价值判断为基础的兼容性价值观体系。价值观体系反映了人们对各种事物和行为主次轻重的评价。

每个人对于是非善恶的判断标准是不同的，因而不同人的价值观体系的内涵是不同的，体现为人们对人生价值的看法、生活意义的评价、行为方式的选择等方面的差异。比如，即使在同一个组织中，有人更看重能力提升，有人比较在意金钱和物质报酬，有人追求地位或权力。

（二）价值观的功能

1. 价值观对于社会发展的功能

从社会心理学的角度看，价值观既反映个体的选择倾向，又反映个体态度及观念的深层结构，主宰个体对外在世界感知和反应的倾向，因此是个体重要的社会心理过程和特征，对个体的行为具有决定性作用。同时，价值观还是群体认同的重要依据，是一种共享的符号系统，因此又是重要的群体社会心理现象。

当某一群体或社会的价值取向一致时，会产生巨大的合力，推动社会目标的实现。历史上最典型的例子便是宗教价值观对文艺复兴以及工业资本主义的发展所起的巨大推动作用。德国社会学家韦伯在其名著《新教伦理与资本主义精神》中提出：16 世纪欧洲宗教改革运动发生以后，许多改信新教的人便以一种直接面对上帝的形式性的无私精神，在宗教、科学、经济、法律等领域勤奋不懈地努力工作，这促成了文艺复兴运动的发生（Weber，1958）。文艺复兴运动发生后，理性主义开始在欧洲文明中大行其道。欧洲理性主义的最大特色在于它特别重视“方法和程序的可计算性”，这种以形式理性为基础所营造出来的社会环境使有意从商的企业家能够精确地计算他的投资和收益，从而有助于日后工业资本主义的兴起。

2. 价值观对于组织行为研究的功能

价值观对于组织行为的研究很重要。首先，它是研究各成员对组织的认同及认同程度的核心衡量指标。一个员工的价值观与其所在组织的价值观越匹配，则表明他对组织越认同。

其次，价值观是了解组织成员的态度和动机并以此分析其行为的基础。个体在加入某一组织之前，其价值衡量标准显然都已基本定型。在这些标准中，有些是客观的、理性的，而有些则因为个人偏好、知识水平、思维能力和特殊的生活经历等，包含主观和非理性的成分。因此我们可以这样说：价值观会使组织中的员工以自己的价值判断在一定程度上过滤对人或事件的看法，对其经手的信息加以筛选。

再次，价值观会促使个体对那些不被其所在群体或组织接受的信仰、态度和行为进行合理化，以解决内心的冲突，从而提高个体的道德感和自我效能感，在组织中保持和维护自尊。

最后，价值观影响企业领导者的决策行为。如果领导者是一个物质利益至上的人，那么就会把个人的收益看得很重，在选择企业的经营目标时将经济效益放在首位，有时甚至不择手段。

二 价值观的形成

一个人的价值观是如何形成的？能否对其进行有目的的干预而使人们形成我们所期望的价值观？答案是肯定的。一般认为，一个人的价值观是从出生开始，在家庭和社会的影响下逐渐形成和稳定下来的。一个人所处的社会环境、家庭的经济和社会地位、父母的职业和价值观、早期的学校教育等，对价值观的形成具有决定作用。报刊、广播、电视等媒体的影响也不可忽视。还是孩子的时候，父母就告诫我们要“努力学习，长大了做个有出息的人”，要“勤奋，诚实，不能撒谎”，“撒谎就是坏孩子”。听故事或看电影的时候，我们会被告知哪个是好人，哪个是坏人。这一切都是价值观的最初来源。值得注意的是，父母的言谈举止和幼儿园老师以及小学老师的言行，对于孩子价值观的形成也具有重大影响。孩子们在无意中通过观察和模仿父母以及老师的举动，逐步形成了自己的是非好坏标准。这种无意识的影响有时比正规教育的作用还要大。

西方学者关于价值观的研究表明，一个人的价值观一旦形成，在相对较短和稳定的生活时空中相对恒定、持久且不容易发生改变。但这并不是说人的价值观是终生不变的，随着时间跨度的更迭和生活环境的变迁，人们的某些观念也会发生相应的变化，这就是价值观的时代属性和社会属性。例如，改革开放以来，人们一直在谈论改革、变革这样的主题，实际上就反映了价值观的改变。40 年前，大多数中国人对于“时间就是金钱，效率就是生命”的说法很难认同。而在今天，不认同这一说法的人反而成为少数。

根据西蒙和哈明的理论，价值观的形成需要经过三个阶段（见图 3－1）：

阶段一：选择。在这个阶段，一个人最初会确定自己的选择范围，然后从这个可选择的范围内进行选择，最后对每一种可选择的后果加以充分考虑之后再做出判断。

阶段二：赞赏。在这个阶段，一个人选择了某种价值观之后，首先会对整个价值观感到满意，随后会公开这个选择。

阶段三：行动。在选择了喜欢的价值观之后，一个人按选择的方向行事。在以后的岁月里会将其作为一种生活方式加以重复。此时，一个人的价值观就形成了。

图 3－1 西蒙和哈明关于价值观形成的三阶段理论

经过这三个阶段，一个人最初选择的规范就会内化为价值观。但是如果没有完整地经过这一过程，形成的就不是价值观，而只是愿望、态度、兴趣等偏好，这些偏好远没有价值观稳定、持久。

三 价值观的分类

(一) 斯普兰格对价值观的分类

德国学者斯普兰格（Spranger，1921）最早对价值观进行了分类。他将人的社会生活归纳为六个方面，由此将人也相应地分为六种类型：理论型、经济型、审美型、社会型、政治型、宗教型。

美国心理学家奥尔波特（Allport，1951）和他的助手进一步发展了这一分类。他们试图用价值观作为对人格进行分类的标准。他们认为斯普兰格提出的六种类型的价值观是存在的，但现实生活中并不仅有这六种类型的人。每个人都具有基本可变的价值观趋向，它们不同程度地存在于一个人的观念体系中，贯穿生活的所有方面。也就是说，人的价值观是一个系统，包容所有类型，在某一时期某些类型的价值观处于重要地位，其他的则处于相对次要的地位。对某一特定情境下的某一个体而言，一种类型价值观的重要性可能超过其他类型，我们就可以认为这个人具有此种类型的价值观。这样，不同类型占主导地位的人，就属于具有不同类型价值观的人。上述六种类型价值观的主要行为特征如下：

理论型（theoretical）：重视以批判和理性的方法寻求真理，求知欲强，喜欢追根问底，富于幻想，喜空谈，爱做理论分析，不愿与人交往。

经济型（economic）：强调有效和实用，重实务，讲享受，追求实用价值，不愿高谈阔论，属于现实主义者。

审美型（aesthetic）：也称艺术型，重视外形及和谐匀称的价值，注重外在形象的美和心灵的感受，用美来衡量客观事物，自身也注重给人以美感。

社会型（social）：强调对人的热爱，以爱护他人、关心他人为高尚职责，热心社会活动，喜欢与人交往，随和，能容忍他人，肯牺牲自己。

政治型（political）：重视拥有权力和影响力，喜欢支配和控制他人，固执己见，具有反抗性，爱表现自己，对权威则恭敬顺从。

宗教型（religious）：关心对宇宙整体的理解和体验的融合，相信命运，注重超自然的力量和感觉的东西，宁愿相信直觉而不愿正视现实或逻辑推理，喜欢沉思。

根据这样的假设，奥尔波特和他的助手编制了一套问卷，这套问卷描述了大量的不同环境，被试从一系列答案中选出最符合自己的。根据被试的答案，研究人员可以分别界定出这六种价值观对该被试的重要程度，然后确定每一个被试的价值观类型。

孙健敏（1993）借用奥尔波特的分类，用问卷调查和现场实验的方法，研究了中学生和大学生的价值观类型及其与亲社会行为的关系。研究发现：第一，青少年的价值观的确存在类型差异。一般而言，所有人都同时拥有六种不同类型的价值观，它们组成了个体的价值观体系。对于不同的人，每种价值观的重要性是不一样的。第二，大中学生的价值观类型分布存在显著差异，大学生依次为经济型、社会型、政治型、理论型、审美型、宗教型，中学生依次为理论型、社会型、审美型、经济型、政治型和宗教型。第三，大学生的价值观类型存在性别差异，女性偏向宗教型、审美型和理论型。中学生的价值观类型则不存在上述性别差异。第四，价值观对亲社会行为有决定性作用，社会型价值观占主导的个体大多有亲社会行为，持理论型和宗教型价值观者较多有亲社会行为，持审美型和政治型价值观者较少有亲社会行为，持经济型价值观者大多没有亲社会行为。

（二）格雷夫斯对价值观的分类

行为科学家格雷夫斯曾对企业组织做了大量调查，对员工的价值观进行了分析，最后概括出以下七个价值观等级。

第一级是反应型。这种类型的人完全根据自己基本的生理需要做出反应，不顾及环境和条件，并没有意识到自己作为人类的种种特点。这种人非常少见，几乎等同于婴儿。

第二级是部落型。这种类型的人依赖成性，服从传统习惯和权势。他们的价值观是从父母或上级身上学到的，喜欢按部就班，喜欢友好而又专制的和睦群体，缺少自主性和能动性。

第三级是自我中心型。这种类型的人有很强的自我意识，奉行个人主义，很难听取他人的意见，不好相处，但是愿意服从权力。

第四级是坚持己见型。这种类型的人态度鲜明，难以接受不同的价值观，却要别人接受自己的价值观。他们不容忍模棱两可的意见，价值观具有恒常性，不受或很少受到周围人的影响。

第五级是玩弄权术型。这种类型的人热衷权术，非常现实，巴结奉承领导，通过玩弄他人取得社会地位和影响，往往会不择手段。

第六级是社交中心型。这种类型的人看重人际关系和集体和谐，希望被人喜爱，与人友好相处，易受别人的影响，通常受到现实主义、权力主义和坚持己见者的影响。

第七级是存在主义型。这种类型的人喜欢自由和创造性地工作，重视挑战性的工作和学习机会，能容忍不同的观点和态度不鲜明的意见，对僵化的制度、滥用权力等现象敢于批评。

（三）罗克奇对价值观的分类

罗克奇（Rokeach，1973）把社会中个体的价值观与人的行为模式以及存在的终极状态联系起来，认为个体的价值观可以分为两大类：一类是工具性的或手段性的（instrumental values），另一类是终极性的或目的性的（terminal values）。工具性价值观反映个人在做人方式上的偏好，即人们对于道德上和能力上可取性的判断，指的是个体更喜欢的行为模式或实现终极价值观的手段。终极性价值观是个人关于人生追求的目的可取性的看法或信念，指的是理想的终极存在状态，是个体愿意用整个生命去实现的目标。这些看法可以是以个人为中心的，也可以是以社会为中心的。成就、自由属于以个人为中心的追求目标，世界和平、平等、社会认可等是以社会为中心的追求目标。

在价值观的分类中，罗克奇的分类具有广泛的影响。为了证明这一分类的有效性，罗克奇编制了价值观调查问卷（Rokeach value survey，RVS）。这套调查问卷包括两种价值观类型，每种类型有 18 个具体项目。通过调查，他认为每个人所持的价值观数目相对一致而且不多，这些价值观在个人心目中的重要性可以用不同的等级表示。人与人的差异关键在于价值观体系中每条价值观的重要性和排列模式。表3-4列出了每一类价值观的一些例子。

表3-4　　罗克奇的终极性价值观和工具性价值观

终极性价值观	工具性价值观
舒适的生活（顺利的生活）	雄心勃勃（辛勤工作，奋发向上）
振奋的生活（刺激的、积极的生活）	心胸开阔（头脑开放）
成就感（不断地做贡献）	能干（有能力，有效率）
和平的世界（没有冲突和战争）	欢乐（轻松，愉快）
美好的世界（艺术与自然之美）	清洁（卫生，整洁）
平等（手足之情，机会均等）	勇敢（坚持自己的信念）
家庭安全（照顾自己所爱的人）	宽容（愿意谅解他人）
自由（独立，自由选择）	乐于助人（为他人的幸福安康着想）
幸福（满足）	正直（真挚，诚实）
内心的和谐（没有内在冲突）	富于想象力（勇敢，有创造性）
成熟的爱（性和精神上的亲密）	独立（自力更生，自给自足）
国家的安全（免受攻击）	富有理智（有智慧，善思考）
快乐（享受、闲暇的生活）	合乎逻辑（理性，稳定）
救世（得救、永恒的生活）	博爱（充满感情，温柔）
自尊（自敬）	顺从（有责任感，可敬）
社会承认（尊重，赞赏）	礼貌（彬彬有礼，有修养）
真挚的友谊（亲密关系）	负责（可靠，值得信赖）
睿智（对生活有成熟的理解）	自我控制（自律，自我约束）

一些研究证实，相同职业或工作类别的人（例如，公司管理者、工会成员、父母、学生）趋向于拥有相似的价值观。而不同人群在罗克奇价值观问卷上的测量结果则差异较大。

我国学者王新玲（1987）运用罗克奇的价值观问卷调查了北京市中学生的价值观，结果表明，中学生的价值观体系具有一定的社会性和时代性。四个年级的学生都把“和平的世界”“文明富强的国家”“成为有真才实学的人”“优异的学习成绩”四项终极性价值观列入最重要的前五项之中，把“有抱负”“有才能”两项工具性价值观排在最重要的前两项，而对“责任感”“独立性”“仁慈”“集体主义”等的评价比较低。研究者进一步分析了学生的价值观体系与道德判断的关系，发现价值观是道德判断的基础或标准。个体的价值观不同，其对道德情境的判断也存在差异。

（四）经营管理价值观的分类

经营管理价值观是对经营管理好坏的总体看法和评价。西方组织行为学家认为，管理者对经营管理的评价可以概括出三种经营管理价值观：最大利润价值观、委托管理价值观和社会责任价值观。

1. 最大利润价值观

这是一种最古老、最简单的价值观，其局限性也最大。最大利润价值观认为，企业的全部管理决策和行为都必须服从利润最大化这个唯一的标准，企业经营管理的好坏都要以这个标准来评价。这种观念在18世纪、19世纪和20世纪初非常盛行，随着人类社会进入21世纪，这种传统的经营管理价值观面临严峻的挑战。以美国安然公司和世界通信公司为代表的一批企业由于过度追求利润最大化而违反企业伦理道德的行为，已经引起了全球的广泛关注。

2. 委托管理价值观

从20世纪20年代开始，委托管理价值观的形成进一步修正和补充了最大利润价值观。这种价值观是在企业规模扩大、组织日趋复杂、投资额巨大而投资者分散的情况下，管理者受投资者的委托从事经营管理形成的。其主要思想是：在为投资者取得最大利润的同时，必须兼顾其他相关各方的利益。经营管理的最高价值是保证各利益相关方对企业满意：对投资者来说，要取得满意的利润；对员工来说，要取得满意的工资和福利；对消费者来说，要取得物美价廉的商品和服务；对政府来说，要取得应得的税收。经营管理者只有同时满足各方利益，才能保证企业正常运作。反之，如果经营管理者只关心投资者的利益最大化，忽视甚至不顾及其他各方的利益，是不可能长久的。

3. 社会责任价值观

这是20世纪70年代以来兴起的一种最新的经营管理价值观。这种价值观的核心理念是：社会责任决定企业的长远发展。它强调在确定企业利润水平时，不仅要考虑企业所有者的利益，更要考虑为实现这种利益所必须付出的代价，以及实现利益目标可能给社会带来的诸如污染环境、破坏生态平衡、损害社会公德等不利影响，通过自觉承担社会责任为企业带来盈利。上述三种经营管理价值观在指导思想等维度的异同如表3-5所示。

表3-5　三种经营管理价值观的比较

表现方面	最大利润价值观	委托管理价值观	社会责任价值观
一般目标	利润最大化	令人满意的利润水平	利润只是一种手段
指导思想	个人主义，竞争，野心勃勃	混合的，既有个人主义，又有合作	合作
政府的作用	越少越好	虽然不好，但不可避免，有时是必要的	企业的合作者
对员工的看法	是实现利润目标的工具之一，员工为物质报酬而工作	既是手段，也是目的	员工本身就是目的
领导方式	专制独断	开明专制、专制和民主混合	民主、高度参与
股东的作用	头等重要	主要的，但也兼顾其他群体的利益	并不比其他群体更重要

（五）工作价值观的分类

工作价值观是个体对工作意义的认识和评价，或者个体在工作中表现出来的价值观。广义地看，工作价值观包括从职业的伦理道德到工作的偏好甚至工作需要等一系列内容。

工作价值观是近20年来西方国家组织行为学研究的一个重要课题。对工作价值观的研究主要关注两个方面：一是工作价值观的结构；二是不同工作价值观对组织行为的影响。第一个方面的探讨比较多。

休普（Super，1962）最早从结构的角度研究工作价值观，提出了三个类别：一是内在价值，指与工作本身有关的一些因素；二是外在价值，指与工作本身无关的一些因素；三是外在报酬。休普根据自己的理论建立了工作价值观问卷，以便对个体的工作价值观进行测量。这个问卷已经有中国学者经过修订后建立了中国版（宁维卫，1996）。国内学者以企业员工为样本进行的因素分析表明，工作价值观主要由三个基本因素构成：工作行为评价因素、组织集体观念因素和个人要求因素（马剑宏等，1998）。

艾利泽（Elizur，1985）通过中东地区样本的研究提出了工作价值观的两层面学说。他认为从工作带给人们的结果来分析，工作价值观具有两个层面：第一个层面是工作结果的形态，这一层面可以分为三类：工具-物质性的（instrumental-material）、情感-社会性的（affective-social）、认知-心理性的（cognitive-psychological）。第二个层面是绩效，可以分为两类：由于组织环境带来的工作结果和由于个人成绩带来的工作结果。

（六）职业成功观的结构

职业成功观是人们心目中的职业成功标准。中国情境下的职业成功观包括外在报酬、内在满足以及和谐平衡三个维度（周文霞，孙健敏，2010），突破了西方文献中职业成功标准的两维结构——职业成功外部标准和内部标准。第一个维度（外在报酬）为外部标准，包括物质报酬、权力地位、绩效贡献、安全稳定四个子维度；第二个维度（内在满足）为内部标准，包括才能发挥、获得认同、自由快乐三个子维度；第三个维度（和谐平衡）为混合标准，包含难以归入内部、外部两个维度的工作家庭与关系网络，详见表3-6。

表3-6　职业成功观

类别	维度
外在报酬	物质报酬
	权力地位
	绩效贡献
	安全稳定
内在满足	才能发挥
	获得认同
	自由快乐
和谐平衡	工作家庭
	关系网络

四　价值观对个体行为的影响

（一）价值观对行为表现影响的研究

罗克奇采用等级排列法，要求被试对每一条终极性价值观和工具性价值观进行重要性排列，从而反映价值观体系中每一条价值观的重要性。在1968年的美国总统选举中，罗克奇用重要性等级排列法对支持各党派候选人的选民进行调查。以平等和国家安全这两条终极性价值观为例，他发现，支持民主党候选人麦卡锡的选民把平等排在第一重要的位置，而把国家安全排在第十七位；支持石油大亨洛克菲勒的选民把平等排在第九位，把国家安全排在十七位；而尼克松的支持者则把平等排在第九位，把国家安全排在第六位。尼克松参加竞选的口号十分强调国家安全，这就使那些关心国家安全的选民愿意投他一票。

（二）价值观、忠诚感与道德行为

近年来关于公司不道德行为的大量报道使得人们越来越关注公司中的道德问题。美国安然公司和世界通信公司做假账事件、沃尔玛雇用童工事件等，使得社会对公司高管人员的道德标准产生了质疑。而组织内部的不道德现象更是屡见不鲜。据一些机构估计，美国每年少支付的员工加班工资至少是 190 亿美元。而 56%的员工承认他们在工作中对自己的上级说过谎。

道德行为涉及正确与错误、好与坏等的标准，对一种行为是否符合道德的判断直接体现了一个人的价值观。而道德行为依赖符合道德原则的决策。因此，组织管理面临的一个严峻挑战就是如何制定符合道德原则的决策。

在美国学者看来，美国商业道德标准的退步始于 20 世纪 70 年代末期。70 年代中期，美国的管理阶层主要由退伍军人支配，他们对雇主忠诚。面对道德冲突时，他们根据如何对自己的组织最有利做出决策。70 年代中晚期开始，婴儿潮一代开始进入高级管理层。到 90 年代初，大部分商业组织的中高层管理职位让位于婴儿潮一代。婴儿潮这代人关注内在，首要关心的是“争得第一”。这种自我中心的价值观（与中国的 90 后类似）与道德标准的衰退具有一致性。

研究表明，道德或不道德行为受到很多因素的影响。Kreitner & Kinicki（1981）提出了关于组织中道德行为的一个模型（见图 3－2）。该模型的中心是个体决策。个人的个体特征、价值观、道德准则会影响其道德行为。该模型显示，一个人过去受奖惩的经历也会对其道德行为产生影响。此外，有三种主要因素会影响一个人的角色期待。一个人在社会生活中扮演着许多角色，包括在组织中是员工或者管理者。

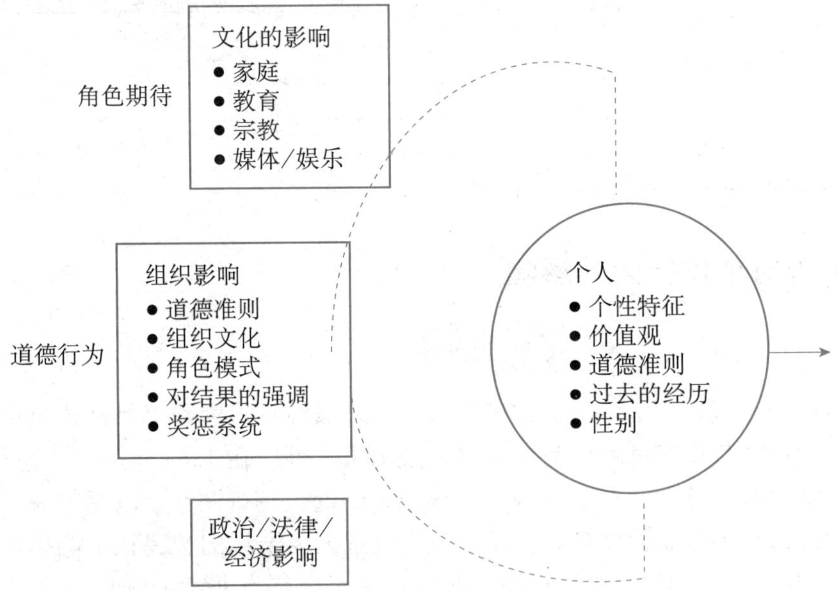

图 3－2　工作场所的道德行为模型

因此，道德行为是个人与环境相互作用的结果，决策者个人的道德准则和组织的道德氛围会对一个人的道德行为产生影响。

五　国家文化背景下的社会价值观

随着我国企业“走出去”倡议的实施，管理者必须具备能够和异域文化的人们打交道的能力。不同文化背景下的价值观存在差异，对这些差异的理解将有助于我们对来自不同国家的员工的行为进行解释和预测。在国家文化与个体价值观研究领域，全球领导与组织行为有效性（Global Leadership and Organizational Behavior Effective，GLOBE）项目的研究成果值得重视（Javidan & House，2001）。

从1993年开始，GLOBE项目一直在进行有关领导与民族文化的跨文化调查。该项目的数据来自62个国家和地区的825个组织。针对民族文化的差异，GLOBE项目工作团队确认了9项维度，并提供了每个国家和地区在这些维度上的得分数据（表3-7在每个维度下都对一些国家和地区进行了评估）。可以预期，未来针对人类行为和组织活动进行的跨文化研究，会越来越多地使用GLOBE项目的维度来评估国家和地区之间的差异。

表3-7　GLOBE项目中的一些关键信息

维度	评估分低的国家和地区	评估分中等的国家和地区	评估分高的国家和地区
自我肯定	瑞典、新西兰、瑞士	埃及、爱尔兰、菲律宾	西班牙、美国、希腊
未来取向	俄罗斯、阿根廷、波兰	斯洛文尼亚、埃及、爱尔兰	丹麦、加拿大、芬兰
性别差异	瑞典、丹麦、斯洛文尼亚	意大利、巴西、阿根廷	韩国、埃及、摩洛哥
不确定性规避	俄罗斯、匈牙利、玻利维亚	以色列、美国、墨西哥	澳大利亚、丹麦、德国
权力距离	丹麦、芬兰、南非	英国、法国、巴西	俄罗斯、西班牙、泰国
个人主义/集体主义*	丹麦、新加坡、日本	美国、埃及	希腊、匈牙利、德国
组内集体主义	丹麦、瑞典、新西兰	日本、以色列、卡塔尔	埃及、中国、摩洛哥
绩效取向	俄罗斯、阿根廷、希腊	瑞典、以色列、西班牙	美国、新西兰
人本取向	德国、西班牙、法国	瑞典	印度尼西亚、埃及、马来西亚

*低分即为集体主义。

- 自我肯定。一个社会鼓励人们强硬、对抗、自我肯定、竞争，而不是谦虚、平和的程度。
- 未来取向。一个社会鼓励和奖励未来取向行为（如做出规划、投资未来、延迟满足）的程度。
- 性别差异。一个社会最大化性别角色差异的程度。
- 不确定性规避。与霍夫斯泰德的界定相同，GLOBE项目工作团队把这一概念界定为一个社会对社会规范和程序的依赖，以降低对于未来事件的不可预知性。
- 权力距离。GLOBE项目工作团队把它界定为一个社会中成员预期权力分配的不平等程度。

● 个人主义/集体主义。指个体受到社会公共机构的鼓励而融入组织与社会群体中的程度。

● 组内集体主义。它不关注社会公共机构，包括社会成员对于小群体成员身份的自豪程度，这种小群体包括家庭、亲密朋友圈、他们所在的组织等。

● 绩效取向。指的是一个社会对群体成员绩效提高或绩效优异给予鼓励和奖赏的程度。

● 人本取向。指的是一个社会对于公正的、利他的、慷慨的、关怀的、对他人友善的个体给予鼓励和奖励的程度。

本章小结

1. 态度是指一个人对外界特定事物所持有的评价性、较为稳定的内部心理倾向。

2. 态度的心理结构由认知成分、情感成分和行为成分构成，认知成分表明了人对事物的评价性看法，情感成分是态度中的情感要素，行为成分是个体以某种行为方式对某人、某事、某物表现出来的目的和意图，一般情况下三者是协调一致的。

3. 态度和行为的关系受到重要性、具体性、可提取性、社会规范和态度体验的影响。关于态度与行为关系的理论主要有菲斯廷格的认知失调理论和态度形成的三阶段理论。

4. 在工作环境中，态度可能影响认知与判断、忍耐力、行为效果和人与人之间的相容性。

5. 工作满意度是指员工由于对工作特点进行评估而产生的对工作所抱有的一般性的满意与否的态度。工作满意度和绩效之间的正向关系在个体层面很弱，在部门或者组织整体层面显著正相关；工作满意度和缺勤率之间有一定程度的负相关；工作满意度和离职率之间的负相关程度较高。

6. 罗克奇认为，价值观是一系列基本信念的总和，是个人或社会对某种特定的行为方式或存在的终极状态所持有的持久信念，是人们判断好与坏、对与错、重要与不重要的基本信念。价值观包括内容和强度两种属性。

7. 价值观的形成需经过三个阶段：选择、赞赏和行动，这个过程中会受到文化、父母、老师、朋友、经验等因素的影响。

8. 价值观有不同的分类方式，斯普兰格将价值观分为理论型、经济型、审美型、社会型、政治型和宗教型；格雷夫斯把价值观分为反应型、部落型、自我中心型、坚持己见型、玩弄权术型、社交中心型、存在主义型七个层次；罗克奇把个体的价值观分为工具性价值观和终极性价值观两类。

9. 价值观并不直接影响行为，但它有力影响一个人的态度。所以，对个人价值观体系的了解能够使我们更深入地认识他的态度。

关键词

态度　认知失调理论　工作满意度　心理契约　组织承诺　价值观

复习与思考题

1. 什么是认知失调？描述认知失调理论对态度和行为之间关系的解释。

2. 什么是自我知觉理论？它的观点与传统的态度-行为关系有什么不同？

3. 管理者可以从哪些方面帮助员工提高工作满意度？

4. 什么是心理契约？心理契约破坏会对员工产生什么影响？

5. 阐述工具性价值观与终极性价值观的联系和区别。

参考文献

1. 李原，孙健敏．雇用关系中的心理契约：从组织与员工双重视角下考察契约中“组织责任”的认知差异．管理世界，2006（11）：101－110.

2. 李原，孙健敏．组织中心理契约的变化——当代人力资源管理面对的挑战．经济与管理研究，2009（4）：94－100.

3. 李原，郭德俊．员工心理契约的结构及其内部关系研究．社会学研究，2006（5）：151－168.

4. 李原，郭德俊．组织中的心理契约．心理科学进展，2002，10（1）：83－90.

5. 刘勇．员工敬业度研究的现状及未来研究方向．中国人力资源开发，2009（1）：98－102.

6. 方来坛，时堪，张凤华，高鹏．员工敬业度、工作绩效与工作满意度的关系研究. 管理评论，2011，23（12）：108－115.

7. 周文霞，孙健敏．中国情境下职业成功观的内容与结构．中国人民大学学报，2010（3）：124－133.

案例分析

三联软件公司

在过去的几年里，其他产业很少像网络相关产业那样一直处于混乱状态。下面我们以把美国得克萨斯州奥斯汀作为基地的三联软件公司（Trilogy Software）为例，它是这一产业中的领头羊之一。该公司于1989年成立，编制软件以帮助企业解决电子商务问题，如物流管理、客户服务、关系管理、数据整合。公司拥有1 500名员工，并为很多著名客户提供服务，包括福特、联邦快递、Land's End、嘉信理财、摩托罗拉等。

乔·莱曼特（Joe Liemandt）是三联软件公司的总裁兼首席执行官，一直致力于招募并留住那些能在混乱的环境中发挥才干的员工，那些愿意冒险、不怕长时间工作的人。莱曼特为公司制定的战略方针是，在已有经验的基础上继续保持创业时期的高度热情和冲动。这项战略中的一个重要组成部分是，不断招募“那些最好的人员”——那些毕业于最好的大学和商学院的学生，或是那些来自最好的企业的最聪明和最活跃的员工。通过雇用这些最出色的员工，并从工作第一天起就让他们承担大量的责任，三联软件公司有充分的资源应对竞争者的挑战，能够保持创业精神长盛不衰，并实现目标——成为充满活力和有影响力的公司。

通过招聘面试后的新员工被请到奥斯汀共进晚餐，进行企业文化的培训，并得到极有竞争力的薪水。而后，这些新成员要经历“新兵训练营”——在三联大学接受高强度的培训项目。培训课程由莱曼特及公司其他老员工主持，第一周要学习程序语言、产品规划、市场营销等内容。课程从早上8点开始，而且在第一个月里至少要到午夜才结束。从第二周开始，新成员分成小型工作团队，有三周时间完成项目。可供选择的项目范围很广，可以是加快某种现有产品的运作速度，也可以是根据设计思想创造一样新产品。新员工在该项目上取得的成绩将影响到他们能否最终留用，还影响到他们在“新兵训练营”结束时能否得到去拉斯韦加斯旅行的奖励。

三联软件公司引入“新兵训练营”的设计思想，是为了灌输公司的价值观并塑造新员工的期望。新员工被告知仅有努力是不够的。莱曼特在一次讨论团队项目的演讲中，给新成员看了一张照片并且不客气地说：“尝试不会得到奖励。”他直截了当地指出：“如果你设定了一个困难的目标却没有达到它，那和‘输’有什么区别?”这是每一个新成员必须面对的残酷现实。当然，如果新成员通过了培训，而后在三联软件公司的生活可以说是非常有意义和非常令人满足的。

公司的气氛是工作和娱乐相结合。三联软件公司让员工享有责任和资源，并帮助员工实现最高目标。三联软件公司的企业文化鼓励员工最充分地展示自己的热情、精力和承诺，而且根据他们的绩效进行奖励。公司的福利旨在保持员工的积极性和兴奋感，包括各种项目，如设备齐全的灶具、公司组织的旅行、当地体育馆的打折卡、在奥斯汀湖上享用公司的划艇、完整的医疗及牙科保险、人寿保险、上门家政服务以照顾家庭事务等。

资料来源：孙健敏，李原．组织行为学．上海：复旦大学出版社，2005.

讨论题

1. 你能对三联科技公司员工的工作满意度做出一些预测吗？能做出什么样的预测？在三联科技公司，工作满意度是否影响工作结果？

2. 自2000年以来，众多网络公司的倒闭对三联科技公司的员工可能有何影响？管理层可以做些什么来塑造员工的积极态度？

第 4 章

动机与工作中的激励

学习目标

学完本章后，你应该能够：

◎ 了解动机的定义和分类

◎ 理解各种动机理论的基本内容

◎ 掌握如何将动机理论运用于员工激励

引例

猎人对猎狗的激励

一天，猎人带着一只猎狗到森林中打猎。猎狗将一只兔子赶出了窝，追了很久也没有追到。牧羊犬见了，讥笑猎狗："你真没用，竟然跑不过一只小小的兔子。"猎狗解释说："你有所不知，不是我无能，而是我们两个跑的目的完全不同，我仅仅是为了一顿饭，而它却是为了生存。"

这话传到了猎人的耳朵里。猎人想，猎狗说得对，我要想得到更多的兔子，就得想个办法让猎狗也为自己的生存而奔跑。猎人思前想后，决定对猎狗论功行赏，于是召开了猎狗大会并宣布：在打猎中每抓到一只兔子，就可以得到一根骨头的奖励，抓不到兔子就没有。

这一招果然有用，猎狗们抓兔子的积极性大大提高，每天捉到的兔子大大增加，因为谁也不愿别人吃骨头，自己却干看着。可是，一段时间过后，一个新的问题出现了。猎人发现猎狗们虽然每天都能捉到很多兔子，但兔子的个头越来越小。猎人经过调查找到了其中的原因：大的兔子跑得快，小的兔子跑得慢，所以小兔子比大兔子好抓多了。猎狗们都不愿费那么大的力气去抓大兔子。于是猎人宣布：从此以后，奖励骨头的多少不再与捉到兔子的只数挂钩，而是与捉到兔子的重量挂钩。此招一出，猎狗们的积极性再一次高涨，捉到兔子的数量和重量都远远超过了以往，猎人很开心。

遗憾的是，好景不长，一段时间过后，新的问题又出现了。猎人发现，猎狗们捉兔子的积极性逐渐下降，而且越是有经验的猎狗下降得越厉害。猎人又去调查后发现：猎狗们担心自己把最宝贵的青春都奉献了，等以后老了抓不动兔子了该怎么办？于是猎人进一步完善激励机制，规定：每只猎狗每月捉到的兔子达到一个规定的量以后，多余部分可以转化为骨头的贮存，将来老了捉不到兔子，就可以享用这些贮存。这个决定宣布之后，猎狗们群情激昂，抓兔子的积极性空前高涨。猎人也无比欣慰，觉得从此就可以万事无忧了。

过了一段时间，一件意想不到的事情发生了：一些优秀的猎狗开始离开猎人，自己捉兔子去了。面对这一情况，猎人有些着急。他想，难道是奖励的力度不够？于是，他将优秀猎狗的奖励标准提高了一倍。这一招收到了比较明显的效果，优秀猎狗流失的问题得到了暂时缓解，但却没有从根本上得到遏制。一段时间之后，离开猎人自己去捉兔子的猎狗又开始多了起来，而且基本上都是最优秀的。

猎人只好又去做调查，他决定直接向离开的猎狗们咨询。他用 10 根骨头的代价把 5 只猎狗请到一起了解情况。离职的猎狗对猎人说："主人啊，您是天下最好的主人，我们有任何愿望，您都尽力给予满足，没有任何对不起我们的地方。我们离开您自己去捉兔子，也不仅仅是为了多得几根骨头，更重要的是我们有一个梦想：希望有一天也能像您一样成为老板。"猎人听后恍然大悟，原来它们是想实现自我价值！怎么解决这一问题呢？

猎人成立了一个猎狗股份有限公司，出台了三条新政策：第一条，实行优者有股。优秀的猎狗可以将贮存的骨头转化为公司的股份，并根据贡献率每年奖励一定数量的股份期权，使优秀的猎狗有机会在公司发财。第二条，实行贤者终身。连续 3 年或累计 5 年被评为优秀猎狗者，可成为终身猎狗，享受一系列诱人的优厚待遇。第三条，实行强者孵化。优秀的猎狗可以随着业绩的增长，逐步成为团队经理、业务总监、总经理、董事长，实现做老板的梦想。这一招十分灵验。从此以后，不仅该公司优秀的猎狗对猎人忠心耿耿，而且其他地方的优秀猎狗也纷纷慕名加盟，猎人的事业越办越火，长盛不衰。

资料来源：根据百度文库（http：//wenku. baidu. com）资料整理。

你们是否思考过这样的问题：为什么有些人能够比其他人取得更大的成功？为什么有些人学习成绩一直很优秀，有些人却成绩平平？为什么同时参加工作，有的人很快就会做出很大的业绩，有的人却一直默默无闻？你可能会认为有的人可能天生聪明，有的人可能家庭背景比较好……当然，这样的推断也很有道理。不过，很多情况下，我们会发现即使是在能力相当、机会均等的情况下，一些人也会比其他人取得更大的成就，原因在于他们的努力程度不同。

那么，为什么有的人更加刻苦努力呢？本章从动机和激励的角度对这个现象进行解释——他们有取得成就的强烈欲望和动力，或者说他们更喜欢成功，愿意为自己的成功在其他方面做出牺牲。那么，什么是动机？它为什么能够让人们主动从事某些工作、实现目标？作为一个管理者，如何能够激发下属的这种工作动力？本章将对这些问题做出回答。

第 1 节　动机的含义

一　动机

（一）什么是动机

动机（motive）是促使人从事某种活动的念头，是指由特定需要引起的、想满足各种需要的特殊心理状态和意愿。

国内外有很多人对动机提出了自己的看法与定义。

Pintrich & Schunk（1996）认为，动机是由目标或对象引导、激发和维持个体活动的一种内在心理过程或内部动力。动机肇始于个体生理上或心理上的缺失，从而激发行为或者驱动个体向着特定的目标而努力。

动机是心理学家的重要研究对象。在近现代的心理学文献中，学者们从动机的特征入手，把动机描述为“引起并维持人的行为的内部唤醒状态”，或者“一种由需要推动的、达到某一目标的行为动力，它起着激起、调节、维持和停止行动的作用”。宋书文在其主编的《心理学词典》中将动机界定为“推动人们行动的内在力量”。

美国管理学者罗宾斯认为强度、方向和坚持性是动机的三个关键因素，他将动机（motivation）定义为一种过程，认为动机是个体为了实现目标而付出的努力强度、方向和坚持性。

强度是指个体试图付出多大的努力，这也是谈到动机时大多数人都能够关注到的要素。但高强度并不一定能够带来令人满意的工作业绩，除非这种努力的方向与目标是一致的。因此，我们不仅需要考虑努力的强度，也需要注意努力的方向。另外，动机的坚持性是指个体的努力可能维持的时间长度。如果只有努力的强度和方向，而没有坚持性，很多事情都不能完成。

通过对以上定义的分析，我们可以对动机得到一些共识：（1）动机是激起个体行为的内部过程，能为个体提供方向和能量；（2）动机是一种既观察不到也测量不到的内部过程，对其性质、强度以及是否存在等问题的回答，只能从外部观察到的行为上做出推断；（3）对动机的定义无论是陈述性的还是描述性的，实际上都是一个抽象的概念，世界上并没有一个实体叫动机。

（二）产生动机的两个前提条件

动机的形成有内在与外在两个前提条件。内在的条件为需要，外在的条件为诱因。

需要是个体内部的一种不平衡状态（包括生理和心理的不平衡），是个体活动的源泉。在需要得到满足后，这种不平衡状态暂时得以消除；当出现新的不平衡时，新的需要又会产生。

动机以需要为基础。通常情况下，没有得到满足的需要会导致更加强烈的感受和行为改变。需要主观上常表现为意向或者愿望。模糊意识到的需要叫意向，而愿望是指明确意识到并且想实现的。愿望能够成为活动的动力，让人开始行动，并且具有一定水平的强度。需要对激发动机主要起推动作用，这主要反映了动机形成中个体内部的力量。

诱因是指能满足个体需要的外在刺激物，具有激发或诱使个体朝向目标努力的作用。诱因有积极和消极之分：个体因趋向或接受它而得到满足，这种诱因称为正诱因；个体因逃离或躲避它而得到满足，这种诱因称为负诱因。

诱因是引发动机的外部条件，对激发人的动机行为起牵引作用，主要表示动机形成过程中环境的作用。

一般情况下，动机形成过程中内外条件的作用并不相同，当然也有起同样重要作用的情况。而且，仅有强烈需要或者外在诱因情况下，引发行为的动机也是存在的。

比如，特别饿的时候不用看到美味也会想到吃东西，这就是由强烈需求引发的动机。再如，坐火车时看到别人津津有味地吃着在火车停靠站点买来的卤鸡腿，也会产生买卤鸡腿吃的动机，虽然自己带有可以充饥的方便面。这就是由诱因触发的动机。

总之，动机发生的途径可以总结为：由强烈的内在需要引发、由强烈的外在诱因触发、由内在需要和外在诱因联合引发。同时，诱因还具有引起内在需要变化的功能，使得需要由弱变强、由无变有。

二 动机的分类

动机本身是不能被直接观察到的，但可以根据个体的外部行为表现来加以推断。我们在进行动机推断的时候，有必要把动机进行分类，以便更好地了解多样化的动机（见表 4-1）。

表 4-1 **动机的分类**

	动机类型	定义	举例
分类方式一	基本动机	以生理为基础、非习得性的动机	饥饿，口渴，睡眠，避痛
	社会性动机	以社会文化为基础、可以习得的动机	成就动机，交往动机，兴趣
分类方式二	有意识动机	动机产生时，个体可以意识到活动的目的	以道德感、义务感和社会责任感为内容的理想和信念
	无意识动机	动机产生时，个体没有或者没有清楚地意识到活动的目的	人的本能
分类方式三	内部动机	由个体内在需要引起的动机	为了满足自己的成就感而努力学习
	外部动机	在外部环境影响下产生的动机	为了获得奖学金而努力学习

第一，动机可以分为基本动机和社会性动机。基本动机是指以生理为基础、非习得性的动机，包括饥饿、口渴、睡眠、避痛、性以及母性的照顾等。而有些动机是习得性的、以社会文化为基础的，称为社会性动机。比如与人交往的需要引发交往动机，成就的需要产生成就动机，权力的需要产生权力动机等。

第二，根据是否意识到自己活动的目的，可以把动机划分为有意识动机和无意识动机。有意识动机是指动机产生时个体对活动的目的有意识；无意识动机是指动机产生时个体没有或者没有清楚意识到活动的目的。比如，定式会使人们以某种习惯的方式对刺激情境做出反应，在解决问题时带有某种倾向性。

例如，13 放在阿拉伯数字中间，你会把它读为数字 13；放在英文字母中间，你会把它读为英文字母B。再如，对下属进行绩效考核时，如果偏爱某位下属，就会不自觉地降低对他的要求，忽略他的一些错误；如果认为某位下属差一些，就会不自觉地提高对他的要求，放大他的一些错误。

第三，根据来源，还可以把动机划分为内部动机和外部动机。由个体内在需要引起的动机叫内部动机。兴趣、爱好、好胜心、荣誉感、自我实现等，在一定条件下可以成为推动员工积极活动的内部力量。在外部环境影响下产生的动机叫外部动机。比如，员工由于认识到提高自己的工作技能、获得一种终身就业能力的重要性而努力工作，这种动机就是内部动机；员工为了获得特别奖励而努力工作，这种动机就是外部动机。这两种动机之间的关系十分密切，在推动个体的活动中常常共同发挥作用。

长期以来，动机理论的研究者普遍假定，内部动机与外部动机因素是相互独立的。也就是说，对其中一方的激发并不会影响另一方。但是，近年来的一些研究表明，使用外部强化可以提高外部动机，但同时带有一定的负面作用，即破坏了内部动机的效果。因此，外部动机只有在不损害内部动机的情况下才是积极的。要是过分强调外部激励对绩效的贡献，可能会降低追求成就感等内部动机。假设这样一个情境：一个年轻员工在一开始时努力工作，主要动力就是为了提升自己的专业技能。此时，公司领导者为了激励该员工开始给他发放奖金。很快，这个员工就会将注意力集中在奖金的多少上。而一旦该员工对奖金的多少不满，他的积极性就会大打折扣，他最初提升专业技能的内部动机也会泯灭。在心理学上，我们把这种现象称为过度理由效应。

三　动机对工作绩效的影响

动机的性质和强度决定了人们行为的方向和进程。对于调动人们潜在的积极性，不断地提高工作绩效，动机具有十分重要的作用。

但是，需要注意的是，强动机不一定会导致高绩效。动机与绩效的关系还受到其他主客观因素的影响，其中一个主要因素是个体的能力水平。能力对动机与绩效的影响如图4-1所示。这种关系有助于我们解释一些问题，例如，能力平平却非常努力的运动员（或学生）总是胜过有天赋但懒惰成性的竞争对手。

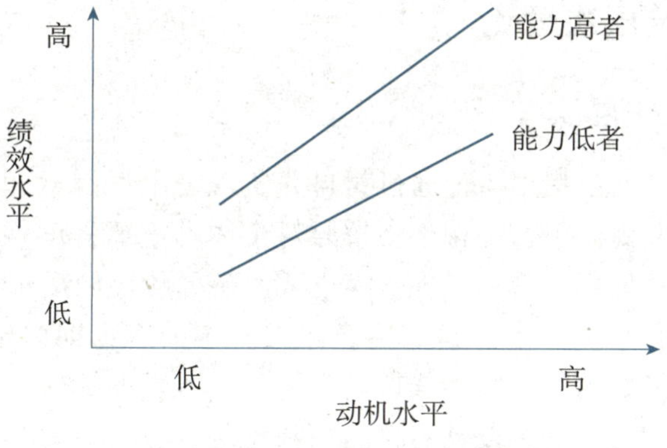

图4-1　能力对动机与绩效的影响

随着理论的不断发展，更多的学者认为，还应在这种关系中加入机会这一变量，即绩效=f(能力×动机×机会)，如图4-2所示。

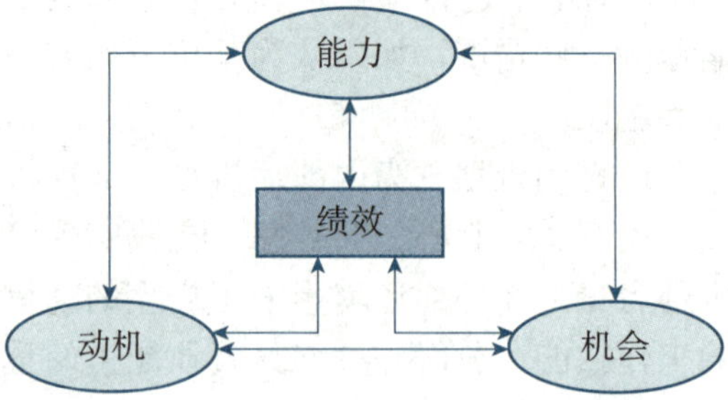

图 4-2 绩效与动机、能力和机会的关系

在现实生活中我们经常会看到：即使一个人能干而且想干，也可能会遇到一些制约绩效的障碍。所以，当你分析一名员工为什么没有达到应该达到的绩效水平时，不要忘了看一看员工是否有足够的工具、设备、材料，是否有有利的工作条件、热情提供帮助的同事、支持性的规章制度，是否有做出工作决定所需的充分信息，是否有充足的时间完成工作。如果没有，那么绩效水平就会受到影响。

因而我们可以得出这样的结论：动机是影响绩效的一个重要因素，但却不是唯一的条件。为了实现高绩效，员工必须有努力工作的意愿（动机），必须具备有效的工作能力（能力），必须有合适的机会（机会）。任何一方面的缺陷都有可能影响绩效。所以，为了提高员工的工作绩效，管理者必须努力保证三项条件都尽量得到满足。

第 2 节　内容型动机理论

内容型动机理论是一个理论群，目前主要包括五种理论：马斯洛的需要层次理论，奥尔德弗的 ERG 理论，赫茨伯格的双因素理论，麦克莱兰的权力、成就与亲和需要理论，内部动机与外部动机理论。这些理论注重解释哪些原因会导致人们做出某种行为，主要关注激发人们行为的各种因素。

一　马斯洛的需要层次理论

（一）需要的五个层次

需要层次理论由马斯洛提出，他通过对自我实现者个性因素和优秀品质的研究，得出了心理健康标准，并提出了这一理论。按照对个体的重要程度，马斯洛将人类的需要分类为五个层次，按从低到高排列呈现金字塔式的阶梯状，如图 4-3 所示。

（1）生理需要：它是人类维护自身生产的最基本要求，即原始需要，包括对食物、水、氧气、睡眠和性等的需要。我们知道，人类正常机理的运转和平衡依靠这些基本的需要，它们是推动人们行动的首要动力。马斯洛认为，只有这些达到满足的程度时，人们才会产生其他需要。正如马斯洛所说：“对于一个饥饿程度已达危险地步的人，除了食物，其他任何兴趣都不存在。他梦里是食物，记忆里是食物，思想活动的中心是食物，感情的对象是食物。”

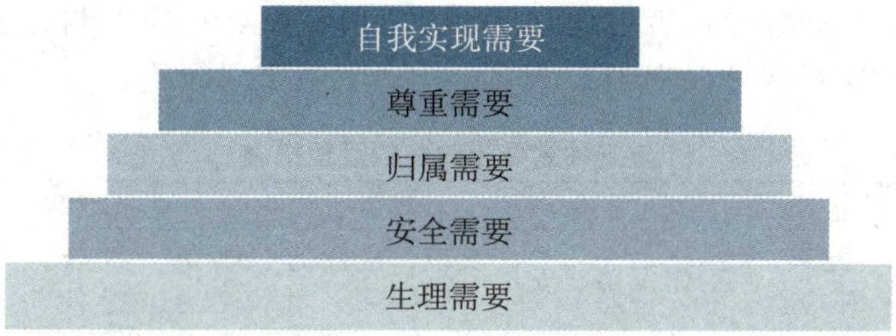

图 4-3　需要层次理论

(2) 安全需要：顾名思义，它是人类要求保障自身安全，比如我们对人身安全、财产安全、健康、稳定性和摆脱恐惧、焦虑等的需要。

(3) 归属需要：它是指人们具有进行社会交往和归属某种群体的需要，对爱情、友谊以及摆脱孤独的需要。例如，当遇到伤心难过的事情时，我们希望得到别人的安慰；在工作场合，我们希望与同事和睦相处，关系融洽；身处一个集体中，我们希望得到别人的认同、接受和支持，并因成为该群体中的一员而感到自豪。

(4) 尊重需要：尊重需要又可分为内部尊重和外部尊重。内部尊重也可称为自尊，是指个体希望自己有能力、自信、独立；外部尊重也可称为受人尊重，是指个体希望被社会承认，得到别人的尊重和高度评价。马斯洛认为，尊重需要得到满足，能使我们对自己充满信心，对社会满腔热情，体验到自己活着的用处和价值。

(5) 自我实现需要：它是指对充分挖掘自己的潜能、创造力、实现自我人生理想的需要。这种需要主要体现在两个方面：一是胜任感，表现为追求卓越，出色地完成任务，喜欢承担具有挑战性的工作，在工作中充分发挥创造力；二是成就感，主要表现为进行创造性活动并取得圆满成功。

马斯洛把前四种需要归为基本需要，把自我实现需要归为发展需要。基本需要是生存所必需的。其中生存需要和安全需要的满足会产生物质激励，这些需要如果得不到满足，我们就会从肉体上消亡；归属需要和尊重需要的满足产生社会激励，这些需要如果得不到满足，我们就会在心理上脱离社会生活而成为社会大海中的孤岛。自我实现需要是因存在价值而产生的需要，这种需要的满足产生精神激励。马斯洛通过对少数自我实现者的研究提出，自我实现者的动机是超越性或成长性动机，是要发展自身的潜能和认识世界。

马斯洛认为，需要的各层次有如下关系：第一，一般来说，这五种需要按阶梯排列，其产生和发展遵循逐层递增的规律。低层次的需要满足后，才会向更高层次发展。不过也存在例外，比如我们常常听到艺术创作者在食不果腹、衣不蔽体的情况下也会有创作的精神需求。第二，可能会同时存在多种需要，但每一时期总有一种需要占支配地位。而且需要不可能完全满足，越到上层，满足的概率越小。第三，高层次的需要发展后，低层次的需要仍然存在，只是对行为的影响减轻而已。

(二) 马斯洛需要层次理论的应用

马斯洛的需要层次理论对管理者很有启示。如果想激励某个人，根据马斯洛的需要层次理论，你就需要了解他目前处于哪个需要层次，然后重点满足这种需要以及在其以上的更高层次需要。一些管理者根据马斯洛的五种需要，相应地制定了一些管理措施，指导组织中的管理实践（见表 4-2）。

表 4-2　与五种需要相对应的管理措施

需要层次	生理需要	安全需要	归属需要	尊重需要	自我实现需要
追求的目标	薪酬、健康、良好环境、各种福利	工作保障、安全生产等	友谊、良好的人际关系、团体接纳	地位、名誉、权力、责任、薪酬的公平性	能发挥个人特长的组织环境、挑战性的工作等
管理措施	安排好医疗、保健、休息、住房、福利设施等	雇佣保证、退休金、各类保险（健康、意外事故等）	协商、访谈、团体活动、教育、培训、娱乐活动	人事考核、晋升、表彰、选拔进修、员工参与制度	参与决策制度、提案制度、研究发展计划、劳资协商

在这里必须说明，马斯洛并没有将他的需要层次与工作动机直接联系起来。事实上，他并没有研究组织中的员工激励问题，直到他提出这个理论大约 20 年后，才有人渐渐意识到这个问题。麦格雷戈在《企业中人的因素》一书中引入了该理论，才使马斯洛的理论在管理研究中流行起来。显而易见，需要层次理论对现代的动机管理方法产生了巨大的影响。马斯洛需要层次理论的指导意义在于，作为管理者，我们应该根据员工不同层次的需要，找出对该员工有效的激励因素并采用相应的组织措施，以满足他们不同层次的需要，引导和控制员工的行为去实现组织目标。另外值得注意的是，员工的需要是不断发展的，某层次需要基本上得到满足后，就必须满足其另一层次的需要。所以管理者要随时注意员工积极性减弱的信号，才能使各项管理措施更加有效。

马斯洛的需要层次理论得到了普遍认可，尤其是在从事实际工作的管理者当中。这一点应该归功于其理论的直观性和易于理解性。不过值得说明的是，该理论总体上缺乏实证检验，几乎没有证据表明人们的需要是按马斯洛所说的层次组织起来的，需要层次的排列会因人而异，也会受到不同文化的影响。鉴于此，有人试图开发其他更加严谨的理论以解释人的激励因素。

二　奥尔德弗的 ERG 理论

由于缺乏实证研究支持马斯洛的需要层次理论，不少学者试图对它进一步修正。耶鲁大学的克莱顿·奥尔德弗（Clayton Alderfer）的研究引人注目。他在马斯洛学说的基础上提出了 ERG 理论。该理论认为，人类存在三类核心需要：生存需要（existence）、关系需要（relatedness）、成长需要（growth），故称为 ERG 理论。

生存需要关注满足生存的基本物质条件，包括马斯洛学说中的生理需要和安全需要。关系需要是人们维持重要人际关系的愿望。要想满足这些社会的和地位的愿望，就需要和其他人相互交往，这类需要和马斯洛学说中的归属需要及尊重需要中的外在部分相对应。成长需要指的是对于个人发展的内在愿望，这与马斯洛学说中尊重需要的内在部分和自我实现需要的特征相一致。

除了在需要的层次上与马斯洛的理论不同，奥尔德弗的 ERG 理论还有两个不同特征：第一，ERG 理论强调多种需要可以同时并存。马斯洛的需要层次理论强调不同需要之间遵循逐级上升的严格过程。ERG 理论并不假定人们必须在低层次需要获得满足后才能进入高层次需要。例如，一个人甚至可以在生存需要和关系需要均未满足的情况下，为了成长需要而工作。三种需要也可能在同一时间里共同起作用。第二，ERG 理论不仅提出了需要层次的“满足-上升”趋势，也提出了“挫折-倒退”趋势——当个体较高层次的需要受到挫折未能满足时，则较低层次需要的强度会增加。例如，当个体无法满足归属需要时，可能会导致他们对于更多金钱或更好工作条件的渴望。所以，挫折可以导致人们向较低层次的需要回归。

目前，有不少研究证据支持了 ERG 理论的内容，但是同样有证据表明该理论在某些组织中并不适用。

ERG 理论对我们的启发是，员工不同的需要会导致他们工作中的不同行为表现，从而决定了他们不同的工作结果，这些结果又与满足他们的需要有密切的关系。企业管理人员要了解员工的真实需要，满足其高层次需要，否则可能会使其倒退回对低层次需要的不合理追求。这种情况如图 4-4 所示。

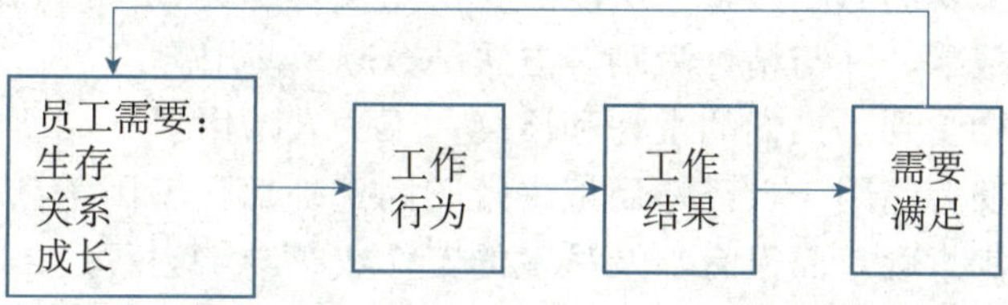

图 4-4　工作需要与工作成果的关系图

三　赫茨伯格的双因素理论

双因素理论是行为科学家赫茨伯格于 1959 年提出的。20 世纪 50 年代末期，赫茨伯格和他的助手们在美国匹兹堡地区对 200 名工程师、会计师的满意度进行了调查访问，并采用关键事件分析技术对满意度进行分析。赫茨伯格在调查中请被调查者详细描述自己所感受到的工作中特别好和特别差的情境。在对调查结果进行分类后，赫茨伯格发现有两类效果十分不同的因素影响着人们的工作。一些因素总是与工作满意有关，如获得进步、得到认可、拥有责任、取得成就等内部因素。另一些因素则总是与工作不满意有关，如公司政策、监督管理、薪资水平、工作条件等外部因素。根据这些研究，赫茨伯格在《工作动机》一书中提出了双因素理论（two-factor theory），也称激励-保健理论（motivation-hygiene theory）。

激励因素往往是由工作自身的内容和性质引起的，包括成就、赞赏、工作的挑战性与趣味性、责任以及成长的机会。满足这些因素会提升员工的满意度，对员工产生更大的激励，但是并不能消除员工的不满。保健因素往往是由外界的工作环境和工作关系引起的，包括物质工作条件、工资福利、人际关系、公司政策等。正如卫生保健有助于人们预防疾病一样，这些因素能够预防问题的产生。它们的恶化会引起人们对工作的不满。但即使达到了人们的要求，保健因素也不能带来满意，只能消除不满意。这样就形成了既不是满意又不是不满意的中性状态。

按照赫茨伯格的观点，传统上所认为的满意的对立面是不满意的观点是不正确的。他认为满意的对立面是没有满意，不满意的对立面是没有不满意。管理人员应该认识到保健因素是必需的，但只有激励因素才能使人们有更好的工作业绩。由此可见，赫茨伯格双因素的分类和传统的激励观不同。

赫茨伯格的双因素理论对企业管理也具有重要的意义。该理论说明，传统的工资、工作条件等“激励”因素并不能提升员工的满意度，因为保健因素的作用呈现一条递减曲线。当员工的工资、奖金等报酬达到某种满意程度后，其作用就会下降，甚至适得其反。作为管理者，要想持续、有效地激励员工，就必须从工作本身的相关因素出发。这些因素包括：

（1）改进并丰富员工的工作内容，增加工作挑战性，使员工能从工作中感到成就、责任和成长；

（2）高层管理者应适当放权，减少过程控制，给予下属一定的工作自由度；

（3）可以及时对员工的成就给予肯定、表扬，使他们感受到重视和信任；

（4）最后还应注意的是，保健因素和激励因素是部分重叠的，有些保健因素，如工资和奖金，同时是重要的激励因素，所以需要慎用工资和奖金，把它同个人的工作绩效挂钩，按贡献决定报酬，并与精神激励等方法结合起来使用。

双因素理论同样受到了人们的批评和质疑。不少人指出，这一研究在方法上具有局限性。人们容易把功劳归因于自己，而把失败归因于外部环境因素。另外，赫茨伯格的调查只考察了工作满意度，而没有涉及员工的工作成绩与努力程度。要想使他的研究结论有价值，就必须假定工作满意度和生产率和工作动机之间存在密切关系。而实际上这一假定是受到质疑的。

四 麦克莱兰的权力、成就与亲和需要理论

哈佛大学教授麦克莱兰（David McClelland）对人类的动机也进行了分类，他认为除了生存需要，个体还存在三种基本需要：成就需要、权力需要、亲和需要。

（1）成就需要：达到标准、追求卓越、争取成功的内驱力。

高成就需要是一种追求成功的强烈动机。如果你是高成就需要的人，就会追求个人成就，而不是物质报酬，报酬只是被看作一种认可的方式。你更希望的是把事情做得比以前更好、更有效，并且乐于接受挑战。

高成就需要的人寻求这样的环境：个人能够为解决问题承担责任；及时获得对自己绩效的反馈以便判断自己是否有所改进；喜欢中等难度的任务目标。高成就者不是赌徒，他们不喜欢靠运气获得成功。研究表明，当成功概率是50%时，他们的绩效最好。

（2）权力需要：影响和控制他人的欲望，使他人以某种方式行事而不以其他方式行事。

如果你是具有较高权力需要的人，就会喜欢承担责任，对影响和控制别人具有很大的兴趣，喜欢处于竞争和受重视地位的环境。你也会追求出色的成绩，但这样做并不像高成就需要的人那样是为了个人的成就感，而是为了获得地位和权力或与自己已具有的权力和地位相称。与有效的绩效相比，你更关心威望和获得对他人的影响力。

（3）亲和需要：建立友好和亲密的人际关系的欲望。

如果你是高亲和需要的人，就更倾向于与他人进行交往，并从中获得满足感。你渴望友谊，喜欢合作而不是竞争的工作环境，希望彼此之间进行沟通与理解，对环境中的

人际关系更为敏感。有时，亲和需要也表现为对失去某些亲密关系的恐惧和对人际冲突的回避。它是保持社会交往和人际关系和谐的重要条件。

麦克莱兰的研究还表明，如果一个国家所有的个体都追求个人成就感，总是渴望把事情做得一次比一次更好，那么就会使国家经济总体繁荣与不断增长。也就是说，通过了解一个社会中成员成就动机水平的高低，可以预测社会经济与科技发展的速度快慢。

麦克莱兰的需要理论对实际管理具有重要意义。首先，管理者应该给高成就需要的员工分配具有适度挑战性的工作，激发他们的工作积极性，及时给予他们工作反馈，并且给他们一定的自主完成工作的权力。例如，不少证据一致表明，高成就需要者在以下活动中更有建树：经营自己的公司，或在大企业中管理一个独立的工作单元。另外，有人发现在专业技术人员当中，有不少人是高成就动机者。他们在工作中得到的主要奖赏来自工作本身，把工作视为生活的核心乐趣。

其次，高成就需要者未必是优秀的管理者，他们感兴趣的是自己如何做得更好，而不是如何影响其他人做好工作。高成就需要的销售人员未必是一名优秀的销售经理，大企业中工作出色的总经理也并不一定就是高成就需要者。

最后，归属需要和权力需要与管理者的成功与否密切相关。最优秀的管理者具有高权力需要和低归属需要。实际上，高权力动机可能是管理效果的一个必要条件。当然，至于哪个因素是因哪个因素是果，还有待进一步确定。有人曾提出，高权力需要可能仅仅是一个人在组织层级中所处地位的产物。也就是说，一个人在组织中的位置越高，其权力动机就越高。

五　内部动机与外部动机理论

（一）内部动机与外部动机的划分

根据来源，动机可以分为内部动机和外部动机。在组织环境中，存在许多外在条件，可以吸引和激励员工，成为推动他们积极工作的诱因，例如高报酬、高职位、和谐的同事关系、上级的赞赏等。这种由外在力量激发产生的动机，称为外部动机（external motivation）。另一方面，个体的内部心理因素，如兴趣、爱好、好胜心、荣誉感、自我实现等，在一定条件下也可以成为推动员工积极活动的内部力量。这种由内在心理因素转化而来的动机，称为内部动机（internal motivation）。

（二）托马斯的内部动机模型

肯·托马斯（Ken Thomas）提出了内部动机模型。在这个模型中，受到内部动机激励的员工是真诚地关心自己工作的人。他们寻找更好的办法解决问题，总是精力充沛。当做好工作时，他们会获得巅峰体验，有一种自我实现的感觉。受内部动机推动的员工获得的奖励来自工作本身而不是外在因素（如加薪或老板的表扬）。托马斯指出，内部动机包括以下成分：

（1）选择：个体能够选择对自己有意义的活动，并按照自己喜欢的方式完成。

（2）胜任：对于自己所选定的任务或活动可以熟练完成，并由此而带来成就感。

（3）意义：个体可以追求有价值的任务目标，这一任务的意义深远。

（4）进步：个体感到在实现任务目标的过程中，自己可以获得重要的成长与发展。

大量研究表明，这四种内部动机成分与工作满意度和工作绩效明显相关。如果一项任务很有意义，则人们会因为把时间浪费在其他无意义的工作当中而恼火。他们完全被内在的任务吸引。我们甚至可以预期，他们会压缩其他活动的时间，为了给他们认为有意义的工作留出更多的时间。当一项任务可以产生巅峰体验时，个体的典型反应是选择这项工作而不是其他工作。胜任感也会激发人们的巅峰体验，“最投入的工作是那些我们胜任的工作——我们把所有精力都集中起来应对该活动的挑战”。最后，进步使我们觉得所花费的时间和努力是值得的。我们感到对任务很有热情，并愿意在这方面投入时间和精力。

当然，托马斯的理论模型尚需进一步的实证检验，但是这一思想给工作场所中的工作设计带来了新的思路。

第 3 节　过程型动机理论

与内容型动机理论不同，过程型动机理论重点关注人们对于外在的刺激如何做出反应。具体包括四种理论：目标设置理论、公平理论、期望-效价理论和强化理论。

一　洛克的目标设置理论

20 世纪 60 年代末洛克提出：人们为了达到目标而工作是工作动机的主要激励源之一。通过给员工设定合适的目标，可以激励员工。这就是目标设置理论（goal-setting theory）的核心。在对这一理论的大量研究基础上，我们现在可以得出以下四个结论：

第一，明确、具体的目标能够提高工作绩效；目标的具体化本身就是一种内在推动力。如果其他条件相同，那么有具体目标的个体会比没有目标或只有笼统的“尽力而为”目标的员工干得更好。

第二，困难的目标如果能被员工接受，会比容易的目标带来更高的工作绩效。一旦接受了一项艰巨的任务，员工就会投入更多的努力，直到获得一定的结果。

第三，在实现目标的过程中，有反馈比无反馈能够带来更高的工作绩效，因为反馈能帮助人们了解自己所做的和自己想做的之间是否存在差异。也就是说，反馈可以指导行为。但反馈的效果不尽相同。自发的反馈（即员工可以监控自己的工作进程）比来自外部的反馈更具有激励作用。

第四，如果有机会参与目标的设置工作，则目标更有可能被员工接受。原因在于，人们对于自己亲身参与的选择会做出更大的承诺。进一步，它有可能促使人们愿意为达到目标而付出更多的努力。

二　公平理论

公平理论首先由约翰·斯泰西·亚当斯提出，他认为员工不仅关心自己收入的绝对值，更关心自己收入的相对值。员工会把自己的投入（如努力、经历、教育背景、能力）和产出（如薪水、晋升、认可）与相关人员的投入和产出进行比较。如表4-3所示，如果我们觉得自己的比率与比较对象的比率相同，就会认为自己所处的环境是公平的。如果我们觉得比率不同，就会承受公平产生的张力。如果我们觉得自己的报酬过低，那么这种张力会产生愤怒；如果我们觉得自己的报酬过高，那么这种张力会产生内疚。

表4-3　公平理论

比率比较	感知
$产出_A/投入_A < 产出_B/投入_B$	员工A与员工B相比后由于报酬过低产生愤怒
$产出_A/投入_A = 产出_B/投入_B$	员工A与员工B相比后产生公平感
$产出_A/投入_A > 产出_B/投入_B$	员工A与员工B相比后由于报酬过高产生内疚

说明：$产出_A/投入_A$代表员工A的产出与投入，$产出_B/投入_B$代表员工B的产出与投入。

基于公平理论，当感到不公平时，员工可能会采取以下几种做法：

（1）改变自己的投入（如果报酬过低，你会降低努力程度；如果报酬过高，你会投入更多努力）。

（2）改变自己的产出（如计件工资的员工通过增加产量但降低质量的做法来提高自己的工资）。

（3）歪曲对自我的认知（如“我过去总以为自己的工作速度属于中等水平，但现在发现比其他所有人都努力得多”）。

（4）歪曲对他人的认知（如“他的工作并不像我以前所认为的那样令人满意”）。

（5）选择其他参照对象进行比较（如“我可能不如表哥挣钱多，但我比父亲在这个年龄时要好得多”）。

（6）离开该领域（如辞职）。

近年来的研究进一步扩展了公平的含义，将亚当斯的公平称为分配公平（distributive justice），并在此基础上提出了程序公平（procedural justice）和互动公平（interactional justice）。分配公平是指对结果公平性的感知，例如我得到了应得的加薪；程序公平是指对结果判定过程公平性的感知，例如我参与了加薪的过程，并且获得了对于我为什么能获得所要求的加薪的良好解释；互动公平是指个体对尊严及尊敬的感知程度，例如告知我获得加薪的时候，我的主管很友善，而且夸奖了我。有证据表明，分配公平对员工的工作满意度有更大影响，而程序公平更倾向于影响员工的组织承诺、对上级的信任和离职意向。所以，管理者应该考虑把分配的决策过程公开化，遵循一致和无偏的程序，或采取其他类似措施来增加员工的程序公平感。通过增加程序公平感，即使员工对薪水、晋升和其他报酬不满意，也可能以积极的态度看待上级和组织。

公平理论表明，动机不仅受到绝对报酬的影响，而且受到相对报酬的影响。但是，该理论中还有一些关键问题不够明了。例如，员工怎样处理相互矛盾的公平性信息？员工怎样量化投入和产出的各项要素？这些因素是否随时间而变化，又会怎样变化？

尽管存在诸多问题，公平理论仍旧不失为一个十分有用的模型，它促使管理人员对员工激励问题进行更深入的理解。对于管理者来说，公平理论告诉我们：首先，要及时体察员工的不公平心理，认真分析、诱导、教育员工正确认识和对待自己与他人；其次，要坚持公平、公正、公开的原则，制定合理的考评机制和分配制度。

三 弗鲁姆的期望-效价理论

期望-效价理论是由心理学家维克多·弗鲁姆提出的。他认为，一种行为倾向的强度取决于个体对这种行为可能带来结果的期望程度，以及这种结果对行为者具有的吸引力。换句话说，当员工认为努力会带来良好的绩效评估，同时良好的绩效评估会带来好的回报时，他就会受到激励进而付出更大的努力。

因此，按照期望-效价理论，动机强度的大小取决于效价与期望值的乘积。用公式表述为：动机＝效价×期望值（M＝V×E）。其中，效价（V）是个人对某一行动成果的价值评价，反映个人对某一成果或奖酬的重视与渴望程度；期望值（E）是个人对某一行为导致特定成果的可能性或概率的估计与判断；动机（M）则是直接推动或使人们采取某一行动的内驱力。

显然，只有当人们对某一行动成果的效价和期望值同时处于较高水平时，才有可能产生强大的驱动力。弗鲁姆的期望-效价理论辩证地提出了在进行激励时要处理好三方面的关系，它们也是调动人们工作积极性的三个条件，如图 4-5 所示。

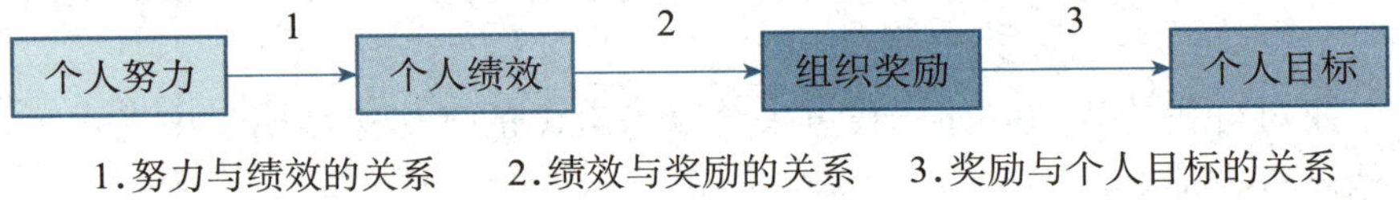

图 4-5 期望-效价理论

第一，努力与绩效的关系。如果个人认为能够通过自身的努力获得良好的绩效，工作积极性就会比较高，这要求绩效评估要在很大程度上反映员工的努力成果。否则，员工就会失去努力工作的动力。

第二，绩效与奖励的关系。如果员工认为由于工作的高绩效自己会得到相应的奖励，就会产生更大的工作热情。这里的奖励不仅是物质上的报酬比如绩效工资，还包括精神上的报酬比如赞赏认可等。

第三，奖励与个人目标的关系。包括组织奖励可以满足个人目标或个人需求的程度，以及潜在的奖励对个体的吸引力。

期望-效价理论的关键在于有三种联系会直接影响到个人的努力或动机。只有三种联系都提高了，个人才会很努力。表 4-4 显示了这三个因素间的各种情况，以及相应的工作努力程度。在运用该理论对员工进行激励时，管理者需要做好如下五项工作：

（1）发现员工重视的报酬或奖励是什么。

（2）根据组织目标，明确期望出现的员工行为（例如，让员工明白阿谀奉承是不受欢迎的，埋头苦干会得到肯定）。

（3）确保绩效目标可以达到，否则员工可能不愿意付出努力。这也要求管理者为下属创造支持的环境，确保期望的绩效与报酬之间的联系是直接、清晰和明确的。

（4）确保对员工没有冲突的期望（例如，要求员工做出色营销员的期望与要求员工做有效管理者的期望之间可能存在冲突）。

（5）确保奖励或报酬的差距或变化幅度是巨大的。小的奖励只会产生较小的努力和因此而增加的小量绩效，大的奖励会产生较大的努力和因此而增加的大量绩效。

表 4-4　　影响工作努力的各项因素

努力-绩效联系	绩效-奖励联系	奖励的价值	工作努力程度
高	高	高	很大
高	高	低	不算很大
高	低	高	不算很大
低	高	高	不算很大
高	低	低	小
低	高	低	小
低	低	高	小
低	低	低	极小或没有

因而在管理激励中，设定激励目标和采用激励措施时应该注意：

(1) 设置的目标要考虑到被激励者的能力，是他经过努力可以达到的。

(2) 管理者可以通过指导和培训等方法，提高下属对通过努力实现预期目标的期望，从而充分调动他们的积极性。

(3) 激励目标和措施要因人而异，因此要经常注意员工需要和能力的变化。

(4) 目标实现后要予以一定的强化，如给予应有的奖励等，让其对出自上级的目标保持较高的效价。

四　斯金纳的强化理论

强化理论（reinforcement theory）也称操作性条件反射理论，一般认为是由斯金纳（B. F. Skinner）首先提出的。所谓强化，是指在人的行为之后发生的某种结果对该行为的反馈作用。那些能产生积极或令人满意结果的行为，以后会经常得到重复，即得到强化。反之，那些产生消极或令人不快结果的行为，以后重新产生的可能性很小，即没有得到强化。从这种意义上说，强化理论也是解释人的行为反应的理论之一。

根据性质和目的，可把强化分为五种：

第一种：正强化，又称积极强化。某一行为之后伴随着喜爱刺激的出现时，这一事件称为正强化。例如，企业用某种具有吸引力的结果（如奖金、休假、晋升、认可、表扬等），表示对员工努力工作的肯定，从而激励员工在工作中更加努力。

第二种：负强化，又称消极强化。某一行为之后伴随着讨厌刺激的解除时，这一事件称为负强化。若员工能按所要求的方式行动，就可减少或消除令人不愉快的处境，从而增加员工符合要求的行为重复出现的可能性。例如，公司对员工的训斥使员工开始做出正确的行为，如果员工继续这种正确的行为，训斥及其导致的不愉快就会消失。

第三种：正惩罚。它是指某一行为之后伴随着讨厌的刺激物。即在消极行为发生后，以某种带有强制性、威慑性的手段（如批评、行政处分、经济处罚等）给人带来不愉快的结果。例如，老师对某些迟到的同学给予批评，希望利用这种惩罚改变这些同学的迟到行为。

第四种：负惩罚。它是指某一行为之后伴随着喜爱刺激的解除。例如，有些企业新领导者上任后停止和取消了前任领导者对某些行为的奖励、支持，致使这些行为被削减。

第五种：自然消退，又称衰减。它是指对原先可接受的某种行为的强化的撤销。由于在一定时间内不予强化，此行为将自然减少并逐渐消退。例如，某企业曾对员工加班加点完成生产定额给予奖酬，后经研究认为这样不利于员工的身体健康和企业的长远利益，因此不再发给奖酬，从而使加班加点的员工逐渐减少。

在实际运用强化理论进行奖励和惩罚时，要注意以下几点：

（1）及时反馈。员工做出成绩以后，要及时给予奖励，使被强化者及时意识到强化与目标行为之间的联系，收到最佳激励效果。

（2）因人而异，形式多样。我们知道，同一种刺激如果多次重复，其作用就会衰减，因此，管理者要善于利用新颖奇特的刺激来提高激励效果。

（3）研究表明，奖励的效果要大于惩罚。所以要奖惩结合，以奖励为主。

（4）管理人员在选择强化（激励）的时间间隔与频率上要精心设计。

（5）实事求是。正负强化都必须注意准确性。表扬、批评都必须在调查的基础上，做到实事求是，恰如其分，力求准确。

第 4 节　动机理论的整合

上面我们介绍了许多工作动机理论，这些理论为有效地激励员工提供了依据。比如，需要层次理论，双因素理论，ERG 理论，权力、成就与亲和需要理论告诉我们，需要是推动员工活动的动力和源泉。不同员工的需要不同，即使是同一员工，在不同时间段的需要也会不同。因此，要想有效激励员工，必须了解员工的需要究竟是什么，处在什么层次上。一般来说，员工有多种需要，但必然会有占主导地位的需要。了解员工的需要对症下药，就能用小成本换取大收益，使激励的效果更为明显。强化理论告诉我们，组织对员工的努力不断给予回报，员工就会持续做出组织所期望的行为，如按时上班、不断创新等。公平理论则进一步强调，员工对自己努力的回报是有具体要求的，如果一个员工认为自己的努力能换来自己认为应该得到的等值回报，那么就会继续某项行为，否则的话就会放弃。期望-效价理论告诉我们，一个员工会选取具体的目标来满足自我需求，他对具体目标的选择存在一个有意识的决策过程。如果认为该目标有实现的可能性，并且实现该目标后会带来对自己有价值的结果，那么他就会朝着该目标努力。否则的话，他就会放弃该目标，重新选取其他目标来满足自己的需求。

由于动机问题的复杂性，研究者从不同角度进行探讨，并发展出以上各种理论观点。每种理论并不能全面解释动机问题，但它们的内容可以互为补充。把它们结合起来综合考虑，可以帮助我们更好地了解动机的实质。罗宾斯（Robbins，2002）综合了我们所了解的很多动机理论，提出了动机理论的整合模型（见图 4－6）。该模型的基本框架是弗鲁姆提出的期望-效价模型。

首先应明确认识到，机会可以帮助也可以妨碍个人的努力。另外，个体努力受到个人目标的影响。这与目标设置理论的观点相一致，目标与努力之间的联系表明目标对个体行为具有导向作用。

期望-效价理论提出，如果一个员工感到努力和绩效之间、绩效和奖励之间、奖励

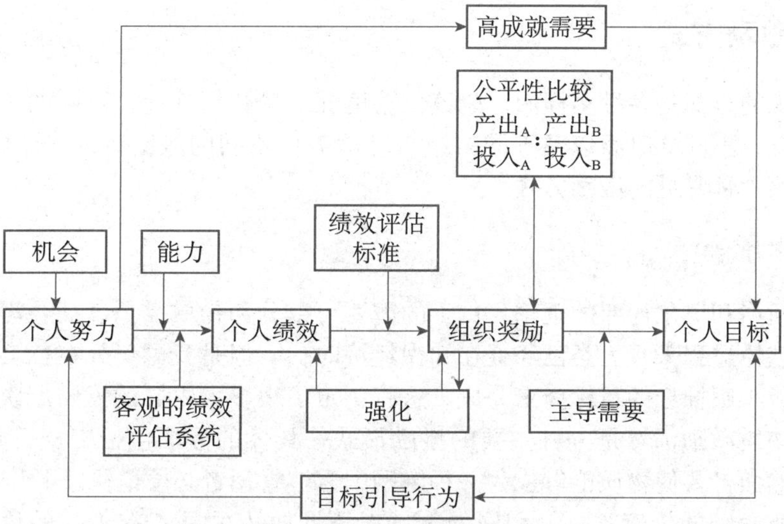

图 4－6　动机的整合模型

和个人目标的满足之间存在密切联系，那么就会非常努力地工作。这正是该整合模型的核心链。其中每一种联系又受到一些因素的影响。个体的绩效水平不仅取决于他的努力程度，还取决于他在完成工作时具备的能力水平，以及组织在衡量员工绩效方面有没有一个被人们认为公平、客观的绩效评估系统。如果一个人感到自己会根据绩效的水平而受到奖励，那么绩效与奖励之间的关系就会更强。我们还可以预期，基于工作绩效的奖励会降低个体的内部动机。在期望-效价理论中最后一个联系是奖励与个人目标的联系。ERG 理论可以进一步解释这种联系：当个体由于工作绩效而获得的奖励可以满足个人的主导需要时，就会表现出极高的动机水平和工作积极性，从而实现目标。

整合模型中还包括麦克莱兰的理论、强化理论和公平理论。高成就需要者的动机并不来自组织对他的绩效评估或组织提供的奖励，对他来说，努力与个人目标之间有着最直接的联系。对于高成就需要者来说，只要所从事的工作能提供个人责任感、信息反馈、中等程度的冒险性，就会产生完成工作的内部驱动力。所以，这些人并不关心努力与绩效、绩效与奖励、奖励与个人目标之间的联系。强化理论也包括在该模型当中，它通过组织提供的奖励对个人绩效的强化而体现出来。当员工看到管理层设计的奖励体系奖励的是高工作绩效时，这种奖励就会进一步强化员工的行为，鼓励他们继续保持高绩效水平。奖励也是公平理论中的关键成分。个人会把自己从投入中得到的奖励（产出）和其他人的投入产出比进行对比，若感到二者存在不平等，则会影响个体付出努力的程度。

第 5 节　应用动机理论对员工进行激励

下面首先分析一些激励方式的功能，然后介绍一些被证明行之有效的激励技术，最后总结一些激励方式的选取原则。

一 六种激励方式

激励员工的方式是多种多样的，应该依据情况的变化而变化。不同的工作要求、不同的员工特点、不同的时间以及不同的组织环境需要不同的激励方式和激励方式组合。本小节将介绍六种常见的激励方式。

（一）物质激励

按照马斯洛和奥尔德弗的理论，员工的需要可以分为物质需要、社会需要和精神需要。尽管从整体进程来看人类已经处在知识经济时代，但是我国仍处在社会主义初级阶段，全面建成小康社会的目标尚未完成，这就决定了很多人主要的需要层次还是物质需要。因此，物质激励仍然是一种主要的激励形式，具体的方法包括工资、奖金、股权、保险金等。然而，要使物质能够成为一种激励因素，管理者必须记住以下几点：

（1）物质激励的价值不一。相同的金钱对不同收入的员工有不同的价值，具体来说，对公司中工资高的员工和工资低的员工而言，同样的金钱给后者带来的价值比前者要大，前者往往更加关注职位晋升、更高的社会地位和更多的尊重。

（2）对于某些人来说，物质激励总是极端重要的；而对另一些人来说，可能从来就不那么重要。有些人生来就把金钱看得很淡，给予再多的金钱也不一定能对其产生很大的激励。

（3）物质激励必须公正。一个人对他所得的报酬是否满意不是只看绝对值，还要进行社会比较或历史比较，通过相对比较，判断自己是否受到了公平对待，判断的结果会影响到自己的情绪和工作态度。

（4）物质激励必须反对平均主义，平均分配等于无激励，还会使员工感觉不公平。平均主义无疑会对工作积极性产生很大的影响，就像改革开放前的“大锅饭”，干多干少一个样，这会使员工觉得不公平，进而消极怠工。

（二）目标激励

目标管理是指一个组织从上到下全面地设立一个共同认可的目标的过程，是让组织的管理者和员工亲自参加目标的制定，并让员工靠自己的积极性去完成，在工作中实行自我管理的一种管理制度或方法。管理者通过目标管理可以提高员工的工作积极性和绩效，满足员工的成就感。依据前面提到的麦克莱兰的理论、期望理论和公平理论，在发挥目标激励的作用时应注意以下几点：

（1）个人目标尽可能与集体目标一致。只有当个人目标与组织或者集体目标一致时，才能确保有效的激励和组织的利益同时得到保证。

（2）目标的难度要适中。目标过于简单，员工会觉得没有挑战性，达不到激励的效果；而目标过高，则会使员工丧失信心，因此适当的难度是激励有效性的重要保证。

（3）目标应该尽量具体明确。目标必须能精确观察和测量，并规定实现目标的时间。对目标的表达要避免含糊和一般化，摈弃“尽可能”“尽力”“在一定时间内”等模糊不清的表达。

（4）目标要通过上下一致沟通而确定，让员工有参与感。目标管理与目标设置理论的区别就是前者强调目标是与员工经过充分沟通商量之后确定的。这也是目标管理能够对员工产生激励的一个重要原因。

(三)参与激励

管理者可以通过让员工参与管理来激励员工。参与管理是指让员工参加组织的决策过程及各级管理工作，让员工与企业的高层管理者一起研究和讨论组织中的重大问题。

各种参与管理方案的显著特征是共同决策。员工在很大程度上可以与直接上级共享决策权。参与管理需要员工具备决策所需的能力和知识，并且员工所参与解决的问题要与自己的切身利益相关。只有这样，参与管理才能够让参与各方建立起信任和信心，对员工起到激励作用。

在需要层次理论、双因素理论、ERG 理论、公平理论等理论中，都可以找到参与激励的理论依据。参与激励不但满足了员工的成就动机，使他们自我实现的需要获得满足，而且通过参与决策过程，增加了员工认同目标的可能性，提高了决策过程中的信息透明度和公平感。

(四)工作激励

依据麦克莱兰的动机理论，工作本身也具有激励力量。因此为了更好地发挥员工的工作积极性，管理者要考虑如何才能使工作本身更有内在意义和挑战性，给员工一种自我实现感。通过工作设计，可以达到工作激励的效果。工作设计主要有以下几种方式：

(1)工作扩大化：它是指通过扩大工作范围而横向扩展工作。研究表明，在工作中使用知识范围的扩大会对员工产生积极的影响，比如满意度提高、客户服务状况改善、差错率降低等。

(2)工作丰富化：它是指增加工作的深度，赋予员工更多的责任、自主权和控制权，并从中得到更多工作绩效的反馈。

(3)工作轮换：它是指当员工感觉到一项工作活动已不再具有挑战性时，让员工到另一个水平、技能要求相近的工作岗位上工作。工作轮换可以增加工作的挑战性，给员工机会发展和成长，增加员工和他人交往的机会。

(五)培训激励

依据马斯洛的需要层次理论和奥尔德弗的 ERG 理论，每个人都有发挥自己潜能、提升自己能力的需要。弗鲁姆的期望-效价理论认为，只有当员工认为自己有能力完成目前的工作任务时，才有可能接受这项任务。培训制度不但可以满足员工提升自我能力、开发个人潜能的需要，还可以提高他们完成工作任务的自信心。因此，培训在很多组织中都可以作为一种激励措施来提高员工工作的积极性。从外部环境来看，随着知识经济时代的到来，当今世界日趋信息化，知识的更新速度不断加快，员工知识结构不合理和知识老化现象日益突出。通过培训可以充实他们的知识，培养他们的能力，给他们提供进一步发展的机会。

(六)荣誉和晋升激励

荣誉激励的物质成本低廉，但效果很好。因为给予员工荣誉能够满足他们的尊重需要，从而起到激励的作用，所以应该对那些工作表现突出、绩效优异的员工给予必要的荣誉奖励，这是很好的精神激励方法。晋升是对员工能力和业绩的承认和反馈，因此也会起到激励作用。与那些工资较低的员工相比，工资较高的员工更倾向于这种激励，能够给其带来成就感。

二 常用的激励技术

（一）目标管理

目标管理已经成为一种十分流行的技术，在许多企业、卫生保健机构、教育部门、政府和非营利组织中，都经常会用到目标管理。目标管理（management by objectives，MBO）是在目标设置理论的基础上发展起来的，它强调员工参与对目标的设置工作，这些目标应该具有明确、可检验和可测量等特点。目标管理包括四个基本成分：目标具体性，参与决策，明确的时间限定，绩效反馈。

所谓目标具体性，是指在目标中不能仅仅笼统地表明要削减成本、改善服务、提高质量，这些愿望必须转化成可以测量和评价的具体目标。例如，采购成本降低 7%；保证所有的电话订货 24 小时内及时送到；保证产品返修率保持在 1%以下。

所谓参与决策，是指目标不是由上级单方面确定后分派给下属的。目标管理运用共同参与决策的方式代替硬性规定的目标。上下级共同选择目标，并对如何衡量绩效达成协议。

所谓明确的时间限定，是指管理者和下属不仅要有明确的目标，而且要有完成目标的明确时间限定。

所谓绩效反馈，是指在实现目标的进程中，管理者要不断提供绩效反馈。理想的做法是给个体提供持续性的反馈，从而使他们控制和调整自己的行为。比较现实的做法是：在检查工作进度时，管理者给予阶段性的定期评价。

需要说明的是，在有关目标管理的一些研究中可以看到，很多时候它未能达到管理者的期望（Hunter，1991）。在制定目标时，如果对结果存在不切实际的期望、缺乏高层管理者的承诺、管理层无力或不愿根据目标的完成情况分配报酬，目标管理的效果会大打折扣。

（二）员工参与方案

为了鼓励员工对组织的成功做出更多承诺与奉献，不少组织采用员工参与方案，包括参与管理、工作场所民主化、授权给员工等方式。这种激励技术隐含的基本逻辑是：让员工参与影响到自己的决策，并增加他们对工作的自主权和控制力，会使员工的工作积极性更高，生产率更高，对组织更忠诚，对工作也更满意。员工参与方案的理论基础包括马斯洛的高层次需要、赫茨伯格的激励因素、托马斯的内部动机模型等。其中最普遍运用的参与方案有参与管理、质量圈和员工持股计划。

所有参与管理（participative management）的方案都有一个明显的共同特征：员工在很大程度上可以与直接主管共享决策权。参与管理在当今很多时候被推崇为治疗士气低落和生产力低下的灵丹妙药。然而，这种做法的有效性取决于以下三个要素：（1）员工参与解决的问题是否与他的根本利益有关？（2）员工是否具备必要的能力和知识，从而为决策带来有效的贡献？（3）参与的各方是否相互信任，相互依赖？为什么需要员工参与决策和管理？首先，在工作日益复杂的当今世界，管理者常常并不了解员工所做的具体工作。所以，参与的做法使那些最了解工作的人完成工作，其结果会带来更完善的决策。其次，员工参与还可以提高他们对决策的承诺。如果员工参与了决策过程，则在实施决策时他们反对这项决策的可能性会更小。最后，员工参与调动了员工的内部动机，使人们觉得工作更有趣也更有意义。许多研究探讨了参与管理与工作绩效之间的关系，但研究结果并不一致。人们发现参与管理对员工生产率、动机和工作满意度等变量只有中等水平的影响。当然，这并不意味着在适当条件下使用参与管理毫无益处。

质量圈（quality circle）也是一项常常被人们提到的技术，它最初在美国出现，20世纪50年代传到日本，80年代在北美和欧洲风行一时。质量圈的具体做法是：由8～10名员工和主管组成工作小组，共同承担工作责任。小组成员常常一周会面一次，利用上班时间在工作场所讨论质量问题，包括分析问题的成因、提出解决建议并实施纠正措施等。他们承担解决质量问题的责任，对工作进行反馈并对反馈进行评价。管理层一般保留最终决定权来确定是否实施建议方案。一些研究证据表明，质量圈会对工作效率产生一定的积极影响，但对员工满意度的影响很小，还有一些研究并没有发现质量圈对工作效率有显著的积极影响。可见，质量圈方案并不一定会达到预期的效果。其原因可能来自两个方面：第一，员工实际上只有很少的时间参与活动。这些方案中通常每周只碰面一次，每次讨论两三个小时，其余时间不发生任何变化。这种短短的讨论不容易带来重大影响。第二，质量圈过程实施的简便性常常会削弱它的效果。质量圈被看作一种简单的方法，其实施几乎不需要改变这一方案以外的任何方面。在许多情况下，管理层的参与仅仅是提供资金。所以，质量圈成为管理层推行员工参与方案这一时尚的简便做法。遗憾的是，由于缺少计划性、缺乏高层管理者的承诺与参与等因素，质量圈常常会失败。

员工持股计划（employee stock ownership plans，ESOP）是公司建立的一项福利措施，作为福利的一部分，员工可以获得股票。有关员工持股计划的研究表明，它可以提高员工满意度，但是对绩效的影响并不十分明显。例如，一项研究对45个采用员工持股计划的公司与238个传统公司进行了比较，在员工增长和销售增长两方面，员工持股公司均优于传统公司（Rosen & Quarrey，1987）。另一项研究发现，在其他条件相当的情况下，采用员工持股计划的公司与未采用员工持股计划的公司相比，4年之后所有股东的回报率平均高出6.9%（Davidson & Worrell，1994）。不过，也有一些研究得到了令人失望的结果。应该说，员工持股计划具有提高员工满意度和工作动机的潜力。但是，为了使这种潜力转变为现实，员工除了拥有公司股份，还需要定期了解公司的经营状况，有机会对公司的业务施加影响，真正成为企业的主人公，这样才能显著改善组织绩效。

（三）浮动工资方案

很多组织正在把完全基于服务年限和教育文凭的报酬体制，改变为浮动工资方案

(variable-pay program)。这种激励技术主要受到期望-效价理论的影响。具体而言，要想使动机水平最大化，个体需要看到他们的绩效和报酬之间存在直接的联系。如果报酬完全由非绩效因素决定（如资历、职称），员工就可能会降低努力水平。

这类薪酬形式与传统方案的区别是：前者的工资不仅取决于工作时间或资历，还取决于个人或组织的绩效水平。对浮动工资方案来说，报酬随绩效的水平而上下波动。浮动工资方案中经常使用计件工资和利润分成两种形式。

计件工资方案下按照工人完成的每一个生产单位付给固定报酬。如果一名员工没有基本工资，仅仅根据自己的产量得到报酬，则是一种纯粹的计件工资方案。不过，大多数组织使用的是一种综合型计件工资方案，员工的报酬是基本的小时工资加上计件工资。所以，一名推销员会得到每天 15 元的基本工资，每推销一份产品再得到 20%的提成。这种综合型计件工资方案给员工提供了一个收入底线，同时又具有激励作用。已有证据支持了计件工资方案的效果，尤其是那些采用计件工资制的操作工人。例如，一项针对 400 家制造企业的研究发现，实施计件工资方案的公司比没有实施该方案的公司生产率高 43%～64%（Fein，1973）。

利润分成方案（profit-sharing plan）是整个组织范围内的报酬分配方案，根据公司的利润设计出某种特定的公式，以此来计算并分配报酬。这些报酬可以直接以现金支付，也可以是股权分配，后者尤其针对高层管理者。

研究表明，总体上浮动工资方案在实践中是有效的。有利润分成方案的组织比没有该方案的组织生产率更高，并常常对员工的态度产生积极影响（Welbourne & Dmex-mejia，1995）。美国管理协会对 83 个实行利润分成方案的公司进行了研究，结果发现，平均而言不满和抱怨减少了 83%，缺勤率降低了 84%，浪费时间的现象减少了 69%（Cotton，1992）。从员工的角度来看，浮动工资方案的缺陷是它的不可预见性。他们无法准确地预计自己明年和后年的收入是多少，并基于这种稳定的预测来安排个人的生活。你所在组织的绩效水平今年可能下滑，经济危机也可能会降低公司的利润，这些因素都会降低浮动工资。另外，人们会把每年都得到的绩效奖金视为一种理所当然的收入。如果连续三年得到 15%～20%的奖金，你会期望第四年也同样得到它。如果没有兑现，管理层就会看到员工工作倦怠、抱怨不断。

三 激励方式的选取原则

以上只是简要地介绍了几种常见的激励方式和激励实践活动。实际上，在管理实践中，具体的方式和方法可以说无穷无尽、不胜枚举。但是无论选用哪些激励方式，都要满足以下几个原则。

（一）公平公正原则

公平公正这一基本原则涉及激励要透明的问题，这个指标将直接影响到是否能调动真正优秀者的积极性以及是否打击未受奖励者的积极性。在激励的过程中，一定要树立激励机制面前人人平等的观念，实际操作中必须做到铁面无私、一视同仁，千万不能因个人偏好而有任何不公的语言和行为。主要的改善方法有：第一，公开制定激励的标准，对各项指标尽可能地量化，减少人为操作的可能；第二，选择受奖对象必须充分尊重民意，最好让全体员工都参与这个过程；第三，对受奖对象要进行公开表扬，使之充分感受到荣耀和成就感。

（二）普及性原则

激励的普及性主要涉及激励覆盖面的广度，这个指标将直接影响企业的整体士气。主要的改善方法有：第一，将激励的精神尽可能多地贯彻到所有规章制度和管理过程中，让组织中的所有人在时刻感受到制度力量的同时也能被激励前进；第二，避免平均主义，这样一方面可以降低激励的成本，另一方面可以让人看到激励的价值；第三，合理运用典型的示范力量，一般来讲榜样的力量是巨大的，但众人的眼光一直集中在几个人身上也难免会影响其他人的积极性。

（三）适度性原则

激励的适度性涉及激励次数的多少和力度的大小，这个指标不够容易产生大范围的牢骚和不满的情绪，若是太大则会过分刺激员工的欲望，并且使企业内机会主义和短期行为盛行。主要的改善方法有：第一，增强激励的成本收益观念，管理成本的投入需要有相应的回报产生，并不是高投入必然就有高产出；第二，尽量与员工的期望值相符，期望值是员工的主观评价标准，因此是员工能够获得最大激励的基准点。

（四）及时性原则

激励的及时性涉及激励措施实现的快慢。“机不可失，时不再来。”现代心理学研究表明，及时激励的有效率可达到 80%，而延迟激励的有效率仅为 7%。主要的改善方法是员工一旦出色地完成了工作，马上就给予实质性的奖励；一旦犯下错误，也马上就进行相应的惩罚。当然，这里的及时并不是单指时间上的迅速，主要还是体现一种不拖泥带水、遇事果断的雷厉风行的工作作风，那种认为什么事都放到年终算账的想法和做法完全是在贻误和浪费时机。

本章小结

1. 动机是一个过程，开始于个体生理上或心理上的缺失，从而激发行为或者驱动个体向着特定的目标而努力。需要唤起了指向诱因的驱力，这就是动机的基本过程。

2. 绩效＝f(能力×动机×机会)。动机是影响行为效果的一个重要因素，但却不是唯一的条件。

3. 本章介绍了三种内容型动机理论。马斯洛将人类的需要分为五个层次：生理需要、安全需要、归属需要、尊重需要、自我实现需要，按从低到高排列呈现金字塔的阶梯状。奥尔德弗的 ERG 理论认为，人类存在三类核心需要：生存需要、关系需要和成长需要。赫茨伯格提出了双因素理论，即激励-保健理论，激励因素使人由没有满意走向满意，保健因素将不满意改变为没有不满意。麦克莱兰的成就需要理论认为，除了生存需要，人类还存在成就需要、权力需要和亲和需要。托马斯的内部动机模型认为，人类具有内部动机和外部动机，外部动机过强会弱化内部动机。

4. 本章介绍的过程型动机理论包括目标设置理论、公平理论、期望-效价理论和强化理论。

5. 动机理论可以应用于组织管理的实践，如目标管理、员工参与方案、浮动工资方案等。

关键词

动机　激励　内容型动机理论　内部动机　外部动机　过程型动机理论

复习与思考题

1. 什么是动机？说明动机与工作绩效的关系。
2. 思考马斯洛的需要层次理论与奥尔德弗的 ERG 理论的联系和区别。
3. 对比分配公平和程序公平作用的差异，并思考其对管理者的启示。
4. 阐述期望-效价理论中的三种联系并具体说明其对管理激励的影响。
5. 管理者可以采用哪些技术方法实现对员工的激励？

参考文献

1. 赫尔雷格尔，等．组织行为学：第 9 版．上海：华东师范大学出版社，2001.
2. 迈尔斯．社会心理学：第 8 版．北京：人民邮电出版社，2006.
3. 肖建中．管理人员十项全能训练．北京：北京大学出版社，2006.
4. 斯蒂芬·P. 罗宾斯．组织行为学：第 10 版．北京：中国人民大学出版社，2005.
5. 弗雷德·鲁森斯．组织行为学：第 9 版．北京：人民邮电出版社，2004.
6. 孙健敏，李原．组织行为学．上海：复旦大学出版社，2005.
7. 曾仕强，刘君政．领导与激励．北京：清华大学出版社，2003.
8. 周文霞．管理中的激励．北京：企业管理出版社，2004.
9. 理查德·格里格，菲利普·津巴多．心理学与生活：第 15 版．北京：人民邮电出版社，2003.
10. 刘亚，龙立荣，李晔．组织公平感对组织效果变量的影响．管理世界，2003（3）：126－132.
11. Cascio W F，Aguinis H. Applied psychology in human resource management. 6th ed. Englewood Cliffs，NJ：Prentice Hall，2004.
12. Deci E L. Intrinsic motivation. New York：Plenum，1975.
13. Insko C，Schopler J. Experimental social psychology. New York：Academic Press，1972.
14. Herzberg F，Mausner B，Snyderman B. The motivation to work. New York：Wiley，1959.
15. Locke E A. Latham versus Komaki：a tale of two paradigms. Journal of applied psychology，1980，65（1）：16－23.

案例分析

海尔集团的 OEC 管理

企业能不断地高速发展，必然有强劲的企业核心竞争力支持着它，而海尔人总结出的海尔文化则融汇了海尔最经典的经营理念，成为企业发展的核心力量。

海尔定律即斜坡球体论，是说企业在市场经济中就如同斜坡上的一个球体，受到来自市场竞争和内部员工惰性的影响会向下滑，要想巩固自己所处的位置，必须有充分的止动力。止动力来源于管理，管理即是稳定企业的必需力量。

基于海尔定律，张瑞敏借鉴国外先进企业的管理方法，提出了具有海尔特色的 OEC 管理模式，即海尔模式。OEC 管理是 overall，every，control and clear 的缩写，可表示为：每天的工作每天完成，每天的工作需要清理并要每天有所提高，即日事日毕、日清日高。

OEC 管理是海尔在长期发展中摸索出来的独具特色的企业管理模式，1991 年推行 OEC 管理后，海尔的各项主要经济指标均达到国内同行业先进水平，企业实力也得到明显增强。事实证明，这种模式是具有中国特色的科学的管理方法。

OEC 管理由三个基本框架构成——目标体系、日清控制体系和激励机制。这三个体系形成了一个完整的管理过程：首先由目标体系确立目标，然后由日清控制体系保证完成目标的基础工作，日清控制体系的结果与激励机制挂钩来激励全企业向目标努力。

目标体系将企业的目标层层分解，量化到每人每天做的每件事，做到人人都管事，事事有人管。每个人都清楚每天要完成的每项工作，再小的事都有明确的划分，甚至每一块玻璃、每一个地段都标有责任者的名字。

日清控制体系包括两个方面：日事日毕和日清日高。日事日毕即当天所发生的种种问题在当天解决，防止问题积累。日清日高即对工作中的薄弱环节不断改善，不断提高，每天寻找差距，以求第二天干得更好。当日的工作必须当日完成，同时要找出差距、问题，提出改进措施。每个管理人员都要建立日清台账。

激励机制是日清控制体系正常运转的保证条件。海尔的激励机制坚持两个原则：一是公开、公平、公正，通过 3E 卡可明确地计算出日收入状况，使员工心里有数；二是计算依据合理，如海尔实行的计点工资就从多方面对每个岗位进行测评，并且根据具体条件的变化不断调整。计点工资将一线员工工资 100％地与奖金捆绑在一起，按点数分配，在此基础上对一、二、三线的每个岗位实行量化考核，从而使劳动与报酬直接挂钩。

在激励的方法上，海尔多采用即时激励的方式，这也体现了日清的精神。如在质量管理上利用质量责任价值券，员工人手一本质量价值券手册，手册针对每一个缺陷明确规定了自检、互检、专检三个环节应负的责任价值及每个缺陷应扣多少钱。发现缺陷后，当场撕掉价值券，由责任人签收。质量责任价值券分红、黄两种，红券用于奖励，黄券用于处罚。

海尔实行“三工并存、动态转换”的激励政策，促进员工不断提高。三工即优秀员工、合格员工和试用员工（临时工），他们在收入和福利方面各有区别。三工之间可以动态转化，根据所做的贡献或所犯的错误将员工分类，可上可下，这样能时刻激励员工提高能力和素质。

海尔还实行合格班组、信得过班组、免检班组、自主管理班组和SBU班组的班组升级制度。

另外，海尔还设立海尔奖、海尔希望杯奖、员工合理化建议奖等多个奖项，采用员工姓名命名小改小革等形式，对员工进行精神激励，激发员工的工作热情。

OEC管理实现了基础管理的精细化、规范化、科学化、标准化、目标化、效率化、效益化和经济化，有效地提供了企业的止动力，让海尔能在竞争日益激烈的环境中稳住地位。OEC管理提高了流程的控制能力，在整个企业的运营过程中有效地控制了各个部门、各个环节间的联系，使企业能有条不稳地运转。这些可靠的基础管理方法保证企业能正常运行，把这种管理引入海尔纵向与横向发展的领域还有效地支持了进一步发展的基础管理需要。同时，OEC管理也加强了员工素质的培养，时刻要求员工和企业要有进步，为企业的壮大提供了准备。正是因为有了这套严格的管理制度，企业在变化的环境中才能有条不紊地运转，并且有足够的准备向新的领域、新的台阶迈进。

资料来源：根据中国人力资源开发网（http：//www. chinahrd. net）的资料整理。

讨论题

海尔采用了哪些措施激励员工？这些措施分别以哪些激励理论为依据？

第 5 章
知觉、归因与印象管理

学习目标

学完本章后，你应该能够：

◎ 了解知觉和社会知觉的含义及相关理论

◎ 熟悉归因的概念，理解并运用归因偏差的理论

◎ 理解社会知觉中的主要偏差

◎ 了解印象管理的意义

引例

“9·11”事件会影响世人对穆斯林的看法吗

阿曼、贝格、马哈德和阿马尔都是年轻的穆斯林，在美国的联邦政府工作。自 2001 年“9·11”事件之后，他们的生活就发生了变化，这很大程度上是由于公众对穆斯林的印象所致。

四人分别担任不同的职务，阿曼是美国商务部的项目分析员，贝格是总统行政办公室的高级网络工程师，马哈德是美国劳工部的律师，阿马尔是美国联邦调查局的特别代理人，尽管他们已在美国居住了 20 多年，还是会因为种族和信仰而被歧视。

“9·11”事件之后，阿曼不得不经常为自己辩解以保护自己。不久前，贝格从里根国家机场乘机前往小布什在得克萨斯州的农场，他们的机票是用政府信用卡支付的，同行的还有政府高级官员。虽然他 14 岁就从印度到了美国，但是黑皮肤的贝格却是机上唯一被安全官员进行全面检查的。马哈德遇到的问题是他要在里根国家机场搭乘一班 7：20 的飞机，因为机场的小礼拜堂关门了，他便找了个角落做祷告。意识到他的行为可能会引起误解，他做了一件“9·11”事件之前从没做过的事情。马哈德走到门卫那里说，“我要在这里做祷告。”他们没有反对。马哈德为不得不提前声明感到很恼火。现在，如果在公众场合表现出他的信仰，马哈德会特别注意。

“9·11”事件之后不久，阿马尔开始监视华盛顿特区的一栋公寓大楼，并在办公室同联邦调查局的管理人员进行了一番交谈。他们的解决办法就是把所有穆斯林用船送回

家，回到他们原来的地方。

遗憾的是，这些事情并不只发生在阿曼、贝格、马哈德和阿马尔身上。由于人们对穆斯林着装的看法，很多穆斯林妇女遭到了不平等的待遇。例如，美国航空公司禁止穆斯林员工戴面纱上班。

旧金山地区的一名记者说，她开始佩戴不那么传统的穆斯林头巾。有一次坐公交车时，一群小孩上车后喊她恐怖分子。那次经历之后，她就不愿意告诉别人她的姓氏。有时会有人问她会不会把汽车炸掉。现在，她不戴那种长头巾，而是把它弄得看上去更像围巾或者一种时尚品，这样她才能勉强和别人混在一起。

资料来源：斯蒂芬·罗宾斯．组织行为学：第12版．北京：中国人民大学出版社，2008.

我们都知道盲人摸象的故事。同样一头大象，每个盲人做出的描述截然不同。在生活中，我们会对观察到的人或事物赋予不同的意义，留下不同的印象，这就是知觉。在这个过程中，由于个体差异及各种局限，往往会出现类似盲人摸象的偏差，这些偏差出现在组织情境中，会对组织的管理运作产生影响。那么，这些偏差是如何产生的，会对知觉过程产生怎样的影响？在本章中，我们将讨论知觉及知觉中的归因理论，并在此基础上对印象管理及其应用进行讲解。

第1节　知觉与社会知觉

一　知觉

（一）什么是知觉

知觉和感觉是两个很相近的概念。所谓感觉，是指客观事物直接作用于人的感觉器官，在人脑中产生的对事物个别属性的反映。知觉是指一个人为了给观察对象赋予一定的意义而进行的组织和解释感觉印象的过程，或者说是一个人选择、组织、解释刺激，形成一种意义的心理过程。相对于感觉，知觉是客观事物直接作用于感官之后，在头脑中形成的对客观事物的整体反映。

知觉是一个复杂的过程，需要经过生理和心理两个历程。人的知觉首先以感觉为基础，而感觉只是人对客观事物的基本反应。要对客观事物形成全面认识，还要上升到知觉。例如，把一条横线和一条竖线垂直地交叉在一起，我们观察到横线和竖线交叉放在一起，产生一个“+”形状，这是一个感觉的过程。对于“+”这个形状，不同的人会有不同的判断，有人把它叫作数学中的加号，有人把它看作医生诊断出的阳性结果，有人把它看作基督教中的十字架。以上所说的数学符号、阳性结果、十字架，就要有知觉过程的参与。

需要说明的是，知觉是一种积极、能动的认识过程。这种能动性主要体现为四个方面（见图5-1）。

（1）知觉的选择性。通常情况下，人们会先对目标事物的某一方面进行信息收集、分析，从而得到对该事物这一方面的判断、认识和结论。但是，由于有限理性，以及环

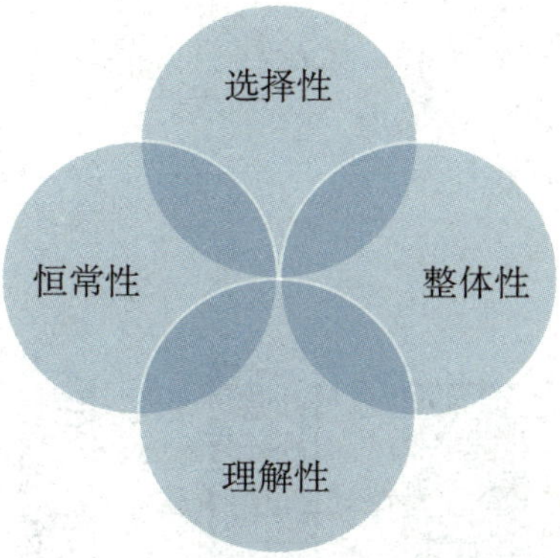

图5-1 知觉的能动性

境、需要、兴趣、经验和能力等方面的不同，人们会选取一部分信息进行认识判断、形成结论，而其他信息则被作为背景。这种现象就是知觉选择性的体现。例如，在课堂上，对于认真听讲的学生来说，教师的声音是知觉的对象，而周围环境中的声音则称为知觉的背景；对于上课看课外书的同学来说，教师的声音就成了知觉的背景，课外书则是知觉的对象。

我们一起来看图5-2。你看到了什么？是风景还是孕育？

图5-2 知觉的选择性

（2）知觉的整体性。在知觉的过程中，人们并不是零散地吸收信息，而是力求将观察到的对象知觉为具有一定结构的整体形象。即使是一个不完整的形象，人们也会在知觉水平将其形成一个完整的形象。例如，当我们看到缺口的圆环、缺少顶点的三角形时，脑海中仍能将缺少的部分补足，形成整体的形象。在此过程中过去的知识和经验常常能提供补充信息。

（3）知觉的理解性。人们会以已有的知识、经验为基础去理解和解释事物，并用词语加标志使它具有一定的意义。而且，对同一个知觉对象，知识经验不同的人会有不同的理解。看看图5-3，中间是什么？

（4）知觉的恒常性。当知觉的条件发生变化时，我们知觉到的映像仍然保持不变，这就是知觉的恒常性。如图 5-4 所示，无论门打开到什么角度，我们对门的形状的知觉是不变的。

图 5-3 知觉的理解性

图 5-4 知觉的恒常性

（二）知觉的过程

达夫特等人（2004）认为，知觉过程包括五个阶段：注意、组织、解释、检索、判断，如图 5-5 所示。具体来说，当一个人已经注意到某一个刺激时，知觉过程中的每一阶段都会给上一阶段提供反馈信息。根据这些反馈信息，他可能会调整他的知觉。

（1）阶段一：注意。在这个阶段，人们会关注全部信息中的某一特定部分，并把其余部分过滤掉。比如，观看篮球比赛的时候，我们主要关注的是控球队员以及围绕在其周围的运动员，而会过滤掉场馆中的其他信息。这个阶段实际上是将知觉对象从背景中分离、提取出来的过程。

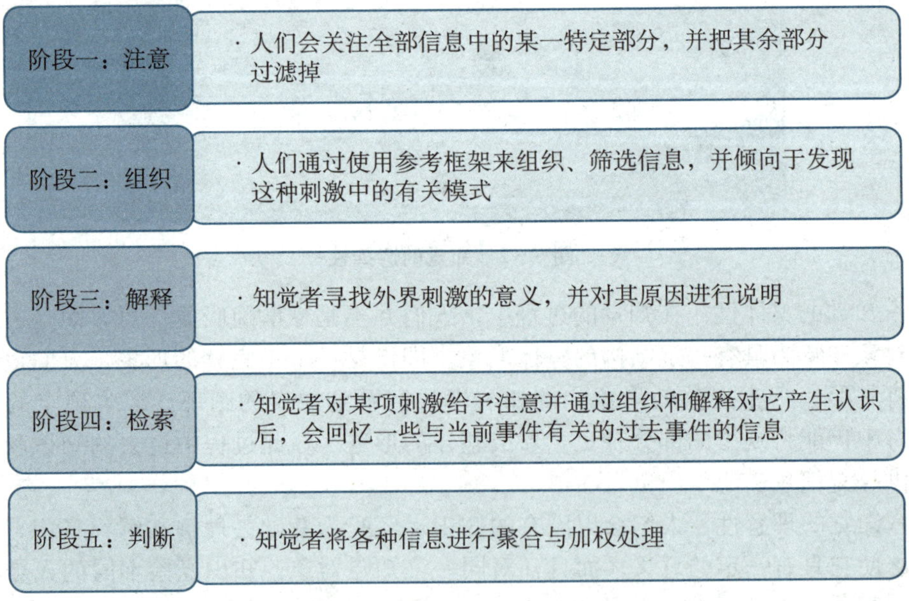

图 5-5 知觉过程的五个阶段

(2) 阶段二：组织。在这个阶段，人们通过使用参考框架来组织、筛选信息，并倾向于发现这种刺激中的有关模式。这个阶段实际上是形成一个整体形象的过程。

(3) 阶段三：解释。在这个阶段，知觉者寻找外在刺激的意义，并对其原因进行说明。心理学家通过研究知觉过程认为，解释过程是两个过程的组合：投射和归因。投射（projection）是指用自己的思想和感觉去想象所观察的人，并且大多数情况下这种投射是在无意识状态下形成的。例如，当我们认为某个演员演技很好时，会认为别人同样持此观点。所以，投射有时可能会使知觉过程产生偏差。归因（attribution）是指个人解释某种行为或事件的原因的过程。本章其他部分将对归因过程进行详细介绍。

(4) 阶段四：检索。在这个阶段，知觉者对某项刺激给予注意并通过组织和解释对它产生认识后，会回忆一些与当前事件有关的过去事件的信息。例如，当导师写推荐信时，会回忆这个学生过去学习生活中的优点和缺点。

(5) 阶段五：判断。在这个阶段，知觉者将各种信息进行聚合与加权处理。聚合信息是指将各种信息汇集起来，加权信息是指根据自己的判断标准、价值观等给不同信息分配不同的权重。

(三) 知觉的影响因素

知觉者、知觉对象以及知觉环境是影响知觉的三个主要因素。

1. 知觉者

知觉者的心理期待、经验、需要等都会影响对知觉对象的判断。心理期待影响知觉者的注意力，比如一对异地恋的恋人在思念对方时，看到街上的某些陌生人会觉得是自己的恋人；过去的经验同样限制人们的注意力，特别是过去从未经历过的事件或从未见过的物体会更加引起我们的注意；动机和需要，尤其是未被满足的需要也会对知觉者产生影响。

2. 知觉对象

一个具有明显特征的外部刺激出现后，知觉者所进行的选择、组织、解释的过程会受到外部刺激特点的影响。比如，有人在电梯里说话声音很大，就会引起周围人的注意；有人在冬天的大街上穿着短袖短裤，同样会吸引很多人的注意。

3. 知觉环境

不同的环境会使人们产生不同的知觉，包括物理环境和社会环境。比如，隔壁有人在下午弹钢琴，你会感觉动听悦耳，但是如果三更半夜还在弹琴，对你来说就变成反感的噪声了。再如，在中餐馆中边吃饭边畅谈没有问题，但是在国外西餐厅中仍然大声说话就会引起别人的反感。

二 对社会对象的知觉

按照对象的不同，知觉可分为自然知觉和社会知觉。自然知觉是对自然世界的知觉，比如人类对宇宙空间、天体的认识和判断，社会知觉则是对社会对象的知觉。组织行为学关注的主要是社会知觉。

（一）社会知觉的内容

美国心理学家布鲁纳认为，社会知觉包括对他人的知觉、人际知觉、角色知觉和自我知觉。

1. 对他人的知觉

对他人的正确知觉是建立良好人际关系的基础，主要是指对别人的外表、语言、动机、性格等的知觉。

表情是情绪主观体验的外部表现形式，也是向他人传递信息的一种工具。人类的表情主要有三种：面部表情、声调表情和身体姿态表情。面部表情包含十分丰富的内容，当你开心时会眉开眼笑，当你失落时会肌肉下沉。另外，人际交往中常用的目光交流、声调变化和身体姿态也会传递出部分信息。现实生活中，一些刑侦人员和测谎专家正是通过这些表情发现蛛丝马迹破获大案的。

性格体现人们对现实和周围世界的态度，并通过一定的行为方式表现出来。当我们十分了解一个人的性格时，就可以预测某种情形下他的反应。

2. 人际知觉

在群体生活中，我们与任何一个人都会发生联系，而人际知觉就是对人与人之间关系的知觉，正是这种知觉成为人际交往的依据。人与人之间关系的表现是有差异的，会呈现接纳、拒绝、喜欢、讨厌等不同层次的状态。一个部门的同事中，有些人可以成为关系亲密的朋友，有些人只有在工作场合才产生交集。

3. 角色知觉

威廉·莎士比亚的《皆大欢喜》中写道：世界是个大舞台，所有的人都只是演员。他们出场又退场，而且一个人要同时扮演许多角色。米德（G. H. Mead）在 1934 年首先运用角色的概念说明个体在社会舞台上的身份及其行为，之后角色的概念被广泛应用于社会学与心理学的研究。社会学对角色的定义是“与社会地位相一致的社会限度的特征和期望的集合体”。角色知觉主要包括两个方面：首先，通过某人的行为模式判定他的职业，比如，看到一个形象好、走路挺拔且外八字的女生，可以判断她可能是一个舞蹈演员；其次，通过相关角色行为的社会标准判断这个人应该具有的行为模式，比如，大型外企的高管举手投足之间都应该体现其素质和品位。

每个人在社会上都扮演多种角色，比如儿子、女儿、学生、同学、学生会主席、经理、下属等，并且这些角色随着年龄的增长和阅历的增加不断改变。我们应该根据自己扮演的不同角色，正确地知觉这些角色的行为标准，适应不同角色和环境的转变。

4. 自我知觉

自我知觉是指一个人通过对自身行为的观察对自己心理状态的了解与认识。自我知觉是自我意识的重要组成部分，随着个人自我意识的发展，自我知觉经历三个发展阶段。

（1）阶段一：生理自我。在这个阶段主要表现为对自己的身体、衣着、家庭、父母的判断，以及对自己所有物的判断，从而表现出自豪或自卑的自我情感。

（2）阶段二：社会自我。在这个阶段主要表现为对自己在社会上的声誉、地位、社会中其他人对自己的态度，以及自己对周围人的态度等方面的判断和评价，从而表现出自尊或自卑的自我体验。

（3）阶段三：心理自我。在这个阶段主要表现为对自己的智慧、能力、道德水平等方面的判断和评价，从而表现出自我优越感等自我体验。

个体的自我知觉在一般情况下会遵循生理自我、社会自我、心理自我的发展顺序，但由于成长环境或教育背景的不同，每个人的自我知觉发展水平也有所不同。比如，我们会发现有的小朋友在一年级时就很愿意当班干部，并且非常注重别人对自己的判断和评价。

（二）社会知觉中的捷径

人是最高级的复杂动物。为了更好地知觉周围环境中的人和事，同时为了节省认知资源，人类在这个过程中不自觉地总结了一些方法和捷径来应对这种复杂性，但是这些捷径会导致偏差的产生。社会知觉中的捷径有以下几种常见的形式：选择性知觉、首因效应、近因效应、晕轮效应、对比效应、刻板印象、投射效应（见图5-6）。

图5-6　知觉的捷径

1. 选择性知觉

正如前面所提到的，知觉的选择过程是知觉者依据自己的兴趣、知识背景、经验和态度等对外界信息进行的主动性选择。而且，由于大脑容量有限，我们不可能注意到全部信息，所以这就存在一定风险。比如，在求职面试时，缺乏经验的面试官会不由自主地更加关注形象好的应聘者，从而给出高于其他候选人的评价，而实际上其能力和技能并不符合岗位要求。

2. 首因效应

首因效应也称第一印象，是指知觉者最初得到的信息对于知觉的形成具有强烈影响。第一印象一旦形成，就在人们的心理上占据重要地位，鲜明而牢固，显著影响以后的长期认知。除非第一印象与之后的事实之间产生强烈的冲突，否则第一印象一旦形成，常常会一直保持下去。虽然这种效应会产生偏差，但是所有人都不可避免地受到首因效应的影响，所以第一印象非常值得我们关注。第一印象的产生主要是感知对方的容貌、表情等外在的东西。参加面试或者初次进入一个新组织，我们要特别注意外貌着装，展现亲和力，给他人留下较好的第一印象。而企业的管理者在管理员工时则应该避免第一印象的干扰，保证公平公正，尤其是对待那些第一印象不好的员工，要善于发现他们的改变和进步。

3. 近因效应

近因效应是指在总体印象形成过程中，新近获得的信息比原来获得的信息影响更大的现象。在印象形成过程中，当不断有足够引人注意的新信息，或者原来的印象已经淡忘时，新近获得信息的作用就会较大，这时就会发生近因效应。个体特征也影响近因效应或首因效应的发生。一般心理上开放、灵活的人容易受近因效应的影响；而心理上保持高度一致、具有稳定倾向的人容易受首因效应的影响。

美国心理学家卢钦斯用两段编撰的文字作为实验材料研究了首因效应和近因效应。他编撰的文字主要描写一个名叫吉姆的男孩的生活片段，一段文字将吉姆描写成热情外向的人，另一段文字则相反，把他描写成冷淡内向的人。例如，第一段文字中说吉姆与朋友一起去上学，走在洒满阳光的马路上，与店铺里的熟人说话，与新结识的女孩子打招呼等；第二段中说吉姆放学后一个人步行回家，他走在马路的背阴一侧，也没有与新近结识的女孩子打招呼等。在实验中，卢钦斯把两段文字加以组合：

第一组，描写吉姆热情外向的文字先出现，冷淡内向的文字后出现。

第二组，描写吉姆冷淡内向的文字先出现，热情外向的文字后出现。

第三组，只显示描写吉姆热情外向的文字。

第四组，只显示描写吉姆冷淡内向的文字。

卢钦斯让四组被试分别阅读一组文字材料，然后回答一个问题："吉姆是一个什么样的人?"结果发现，第一组被试中有78%认为吉姆是友好的，第二组被试中只有18%认为吉姆是友好的，第三组被试中有95%认为吉姆是友好，第四组被试中只有3%认为吉姆是友好的。

这项研究结果证明，信息呈现的顺序会对社会认知产生影响，先呈现的信息比后呈现的信息有更大的影响。但是，卢钦斯进一步研究发现，如果在两段文字之间插入某些其他活动，如做数学题、听故事等，则大部分被试会根据活动以后得到的信息对吉姆进行判断，也就是说，获得的信息对他们的社会知觉起到了更大的影响，这个现象就是近因效应。

4. 晕轮效应

晕轮效应是指由对象的某种特征推及对象的总体特征，从而产生美化或丑化对象的现象。在绩效考核中，晕轮效应意味着考核者对被考核者某一绩效要素的评价较高，就会导致他对该人其他所有绩效要素也评价较高；反之，如果对被考核者某一绩效要素的评价较差，则会导致他对该人其他所有绩效要素也评价较差。

不难看出，晕轮效应是一种以偏概全的认知偏差。评估者在员工绩效评估过程中，把员工绩效中的某一方面甚至与工作绩效无关的某一方面看得过重，用员工的某个特性去推断其他特性，会造成“一好百好，一差百差”、以偏概全的评估偏误。当被考核者对考核者特别友好或特别不友好时，晕轮效应最容易发生。

5. 对比效应

对比效应是指当人们对某个对象进行认知评价时，由于其他对象的存在而影响了对该对象的真实评价。对比效应在绩效考核中十分明显。比如，假定评定者刚刚评定完一名绩效非常突出的员工，接下来评定一名绩效一般的员工，那么很可能将这名绩效本来属于中等水平的人评定为比较差。或者一些以前绩效很差而有所改进的人可能被评为较好，但事实上其绩效勉强达到一般水平。对比效应是绩效考核不可避免的现象，不过这种偏差会随着员工绩效信息的积累而逐渐消失。

6. 刻板印象

以个人所在的团体为知觉基础来进行判断时，我们使用的捷径称为刻板印象。刻板印象实际上就是一种心理定式，会导致知觉者不能发现个体间的差异。它既有积极的一面，也有消极的一面。

在对于具有许多共同点的某类人进行判断时，直接按照既定思维推断出结果，简化认知过程，迅速了解某人的大概情况，节省了人力、物力成本，有利于人们应对周围的复杂环境。

在资源有限的情况下做出普遍性的结论，会使认知个体时发生偏差，妨碍对他人做出正确的评价。

苏联社会心理学家包达列夫做过这样一个实验：将一个人的照片分别给两组被试看，照片的特征是眼睛深凹，下巴外翘。向两组被试分别介绍情况，对甲组介绍情况时说“此人是个罪犯”，对乙组介绍情况时说“此人是位著名学者”，然后请两组被试分别对此人的照片特征进行评价。

甲组被试对此照片人物的评价是：此人眼睛深凹表明他凶狠、狡猾，下巴外翘反映他具有顽固不化的性格；乙组被试对此照片人物的评价是：此人眼睛深凹表明他具有深邃的思想，下巴外翘反映他具有探索真理的顽强精神。

为什么两组被试对同一照片的面部特征所做出的评价竟有如此大的差异？原因很简单，人们对社会各类人有着一定的定型认知。把他当罪犯来看时，自然就把其眼睛、下巴的特征归类为凶狠、狡猾和顽固不化；而把他当学者来看时，便把相同的特征归为思想的深邃性和意志的坚韧性。

7. 投射效应

投射效应是指判断他人时，我们总是有意无意地假定别人与我们相似，因而把自己的感受、态度或动机用于对他人的判断，也就是平常所讲的“以己推人”。投射作用使人们倾向于根据自己的状况来知觉他人，而不是按照对方的真实情况进行知觉。例如，在面试中，有的面试官看到与自己年轻时感觉很像的候选人，就会做出倾向于他的正面评价。

心理学家罗斯做过这样一个实验来研究投射效应：在 80 名参加实验的大学生中征求意见，问他们是否愿意背着一块大牌子在校园里走动。结果，48 名大学生同意背牌子在校园内走动，并且认为大部分学生都会乐意背；而拒绝背牌子的学生则普遍认为，只有少数学生愿意背。可见，这些学生将自己的态度投射到了其他学生身上。

（三）社会知觉在组织中的具体表现和应用

人们在组织中常常进行相互判断，这种判断大部分属于社会知觉的范畴。一名管理者必须评价下属的工作绩效，我们也要评价自己的同事在工作中付出了多大努力。对于一个新员工来讲，他会立刻受到周围其他人员的评价。在很多情况下，这些评价给组织带来了很重要的结果。社会知觉在组织中的应用主要包括招聘面试和绩效管理等方面。

有工作经验的人对面试都不陌生，几乎没有人未经面试就被聘用。研究表明，面试官常常做出不正确的知觉判断，并且迅速形成稳固的第一印象。研究结果显示，基于第一眼，我们在 0.1 秒内就形成了对别人的印象。在面试中，如果第一印象是负面的，它们会比后面出现的相同信息获得更大的权重。面试开始四五分钟后，绝大多数面试官的决策几乎不再发生变化。因此，面试中早期出现的信息远比晚期出现的信息占有更大的权重。“优秀的求职者”更可能因为没有令人不满的特点，而不是因为具有令人赞赏的特点而被录用。

自我实现预言（self-fulfilling prophecy）或皮格马利翁效应（Pygmalion effect）在组织中也是非常普遍的现象。人们试图证实自己对现实的知觉，即使这些知觉是错误的。换句话说，如果管理者对某些下属的期望很高，那么这些下属就不太可能令管理者失望。同样，如果管理者预期员工只能完成最低水平的工作，则他们倾向于表现出这种行为以符合这种低期望。研究表明，自我实现预言还会影响学生、军人甚至会计人员的绩效。

另外，员工的绩效评估在很大程度上也依赖于知觉过程。员工的绩效评估成绩与其未来发展密切相关，包括晋升、加薪和持续聘用。绩效评估体现了对员工工作的评价。尽管它可以通过客观的形式来实现，比如，对销售人员在自己的推销区域中创下的销售额进行评估。但这方面的很多工作是以主观方式进行的。尽管主观评价常常必不可少，但它是存在问题的。前面我们讨论的所有捷径——选择性知觉、对比效应、晕轮效应等，都会对绩效评估产生影响。

第 2 节　归　因

一　什么是归因

（一）归因的定义

当观察到人们的某种行为时，我们总是试图解释“为什么”以探究其原因，也就是观察者对他人的行为过程或自己的行为过程进行因果解释和推论，这个过程称为归因。比如某位夺冠热门的运动员在大赛前突然退赛，大家都会去探究其退赛的原因。

在归因时一般存在两种心理倾向：

（1）投射。解释他人行为的一个常见办法是以自己作为参考点。投射使人们倾向于按照自己是什么样的来知觉他人，而不是按照被观察的他人的真实情况进行知觉。

（2）自利偏好。为自己的失败找借口，将原因归结于外部因素。但是对他人的行为进行归因时情况相反，别人的成功依赖于外界条件，失败却是由于他的个人原因。

（二）归因偏差

归因偏差指的是认知者系统地歪曲了某些本来正确的信息，有的是人类认知能力固有的局限性造成的，有的则是人们不同的动机造成的。影响我们对行为和事物发生原因进行准确分析的偏差主要有两种：基本归因偏差和自我服务偏差。

（1）基本归因偏差。人们常常把他人的行为归因于人格或态度等内在特质，而忽略他们所处情境的重要性。例如，孩子某次考试成绩下降，父母责备其不用功，而不考虑考试难度整体上升的因素。

（2）自我服务偏差。人们在评价自己的行为时，如果成功了，就会归因于自己的内部因素（如自身的能力和努力）；如果失败了，则会归因于外部环境因素（如工作难度太大或竞争对手太强）。人们往往认为自己比其他人更不容易受偏见的影响，他们甚至认为自己比多数人更不容易产生自我服务偏差。

二 常见的归因理论

归因理论（attribution theory）试图描述和解释个体进行归因的机制和过程。很多理论都试图解释人在归因中的一些规律，较有影响的归因理论有海德的归因理论、琼斯和戴维斯的相应推断理论、凯利的三维度归因理论，以及维纳的成败归因理论。

（一）海德的归因理论

海德是归因问题研究的创始人，1958 年他在《人际关系心理学》一书中从朴素心理学的角度提出了归因理论。

海德的归因理论包括两个含义：首先，人都有一种理解、预测和控制周围环境的需要。为了满足这种需要，人们就根据各种线索对已经发生的行为和事件进行原因解释。人们只有了解事件和行为变化的原因，才能理解这个世界，预测世界的变化，从而达到控制世界的目的。其次，人们一般会将原因归为内部因素和外部因素。内部因素是指个人的一些原因，包括个人的能力和动机。外部因素主要是指环境的一些原因，包括工作的难度和运气等。

如图 5－7 所示，海德认为归因理论包括三个步骤。

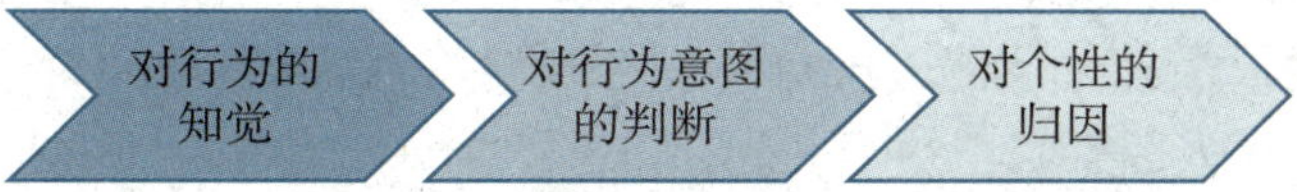

图 5－7 海德归因理论的三个步骤

（二）琼斯和戴维斯的相应推断理论

琼斯和戴维斯（1965）提出的相应推断理论扩充和发展了海德的归因理论。根据该理论，人们在归因时会认为，外显的行为是由人的内在品质（如动机、爱好、态度和能力等）引起的，根据外在行为表现可以对人的内在品质进行推断，也就是从行为及其结果推导出行为的意图、能力等内在品质（见图 5-8）。

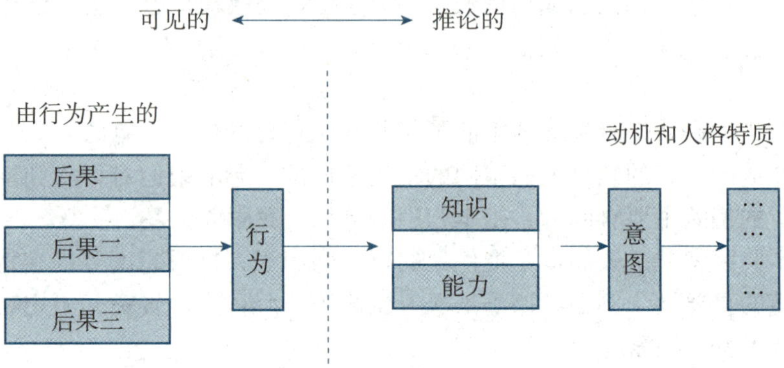

图 5-8 相应推断理论

这种推断过程存在三个特征：

（1）不符合社会期望和社会规范的行为更容易归因为内在品质。例如，上课总是迟到的学生会被人们归因为个人原因，是一种缺乏意志力的行为。

（2）跟大多数人不同的行为经常会被判断为由内在品质决定。如一个学生学习成绩出奇地好，我们一般会认为是由于个人因素（比如个人非常努力或天资聪明）造成的。

（3）如果我们认为一个人的行为是自由选择的结果，那么更倾向于是由内在品质决定的。

（三）凯利的三维度归因理论

凯利的三维度归因理论具体如下：第一，人们经常使用三种不同的解释说明行为的原因，它们分别是行动者、刺激物、外在环境；第二，到底归为以上哪种原因，人们需要对信息进行分类。按照凯利的观点，信息可以分为三种类型：

（1）一贯性信息描述的是行动者的特征，高一贯性信息是指任何一个行动者都会在同一刺激下做出相同的反应；

（2）特异性信息描述的是刺激物的特征，高特异性信息是指行动者对其他同类刺激不会做出相同的反应；

（3）一致性信息描述的是外在环境的特征，高一致性信息是指行动者在任何情境和任何时候都会对同一刺激物做出相同的反应。

凯利假设，当人们表现出高一贯性、低一致性和高特异性时，会把自己的行为归因于外部因素（环境因素）。而当人们表现出低一贯性、高一致性和低特异性时，则倾向于进行内在归因（个人因素）。

我们用下面这个例子说明凯利的三维度归因理论：张三上数学课迟到了，我们对他迟到的原因进行归因时，会按照表 5－1 的方式进行。此时，张三是行动者，数学课是刺激物，情境是一些偶然因素，比如交通管制等。

表 5－1　　张三上课迟到的原因分析

行为信息			归因结果
一贯性	一致性	特异性	
高 （其他人都迟到）	高 （张三上数学课总迟到）	高 （张三上其他课都不迟到）	数学课太枯燥
低 （其他人都不迟到）	高 （张三上数学课总迟到）	低 （张三上其他课都迟到）	张三有迟到的 坏习惯
低 （其他人都不迟到）	低 （张三上数学课都不迟到）	高 （张三上其他课都不迟到）	途中遇到交通管制

（四）维纳的成败归因理论

美国心理学家伯纳德·维纳（Bernard Weiner，1974）从认知心理学的角度把成功和失败的原因划分成三个维度——内因与外因、稳定与不稳定、可控与不可控，比海德的思想有所发展。

1971 年，维纳提出内因与外因、稳定与不稳定是人们在进行归因时考虑的两个维度。内因与外因维度指的是造成事实的原因属于个体内部还是外部的因素。稳定与不稳定维度指的是作为行为原因的内外因素是否具有持久的特征。维纳认为，人们如何归因会影响今后的行为。比如，如果把成功归于内部稳定的因素（如能力），会使个体感到自豪，觉得自己的聪明导致了成功；如果把成功归于外部不稳定的因素（如运气），则会对未来类似活动的成功不敢肯定，产生担心的情绪。

1982 年，维纳又提出了归因的第三个维度：可控性，即事件的原因在个人能力控制之内还是之外。在维纳看来，这三个维度经常并存，可控性这一维度有时本身也可以发生变化。他认为，当归因对象是自己时，把成功的结果归因于可控的原因，如努力，会充满自信，归因于不可控的原因，如能力、任务难度、运气等，则会产生惊异的感觉；若把失败的结果归因于可控的原因，会感到内疚，归因于不可控的原因，则会感到无奈。

按照三个维度即内因与外因、稳定与不稳定、可控与不可控，可以对成败的归因进行详细分析，如表 5－2 所示。

表 5－2　　成败归因的三个维度

<table>
<tr><th>三个维度</th><th colspan="2">因素归类</th></tr>
<tr><td rowspan="2">内外因</td><td colspan="2">内因——外因</td></tr>
<tr><td>努力、能力</td><td>任务难度、机遇</td></tr>
<tr><td rowspan="2">稳定性</td><td colspan="2">稳定——不稳定</td></tr>
<tr><td>能力、任务难度</td><td>努力、机遇</td></tr>
<tr><td rowspan="2">可控性</td><td colspan="2">可控——不可控</td></tr>
<tr><td>努力</td><td>任务难度、机遇、能力</td></tr>
</table>

根据这三个归因维度，个人在对自己的成败进行分析时，可能有六个方面的归因，如图 5－9 所示。

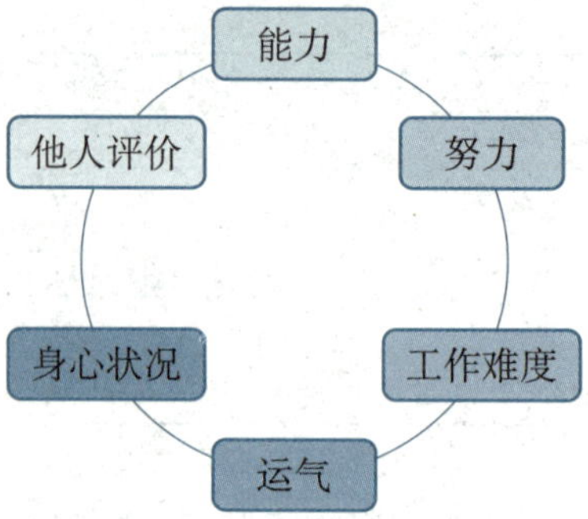

图 5－9　归因的六个方面

第 3 节　印象管理

一　印象管理的含义

我们每个人都希望自己是受欢迎的人，得到别人的认可和肯定，并在他人心中具有良好的形象。这种试图控制自己在别人心目中印象的过程和现象，称为印象管理（impression management）。印象管理是社会互动的一个方面，每种社会情境或人际互动都有一种合适的社会行为模式，这种行为模式表达了一种适合该情境的同一性，人们在交往中总是力求创造最适合自己的情境同一性。恰当的印象管理是人际交往的润滑剂，可以使人际交往顺畅地进行下去。

按照目的，印象管理可以分为两种：获得性印象管理与保护性印象管理。获得性印象管理是指试图使别人积极地看待自己，保护性印象管理是指尽可能弱化自己的不足或避免使别人消极地看待自己。

按照自动化程度，印象管理可以分为自动化的印象管理、刻意的印象管理。自动化的印象管理行为叫印象管理习惯，许多非语言行为，如未被提升时表现出的痛苦、获得绩效奖励时的微笑，都属于这一类别。相反，某些印象管理行为是有意识和有目的的，我们可能会在出席重要的场合，比如面试、相亲或者第一次约会之前反复练习一些印象管理行为。

印象管理是人际交往和社会生活中的一种常见行为和客观现象，在现实生活中，人们对印象管理也存在一些争论：印象管理是好是坏？印象管理是否就是虚伪？关于印象管理是好是坏的问题，一般认为，印象管理作为社会生活方面与人交往过程中的一种手段，并无好坏之分。虽然带有一定的目的，但是印象管理作为社会生活与工作生活中的基本组成部分，本身并无好坏之分。通过印象管理的手段达到见不得人的目的则使印象管理成为不道德的手段。印象管理是好是坏，取决于动机和结果。关于印象管理是否虚伪的问题，正如戈夫曼提出的，“印象管理是人际关系的润滑剂，它能减轻人际关系的摩擦”。为了顾及别人的感受让自己做出一些改变，使别人感到愉悦并不意味着虚伪或是“变色龙”，一味我行我素、以自我为中心反而会使周围人背离自己。毕竟让别人愉快的同时自己也会感受到快乐。

二 印象管理策略

在人际交往中，常见的印象管理策略可以分为四种。

1. 取悦他人

“人类的本性如此，他们接受赞美，想从别人那里得到对自己意见的认同，喜欢那些喜欢自己的人。”（Odom，1993）卡内基（Carnegie，1936/1973）在其《如何赢得朋友并影响人们》一书中提出了 6 种取悦他人的方法：（1）真诚地对别人感兴趣；（2）微笑；（3）要记住，名字是一个人所有语言中最美、最重要的声音；（4）做一个好听众，鼓励别人谈论他们自己；（5）谈论别人感兴趣的事；（6）真诚地使别人感到他是重要的。从卡内基提出的方法中我们会发现，“真诚”二字很重要，因为过分虚假或者目的性明显的曲意逢迎只会让人感到反感。当别人取得优异成绩时，发自内心地祝贺和赞扬；当别人有需要改进的地方时，客观实际地指出和评价。

2. 自我推销和宣传

吉尔卡隆与罗森菲尔德（Giacalone & Rosenfeld，1991）指出：“取悦他人的目的是通过表达喜欢他人的方式而受人喜欢，而自我宣传者则希望被人看起来有能力，从而愿意跟自己打交道。自我宣传者想方设法使别人认为自己或是在通常能力（比如智力）方面或是在特殊能力（比如会一种乐器）方面是出类拔萃的。”

然而，过分的自我宣传会给人骄傲、不可一世的感觉。在重要的场合自我宣传是有必要的，但是无须在生活中处处显示自己的能力。其实，在一些情况下谦虚也是可以取悦他人的。

有时，取悦他人和自我推销两种策略之间可能是相互矛盾的。讨好者被动谦恭地遵从别人的意见，也许会被认为不够聪明、缺乏主见和能力欠缺（Jones，1990）；成功的和富有进取心的自我宣传行为则要冒被别人嫉妒和怨恨的风险。想想看，如果周围的一个同事被认为是绝顶聪明、能干和机智的，我们会怎样评价他？在现实生活中，尽管很多人都不得不承认微软的创始人和精神领袖比尔·盖茨在计算机方面取得了卓越成就，但他也因为极具挑战性和竞争性的做事风格而不受众人喜欢。其中的原因颇值得我们深思。

3. 哀兵之计

这种办法是利用自己的弱点来影响别人，给人留下弱势的、需要帮助的形象（Becker & Martin，1995）。这种策略试图激活一种强有力的社会准则——我们应该帮助那些需要帮助的人。例如，翻译文献的最后期限马上到了，你的室友因为拖延症没有完成，摆出一副楚楚可怜的样子，你就会看在往日的情分上帮他翻译，而且这种情形在女性寻求男性的帮助时可能会更多。有研究者指出：这种方法真的很有效，因为“寻求帮助如此之简单，而且很少有人会拒绝”。

这种伎俩使用一两次是可以的，过度使用就会被别人认为是一个习惯于搭便车、没有时间观念、能力差的人，从而影响别人对自己的判断，影响之后的交往。

4. 保持形象的一致性

个体接受了一个小要求后，为保持形象的一致性，可能会接受一项更大、更不合意的要求，这种现象被称作“登门槛效应”。例如，弗里德曼和弗雷泽（1966）让两位大学生拜访社区的家庭主妇，其中一位请求家庭主妇在一份关于美化加利福尼亚州或安全驾驶的请愿书上签名，这是一个小要求。两周后，另一位再次拜访家庭主妇，要求她在院内竖立一个呼吁安全驾驶的大招牌，招牌并不美观，这是一个大要求。结果表明，答应了第一项要求的人中有55%接受了这个要求，比例远大于没有答应第一项要求的人。

门槛效应是指如果先对某人提出一个很大而且被拒绝接受的要求，接着提出一个小一点的要求，那么他接受这个小要求的可能性比直接向他提出这个小要求而被接受的可能性要大很多。查尔迪尼（1975）要求大学生花两年时间担任一个少管所的义务辅导工作，这是一项大工程，几乎所有大学生都拒绝了。他接着又提出一个小要求——让大学生带领青少年去动物园玩一次，结果50%的人都接受了。而当实验者直接向大学生提出这个要求时，只有16.9%人同意。

在应用印象管理时，最重要的原则就是适度。巴伦（Baron，1989）发现，在面试情境中，如果过度使用印象管理行为，就会造成适得其反的效果。他在实证研究中请了一些大学生对一名女性求职者（实际上是实验者的助手）进行模拟面试，这位女性应聘的是一个初级工作岗位。在所有面试过程中，她所表达的语言信息完全相同，但在非语言信息的使用上采用两种方式：一种情况下大量使用积极的非言语行为，如微笑、身体前倾等；另一种情况下则没有使用这些积极的非语言行为。另外，在她身上还有另一个维度的变化，即喷香水和不喷香水。如果这位女性求职者在面试中只使用积极的非语言行为，或者只喷香水，男性面试考官倾向于评价她更聪慧、更有成功潜质。但是，如果她同时使用上述两种印象管理手段，则男性面试考官对她的评价会降低。不过，该研究没有发现女性面试考官表现出这种差异。巴伦的结果在某种程度上支持了这样一种观点：过度的印象管理会产生消极的影响，这一结果是值得我们深思的。

三 印象管理在组织中的应用

（一）印象管理与求职面试

罗伯特·巴朗将应聘者印象管理界定为应聘者改变并且管理行为的一些方面以给考官积极印象的过程。研究显示，应聘者认为印象管理策略是常规的行为，尽管这些行为不一定会对面试产生直接的影响，但是违背它却很可能使得面试官对自己产生负面评价。然而，大部分应聘者的印象管理行为既不是有意识的欺骗，也不是纯粹的社会礼仪，而是介于二者之间。所以印象管理多少会影响面试招聘的有效性，毕竟面试者的行为都是为了取悦考官。

（二）印象管理与绩效评估

在绩效评估中，被评估者试图美化自己的形象，使评估者对自己做出较高的绩效评价；评估者则需要辨别被评估者的印象管理行为，客观评价被评估者，达到公正客观的效果。印象管理在一定程度上可以缓和绩效评估中的人际关系，有利于提高组织的和谐程度。但是更多观点认为印象管理是影响评估公正客观的不利因素，印象管理行为会使评估结果偏离实际，造成绩效失真。也有研究讨论了组织的管理层通过使用绩效评估来管理自己的形象，组织会通过印象管理来操纵绩效评估过程，从而提高其社会影响。

（三）印象管理与选拔晋升

就个体在组织中的职业发展来说，员工不仅要做出优秀的业绩，还要表现出自己的潜力，使得组织愿意为自己进行人力资本投资。于是员工就会做出自我推销、自我宣传式的印象管理行为。Gould & Penley（1984）在调查中发现，工资的增加与工作技能和经验的增加、工作投入、意见遵从及其他技巧有关。Judge & Bretz（1994）发现，关注工作策略（如自我宣传）与职业成功负相关，但是关注主管策略（如讨好）与职业成功正相关。而对于一个有晋升潜力的员工来说，良好的印象还包括协调能力、对上级所分配任务的领悟能力、完成工作的执行能力和解决突发问题的应变判断能力，同时还有合作精神等，这些印象管理对员工的选拔晋升作用重大。

（四）印象管理与管理者

企业的管理者更需要起到“人际关系润滑剂”的作用。研究表明，组织中被认可接受的管理者对员工的工作积极性有很大的影响。那么管理者怎样才能做到被认可、接受，让员工发自内心地支持自己的工作？从印象管理的角度看，以下几点值得借鉴。

第一，展示自己的工作能力，尤其是沟通、交往、领导、处理冲突等人际方面的有效技能。第二，积极地关注员工，特别是倾听员工的想法、见解、意见甚至抱怨。管理者要表现出一种喜欢他们、愿意为他们做些什么的态度，愿意和他们在一起，愿意倾听他们。这样做的同时，管理者与员工之间的心理距离也拉近了。请记住社会心理学中有这样一条规律：“人们喜爱那些喜爱自己的人。”第三，公平对待员工，从员工身上汲取优点。第四，信守承诺。作为管理者，要兑现自己的承诺（既包括明确的承诺，也包括隐含的承诺），表里如一，言而有信。第五，注意非语言沟通，比如眼神、手势等。管理者要努力营造和谐、温暖的工作氛围。

本章小结

1. 知觉是指一个人为了给观察对象赋予一定的意义而进行的组织和解释感觉印象的过程，是一种积极、能动的认识过程。

2. 达夫特等人将知觉过程分为五个阶段：注意、组织、解释、检索、判断。

3. 影响知觉的因素包括知觉者、知觉对象以及知觉环境三个方面。

4. 布鲁纳提出，社会知觉包括对他人的知觉、人际知觉、角色知觉和自我知觉。社会知觉中的捷径主要有选择性知觉、首因效应、近因效应、晕轮效应、对比效应、刻板印象、投射效应。

5. 归因是指将观察到的行为归于某种原因的过程。在归因时一般存在两种心理倾向：投射和自利偏好。

6. 常见的归因偏差包括基本归因偏差和自我服务偏差。

7. 较有影响的归因理论有以下几种：海德的归因理论、琼斯和戴维斯的相应推断理论、凯利的三维度归因理论和维纳的成败归因理论。

8. 人们试图控制自己在别人心目中印象的过程和现象，称为印象管理。印象管理的常见策略包括取悦他人、自我推销和宣传、哀兵之计、保持形象的一致性等。

关键词

知觉　社会知觉　归因　归因理论　印象管理

复习与思考题

1. 什么是社会知觉？社会知觉中的自我知觉会经历哪几个发展阶段？
2. 什么是首因效应？什么是近因效应？对比两者对社会知觉的影响。
3. 对比人们在评价他人和自己时产生的不同归因错误。
4. 思考并描述维纳的成败归因理论包含的三个维度及其对归因的影响。
5. 什么是印象管理？它有几种不同类型？
6. 在人际交往中，常见的印象管理策略有哪些？

参考文献

1. 彭聃龄．普通心理学．北京：北京师范大学出版社，1988.
2. 胡君辰．组织行为学．北京：中国人民大学出版社，2010.
3. 张德，吴志明．组织行为学．3 版．大连：东北财经大学出版社，2011.
4. 孙健敏，李原．组织行为学．上海：复旦大学出版社，2005.
5. 于凯成．组织行为学．3 版．大连：大连理工大学出版社，2010.
6. 斯蒂芬·P. 罗宾斯．组织行为学：第 10 版．北京：中国人民大学出版社，2005.
7. 陈仲庚，张雨新．人格心理学．沈阳：辽宁人民出版社，1986.
8. 里基·W. 格里芬，格利高里·摩海德，唐宁玉．组织行为学：组织与人员的管理：中国版：第 8 版．北京：中国市场出版社，2010.
9. 孙健敏，徐世勇．管理沟通．北京：清华大学出版社，2006.
10. 陈春花，等．组织行为学．北京：机械工业出版社，2010.
11. 张志学，张文慧．认知需要与战略决策过程之间的关系．心理科学，2004，27 (2)：358－359.
12. 保罗·罗森菲尔德，等．组织中的印象管理．北京：清华大学出版社，2002.
13. Asch S E. Forming impressions of personality. Journal of abnormal and social psychology，1946 (41)：258－290.
14. Becker T E，Martin S L. Trying to look bad at work：methods and motives for managing poor impressions in organizations. Academy of management journal，1995 (38)：174－199.
15. Dearborn D C，Simon H A. Selective perception：a note on the departmental identification of executives. Sociometry，1958 (35)：38－48.
16. Heider F. The psychology of interpersonal relations. New York：John Wiley & Sons，1958.

17. Giacalone R，Rosenfeld P. Applied impression management：how image-making affects managerial decisions. Newbury Park，CA：Sage Publications，1991.

18. Goffman E. The presentation of self in everyday life. Doubleday：Garden City，1959.

19. Leary M R，Kowalski R M. Impression management：a literature review and two-component model. Psychological bulletin，1990（107）：34－47.

20. Odom J M. Industrial and environmental activities of sulfate-reducing bacteria// The sulfate-reducing bacteria：contemporary perspectives. New York：Springer-Verlag，1993：189－210.

21. Rosenthal R，Jacobson L. Teachers' expectancies determinants of pupils IQ gains. Psychological reports，1966（19）：115－118.

22. Schlenker B R，Weigold M F. Interpersonal processes involving impression regulation and management. Annual review of psychology，1992（43）：133－168.

案例分析

人力资源经理助理的招聘过程

张君在东部沿海一个大城市工作，她在一家规模不大的外资企业担任人力资源经理已经快两年了。在这之前，张君在外企摸爬滚打了五六年，这使她积累了比较丰富的管理经验。因此，公司晋升她为人力资源经理助理。做助理期间，张君帮助企业其他部门招聘了很多员工，部门领导普遍反映她水平高，招的人好用。张君也一直引以为豪。很快，随着人力资源经理离开公司，她直接接手了人力资源经理的工作。

张君很喜欢人力资源经理的工作，她自己也觉得自己在这个岗位游刃有余。不过，最近的一件事情却让她心里觉得怪怪的。事情还要从一年前说起。

大约一年前，张经理一个人到A省旅行。旅行中她发现当地人特别纯朴、善良。做了多年人事工作，张经理已经习惯人与人之间的复杂关系。那样一个环境使得她感觉到人与人之间的美好。因此，尽管是一个人出远门，并且当地没有什么朋友，但她一点都不觉得陌生。

回到公司之后同事告诉她，自己的助理跳槽走了。尽管觉得有些不快，但是由于刚刚旅游回来，她心情很愉快，因此也没有当作一回事。她对自己说：人往高处走，再招一个合适的吧。

在招聘人力资源经理助理之前，张经理根据公司内部关于人力资源经理助理的任职要求，列出了几项招聘的要求：（1）具有责任心；（2）工作细致认真，并且有耐心；（3）具有较强的人际亲和力和沟通能力；（4）具有两年相关工作经验；（5）英语听、说、读、写能力过硬。

面试了几个人之后，张经理没有找到合适的。正在失望的时候，有个年轻的姑娘走进来面试。张经理简单看了一下她的简历：A省人、刚刚毕业一年，没有相关工作经验。尽管条件不符，张经理还是让她进来了。

这个小姑娘姓王，外貌还算比较周正，说话略带一点A省的口音。张经理突然觉得小王很亲切，认为她满足第三条，即具有较强的人际亲和力和沟通能力。但最糟糕的是，小王没有相关工作经验，张经理想了想：这也没有什么关系，只要认真、有责任心，经验很快就会积累起来。小王的英语也差一些。张经理用英语提问，她几乎听不懂，更不要说用英语表达了。张经理觉得，尽管这是个外企，但平常听说英语的机会并不多，只要能够阅读简单的材料就可以了。因此，张经理让小王用英文写了一份材料，主要是介绍自己的家乡。小王按照要求写了个英文的材料，张经理看了看，认为可以就放入招聘档案中了。

此时，张经理觉得自己好像有些过于宽松了，于是就对小王提了一个问题，打算看看她的反应能力："你的穿着太普通了，甚至有些过时啊。"小王有些不好意思地说："我刚刚来到这里，经济条件并不好，因此，也没有办法买时尚的衣服。另外，我本来就不是一个很时尚的人。即使有了较高的收入，我也跟不上时尚。但可能会比现在好一点。"这个回答仿佛让张经理看到了以前的自己，于是点了点头，也就不再问了。

很快小王就上班了。尽管对业务并不熟悉，但她踏实、肯干，不懂的地方也喜欢请教。张经理对小王很喜欢，只要有时间就跟她讲业务知识，并不厌其烦地告诉她做人力资源管理工作的注意事项。这在之前是从来没有过的事情。小王进步很快，很快就独立承担起自己的职责。公司的其他人也说小王很聪明，张经理认为自己选对了人，发自内心地长舒了一口气。

最近，张经理学习了面试的一些理论与技术。这不禁让她想起了对小王的招聘过程。她不禁问自己："当初自己的招聘程序是对的吗？如果不对的话，现在小王做得也很好啊。这如何解释呢？"

讨论题

张经理在招聘时出现了哪些知觉捷径？

第 6 章 个体决策

学习目标

学完本章后，你应该能够：

◎ 了解决策的概念

◎ 概述个体决策的基本要素

◎ 掌握理性决策模型的六个步骤

◎ 识别个体决策中容易出现的偏差

◎ 掌握决策模型和个体决策风格的理论，并能解释日常生活中的现象

引例

珍珠港事件的决策过程

1941 年晚秋，形势变得越来越不利。但是金梅尔（Kimmel）上将和他的下属继续坚持他们认定的策略。他们反复修正决策，将可利用的资源主要用于培训新海员和士兵，以及为靠近日本的基地提供援助，而没有提高足够的警觉来保护珍珠港免遭袭击。

由于知道美国所有军事组织都没有为战争做准备，他们也就坚持一种没有依据的推理。他们认为，日本不会对美国的领土发动攻击，即使这样做了，也不一定会在珍珠港，他们找不到任何理由改变自己的想法。金梅尔定期和他的下属讨论每一个警报。例如，1941 年 11 月 27 日，他收到来自华盛顿海军司令部长官的明确战争警报，这个警报引起了他的关注。警报表明，和日本的战争马上就要来临，“日本会采取任何方向上的令人吃惊的侵略性行动，对菲律宾和关岛的袭击也是一种可能”。新的情报表明，“日本的侵略性行动可能在随后的几天进行”，而且指示金梅尔上将为实施海军战斗计划“采取适当的防卫措施”。

这条警报表达的威胁足以使金梅尔和他的下属多花些时间讨论该做些什么。但是他们的警惕性都放在了对这则警报的措辞的仔细关注上。下属向金梅尔指出，在这两条战争警报中，夏威夷都没有被认为是一个可能的目标，而菲律宾、马来西亚和其他偏远地方才是被清楚提到的。金梅尔沿着这种解释继续下去，认为这些措辞意味着珍珠港不太可能成为受袭击的目标。随后，金梅尔并没有努力与华盛顿的交流沟通渠道沟通。他认

为，在那个特定的时候并不存在对夏威夷进行袭击的可能性。几个月之前发布的有限警界状态已经足够了。

1941 年 12 月 3 日，金梅尔接到来自华盛顿总部的新警报。警报表明，美国的密码破译人员破译了一条由东京发至美国和其他国家外交使馆的秘密消息，这条消息命令日本驻各国使馆销毁所有秘密文件。金梅尔意识到这种类型的命令意味着日本在进行最后的准备。又一次，他和他的顾问把相当多的注意力放在这条新警报的措辞上。警报上说，“大多数密码”而不是“全部密码”，他们由此得出结论：破译的消息应该被解释为一种日常的谨慎措施，而不是日本计划要袭击美国的信号。又一次，他们没有做任何努力来试图从华盛顿方面了解中央情报局是怎么解释信息的。冗长的讨论只是暂时降低了决策的冲突。

1941 年 12 月 6 日，金梅尔注意到大量不祥预兆：除了前一周收到了官方战争警报，他前三天从华盛顿的海军总部收到了一封私人信件，信上表明总统府现在认为日本准备发动一场袭击。同一天，金梅尔接到海军总部的另一份情报，是日本关于毁掉太平洋岛上美军基地的紧急战争命令，它来自一份绝密而且可靠的文件。同一天，夏威夷的美国情报部门通知金梅尔，当地的日本领事馆已经销毁了文件，而且金梅尔的首席海军参谋长向他报告，尽管获得了日本海军信号的情报，但是日本全部 6 艘航空母舰的行踪仍是一个谜（当日本为了在珍珠港进行有计划的袭击而开始向夏威夷袭击的时候，美国海军作战情报局 11 月中旬已经找不到日本航空母舰的踪迹）。尽管各种各样的警示信号综合在一起，很清楚地表明日本正准备对美国发动袭击，但他们仍然不明了确切的袭击地点是哪里。因为情报存在太多的噪声，包括情报部门提供的信息：日本庞大的海军力量正在向马来半岛集结。

12 月 6 日下午，考虑可行的行动方案时，他公开向两名下属表达了忧虑之情。一名下属立即向他保证“日本的众兵都在亚洲，不可能对珍珠港发动袭击”。另一名下属告诉他，几个星期前发布的有限警界状态已经足够了，不需要再做更多。金梅尔回忆道：“我们最后决定，我们所做的仍然是正确的，我们应该坚持。”在讨论的最后，金梅尔放下了忧虑，去参加了一个晚宴。

资料来源：大卫·A. 威坦，等．管理技能开发．北京：清华大学出版社，2004.

我们每个人在日常生活中都会遇到很多需要做决策的时候。大到选择伴侣，小到选择食谱，我们的生活就是由一个又一个决策推动的。而在组织中，每项工作的完成都涉及无数个决策过程。不论职位高低都需要决策，高层管理者要制定组织目标；中低层管理者要决定生产日程安排；而底层员工要决定在工作中付出多少努力，是否服从上级的要求。在这一章中我们将详细讨论组织中个体决策的相关内容。

第 1 节　个体决策的过程模型

一　决策的含义

每个人在组织中都需要做出与岗位相应的决策（decision）。换而言之，他们要在两个或多个备选方案中进行选择，凭借个人的知识和经验找到最合适的选择。近年来，越来越多的组织把与工作岗位相关的决策权授予底层员工。因此，个体决策成为组织行为中非常重要的一部分，只有正确做好决策才能使组织良好运转，关键时刻的决策甚至会影响到组织的生死存亡。

著名组织理论学家巴纳德将决策定义为："决策的过程主要是一个缩小选择范围的过程。"组织中的个体针对发生的问题做出回应，而这个过程中个体不断在若干个可选的回应中筛选，直至找到最合适的解决方案。

个体的决策过程以及最终做出的决定在很大程度上都受到知觉的影响。对于某些人来说是"存在问题需要解决"的状态，在另外一些人眼中则可能是"可以接受"的状态。对"存在问题"和"需要做出决策"的认识就是一个知觉问题。决策还是一个需要对来自多种渠道的信息进行过滤、筛选、加工、解释和评估的过程。哪些信息重要，哪些信息不重要，同样是一个和知觉有关的过程。因此，了解各种规范的决策模型、在整个决策过程中可能出现的知觉偏差，以及影响决策的因素对于提高决策效能和组织效率至关重要。

二 决策的过程模型

个体做决策时往往是有既定方法的，有的人做决策时以公司利益为重，有的人做决策时则更看重个人利益。学者们将大部分的决策过程分为四种，总结出四种决策的过程模型。了解这四种模型有助于组织中的个体了解自己做决策的过程，以确保自己不做出错误的决策。

（一）模型一：理性决策模型

对于组织来说，最理想的决策方式大概是绝对理性，因此商学院通常会训练学生遵循理性决策模型。我们通常认为最优决策者是理性且客观的。他们具有完备且精准的信息，并对具体的环境和问题做出稳定的、价值最大化的选择。理性决策模型遵循如下七个步骤。

步骤一：确定目标。做出决策之前，我们必须确定组织想要通过决策达到什么目标。比如这个季度的销售额究竟要提升多少，这会影响到后续决策中的资源配置等问题。

步骤二：找到问题所在。当我们在达到目标的过程中受到阻碍，或者发现目标与现实的差距难以消除时，就意味着存在问题。实际生活中的问题往往并非显而易见地摆在决策者的面前，找到问题所在往往需要敏锐的观察力。大部分时候，找准了核心问题就意味着困境已经解决了一半。比如这个月的销售额为什么不能达到期望的目标，这是一个困境而不是一个问题，真正优秀的决策者应该找到问题所在：是因为员工不够积极，还是因为战略制定得不切实际，抑或是因为外部市场不景气？找到问题所在是做好正确决策的基础。

步骤三：确定决策标准。找到问题所在之后，就需要针对问题做出决策，而在做决策的过程中我们需要确定哪些因素与决策有关。标准的选择受到决策者个人的兴趣、爱好、价值观等知觉因素的影响，因此，不同个体的选择标准可能不同。为了避免个人倾向过于严重，我们必须制定一些必须考虑的决策标准，比如组织整体利益、员工投入成本等。

步骤四：给各项标准分配权重。在此过程中，决策者按照重要性列出步骤三所确定的需要考虑的标准的次序。一种常见的评定权重的办法是，先把最重要的标准评为10分，而后据此依次给余下的标准打分。通过给标准打分，可以将重要性量化，若是由多个决策者共同制定标准，就可以防止某一位决策者将决策重点偏向某一个要素。比如在解决提升销售额的问题时一位注重效率的决策者可能会把时间作为最重要的要素，而一位注重节省成本的决策者则可能会把资本投入作为最重要的要素。

步骤五：开发所有的可行性方案。在全面考虑了每一种要素之后，将满足要求的所有可行性方案全部列举出来。比如，要想实现销售额的提升，一个可行的方案是加大员工的工作强度，用奖惩兼顾来督促他们更加投入地工作；另一个可行的方案则是投入大量的资金进行广告宣传。

步骤六：评估备选方案。根据决策标准，分析和评价每种方案，针对每项标准给各个备选方案打分。评析每种方案实际实施的效果，比较它们的优势和劣势。

步骤七：选择最佳方案。根据各项标准及其权重对每个备选方案进行评估，最后选择总分最高、能给组织带来最大收益的备选方案。

理性决策模型依赖于许多假设，包括决策者拥有完全的信息，能够以一种无偏见的方式识别所有相关方案并选择带来最高效用的方案。实际上，现实生活中的大部分决策都没有遵循绝对优化的理性决策模型。通常我们会在有限的信息和资源的限定下，选择一个可以接受、合理、能在一定程度上解决问题的方案，而不是最优的方案。过于创新和大胆的决策往往需要承担巨大的风险，人们倾向于围绕在问题以及当前选项的周围做出决策。

（二）模型二：有限理性模型

这个模型是在西蒙管理思想的基础上提出的。西蒙认为，个体在决策时并不完全受理性引导，也没有机会和实力做出完全理性的决策，只能做到部分理性。事实上，人类信息加工能力的有限性使我们不可能收集并理解最优决策所必需的所有信息。所以面对复杂问题时，决策者的做法往往是把问题难度降到一种易于理解的水平，并根据现有的信息进行分析。而且许多问题没有最优解决方案，因为它们太复杂，无法分解为理性决策模型的参数。所以，符合要求即可，也就是说，他们寻求的是那种符合要求的、充分的解决方案。

在思考去哪些大学留学的时候，你没有精力也没有能力对每所大学每个可能适合你的专业进行细致的了解。你做决策时是否认真地思考了每所大学的每个要素，比如天气、地理位置、课程时间、费用等？你在做决策的时候一定有那么一两个方面是模糊带过的。的确，几乎没有人做决策时能保证自己搜寻到了所有可靠的消息，并严格按照理想进行筛选。人类并不像电脑，我们的大脑具有不完全理性的特点，因此往往在有限理性的范围内进行日常生活和做出决策。我们简化问题，从中抽取最重要的特点，而不是抓住问题的所有复杂方面，然后在简化的范围内做出理性行为。有限理性模型大致包括以下步骤。

步骤一：对遇到的问题进行简化处理，使问题变得清晰而单一。我们仍旧需要分析要达到的目标，并挖掘出遇到的问题，但是在有限理性模型中，我们找到的问题将尽可能核心而简洁，不需要考虑到所有复杂的问题，找到最核心的一点并予以解决即可。

步骤二：寻求标准和备选方案。在这个阶段，决策者会确定一个有限的列表，其中包括一些重要的项目和熟悉的内容。在分析这些标准和备选方案时，我们不用穷尽所有的资源去分析所有的可能性，只需要根据之前最为熟悉的解决方法进行改进即可，这样可以减少风险并降低为了想出更多的办法而投入的人力成本。

步骤三：挑选方案。一旦根据熟悉的知识和现有的信息确定了这些优先的备选方案，决策者就开始考察它们，将方案进行预演，不断提出疑问来完善。一旦找到了一个所有决策者都认为可以解决问题的方案，就不再继续考察其他方案，也就是说，一旦一个足够好的方案出现，搜寻工作就结束。最终决策代表的是一个符合要求的选择——我们遇到的第一个可接受方案——而不是一个最恰当的选择。

符合要求的选择并不代表得过且过的选择，不花费大量的精力去寻找最佳方案也并不完全是一个糟糕的想法。有限理性模型相较于传统的理性决策模型来说，程序大幅简化，不再需要花费大量的时间、精力和金钱去收集关于所选方案的大量信息，绞尽脑汁地构想所有合适的标准，计算合适的权重。另外，决策本身就是一个与个人知觉密切相关的过程，标准选择、权重设置和偏好有很多未知因素，完全理性决策的过程中也许会导致主观倾向不断强化，并不比有限理性的决策更准确。因此有时利用一个快速而节省成本的过程来解决问题可能会更有优势。

比如之前提到的出国留学问题，飞向你所感兴趣的所有学校与老师进行沟通并对学校进行实地考察显然不是一个合理的选择。也许提前考虑到自己的实力背景、感兴趣的专业项目、将来的就业方向、喜欢的天气和地理位置进而缩小范围是一个更加明智的举动。

回到企业的场景中，我们一起看看麦当劳连锁店创立和发展的例子，以更深入地了解有限理性模型。在麦当劳连锁店创立前，餐馆的菜品价格相当高，因此对于高价餐馆的市场需求并不大，供需达到了一个较低水平上的均衡。将麦当劳遇到的问题简化处理，得到的是：如何决定餐馆的价格和规模来达到一种新的市场均衡以保证麦当劳能在市场上成功站住脚。

决策的标准是潜在收益的大小，备选方案有以下两种：

第一，不降价，继续保持高端的定位，不大规模扩建，因为如果价格降低，利润将会减少，创办更多餐馆或大幅降价可能会造成损失。

第二，麦当劳连锁店的创办人认为可以想办法达到另一种市场均衡，价格比现有餐馆低得多，因而很多人会减少自己做饭的次数，而增加对专业餐馆的依赖；专业餐馆由于生产规模扩大，内部专业化加深，也可以使服务成本大幅下降，因此大幅降价也会有利可图。

在权衡两个方案后，麦当劳把目标确定为大规模经营。用连锁店的合约形式组织总部与分店之间的分工，使用专业化的计划管理、餐馆设计、原料采购，广告部成为总部的专门部门，结果大获成功。麦当劳的这次决策并不是绝对理性的决策，因为没有对市场进行彻底的分析，没有试图得到决策所需的信息并进行试验，它采取的是有限理性模型。

（三）模型三：隐含偏爱模型

隐含偏爱模型认为，决策者并不是理性客观的，除了在决策过程之中会受到个人知识、经验以及偏好的影响，在决策过程的早期就已经隐含地选择了一个自己偏爱的方案，这之后的决策过程主要是收集证据来证明他的隐含偏爱方案确实是最优的选项。依据隐含偏爱模型进行决策的大致步骤如图 6－1 所示。

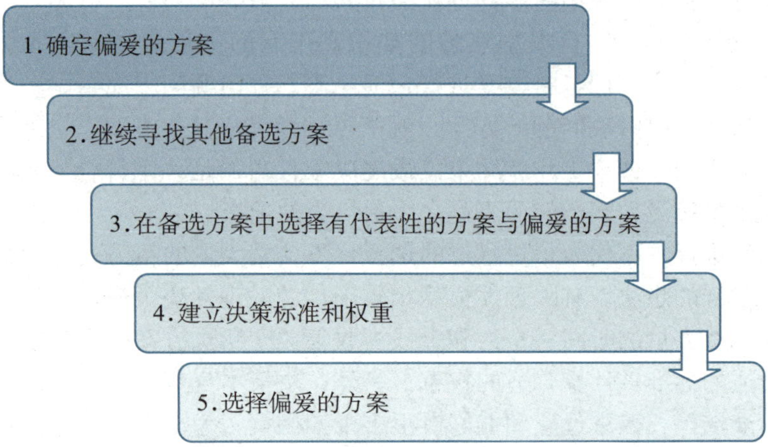

图 6－1　隐含偏爱模型的五个步骤

步骤一：确定偏爱的方案。在面对某一问题时，决策者隐含地确定一个自己偏爱的方案。所谓隐含，是指一种无意识的状态。因此步骤一很难被决策者体察。决策者的本心也许是想要完全理性地解决问题，但实际上，他在接触到问题的第一时间就已经根据自己之前已有的经验设想了一个可能的解决方案，这个方案也许就是他所偏爱的方案。

步骤二：继续寻找其他备选方案。由于决策者并没有清晰地意识到自己确定了一个隐含偏爱方案，因此会继续寻找其他备选方案。但是这些备选方案往往也有偏爱方案的影子，有一些因素是决策者不愿意放弃的。

步骤三：在备选方案中选择有代表性的方案与偏爱的方案。众多备选方案中，决策者会选择与自己的偏爱方案最接近，并且最能解决问题的一些方案作为最终进行筛选的备案。这是一个缩小选择范围的步骤。

步骤四：建立决策标准和权重。在这个阶段，决策者为了确保自己所偏爱的那个方案能够成功，在标准和权重的选择中会出现很多知觉和解释的失真。也就是说决策者在标准和权重的设置上开始表现出强烈的偏好，会夸大一些所偏爱的内容，而忽视一些对于自己心中的方案不利的内容。

步骤五：选择偏爱的方案。最终，决策者所做的一切努力都起了作用，所有的信息和标准都指向了他所偏爱的那个方案。

隐含偏爱模型在我们的生活中十分常见，比如你中午看到了一个比萨的广告，并且有点想吃。到了晚上你在选择到底要吃什么而犹豫不决时，已经不记得中午看到的广告，但是潜意识里仍残留着对于比萨的渴望。于是你浏览外卖软件上的所有商家，考虑自己是想吃米饭还是别的类型的食物，综合考虑了所有食物的价格、送达时间等因素之后，你有相当大的可能最后点的就是一份比萨。

（四）模型四：直觉模型

直觉决策是指一种从经验中提取信息的无意识加工过程，一种不经过复杂的逻辑操作而直接、迅速地感知事物的思维活动。直觉的产生往往在有意识的思维之外发生，因此被认为最不靠谱。一个做事总是靠直觉的人往往让人觉得难以信任。尽管直觉不是一个理性的过程，科学家们仍认为，直觉的产生并非毫无依据。最近的一篇文献综述指出："直觉是一种高度复杂和高度发展的推理形式，基于多年的经验和学习。"它依赖不同信息片段之间的联系，建立在牢固的知识和丰富的经验基础上。直觉决策速度往往很快，并在一定程度上受到情感的控制。在一些非常规的情境下，直觉决策甚至能带来更好的效果，概括来讲有以下八种情境：

情境一：不确定性很高时。

情境二：几乎没有先例存在时。

情境三：难以科学地预测影响变量时。

情境四：拥有的信息及资料相当有限时。

情境五：分析性资料用途不大时。

情境六：需要从几个可行方案中选择一个，而每个方案的评价都不错时。

情境七：拥有的材料难以明确指出前进的方向时。

情急八：时间有限，情况危急时。

直觉也许是非理性、非客观的，但是这并不代表直觉是鲁莽、无效的。比如那些在森林或者雪山等复杂多变的野外环境中做向导的本地人，大部分并没有先进的设备，但是个个身经百战，丰富的自然生存经历让他们拥有能与野兽媲美的直觉，有时他们做出的决策绝对称不上理性，但却能带领所有人走出困境。

直觉决策与理性分析并不是背道而驰的关系，优秀的决策者应该做到直觉决策和理性分析相辅相成。理性分析并不应该被过度强调，在特定的时候，依靠经验丰富者的直觉能够提升决策的质量。当然我们也不能过分依赖直觉，因为直觉无法量化，难以事先知道是否正确。优秀的决策者应当利用相关的证据、充分的信息和谨慎的理性分析来对直觉进行补充。

第2节 个体决策的偏差

有经验的管理者都努力避免做决策时产生偏差，但是由于个体的认知加工能力有限，偏见和错误总是难以消除的。下面我们一起看一看最常见的八种偏差。

一 过度自信

日常生活中，面对一些实际问题时大多数人的回答往往是过于乐观的。实际上的正确度往往比人们自己认为的正确度低20%甚至更多。有一个令人惊讶的对比：对美国民众的一次抽样调查显示，有90%的人相信自己死后会上天堂；而在另一次调查中，只有

85%的人认为特蕾莎修女在天堂，很明显，民众对于自己的情况往往会过于乐观。而在工作场所，“在判断和决策过程中，再没有什么比过度自信更普遍、更具有危害性了”。

什么样的人最容易犯这种自满的错误？那些智力和人际交往能力最弱的人最有可能高估自己的绩效和能力。他们不与他人交流，难以清楚地知道自己在同事之间的水平，缺乏对自己的清醒认识。因此，管理人员和员工的知识越丰富，产生过度自信的可能性就越小。这一点不仅对中层管理者适用，对于整个企业的最高领导者也适用。据调查，企业家的乐观精神和新投资项目的绩效之间存在负相关关系：人们越乐观，项目越不成功。如果一些企业家存在对自己的想法过度自信的倾向，这可能会导致他们不能看到潜在的问题并制定出相应的计划。

二 锚定偏见

锚定偏见（anchoring bias）是指把信息固定在初始阶段。我们的大脑接收信息时，往往会对最先收到的信息给予最多的关注；分析后面接收到的信息时，往往建立在对最开始收到的信息的思考基础上，它就像锚一样固定了我们的思维。思维一旦固定，就无法对接下来的信息做出全面的判断。

锚定偏见很难确切地说是好还是坏，在某些领域它甚至被灵活地运用，比如广告、管理、政治、房地产及法律等说服技能尤为重要的行业。专业人士会运用锚定效应来将对方的接受条件尽可能锚定在一个较低的水平上，以便于自己花费更少的成本拿下顾客。

在工资设定时，锚定效应更重要。假设有甲、乙两个人同去一家单位找工作，甲之前的年薪是 12 万元，乙之前的年薪是 16 万元，用人单位给出的年薪是 14 万元。不考虑其他因素，这家单位对哪个求职者更有吸引力？显然是甲，因为他之前的工作被锚定在更低的工资上。

只要有谈判就会有锚定。一旦有人说出一个数字，你就无法忽略这个数字。当工作单位询问你先前工作的工资时，你的回答一般会让这个雇主所提供的工资锚定在此。如果卖家提供了一个卖价，你即使能砍价，也只能在这个数字周围波动。

最后，锚设定得越精确，调整幅度就越小。一些研究表明，在锚设定以后，人们就会考虑将数字四舍五入进行调整。比如在和老板讨论薪资时，如果你说期望年薪是 35 000 元，老板会认为 30 000～40 000 元的薪酬范围都是你会接受的，而如果你说期望年薪是 35 500 元，老板会认为 35 000～36 000 元的薪酬范围是你的谈判范围。

三 验证偏见

理性决策模型假设我们会客观地收集信息，但实际上不是，我们是有选择地收集信息。验证偏见（confirmation bias）是选择性知觉的一个具体例子，也是我们之前讨论决策的过程模型时讨论到的隐含偏爱模型所体现出来的一种偏见。在这样的决策过程中，我们寻找能够证实我们偏爱的那种选项的选择性信息，忽视与我们的判断相违背的信息。当找到那些具有表面价值、能够证实先前观点的信息时，我们就会给予极大的重视，而对那些对我们的观点形成威胁的信息持批评和怀疑态度，甚至忽略它们。因此，这样的决策只是一个不断强化想要的答案的过程，收集到的信息一般会偏重于支持我们已有的观点。在搜寻信息的过程中，我们甚至会到更有可能具有我们想听到的信息的来源那里去寻求信息。

四　易获性偏见

很多人宁愿驾驶汽车行驶 5 小时，也不愿意乘坐飞机来一段迅捷的旅途。人们总是认为飞机比汽车可怕得多，然而事实上，从数据来看车祸的危险性远远大于飞机失事。每周有两架波音 747 客机爆炸，而且乘客无一幸免于难，才能使飞机失事达到与车祸相同的死亡数字。不过，人们对于飞机失事的恐惧很容易理解。因为每一次飞机失事都是巨大的灾难，媒体不会错过任何一次空难的报道；全球每天发生的车祸数不胜数，却几乎很少见诸报纸。因此，我们会很自然地高估空难的风险而低估车祸的风险。

易获性偏见（availability bias）是指人们倾向基于容易获得的信息做出判断。一些生动鲜明的、最近发生的事件更容易唤起人们的情绪，这些事件更容易从我们的记忆当中提取出来。因此，我们更有可能高估那些发生可能性不大但却很容易给人留下深刻印象的事件，比如空难。

放在企业中，易获性偏见也可以解释这样的现象：在年度业绩评估时，三个月完成了一个漂亮项目的人往往比九个月来一直按部就班完成所有任务的人更容易受到领导者的重视。短期内的、有较大影响的事件往往能引起管理者的注意，管理者应该尽量避免只关注那些抢在考核前出风头的人而忽视那些始终任劳任怨的认真员工。

五　承诺升级

决策活动可能出现的另一个偏差是承诺升级（escalation of commitment）倾向。承诺升级是指人们固守某项决策，尽管有明显证据表明该决策是错误的。比如在社团活动的换届竞选中，你已经感觉留在社团里没有乐趣、没有意义，但是由于已经在这里待了很久，你会说已经为社团投入了太多，如果就这样什么都不得到地离开，那么之前投入的那些努力会显得不划算。所以你不愿意就这样离开社团，而是继续参加竞选，希望能为之前的行动埋单。

很多证据表明，当个体感到自己要对之前的失败举动负责时，就会对这一失败举动增加投入。他们“花钱填无底洞”，希望用更多的精力来弥补之前的错误，用额外的努力来证明自己最初的决策并非错误，并避免承认自己犯了错误。人们在赌博时的心态很多时候可以用承诺升级来分析。输了的人明明知道投入赌博是错误的决定，但总是抱有一种幻想：一定会赢回来！因此尽管他们看不到赢的机会，仍愿意不断地填补这个无底洞，希望大赚一笔来掩盖自己之前的错误。

事实上，相较于花费较少时间进行决策的人，仔细收集和思考相关信息的人更容易犯承诺升级的错误。他们如果投入了大量的时间和精力进行决策，要想让他们承认自己采取了错误的行动方针就会很难，他们试图说服他人自己之前的决策是正确的。即使面对新信息，他们也不愿意更新认知。有些固执的管理者常常为了证明自己最初的决策是正确的，而投入大量资源给一开始就注定失败的决策，这会给公司带来不必要的损失。

斯托和罗斯（Staw & Ross，1989）对这种现象进行了分析，发现导致承诺升级的可能有四种因素。

一是项目的特点。项目本身的特点对于决策具有重要意义，例如投资回报的延期，回报周期过长，较长的回报周期使管理者投入精力去挽回局面的可能性增大，所以更有可能坚持甚至增加错误决策基础上的投入。

二是心理因素。一旦决策者做出了错误决策，他就会处于一种不协调的状态。为恢复协调状态，可以采取的一种方式就是肯定自己的决策是正确的。同时，因为决策者身在其中，自己的防御机制就发生了作用，消极的信息往往被忽略。

三是社会压力。对于决策者而言，存在来自上级、同事甚至家庭的压力。他们需要维护自己的面子，不能失去领导者对自己的信任。因此，即使是错误的决策，为了保全面子、保全自己的形象，也要“坚持认为”是正确的决策。俗话说的“死要面子活受罪”就是这个道理。

四是组织因素。在一个看重遵守制度、削弱创新和改革的组织中，管理制度、组织文化、沟通渠道等都有可能造成对错误决策的盲目追加。

除了可能存在的面子因素，领导者通常也受到“锲而不舍、言行一致、坚持到底”的优秀领导者精神的激励而倾向于坚持自己的最初选择，希望能做到善始善终。但是实际上，一个有效的领导者应该知道在合适的时间做出正确的取舍；应该知道在哪些情境坚持下去会有报偿，哪些情境下则得不到任何效果，甚至会造成额外的损失。

六 随机错误

随机错误是指人们在处理偶然情况时不恰当的想法。有时人们认为能在一定程度上控制随机事件，倾向于认为自己能够预测随机事件的结果，并用这种想当然的预测做出相应的决策，这就是随机错误。

随机错误在生活中很常见，在一些事件上的迷信就是随机错误。这在体育比赛的运动员中十分常见，十分看重发挥的运动员会想尽一切办法来保证自己的好运气，因此，在体育界迷信十分常见。

七 风险厌恶

除了那些热爱风险、有着坚定赌徒心态的人，大部分人还是更愿意获得确定的东西，而不是一个充满不确定性的前景。对于很多人来说，以50%的概率获得600美元可能比不上确定获得150美元的情境，尽管从算术上讲，赌博情境下得到的价值是确定情境下的2倍。这种偏好确定性而厌恶有风险的结果的倾向，就是风险厌恶（risk aversion）。

风险厌恶具有重要的意义，是一把双刃剑。从带来的负面影响看，风险厌恶的员工坚持既定的工作方式而不愿意尝试革新或创造性的方式。坚持那些在过去奏效的策略能够使风险最小化，但是从长远来看这样的畏首畏尾将导致停滞不前。而那些雄心勃勃但手中权力可能被剥夺的人（大部分的管理者）似乎格外厌恶风险，可能是由于他们不愿因为赌博而失去自己通过努力工作才获得的任何成果。有被解雇风险的首席执行官也特别厌恶风险，即使更有风险的投资策略更符合公司的最佳利益。因此，一个风险厌恶型公司往往难以做出重大的突破，在激烈的变革时代甚至难以存活。

但风险厌恶也并不是完全负面的。当存在大量的不确定因素时，人们不愿意进行承诺升级，因此风险厌恶也不完全是负面的。有时存在相反的风险偏好：在试图阻止一个消极结果时，人们宁愿冒险。他们宁愿冒着损失 1 000 美元的风险进行赌博，也不愿意接受肯定损失 500 美元的结果。因此，他们宁愿冒着损失很多钱的风险提出诉讼，也不愿意接受庭外和解。

八 后视偏见

后视偏见（hindsight bias）是指当结果已知时，倾向于错误地认为自己能够做出准确的预测，通俗来说就是“马后炮”。当我们已经获得关于结果的准确反馈时，似乎很容易认为推断这一结果本来就显而易见。在一些决策者做出决策并导致了失败的结果后，人们在评价时有时会觉得决策者没有察觉到一些在后来看来十分明显的变化，但显然这样的评价是有失中肯的。最为常见的就是人们对那些风险投资专家的指责。

后视偏见降低了决策者从过去的经历中学习的能力，让决策者对自己的判断过于自信，认为自己是很好的预测者并且错误地感到自信。假设你的预测准确率只有 40%，但如果认为自己的准确率达到了 90%，你更加不会怀疑自己的预测能力。

第 3 节 影响个体决策的因素

了解了个体决策的过程模型和可能存在的偏差，接下来我们将讨论影响人们决策的因素，了解不同的个体做出不同的决策背后的理由。我们将从五个部分详细讨论：问题特性、个体差异、组织限制、社会环境和文化差异。

一 问题特性

任何决策都源于问题的出现，决策是针对问题做出的回应。对于不同性质的问题，决策者往往会做出不同的反应，问题的某些特性会明显影响到决策过程以及决策结果，其中有三种特性尤其值得强调：新异性、不确定性、复杂性。

（一）新异性

决策者要解决的问题有些是决策者所熟悉的，比如每个月都要进行的工资结算，这已经成为例行公事，决策者对于这些反复出现的问题自有一套规范的决策过程，这些经验是经过反复检验形成的。然而，更多的时候决策者面临的问题是以前从未面对过、基于已有的经验难以直接解决的问题。

问题的新异性可能造成两种影响：第一，导致决策过程迟缓与不确定。一般来说，我们会首先尝试例行的程序或方法，如果过去的经验不灵、不能解决问题，则可能在一段时间里出现混乱局面：大家相互推卸责任，或找出各种理由来解释为何失败。经过一段时间的混乱之后，人们冷静下来，重新评价问题的情境，寻求新的解决方案。这会导致决策过程延长，而有时快速解决问题至关重要。第二，这种问题要求决策者必须运用创造力解决问题，使决策具有创新性。如果决策者是一个墨守成规、难以创新的人，将会造成灾难式的后果。因此决策者的变革创新素质不仅是组织生存所必需的，而且可以为组织带来成长与发展的机会。

（二）不确定性

每项决策都包含投资、产生结果的概率、结果三种成分。大部分决策在每一个部分都存在不确定性，而这些不确定性会给整个组织带来风险。例如，公司准备开发一个新产品，在投资上可能存在不确定性：成功开发到底需要多长时间？需要投入多少资金？需要投入多少人力？可能的后果和出现概率也存在不确定性：能不能研发成功？会研发出一个什么样的产品？这个产品在市场上究竟能给公司带来多少收益？

风险和不确定性是决策中的重要变量。一项研究显示，人们对于自己认为不太重要的方面，更愿意冒较大的风险。在实验研究中，被试被要求评定 12 个问题情境的重要性，然后针对每个问题指出愿意冒多大的风险。结果发现，对男性而言，问题越重要，越不想冒险。有趣的是，对女性而言，这种关联性并不强烈（K. Highbee & T. Lafferty，1972）。

而在一项针对决策后果和人们愿意承担风险之间关系的研究中，琼斯和约翰逊（Jones & Johnson，1973）发现，决策的后果会影响到人们面对问题情境愿意冒多大的风险。在实验中研究者先让被试相信：用药剂量越大，治疗效果越好，但同时造成不良反应的风险也越大。而后，研究者在实验中让被试选择药品的不同剂量。实验发现，当告诉被试药品将在 30 分钟内产生效果时，人们选择的剂量较小，平均为 94 毫克，人们不愿意承担这么迅速就能体现出来的风险；当告诉被试药品将在 3～24 小时内发生作用时，则平均选取的剂量为 146～175 毫克，承担风险的勇气增加了。研究者分析，当决策后的正效果与负效果同时发生时，对决策者而言，负效果更重要。

综合来看，如果一个问题本身的重要性更低，人们承担较大风险的可能性就更大。而一个问题带来的不良效果更大，即使它同样能带来更大的收益，人们也不愿意冒更大的风险。

（三）复杂性

对于决策者所面临问题的复杂性，学者们有较为清晰的预测。在处理复杂的问题时，人们往往要花费更多的时间，并且往往是主动投入更多的精力。这可能是因为复杂的问题需要处理更多的信息，并且人们对于复杂问题的决策通常更没有把握。

除了时间的增加，复杂性带给决策者的变化还体现在参与决策的人数上。组织中对于复杂问题常常是进行群体决策。理论上说，由一群人来做决策可以节省时间，提高效率，因为他们可以分工合作。此外，通过群体讨论还可以降低不确定性。不过，群体决策也有自己的问题——可能会存在难以达成共识、从众等问题。但是，运用得当的话，群体决策不失为一种提升组织凝聚力和组织效率的好方法。

二 个体差异

面对同一个问题，不同的决策者可能做出不同的决策。因为决策活动是有限理性的，难以找到最佳选项。即使尽可能地理性决策，因为个人知觉的不同，每个人能做出的理性决策也是不一样的。下面我们来看四个个体差异变量：人格、性别、智力和生理因素。

(一) 人格

有关人格和决策的研究并不多见，但是已有的研究表明，人格确实会影响决策。下面我们来看责任感、自尊和决策风格三个因素。

(1) 具体的责任感会影响承诺升级。值得注意的是，责任感的两个方面——追求成功和工作投入——对承诺升级具有相反的影响。追求成功的人更有可能使承诺升级，工作投入的人这种可能性则较低。一般来说，成就导向的人讨厌失败，因此会升级他们的承诺，希望能用更多的投入来阻止失败的发生。工作投入的人更倾向于做那些对组织最有利的事情，他们愿意承认错误的决策以避免组织遭受更大的损失。另一方面，追求成功的人更易受后视偏见的影响，或许是因为他们更需要判断自己的行为是否适当。不过，我们难以直观判断工作投入的人对后视偏见是否具有免疫力。

(2) 高自尊的人有强烈维持自尊的动机，所以利用自我服务偏见来保护它。也就是说，他们把失败归因于他人，而把成功归因于自己。这样的人也更容易做出承诺升级，“死要面子”地不愿意承认自己之前的决策是错误的。

(3) 决策风格。除了责任感和自尊可能导致决策者做出承诺升级这样的决策偏差，每个决策者都有不同的决策风格，这种不同是自然的，不被视为偏差。有的人倾向于决策时更加理性，有的人则喜欢决策时更为冒险。不同的个体在决策行为中常常表现出人格差异。

一项关于决策者人格差异的经典研究划分了四种不同的决策风格（Rowe & Boulgarides，1992）。这一模型提出人们的决策方式具有两个维度上的差异，并将每个维度划分为两个表现类型，两两组合就形成了四种不同的决策风格。第一个维度是思维方式：一些人是理性的，他们逻辑严谨，对信息进行序列加工，更相信分析而不是经验；另一些人则是直觉型的，他们富有创造性，从整体上认知事物，更多依靠经验而不是分析。第二个维度是个体对模糊性的容忍度：一些人需要结构化信息，将消息分门别类，最大限度地降低模糊性；另一些人却能够在不确定和模糊的环境中泰然处之，甚至习惯于在同一时间里进行多种角度的思考。通过这两个维度可以构建四种基本的决策风格：指示型、分析型、概念型、行为型（见图6-2）。

指示型风格的个体不能容忍模糊性，注重理性分析并强调效率。对效率的强烈关注使得他们可能会在拥有最少信息量时就做出决策。即使没有太多的备选方案可以评估，他们也能在短时间内做出决策。指示型的人决策十分迅速，而且更多关注短期效益。这种类型的决策者往往是急性子，那些注重时间效率的一线骨干更有可能是这样的决策者。

分析型风格的个体则更能容忍模糊性。他们在最终决策之前希望得到更多的信息，

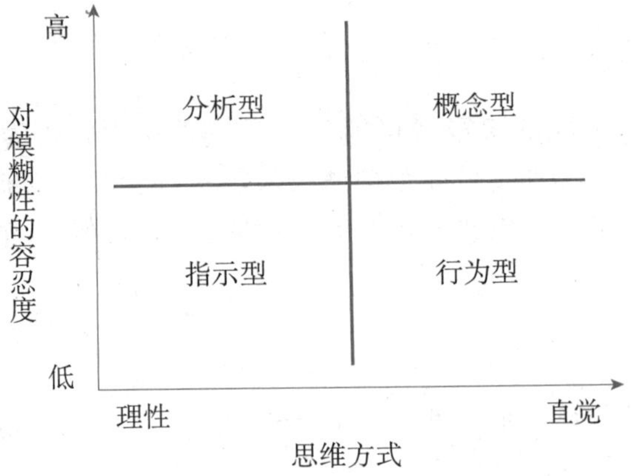

图 6－2　个体的基本决策风格

能够容忍杂乱无章的信息输入，并不断地对收集的信息进行分析，对备选方案进行更多的思考。分析型管理者最典型的特点是：他们是仔细的决策者，并且能够适应或处理新异性问题。这一类决策者往往是比较沉稳、理性的领导者。

概念型风格的个体倾向于使用来自多种渠道的资料，并会考虑很多备选方案。与分析型风格个体的区别在于他们更相信自己的经验，相信自己的直觉判断。如果分析和直觉冲突，他们会选择依靠自己的直觉。这一类决策者关注长期效益，并且擅长找到创造性的问题解决方案。经验丰富、老练并且具有威望的领导者更有可能是这种决策风格。

行为型风格的个体在组织中关注员工的发展，关心下属的幸福感受，并乐于接纳他人的意见。他们倾向于关注短期效益，并且不重视在决策中使用数据。这类管理者致力于回避冲突并寻求被下属接纳。这类领导者往往是员工导向的，在一些组织结构比较简单的小公司中更常见。

这四种风格差异显著，不过大多数个体不只落在一种类型当中。一名具体的管理者常常会有一种主导决策风格以及其他辅助风格。各种风格相辅相成，才能应对复杂多变的情况。

（二）性别

男性和女性的行为表现是否有显著的不同？这个问题向来是组织行为学者关注的重点。在决策过程中，性别是否会引起差别？有关沉思的研究让我们对决策中的性别差异有了深刻的理解。

日常生活中人们经常陷入沉思，可能是思考一部电影的剧情，也可能是陷入了回忆。决策过程中的沉思指的是反复考虑问题。一项研究发现，女性倾向于比男性花更多的时间分析过去、现在和未来，更有可能在决策之前反复分析，在决策之后更改决策。这样深思熟虑地决策的好处是，对问题考虑得更仔细，通常女性处理问题更加全面细致。但是，这种举动也可能被视为优柔寡断，过多的思虑会让问题更加难以解决，并且使人更容易后悔过去做出的决策。女性失望的可能性几乎是男性的两倍。这似乎也符合日常生活中女性的普遍表现。

至于为什么会有这种差别，我们并没有严谨的科学依据。但学者们对此也有一些猜想。一种观点是，父母更鼓励女孩表达悲伤和焦虑，不仅是父母，女性的社会角色在人们的心中往往是更细致、更能看到不足的，因此女孩们往往尽力去思考问题可能的负面效果。另一种观点是，女性更容易把自尊和幸福感建立在别人对她的认识基础上，因此所关注的重点和考虑的因素往往更全面。最后一种观点是，对于他人生活中发生的事情，女性更富有同情心，更容易被感动。女性往往更容易被情绪唤起，因此沉思得更多。

这种在沉思上体现的性别差异随着年龄的变化并不是一成不变的。长到 11 岁，女孩就开始有更多的沉思。但随着年龄的增长，这种性别差异逐渐减少。少年时期的差异最大，65 岁之后的差异最小，这时男性和女性的沉思都最少。

（三）智力

直觉上，我们通常相信一个聪明的人能更快地处理信息，更准确地看到问题所在，并且更迅速地解决问题。聪明的人知道如何避免那些常见的决策偏差，因此能做出更正确的决策。但是研究结果可能会使不少人感到惊讶：智力与决策能力之间并不存在显著的相关。在组织中，智力对于决策成败的影响并不明显。

一是因为智力是一个非常复杂的结构，决策过程中要涉及不同的智力，诸如认知能力、记忆能力、信息发现与处理能力、评价能力等。而目前经常使用的一些标准智力测验，往往不能反映出智力中的每一个部分，而只能反映出其中很少的几个部分，因此难以发现决策效果和智力之间的关系。

二是因为智力仅仅有助于消弭决策中的一小部分问题，即使是智商高的人，也会陷入锚定、过度自信和承诺升级的错误。聪明并不会改变过度自信或者个性上的一些偏好，高智商人群甚至可能会有更加傲慢固执的倾向。

但是一定要注意，这种非显著的关系并不意味着智力不重要。一旦受到决策错误的警告，聪明的人能够更加快速地学会如何避免它们。强大的学习能力使他们能够更好地避免决策错误，举一反三的能力使他们能在更大程度上给企业带来收益。

（四）生理因素

除了先天因素，不同时期的生理状况因素也会对决策者的决策过程造成影响，例如疲劳、酒精及药物的作用。疲劳包括生理疲劳和心理疲劳两种，大量的体力劳动会造成生理疲劳，而单调枯燥的劳动或者紧张焦虑的情绪则容易引起心理疲劳。无论是哪种疲劳，都会使人们在做决策时没有足够的精力去仔细考量可能的后果，在不同的备选方案中仔细甄选。此种情况下人们在做决策时往往会反应失常，或者更戏剧化地夸大反应，或者迟钝地难以做出快速的反应。另外，对于药物和酒精的研究均显示，它们使决策所需要的时间显著延长，且错误率增加。

三　组织限制

组织的治理结构、管理体系对于决策者也是一种限制。管理者需要根据组织的正式规则来调整自己的决策，使两者一致。管理者的决策必须符合组织绩效评估、奖励体系、时间限制等方面的要求。组织过去的经验、组织文化同样像锚一样制约着决策者。具体来看，组织对于决策者的要求主要体现在如下五个方面。

（1）绩效评估。管理者在做决策时，强烈地受到评估他们的标准的影响。如果总公司设定的标准是，只要没有听到关于工厂的消极意见，管理者负责的工厂就是状况最好的，那么当我们看到管理者花大量时间以确保负面新闻不传入上级耳朵的举动时，就不应该感到奇怪。

（2）奖励体系。组织中的奖励体系也影响到决策者，它通过个人的收入状况向他们表明，什么样的选择是有利的。组织中受到奖励的个体往往会成为员工表现的风向标。如果组织奖励的员工多是中规中矩、厌恶风险的，那么管理者更可能做出保守的决策。20 世纪 30 年代到 80 年代中期，通用汽车公司一直对那些做事低调、回避争论的管理者给予晋升和奖励。因此，在这种传统的影响下，该公司的管理者非常擅长对问题避重就轻。

（3）正式规则。除了极少数组织，几乎所有组织都设立了规章制度、操作程序以及其他规范原则，以保证员工行为的规范化和标准化。产品容易量化的公司其生产往往是更加流程化、自动化的，而对于这些公司来说，详细具体的操作章程限制了决策者的选择权，决策者更大程度上只是一个监管者。

（4）时间限制。几乎所有的重要决策都会规定最后期限，这不是公司对于决策的剥削，而是出于局势的紧迫性以及效率的必需性。新产品开发的报告必须月初完成并送交执行委员会过目。只有抢占先机的公司才能在市场上分得更大的一杯羹。这些限定条件使决策者有了时间的压力。此外，在某种程度上，时间限制往往使决策者在最终决策之前难以收集到自己需要的所有信息。

（5）传统惯例。决策不会在真空中做出，各种决策之间有着承前启后的联系。实际上，把个体的决策视为决策流中的一点更为准确。过去做出的决策总是影响当前的选择。上年给出的预算数目是今年预算的一个最主要决定因素，这已然成为一种常识。这正是我们之前所提到的锚定效应。之前的惯例在给了决策者参考意见使他们能节省决策时间的同时，也给了他们更多的选择限制，因为贸然做出变革总是不容易的。因此，今天做出的选择在很大程度上是多年来做出的选择的累积结果。

四 社会环境

决策发生在复杂多变的环境中，因此除了决策者面临的问题种类、决策者的个人风格以及组织环境，决策过程发生的大环境同样对决策有着不可忽视的作用。而环境与行为过程及行为后果之间又会交互作用、相互影响。下面我们具体来看社会环境中的一些影响要素。

（一）受限制的选择

在决策者拟定的各项备选方案中，除了组织环境的限制，有些方案还会受到社会环境以及社会舆论的限制。决策方案会受到法律、道德、伦理规范的约束。另外，决策者所属的非正式群体也会对决策方案的选择产生重要影响（见图 6－3）。

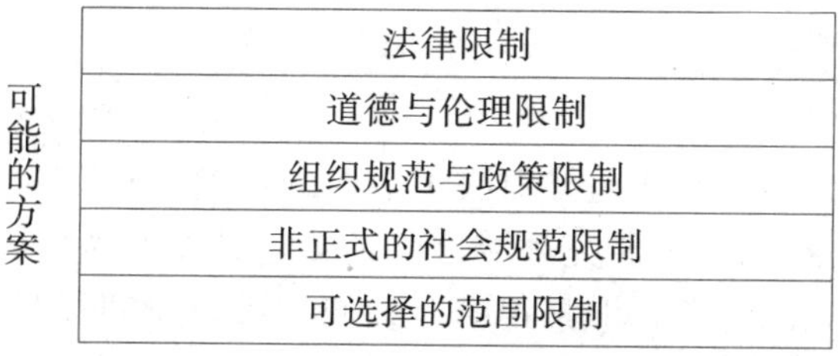

图 6－3　决策方案所受的限制

（二）反馈

决策中的反馈指的是个人得到自己所做决策质量的信息。一项研究表明：对个体先前决策效果的反馈会影响而后对于工作目标的确定。失败结果的反馈往往会使个体决定降低或维持先前的目标；而成功结果的反馈则往往会使个体决定提高未来的目标。也就是说，如果从所处的环境中获得了积极的评价，他更有可能提高自己的决策标准。社会评价对于决策者来说也是不可忽视的影响因素。有研究者雇用了 80 名学生，按时计酬付给他们薪水。在休息时间，研究者考察了每个学生的工作数量及工作质量。然后，给随机选出的第一组 20 名学生提供正确而完整的绩效反馈，给第二组 20 名学生提供不完整的绩效反馈（只包含数量方面，而不告知工作质量好坏），给第三组 20 名学生提供不正确的绩效反馈（夸大错误），对最后 20 名学生则不提供任何反馈。接着，要求所有学生决定下一阶段想完成的工作数量（即未来的工作目标）。结果显示，接下来的目标明显受到前面绩效反馈的影响。得到正确而完整反馈的 20 名学生设定的目标显著高于其他三组。得到不完整反馈的学生与没有得到任何反馈的学生相比，在目标的设定上没有显著差异。不过，实际错误被夸大的学生设定的目标显著低于其他三组。在第二轮决策中，学生的决策显然受到了对自己之前行为的评价的影响（Cummings，Schwab & Rosen，1971）。

（三）他人的影响

他人对个体决策的影响并不仅仅在于对绩效提供反馈。他人的榜样作用、他人的赞赏与批评等都会影响决策过程。

研究表明，对大多数人来说，批评容易造成压力，如果压力过大，则会干扰到决策行为。而表扬通常给人带来喜悦，使其感到被接纳和认可，这种心境有助于决策者的行为更为果断和自信。工作场所中的同事明显能对决策者的情绪造成影响，从而对决策者的决策造成影响。

一个现场实验验证了榜样作用对他人决策行为的影响。该实验的内容是观察行人在通过十字路口时是否闯红灯（Dannick，1973）。研究者让一名男性助手站在马路边，他有时遵守交通规则（不闯红灯），有时违反交通规则（闯红灯）。通过 2 500 次以上的观察，研究者发现：研究助手的行为明显影响了其他人的决策。当研究助手闯红灯时，其他人闯红灯的行为明显多于研究助手不闯红灯时的情况。可见，决策者所处的社会环境对决策行为很有影响。这个实验在日常生活中也时常能见到，每天在马路边都能有明显的感受。“中国式过马路”就是这种榜样行为的一个反面例证。

五 文化差异

学者们的研究很少涉及文化差异对决策造成的影响。2007 年的一篇跨文化组织行为学研究的文献综述涵盖了 25 个研究领域，但是文化对决策的影响没有包含在内。

虽然缺少理论研究的支持，但是很明显我们知道面对同样的危机，日本公司和美国公司做出的决策往往会有较大的差别。因此我们需要认识到，决策者的文化背景可能对他挖掘问题的角度、分析问题的深度、对逻辑分析和直觉的偏好、组织决策应由管理者个人做出还是由群体共同做出等方面都有着显著的影响。

在时间取向上，不同的文化背景存在显著的不同。埃及管理者相较于北美管理者做决策时更加深思熟虑，愿意花大量时间预先思考方案的各种优缺点；而北美管理者则更看重时间，愿意在短时间内做出决策并用事实来考量。

在理性和直觉方面，处在西方文化中的企业高度重视理性，因此北美管理者往往通过理性范式来做出决策。而在像伊朗这样的国家，理性的重要性则被大大弱化，领导者的个人直觉更加重要。

在决策的目的方面，一些文化重视对问题的解决，一些文化则强调对当前所处环境的接纳。美国属于前一类文化，泰国、印度尼西亚则属于后一类文化。重视问题解决的管理者相信，他们能够并且应该改变情境从而获得收益，因此，美国管理者会比泰国和印度尼西亚的对手更快确定他们所要解决的问题。而注重接纳的管理者则更倾向于对现状进行更多元化的分析，试图在逆境中找到转机，并期望能用最小的成本解决困境。

在集体还是个人方面，亚洲文化往往是更加集体倾向的。中国管理者比美国管理者更有集体倾向，更强调遵从与合作。因此，中国首席执行官在做出重要决策前会收集大量信息，并采用集体表决的群体决策。

总之，在决策方面存在非常重要的文化差异，虽然目前还没有很多研究来考察和确定这些差异，但是相信这方面的研究会有独特的价值。

本章小结

1. 决策的过程主要是一个缩小选择范围的过程。

2. 决策过程有多种模型。理性决策模型包括确定目标，找到问题所在，确定决策标准，给各项标准分配权重，开发所有的可行性方案，评估备选方案，选择最佳方案七个步骤。有限理性模型包括对遇到的问题进行简化处理，使问题变得清晰而单一；寻求标准和备选方案；挑选方案三个步骤。隐含偏爱模型包括确定偏爱的方案，继续寻找其他备选方案，在备选方案中选择有代表性的方案与偏爱的方案，建立决策标准和权重，选择偏爱的方案五个步骤。直觉模型则出现在一些特殊情境中。

3. 由于个体的认知加工能力有限，人们的决策行为常常不是按照理性模式进行的，因此难免会在决策过程中出现偏差和错误。

4. 决策由许多要素构成，包括问题、决策者、决策环境、决策过程以及决策结果本身。其中问题的新异性、不确定性、复杂性会明显影响到决策过程及决策结果。决策者的个体特征，如人格、智力、生理因素等都会影响到决策行为。决策环境也会影响决策行为。

关键词

决策 决策过程模型 过度自信 锚定偏见 验证偏见 易获性偏见 承诺升级 随机错误 风险厌恶 后视偏见

复习与思考题

1. 理性决策模型遵循哪几个步骤？它的局限是什么？
2. 什么是直觉决策？举例说明哪些情境下直觉决策能产生更好的效果。
3. 什么是锚定偏见？它会对决策制定产生怎样的影响？
4. 为什么会产生承诺升级现象？如何避免这种决策偏差？
5. 具体说明个体的人格差异对决策的影响。
6. 个体的决策会受到哪些组织和社会环境的限制？

参考文献

1. 丁大建，高庆波 . 2003 年北京地区高校本科毕业生就业意愿调查报告//曾湘泉 . 变革中的就业环境与中国大学生就业 . 北京：中国人民大学出版社，2004：159-176.

2. 方向明，等 . 研究失败 . 北京：当代中国出版社，1998.

3. 谭亚莉，廖建桥，张亚利 . 工作决策影响因素的实证研究 . 科研管理，2004，25 (6)：70-75.

4. Cummings L L，Schwab D，Rosen M. Performance and knowledge of results as determinants of goal setting. Journal of applied psychology，1971 (55)：526-530.

5. DeGroot A D. Thought and choice in chess. The Hague：Mouton，1965.

6. Moore J C. The Existence of compensated equilibrium and the structure of the Pareto efficiency frontier. International economic review，1975，16 (2)：267-300.

7. Garvin D A. Building a learning organization. Harvard business review，1993，71 (4)：78-91.

8. Highbee K，Lafferty T. Relationships among risk preferences，importance and control. Journal of psychology，1972，81 (2)：249-251.

9. Jones E E，Johnson C A. Delay of consequences and the riskiness of decisions. Journal of personality，1973，41 (4)：596-612

10. Rowe A J，Boulgarides J D. Managerial decision making. Prentice Hall，1992.

11. Simon H A. The new science of management decision. New York：Harper，1960.

12. Staw B M，Ross J. Understanding behavior in escalation situations. Science，1989 (10)：216-220.

案例分析

鲍勃·鲁兹的直觉决策

20 世纪 80 年代末，鲍勃·鲁兹（Bob Lutz）做出的一项决策至少有两个理由令人感兴趣：它重新塑造了公众对于克莱斯勒公司的印象；鲁兹在做出这项决策时从根本上抛弃了理性与逻辑的决策规则。

1988 年一个温暖宜人的周末，担任克莱斯勒公司总裁的鲁兹开着他那辆经典的眼镜王蛇跑车（COBRA）驰骋在公路上。他希望把批评人士对克莱斯勒的那些意见统统抛在脑后——脑筋死板、技术陈旧、生产的车型缺乏吸引力等。这里还有一个事实颇带讽刺意味：身为克莱斯勒的总裁最喜欢的居然是福特的产品。这种内疚心理使他想到："如果把眼镜王蛇跑车的 V8 发动机换在克莱斯勒的产品上会怎样？"但他很快就意识到克莱斯勒并没有标准的 V8 发动机。鲁兹在头脑中飞快地盘算着。克莱斯勒不是正在开发一个大马力的十缸发动机用于新型的道奇客货两用车吗？而且，公司为了那种车型正在研制五速重型手动变速器。为什么不能利用这些配件生产出一种迷人的、双座概念型跑车？这场革命将可以与 60 年代眼镜王蛇跑车的设计相媲美，还可能堵住那些批评人士的嘴。

星期一，鲁兹开始行动起来。他要求设计人员根据他的构思迅速设计出一款大马力的运动型跑车，使用为卡车系列开发的 V10 发动机。但是，这项决策在公司中受到了不小的阻挠。财务总监指出，为了减少公司的债务，投资额度最好降为 8 000 万美元。市场专员质疑，道奇经销商长期以来只习惯销售价格低于 2 万美元的车型，他们能否有效地销售价值 5 万美元的跑车？其他高层人员也提到，无论是鲁兹本人还是他们都没有进行过市场研究来支持这项决策。

所有的质疑鲁兹都没有理会，而是亲自主持这一项目的开发，并要求所有部门都为该项目开绿灯。尽管并没有切实证据来支持他的想法，并表明这种车型一定会大获成功并提高克莱斯勒的地位，但直觉告诉他这样做肯定没错。最终，他的直觉被证明是正确的。仅仅道奇毒蛇（Dodge Viper）一款车就改变了公众对克莱斯勒的看法，它极大地增强了公司的员工士气，最终激励公司于 90 年代实现了彻底转变。

资料来源：孙健敏，李原．组织行为学．上海：复旦大学出版社，2005.

讨论题

1. 鲍勃·鲁兹并不聪明，不过是幸运而已。你是否同意这种看法？请说明你的理由。

2. 请讨论在鲍勃·鲁兹的决策中直觉具有什么作用。

3. 你希望鲍勃·鲁兹式的人物为你工作吗？

第7章 员工的自主工作行为

学习目标

学完本章后，你应该能够：

◎ 掌握员工的组织公民行为、创新行为、反生产力工作行为和积极越轨行为的定义和结构

◎ 了解员工的组织公民行为、创新行为、反生产力工作行为和积极越轨行为的影响因素

◎ 了解员工的组织公民行为、创新行为、反生产力工作行为和积极越轨行为对员工和组织所产生的影响

引例

华为五大机制驱动创新

全球权威市场研究机构高德纳（Gartner）发布的最新数据显示，2014年第三季度在全球五大智能手机生产厂商中，华为以5.3%的市场份额排名第三，仅次于三星、苹果，成功实现国产手机逆袭。营销模式转变只是华为手机实现逆袭的保障之一，最核心的还是硬件和软件自主研发技术的双向发力。华为一直强调，创新永远是科技企业最强大的动力源泉。在互联网时代，以客户为中心的理念导向以及五大完备机制的设计正是华为实现弯道超车的最大因素。

一、以客户为中心的理念导向

从华为的战略导向来看，对技术能力的重视使之具备了今天的技术优势。

第一，华为强调，所有的新技术开发、应用要以客户为导向，注重交付价值，即最终客户得到的功能和利益，不为技术而技术。行业内的领先企业，尤其是有技术优势的企业，往往会陷入创新陷阱，即超越客户的需求进行技术创新——这就是克莱顿·克里斯坦森在《创新者的窘境》中所分析的大企业失败的原因，也是任正非严加防范的情形。在华为看来，只要坚持客户导向的技术创新，加之灵活的组织形态和机制，就能避免创新者的窘境。

第二，华为在资源配置上持续向研发环节倾斜和“压强”（2013年研发费用达到销售额的10%以上）。即便在创业初期条件艰苦、资金匮乏的情况下，也坚持向技术投资。华为在成长战略上信奉“深淘滩，低作堰”，前一句指的就是企业即使在困难时期或是行业不景气时，也要苦练内功，锻造核心技术能力。而国内许多企业虽然大谈技术导向，但需要真金白银投入时就含糊、退缩了，显现出“小生产”的叶公本色。

第三，按照全球客户资源的分布以及研发人才的禀赋状况在全世界范围内设置研发机构。比如俄罗斯人数学好，那就主攻算法软件；法国人浪漫、艺术感觉好，那就主要研究设计美学……

第四，将研发活动以及机构分层，将基础研究和应用技术、产品技术分离开来，着眼于长期战略和未来优势，配置资源进行基础性研究。华为有一个研究机构取名“2012”，源于一部灾难片的名字，既是为了增强企业发展的危机意识，同时寓指从人类社会未来生存毁灭的角度探索解决问题的技术路径。

第五，在从模仿到创新的过程中，想方设法拓展技术来源。除了自主开发，积极采取合作开发（先后和摩托罗拉、阿尔卡特等多家国外企业联合成立研发机构）、外部购买（2008年全球金融危机爆发后，华为抓住机会用较低代价向受到严重冲击的国外企业购买了一些技术）等方式提升技术水平。

第六，技术开发时从相对简单的领域做起，循序渐进，逐步接近并攻克核心技术。既不好高骛远地唱高调、提出“大跃进”目标，也不因为彼岸过于遥远而放弃启程、不做努力。华为聚焦于某些领域，不四面出击，分散力量；只要认准了方向，就绝不投机、动摇和后退，而是盯住目标，锲而不舍。海思芯片的开发成功就是一个例证。

二、五大机制驱动创新

从机制设计的角度看，驱动、促进华为技术进步的机制主要有：

第一，学习对标。华为创建以来，一直以全球范围内的先进企业为标杆，引进、借鉴、学习它们在技术战略管理、研发管理等方面的成熟经验，尤其是IPD研发流程的导入和应用对于提高研发活动的效率起了至关重要的作用。

第二，利益激励。除了人们熟知的员工广泛持股，华为将应用型的研发机构均定位为利润中心，直接感受市场压力，同时分享市场成果。华为每年的利润在股东分配之前大部分先作为奖金以绩效为依据发放（华为称作“获得分享制”）。任正非在解释“以奋斗者为本”时曾谈到按绩效分配和按股权分配的关系，强调利益要向创造业绩的一线奋斗者（研发人员是其中最重要的主体）倾斜。

第三，内部辩驳。华为在一些研发机构及相关的事业群内部设置“红军”“蓝军”机制——模仿军队演习时两军的模拟对抗。“蓝军”常常扮演诘难和反驳的角色。任何一种研发方向和技术设想，只有通过辩驳才能清晰图景、明确路径、提高成功概率，这也是防范颠覆性失误和风险的有效手段。

第四，组织弹性。华为在员工的职业生涯安排上有一个很有意思的做法，即大范围、大跨度地调岗和轮换。有时，研发部门的员工去做营销，而营销部门的员工则调换过来做研发。这样做既有利于培养复合型人才，也有利于不同的职能组织之间换位思考、相互协同，真正践行以客户为中心的原则。这对于提高研发方向及成果的市场针对性和有效性是大有益处的。同时，华为通过研发项目管理机制，激活了组织，使研发人才得以充分利用。

第五，资源保障。技术开发需要持续、高强度地投入，资源从哪里来？除了内部源于利润的积累、员工入股和外部借款，华为“卖企业”——先后出售华为电气、H3C等合资企业的股权——也是重要的资源保障机制。尤其是21世纪初将华为电气业务以7.5亿美元出售给爱默生，对华为渡过行业低潮和进行战略转型（国际化）起了非常重要的作用。

资料来源：施炜．华为五大机制驱动创新．[2015-01-12]．http：//finance.sina.com.cn/leadership/mroll/20150112/131821276745.shtml.

在组织中，我们常常观察到员工除工作以外的其他行为，例如，自愿帮助同事完成任务、捍卫组织荣誉等，然而行为并不都是积极的，我们还会观察到在工作中辱骂他人、掩盖失误等消极行为。这些行为虽然大多发生在工作任务之外，但是会对员工的工作表现和组织运作产生影响。了解这些行为的形成机制对有效管理这些行为具有重要意义。本章将重点介绍组织公民行为、创新行为、反生产力工作行为和积极越轨行为等几种主要的员工自主工作行为。

第1节 员工的组织公民行为

一 组织公民行为的含义

（一）组织公民行为的定义

组织公民行为（organizational citizenship behavior，OCB）这一概念最早可追溯至20世纪40年代。现代管理理论之父切斯特·巴纳德在1938年出版的《经理人员的职能》中提出，组织是合作力量的联合体，并且指出“想要合作的意愿”是组成正式组织的关键因素之一。Katz & Kahn（1966）第一次提出了组织公民的概念，认为组织有效的前提是员工的行为需要符合下列三种情况：（1）参与并留在组织之中；（2）按照组织的要求承担特定的角色内工作；（3）做出角色外的创造性和自发性行为。他们强调第三种行为对于组织的重要性。随后，Bateman & Organ（1983）将上述第三种行为界定为“公民行为”（转引自朱瑜、凌文辁，2003）。

随后，奥根（Organ）于1988年出版了《组织公民行为：好战士现象》一书，正式提出了组织公民行为的概念，并将其定义为“在组织正式的薪酬体系中尚未得到明确或直接的确认，但就整体而言有益于组织运作成效的行为总和”（转引自许多、张小林，2007）。根据这个定义，组织公民行为具有以下几个特征：第一，组织公民行为是组织成员自觉、自愿地表现出来的行为；第二，组织公民行为是一种未被组织正式规范但有利于组织提高效能的行为；第三，组织公民行为与正式奖励制度不存在直接联系，员工不会因为从事这些行为而获得奖赏，也不会因为没有从事这些行为而受到惩罚。

（二）组织公民行为的结构

不同的学者对于组织公民行为的结构提出了不同的看法，包括二维结构、三维结构、四维结构和五维结构等。最早对组织公民行为进行维度划分的是 Smith，Organ & Near（1983），将组织公民行为划分为利他主义（altruism）和一般性顺从（generalized compliance）。其中，利他主义是指面对面地向某人提供帮助的行为，比如帮助同事完成工作；一般性顺从是指遵守一个好员工的规范，比如按时上下班或不偷懒等（转引自邹巍，2013）。Van Dyne，Graham & Dienesch（1994）提出了一个三维度模型，认为组织公民行为包括组织服从（organizational obedience）、组织忠诚（organizational loyalty）和组织参与（organizational participation）（转引自邹巍，2013）。Graham（1989）提出了一个四维度模型，认为组织公民行为包括人际帮助（interpersonal helping）、个人主动性（individual initiative）、个人勤奋性（personal industry）和忠诚拥护（loyal boosterism）（转引自张小林、戚振江，2001）。Organ（1988）提出了一个五维度模型，将组织公民行为划分为利他主义（altruism）、事先知会（courtesy）、责任意识（conscientiousness）、运动员精神（sportsmanship）和公民道德（civic virtue）（转引自许多、张小林，2007）。

由于上述不同模型中的维度存在大量重叠，Podsakoff et al.（2000）通过回顾和总结以往文献，最终将组织公民行为归纳为七个维度：（1）助人行为（helping behavior），指自发地帮助同事避免或解决与工作相关的问题；（2）运动员精神，指任劳任怨地忍耐工作中不可避免的麻烦，在遇到挫折时仍保持积极的心态；（3）组织忠诚，指时刻保持对组织的忠诚，帮助组织建立良好形象且保护组织免受外来威胁；（4）组织遵从（organizational compliance），指自觉遵守、执行组织的规章制度和事务程序；（5）个人主动性，指自愿并积极地从事与工作相关但超出组织要求的行为；（6）公民道德，指积极参与组织的管理，监控组织面临的威胁和机会，保护组织资源以及为组织利益牺牲个人利益等；（7）个人发展（self-development），指主动通过各种形式学习工作的相关知识和技能，以求为组织发展做出更大贡献。

组织公民行为的相关研究起源于西方文化。中国香港科技大学教授樊景立则在华人社会开展了一系列本土化研究，探究中国情境下组织公民行为的结构，并在此领域做出了重大贡献。樊景立等（1997）以工商管理硕士学生为样本发现，在华人文化背景下的组织公民行为分为公司认同、帮助同事、尽责性、人际和谐与保护公司资源五个维度。其中，公司认同、帮助同事和尽责性维度与 Organ（1988）五维度模型中的公民道德、责任意识和利他主义维度基本一致，而人际和谐与保护公司资源是中国文化背景下所特有的。之后，为了更加深入地探究中国情境下的组织公民行为，樊景立与华人学者钟晨波、国外学者奥根于 1998 年在北京、上海、深圳和杭州调查了 75 家企业，访谈了 166 名员工，通过质性研究的方法归纳出中国组织公民行为的十一维度模型。其中，积极主动、帮助同事、表露意见、参与集体活动、树立企业形象这五个维度是与西方文化共有的，另外六个维度是中国文化所独有的，包括自觉学习、参与公益活动、节约组织资源、保持工作环境整洁、人际和谐、遵守社会规范（转引自许多、张小林，2007）。

（三）组织公民行为的相关概念

1. 情景绩效

情景绩效（contextual performance）也译为关系绩效、关联绩效、周边绩效和情境绩效等，博曼（Borman）和莫托维德罗（Motowidlo）1993年首次提出这个概念，并且将其与任务绩效（task performance）进行了区分。他们认为，任务绩效是指员工通过从事直接的生产活动、提供材料和服务对组织的技术核心所做的贡献，比如完成的工作数量、工作质量和费用成本等，主要受员工经验、能力以及与工作相关的知识等因素的影响；而情景绩效涉及组织社会和心理环境的支持性活动，而不涉及直接的生产和服务行为。

情景绩效和组织公民行为的内涵非常相似，两者的主要区分在于侧重点不同。情景绩效侧重绩效，它的提出主要是针对招聘选拔或绩效考核中经常被忽视的部分员工表现，是为了呼吁社会关注任务绩效之外的绩效表现，核心在于如何合理地考核员工的绩效。而组织公民行为侧重单纯的行为描述，它的提出源于对员工究竟存在哪些有助于组织运行和发展的自发性行为的探究，核心在于描述和归纳员工的某种行为表现。

2. 亲组织行为

另一个相似的概念是亲组织行为（prosocial organizational behavior，POB），由布利夫（Brief）和莫托维德罗于1986年提出，被定义为“个体在扮演组织中的角色时对与之相互影响的其他个体、团队或组织直接施加的，以提高个体、团队或组织福利为目的的一种行为”（转引自秦燕，2005）。

与组织公民行为不同，亲组织行为更强调“亲社会性”，即行动目的或意图是提高组织成员或组织整体的利益，但是这种亲社会性并不必然指向有利于组织的方向。实际上亲组织行为既可能为组织带来积极的影响，也可能为组织带来消极的影响，即“好心办坏事”。比如，某位员工帮助同事掩盖错误，虽然这种做法对于被帮助的同事而言是有益处的，但是对于组织整体可能没有积极的意义。而组织公民行为强调的是对组织而言有帮助的行为。由此可见，以上帮助同事掩盖错误的行为是一种亲组织行为，却并非一种组织公民行为。

对于组织管理者而言，应该更加关注员工的组织公民行为而非亲组织行为，因为前者是真正有利于组织整体的员工行为。另外，部分学者认为亲组织行为的概念过于宽泛，其内涵完全可以被其他更为精细的概念覆盖（Vandyne，Cummings & Parks，1995，转引自秦燕，2005）。总体而言，与组织公民行为相比，亲组织行为受到更少的关注和研究。

二　组织公民行为的前因变量

（一）个体因素

1. 人格特质

关于人格和组织公民行为之间的关系，学界目前尚未形成一致的意见。部分学者认为，人格能够在一定程度上预测员工的组织公民行为。比如，在一项研究中，大五人格模型中的责任心和随和性与员工的组织公民行为之间存在显著正相关（Organ，1994，转引自贾波，2014）。再比如，Chiaburu et al.（2011）通过元分析发现，责任心、随和性和外倾性与组织公民行为正相关。

然而，部分学者不同意上述观点，认为人格并不能预测个体的组织公民行为，其中以 Organ & Ryan（1995）为代表。Organ & Ryan（1995）的元分析表明，虽然大五人格模型中的责任心、随和性等与组织公民行为的利他主义和一般性顺从维度均显著正相关，但是这些相关基本上都是共同方法偏差（common method variance）或者评价主体差异造成的，并不是由于人格能够预测个体的组织公民行为（转引自吕艾芹，2013）。

2. 个体感知

（1）工作满意度。以往众多的研究表明，工作满意度对组织公民行为具有良好的预测作用。比如，Bateman & Organ（1983）显示，工作满意度与组织公民行为正相关，工作满意度能够正向影响组织公民行为中的助人行为（转引自张小林、戚振江，2001）。这种影响的背后逻辑是当个体具有较高的工作满意度时，通常会体验到更多的积极情绪状态，这种积极的状态往往能够驱动员工在完成本职工作后产生更多的利他行为。以往的研究也表明，当处于积极的情绪状态时，个体出现助人行为的可能性较大；而当处于消极的情绪状态时，个体出现助人行为的可能性较小（朱瑜、凌文辁，2013）。国内的相关研究也得出了一致的结论：工作满意度高的员工会表现出更多的组织公民行为（贾波，2014）。

（2）组织公平感。不少学者指出，组织公平感比工作满意度更能直接地测量员工对工作的认知评价，因此他们着手探究了组织公平感与组织公民行为之间的关系。结果表明，组织公平感能够正向影响组织公民行为（张小林、戚振江，2001）。进一步，Moorman（1991）探究了组织公平感的不同成分对组织公民行为产生的影响。研究发现，程序公平与组织公民行为的关系最为紧密，而分配公平与组织公民行为不存在显著相关。此外，在研究中控制了程序公平之后，工作满意度与组织公民行为之间的关系变得不再显著（转引自吕艾芹，2013）。

樊景立等（1997）在中国情境下研究了文化特征（即传统性和现代性）和个体特征（即性别差异）对组织公平感和组织公民行为之间关系的调节作用。结果发现，分配公平和程序公平均能显著正向预测员工的组织公民行为，并且对于现代文化价值观念较强的成员和男性成员而言，这种预测关系更加明显（转引自张小林、戚振江，2001）。

（3）组织承诺。组织承诺与组织公民行为密切相关，学者们认为组织承诺能够正向预测个体的组织公民行为（张小林、戚振江，2001）。Organ & Ryan（1995）通过元分析发现，组织承诺与组织公民行为间存在中等程度的相关（转引自吕艾芹，2013）。另外，Shore & Wayne（1993）探究了组织承诺的不同内容对组织公民行为的影响，发现情感承诺与组织公民行为显著正相关，继续承诺与组织公民行为显著负相关（转引自张小林、戚振江，2001）。

部分学者认为，组织承诺与组织公民行为之间的关系是组织承诺与工作满意度的相关导致的，即组织承诺对组织公民行为变异的解释可以被工作满意度替代。Wilians & Anderson（1991）同时测量了员工的工作满意度、组织承诺和组织公民行为。结果发现，在控制工作满意度与组织公民行为的关系之后，组织承诺与组织公民行为之间不存在显著的相关关系；而在控制组织承诺与组织公民行为的关系之后，工作满意度与组织公民行为之间仍然显著相关（转引自吕艾芹，2013）。

3. 人口统计学特征

关于人口统计学特征，学者们主要考察了员工的性别、工作年限、职位层级等与组织公民行为之间的关系。Podsakoff et al.（2000）的元分析结果显示，员工的性别、工作年限与组织公民行为之间不存在显著的相关关系（转引自吕艾芹，2013）。国内学者曹磊（2004）也得到了一致的结论：组织公民行为在员工的人口统计学特征变量之间不存在显著差异。但是，部分学者发现，人口统计学特征会影响员工的组织公民行为。比如，黄国隆和蔡启通（1998）发现，年龄较大的员工通常表现出更多的组织公民行为；秦燕（2005）发现，职位较高的员工比职位较低的员工表现出更多的组织公民行为（转引自贾波，2014）。

（二）工作特征因素

工作任务的特征会对员工的组织公民行为产生影响。樊景立（1990）通过实证研究发现，员工的任务范围（task scope）越广，越有可能产生利他主义和一般性顺从行为。其中，任务范围是由工作特征模型中的五个维度共同决定的，五个维度分别是技能多样性、任务同一性、任务重要性、自主性和反馈性。Van Dyne et al.（1994）指出，具有激励性的工作特征可以通过强化员工责任感和组织依附感提高自我控制感，而自我控制感能够对员工的工作态度和行为产生正面的影响，进而促使员工做出更多的组织公民行为（转引吕艾芹，2013）。Podasakoff et al.（2000）通过元分析发现，工作反馈与组织公民行为中公民道德、责任意识、文明礼貌、运动员精神四个维度均显著正相关，而工作常规化与以上四个维度均显著负相关。另外，工作任务相依性也会对员工的组织公民行为产生影响。具体而言，组织中员工的工作任务相互依赖性越强，员工就会出现越多的组织公民行为（Bachrach，Powell，Bendoly & Richey，2006，转引自贾波，2014）。

（三）领导因素

在领导因素方面，大多数研究关注不同类型的领导风格对组织公民行为产生的影响，比如，变革型领导（transformational leadership）、魅力型领导（charisma leadership）、道德型领导（ethical leadership）和辱虐型领导（abusive leadership）等。

西方的研究表明，变革型领导会促使员工做出更多的组织公民行为（贾波，2014）。国内的研究也发现了一致的结论，比如李超平等（2006）发现，在中国情境下变革型领导对组织公民行为存在显著的积极影响，而且能解释的方差变异量明显高于国外相同类型的研究（转引自吕艾芹，2013）。Wang et al.（2005）基于领导者-成员交换理论探讨了变革型领导与组织公民行为之间的关系，发现领导者-成员交换在变革型领导和组织公民行为之间充当了完全中介变量（转引自贾波，2014）。另外，魅力型领导也会对员工的组织公民行为产生正面的影响。在 Sosik（2005）中，魅力型领导与组织公民行为之间存在显著的正相关（转引自贾波，2014）。同时，一项国内的研究也发现变革型领导能够对组织公民行为的各个维度产生影响，而且这种影响是通过心理授权的中介作用得以实现的（吴志明、武欣，2007，转引自贾波，2014）。

在道德型领导方面，Avey et al.（2011）发现，道德型领导与指向个人和指向组织的组织公民行为之间均显著正相关，并且下属的自尊水平在其中起调节作用（转引自贾波，2014）。在辱虐型领导方面，Aryee et al.（2007）发现，辱虐型领导会减少员工的组织公民行为（转引自贾波，2014）。

（四）组织因素

由于每位员工都处于某一组织环境中，因此组织所具有的特征在一定程度上也会影响个体的组织公民行为，比如组织结构、组织凝聚力和组织正规化等。Raub（2008）发现，高度集权式的组织结构会减少组织公民行为中的利他主义和表达建议（转引自贾波，2014）。Lam et al.（1999）表明，组织凝聚力与组织公民行为中的利他主义和公民道德维度之间显著正相关，但是组织正规化与组织公民行为之间却不存在显著的相关关系（转引自贾波，2014）。在 Podsakoff（2000）的元分析中，群体凝聚性与组织公民行为的助人行为、事先知会、责任意识、运动员精神和公民道德等维度均显著正相关，同时组织支持感也与员工帮助他人的行为显著正相关。

国内的研究则关注企业制度和企业性质等对组织公民行为的影响。已有研究表明，拥有高绩效工作系统的企业由于具有内部管理系统完善、考核公正和薪酬管理透明等特点，会使得员工充分信任企业，因此员工会表现出更多的组织公民行为（程德俊、王蓓蓓，2011）。关于企业性质，樊景立（2004）基于中国情境对比了国有企业和非国有企业员工的组织公民行为，发现国有企业员工在参与集体活动、自觉学习、参与公益活动和遵守社会规范这四个方面表现得更加积极，而非国有企业员工在积极主动和节约组织资源这两个方面表现得更加积极（转引自张小林、戚振江，2001）。

三 组织公民行为的影响

（一）积极影响

组织公民行为的积极影响主要是指其对组织效能和个人效能产生的促进作用。在组织效能方面，Organ（1988）认为员工的组织公民行为能够从以下七个方面提升组织效能：（1）能够减少为了维持组织正常运行而被占用的稀缺资源数量；（2）能够使组织的更多资源摆脱束缚，进而投入到各种生产活动之中；（3）有利于同事和管理人员提高生产效率；（4）能够有效地协调团队成员和工作群体之间的活动；（5）有助于组织吸引和留住优秀人才；（6）能够促进组织绩效的稳定发展；（7）能够增强组织灵活性，使之更加有效地适应外部环境的变化（转引自贾波，2014）。同时，实证研究的结果也显示，企业中的组织公民行为与团队组织绩效正相关。在一项元分析中，组织公民行为对组织绩效存在显著的正向作用（Podsakoff et al.，2000）。另外，国内的研究也支持了该结论（武欣、吴志明、张德，2007）。

在个人效能方面，员工的组织公民行为能够积极影响其工作绩效。一项针对销售人员的研究表明，员工的组织公民行为能够显著地正向预测上级对员工的业绩评价，而且这种预测效果比销售额对业绩评价的预测效果更好（MacKenzie，Podsakoff & Fetter，1993，转引自张四龙，2013）。另外，Podsakoff et al.（1997）以造纸厂的员工为样本，探究了组织公民行为与员工绩效的关系，发现员工的组织公民行为能够解释其 25.7%的数量绩效（即生产纸张的数量）以及 16.7%的质量绩效（即生产纸张的质量）。其中，组织公民行为的利他主义维度对员工的数量绩效存在显著的正向影响，对质量绩效存在显著的负向影响，运动员精神维度仅对数量绩效存在显著的正向影响（转引自张四龙，2013）。

（二）消极影响

大多数学者将组织公民行为视为一种对组织有益的行为，但是部分学者开始注意到组织公民行为可能带来的潜在危害。传统的组织公民行为研究基于以下三个假设：第一，组织公民行为的动机是无私的或利他的；第二，组织公民行为促进了组织运作的有效性；第三，组织公民行为有利于员工（武欣、吴志明、张德，2005）。

但是，Bolino et al.（2004）对以上三个假设提出了质疑。他们认为，组织公民行为实际上是一把双刃剑（转引自武欣、吴志明、张德，2005）。首先，组织公民行为可能是由个体的利己动机或者消极的工作态度引起的。比如，员工可能并非出于自愿地表现出组织公民行为，而是将组织公民行为作为一种获得升迁的手段，希望利用组织公民行为达到晋升的目的。若是如此，组织公民行为反而会增加组织内的投机行为，导致员工之间显性或隐性的冲突（Hui，Lam & Law，2000，转引自吕艾芹，2013）。其次，组织公民行为不一定会给组织带来积极影响。已有研究表明，过多的组织公民行为可能会导致员工自身角色模糊，从而引起员工工作压力增大以及职责内工作绩效下降的后果（Organ & Ryan，1995，转引自贾波，2014）。有学者发现，强制性组织公民行为会减少员工的创新行为以及降低员工的工作绩效（Vigoda-Gadot，2007，转引自贾波，2014）。最后，组织公民行为可能会对员工造成不良的后果。现有研究表明，若组织将组织公民行为作为一种隐性考核指标，那么员工可能会出现压力增加、情绪失调等症状（Chiu & Tsai，2006，转引自贾波，2014）。此外，过多的组织公民行为会造成员工的工作-家庭冲突，并且由于女性往往需要承担更多的家庭职责，通常会受到更严重的影响（Mark & William，2005，转引自贾波，2014）。

第2节　员工的创新行为

一　创新行为的含义

（一）创新行为的定义

随着知识经济和全球化经济的不断发展，创新对当代组织的持续、有效发展至关重要。在1912年出版的《经济发展理论》一书中，著名经济学家熊彼特将创新定义为“建立一种新的生产函数，是企业家对生产要素的新组合，其中任何要素的变化都会导致生产函数的变化从而推动经济的发展”。创新包括以下情况：引入新产品，引入新生产方法，开辟新市场、原材料或半成品的新供应来源。

20世纪80年代末90年代初，组织行为学者开始关注个体层面的创新，提出了个体创新行为（individual innovative behavior）的概念，又称员工创新行为（employee innovative behavior）。个体创新是员工在工作中的一种方法，能够使人产生新奇而合适的想法、过程和解决办法（Amabile，1988，转引自潘杨，2014）。同时，大多数学者都认为个体创新行为不仅包含创造性想法的产生，而且涉及对个体创新行为进行界定等。

（二）创新行为与创造性的关系

创造性（creativity）是一个容易与创新混淆的概念，事实上，在过去相当长的时间内，学者们将两者视为相同的概念，并未加以区分（潘杨，2014）。在美国《管理学会评论》的早期关键词索引中，创造性和创新曾经是混淆使用的，后来学者们渐渐地意识到了两者的差异，并对创造性和创新这两个概念进行了区分。

现在比较普遍的观点认为创造性是创新行为的第一个阶段，换句话说，创造性只涉及创新构想的产生阶段。创造性通常是指产生具有潜在价值的新颖事物或者想法，而创新行为是指个体提出新想法并且将其付诸实践的过程，同时包括想法的产生和想法的实施。因此，创造性可以说仅是创新行为的一个起点，个体拥有了创造性未必就可以表现出创新行为。此外，成功的创新不仅可以来自企业内部员工的创意或创造性，而且可以来自企业外部的新颖观点或技术（如技术转移等）（Amabile，1996，转引自潘杨，2014）。

另外，创造性不仅被视为一种行为，有时也被看作一种个体特征，这一点也与创新不同。部分学者从认知或人格的角度定义了创造性，采用认知取向的学者认为创造性是一组基本的认知过程的结果，或是一种认知上的联结过程；而采用人格取向的学者认为创造性是个体在创造活动中表现出的一种个体心理倾向（武欣、张厚粲，1997）。

二　创新行为的前因变量

关于创新行为影响因素的研究经历了一个由内向外、逐渐完善的过程。早期，学者们大多关注个体特征的影响，致力于探究具有哪些特征的个体倾向于具有更高的创造力，却忽略了其他外部因素对员工创新行为的影响。后来，学者们慢慢意识到组织创新环境以及领导风格等对于员工创新行为的重要性，开始探究这些因素对员工创新行为的影响。

（一）个体因素

1. 人格特质和认知方式

早期的研究偏重人格特质对个体创新行为的影响，试图找到那些表现出创新行为的个体拥有哪些异于普通人的人格特质，这时的研究主要关注人格特质和认知方式的影响。

在人格特质方面，大五人格模型中的经验开放性和外倾性维度均被证明与创新行为相关，其中，经验开放性与创新行为显著正相关，而外倾性则与创新行为显著负相关（Scratchley & Hakstian，2001，转引自吴金华，2015）。此外，其他人格特质也会影响个体的创新行为。比如，Dudek & Hall（1991）对美国建筑师进行追踪研究，发现专注于兴趣、坚持性和自律是决定创造潜力的重要特质（转引自吴金华等，2015）。Seibert et al.（2001）发现，具有主动性人格的个体更倾向于做出创新行为，进而拥有更高的薪水、更多的晋升机会以及更高的职业满意度（转引自甄美荣，2012）。

在认知方式方面，认知风格与个体的创新行为之间存在关联。个体的认知风格可以划分为发明型、完善型与评价型，其中发明型认知风格被证明能够有效地预测个体的创新行为（Sternberg，1999，转引自甄美荣，2012）。另外，沟通方式也会影响个体的创新行为，合作性的沟通方式对个体创新行为有促进作用，竞争性的沟通方式对个体创新行为有抑制作用（Lovelace，Shapiro & Weingart，2001，转引自周婧诗，2010）。此外，创新行为还会受到个体解决问题方式的影响。Isaksen（1987）提出，系统化的解决方式会对创新行为产生消极影响，而直觉化的解决方式会对创新行为产生积极影响（转引自甄美荣，2012）。

2. 心理状态

个体的心理状态也被证明能够对个体的创新行为产生影响，这里的心理状态包括动机、情绪、自我评价和态度等。关于动机的影响，Amabile（1988）认为，控制性的外部动机对创造性会产生负面的影响，但是信息性的外部动机会对创造性产生正面的影响，尤其是当个体内部动机的初始水平较高时，信息性的外部动机的激励作用更为显著（转引自甄美荣，2012）。国内学者卢小君和张国梁（2008）考察了动机对创新构想产生和创新构想执行两个阶段的影响，发现内部动机对两个阶段均存在有利的影响，而外部动机只对创新构想的执行阶段产生影响。

另外，情绪也会影响个体的创新行为。有研究认为，积极情绪和消极情绪均能够促使个体表现出创新行为。其中，积极情绪由于能够促使个体产生新颖的想法和行动，对员工在组织中的创新行为有正面的影响；而消极情绪能够令个体更好地分析和识别问题，也会促进个体的创新行为（甄美荣，2012）。其他研究者则更加关注情绪强度对创新行为的影响，James et al.（2004）通过回顾以往的文献提出，情绪强度和创新绩效之间存在一种倒U形关系，换句话说，适度的情绪有利于创新活动的产生，然而当处于极端的消极或积极情绪时，个体很容易被情绪控制，从而减弱了对工作任务的关注，进而不利于创新活动的产生（转引自甄美荣，2012）。

再者，个体的自我效能感也与创新行为密不可分。以往的研究表明，自我效能感不仅直接影响员工的创新行为，还能通过成就动机和工作卷入对创新行为产生间接的影响（顾远东、彭纪生，2011）。工作态度在某些条件下也会对创新行为产生影响，Zhou & George（2001）发现，虽然整体而言工作满意度与员工创新行为不相关，但是在某些特定情境中，对工作越不满意，个体反而会表现出越多的创新性（转引自甄美荣，2012）。

（二）工作特征因素

许多工作特征会对个体的创新行为产生影响，包括工作时间、工作要求、任务复杂性和工作自主性。第一，适度的工作时间压力有利于工作创新，然而过重的时间压力和超负荷的工作强度会遏制个体的创造性思维（Amabile，1996，转引自吴金华等，2015）。国内学者张敏（2013）也发现，当时间压力过大时，员工的创新行为减少，但是在一定的面子观引导策略之下，适当的时间压力反而能够促使个体产生创新行为（转引自吴金华等，2015）。第二，工作要求也是员工创新行为的影响因素之一。过高或者过低的工作要求均会对创新行为产生抑制作用，只有中等强度的工作要求才能够带来创新绩效的最大化（Shalley，Zhou & Oldham，2004，转引自吴金华等，2015）。第三，有挑战性和复杂的工作内容会增强员工对工作的兴趣，从而产生较高的创造性，而过于简单和枯燥的工作由于缺乏对内部动机的激发，导致员工较低水平的创新行为（Shalley，Gilson & Blum，2009，转引自吴金华等，2015）。第四，工作自主性也会对创新行为产生显著的影响，当个体拥有较高的工作自主性时，通常能够表现出更多的创新行为（杜鹏程，2010，转引自吴金华等，2015）。

（三）领导因素

大量的研究表明，领导者在促进个体创新性的过程中扮演着重要角色。Scott & Bruce（1994）基于领导者-成员交换理论提出，领导者与成员之间的关系会影响员工的创新行为。具体而言，高质量的领导者-成员交换关系能够使成员获得更多的自主权和决策权，进而表现出更多的创新行为；与此同时，高质量的领导者-成员交换关系也能够通过营造良好的创新心理氛围间接促使成员表现出创新行为（转引自潘杨，2014）。另外，Zhou & George（2003）强调领导者的情绪智力对于支持和唤醒员工创造力的重要性，他们通过实证研究证明领导者的情绪智力对员工创新行为的五个阶段均会产生显著的正面影响。比如，当领导者通过积极的、建设性的方式对员工进行反馈时，员工表现出更多的创新行为；而当领导者过分监督或干预员工的决策时，员工的创造性大大降低（转引自潘杨，2014）。Janssen（2005）则强调领导者支持对于创新行为的影响，员工在工作中感知到领导者对创新行为的支持时，更愿意表现出创新行为（转引自潘杨，2014）。

（四）组织因素

组织因素与员工的创新行为之间存在密不可分的联系。Amabile（1996）最早指出，组织的相关因素能够影响员工创新行为的产生（转引自杨英，2011）。Woodman et al.（1993）提出，组织中的创新行为受到群体特性和组织特性的影响，其中群体特性包括群体规范、团结程度、规模、多样性、角色、任务特性以及群体采用的问题解决方式等，而组织特性包括组织文化、资源、报酬、技术、战略和结构等（转引自杨英，2011）。De Jong & Kemp（2003）通过问卷调查证实了组织战略对创新行为的影响，组织战略对创新、产品差异化的关注会在一定程度上促进员工的创新行为（转引自吴金华等，2015）。另外，国内的一些研究也表明，企业文化或组织文化能够影响员工的创新行为，比如创业导向的企业会提升员工的创新行为表现（宋典、袁勇志、张伟炜，2011）。

组织创新氛围对创新行为的影响是近期创新行为领域的一个研究热点，大量的实证研究证明了组织创新氛围对员工创新行为的促进作用。Scott & Bruce（1994）提出了个体创新行为的模型，在模型中他们整合了个体特征、团队特征和领导特征要素对创新行为的影响，认为这三个要素共同构成了个体所感知的组织创新氛围，进而促使个体产生创新行为，具体如图 7－1 所示。通过进一步研究他们发现，成员对组织氛围中资源供应的感知与个体创新行为之间不存在显著的相关关系，而成员对组织氛围中创新支持的感知与个体创新行为显著正相关（转引自周婧诗，2010）。

（五）社会因素

员工所处的社会环境会影响其创新行为，目前大多数关注社会因素的研究主要集中

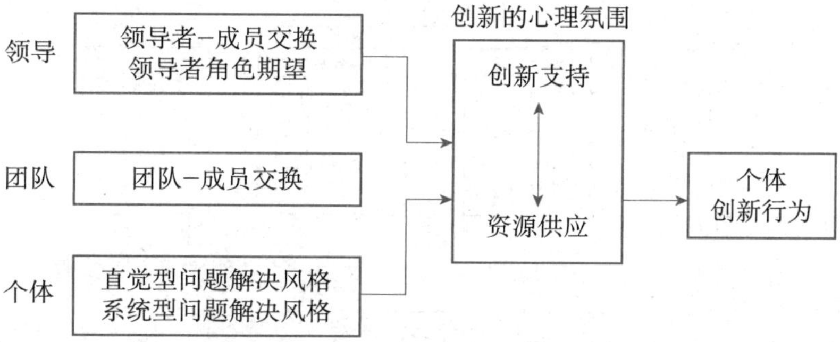

图7-1　个体创新行为模型

于社会人际关系对创新行为的影响。Perry-Smith（2006）对创造性与社会网络理论进行整合，探究了关系强度、网络位置和外部联系对个体创造性的影响，结果发现弱关系与创造性之间显著正相关，另外，当个体拥有较少的组织外部联系时，网络中心性与创造性之间的正相关关系更强（转引自杨英，2011）。Zhou et al.（2009）通过对多个国家的研发人员开展研究，发现员工的弱关系数量与创造力呈倒U形关系，换句话说，在一定范围内，弱关系数量能够正向预测员工的创造力，但是超过一定临界点后，弱关系数量反而会削弱创造力（转引自吴金华等，2015）。顾琴轩和王莉红（2009）关注员工的社会资本对创新行为的作用，也发现人际互动网络规模、人际互动网络密度和员工创新行为之间均呈现倒U形关系（转引自吴金华等，2015）。

此外，其他社会因素也会影响员工的创新行为。比如，社会支持会促使员工表现出更多的创新行为。已有研究表明，具有高水平社会支持的个体通常在组织中感知到更高的内部地位，进而更容易产生创新行为，而且个体的雇佣关系可以调节社会支持和创新行为之间的关系（肖芳，2010，转引自吴金华等，2015）。顾客参与能够对员工的创新行为产生影响。张红琪和鲁若愚（2013）的研究表明，顾客参与能够显著预测服务行业员工创新构想的产生和创新构想的执行，同时顾客参与对员工创新构想的影响是通过顾客满意度起作用的，即高水平的顾客参与会带来较高的顾客满意度，进而使员工产生更多的创新构想（转引自吴金华等，2015）。

三　创新行为影响机制的全面框架

在员工创新行为的研究领域，经过学者们的不断努力，如今已经获得了许多有价值的研究成果，但是仍有很多问题有待学者们进一步深入研究。国内学者吴金华等（2015）在一篇文献综述中总结了影响科研人员创新行为的各个因素，包括个体特质、工作特征、组织环境和社会环境，并归纳出一个较为全面的创新行为影响机制的研究框架，如图7-2所示。虽然综述以科研人员为研究对象，但是这个框架对于我们理解和进一步研究创新行为仍具有较大的参考价值，有助于我们更加全面地理解创新行为的影响因素。同时，吴金华等（2015）还指出，企业在对员工的创新管理中，不能以割裂的视角看待创新行为的各种影响因素，而是应该尽可能全面地考虑各个因素与创新行为之间的关系，从而为个体提供有益的创新氛围，促进其创造性的发挥。

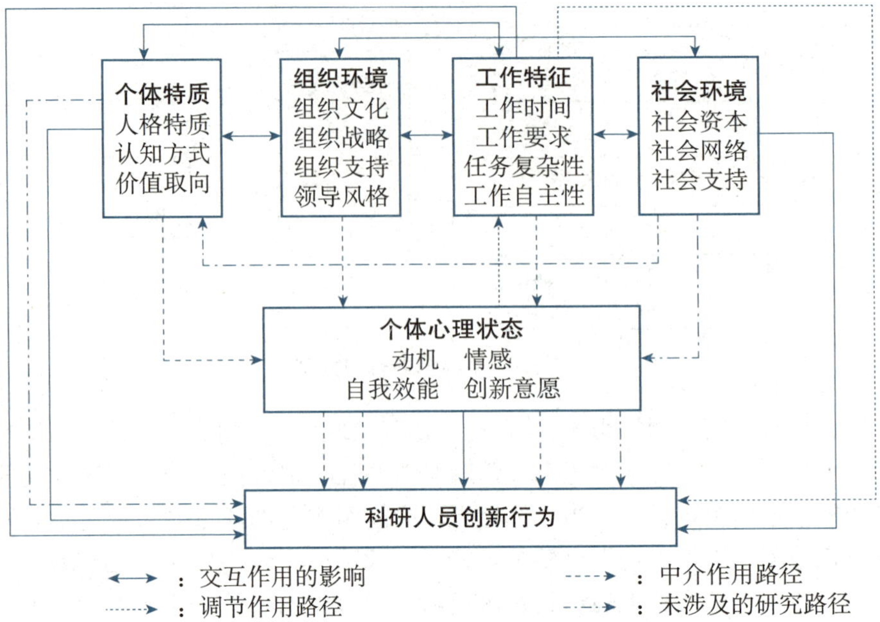

图 7-2 创新行为影响机制的研究框架

第 3 节 员工的反生产力工作行为

一 反生产力工作行为的含义

(一) 反生产力工作行为的定义

关于反生产力工作行为（counter-productive work behavior，CWB）的研究可以追溯至 20 世纪 50 年代初，当时学者们已经注意到员工在工作场所会表现出某些消极行为，比如偷窃、欺诈、缺勤、工作拖延、身体或言语攻击、报复、物质滥用等。然而，学者们并没有意识到这些消极行为之间存在联系，对各自所关注的单一行为彼此孤立地进行探究，缺乏全面系统的思考。随着对单一行为的探究不断深入，学界逐渐产生了许多内涵非常相似的概念，比如反社会行为（antisocial behavior）、组织不良行为（organizational misbehavior）、违背行为（non-compliant behavior）和攻击行为（aggression behavior）等。最早尝试对这些相似概念进行整合的学者是罗宾逊（Robinson）和本纳特（Bennett），但是他们当时并未采用反生产力工作行为这一术语，而是将其称为越轨行为（deviant behaviors），并进一步论证了这个概念存在的必要性和价值（Robinson & Bennett，1995，转引自张建卫、刘玉新，2009）。

直到 2001 年，福克斯（Fox）等人总结以往的研究，才正式提出反生产力工作行为这一概念，并且将之界定为“故意对组织或其成员造成伤害的行为”（Fox，Spector & Miles，2001，转引自尤方华，2013）。后来，Spector & Fox（2005）修改了对反生产力工作行为的定义，将其定义为组织成员伤害或意图伤害组织或组织利益相关者（包括客户、同事、消费者、上级主管）的自主行为（转引自陆成，2013）。修改后的定义强调了反生产力工作行为的自主性和目的性，换句话说，反生产力工作行为是员工自愿做出的，并非出于迫不得已的原因，而且无论个体的行为是否对他人或组织产生了实际的负面影响，只要个体的行为具有伤害他人的意图，就属于反生产力工作行为。

国内学者张建卫和刘玉新（2009）将反生产力工作行为定义为“组织成员有意采取的，无论是否违反组织的正式或非正式规范，也无论行为主体是否因此受到有形或无形的惩罚，但是客观上给组织及其成员的有形财产或无形资产带来损失的显性或隐性行为”。徐世勇则认为，无论是否导致了客观的损失，只要个体的行为目的是损害组织或他人的利益，那么这种行为就是反生产力工作行为，他将反生产力工作行为界定为“组织中成员做出的损害或者旨在损害组织及其相关人员合理利益的自主行为”。

（二）反生产力工作行为的结构

1. 反生产力工作行为的类型

最早对反生产力工作行为的结构进行研究的学者是 Hollinger & Clark（1983），他们将反生产力工作行为分为财产越轨行为（property deviance）和生产越轨行为（production deviance）两类，前者主要涉及盗窃雇主资产、破坏公共财物、滥用折扣特权等，后者主要涉及违反工作规范的行为（转引自张建卫、刘玉新，2009）。后来，Gruys（2003）将反生产力工作行为划分为以下几类：盗窃及相关行为、破坏财物、不当使用信息、不当使用时间和资源、缺勤、不努力工作、酒精滥用、药物滥用、不当语言行为、不当肢体行为（转引自陆成，2013）。

Spector et al.（2006）通过回顾以往文献归纳出五种类型的反生产力工作行为，分别是辱虐他人（abuse against others）、生产偏差（production deviance）、破坏财物（production sabotage）、盗窃（theft）和退缩（withdrawal），接着研究者邀请了若干主题事件专家（subject matter experts）对以往研究所用的条目进行了归类，归类结果支持以上分类方式（转引自尤方华，2013）。

国内学者徐世勇对中国员工反生产力工作行为的结构进行了探究。他首先通过开放式问卷收集了128名中国员工对于反生产力工作行为的描述，然后采用专家分类的定性研究方法对各个行为描述进行归类整理，最后发现了七种类型的反生产力工作行为，分别是与生产有关的反生产力工作行为、与人际有关的反生产力工作行为、与财物有关的反生产力工作行为、破坏公司形象的行为、领导的不当行为、信息泄密、不守公德的行为。其中，前三个类型与西方非常相似，后面四个类型是中国情境所特有的。

2. 反生产力工作行为的维度

Robinson & Bennett（1995）通过多维尺度分析方法（multi-dimensional scaling method）得到了反生产力工作行为的两个维度：行为对象（针对组织或针对个人）和行为严重程序（严重或轻微）。根据以上两个维度，可区分出四类反生产力工作行为，分别是生产越轨（针对组织的轻微反生产力工作行为）、财务越轨（针对组织的严重反生产力工作行为）、个人侵犯（针对个人的轻微反生产力工作行为）和个人攻击（针对个人的严重反生产力工作行为）。

Gruys & Sackett（2003）借鉴并创新了 Robinson & Bennett（1995）的分类方式，

同样通过多维尺度分析方法构建出反生产力工作行为的两个维度，其中一个维度沿用了 Robinson & Bennett（1995）的人际-组织维度，另一个维度是新构建的任务相关性维度（行为是否与工作任务相关）。此外，他们归纳所得的反生产力工作行为在二维模型的放置情况如图 7-3 所示（转引自张建卫、刘玉新，2009）。

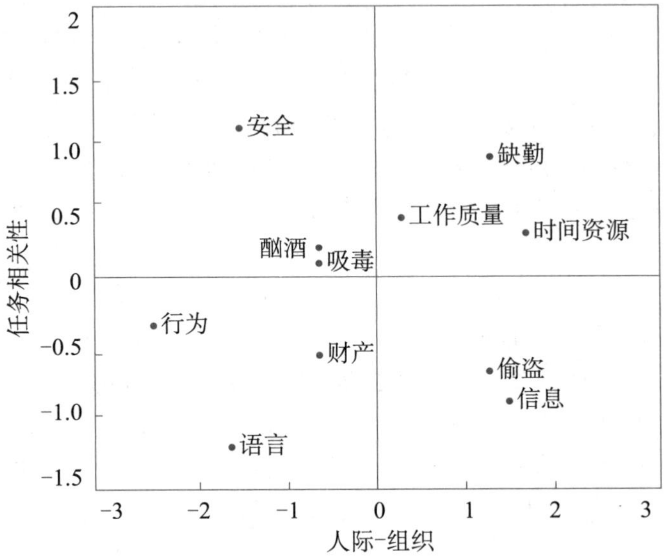

图 7-3 反生产力工作行为的二维结构

Rotundo & Xie（2008）基于中国情境探索了反生产力工作行为的结构，他们以广东和四川的工商管理硕士学生为调查对象，同样采用多维尺度分析方法，数据分析结果验证了 Gruys & Sackett（2003）所提出的二维结构，即中国员工的反生产力工作行为同样包括行为指向性及任务相关性两个维度（转引自彭贺，2010）。

（三）反生产力工作行为的相关概念

如上所述，在反生产力工作行为这一概念提出之前，学者们就已经开始关注工作场所中员工的一系列消极行为，比如攻击行为、越轨行为和报复行为等。因此，有必要澄清反生产力工作行为与这些既有概念之间的区别。

1. 工作场所攻击行为

工作场所攻击行为（aggression）是指工作场所中的一个或多个人旨在伤害组织中的一个或多个人的任何形式的行为，而且这种行为是受动者试图避免的（Baron & Neuman，1998，转引自郭辉辉，2011）。而工作场所攻击行为的极端形式往往被称为工作场所暴力行为（violence），包括对员工的身体攻击和威胁，以及心理性（如辱骂等）和替代性攻击行为。通常而言，无论是工作场所攻击行为还是工作场所暴力行为，都是指向组织成员的行为，而反生产力工作行为的对象不仅包括组织成员，而且包括组织本身，因此反生产力工作行为的定义同时涵盖了工作场所攻击行为和暴力行为。

2. 工作场所越轨行为

从字面上理解，越轨（deviance）是指偏离正常的轨道。顾名思义，工作场所越轨行为（workplace deviant behavior）是指由于违反组织重要规范而威胁或损害了组织或者组织内其他成员健康的员工自主行为（Robinson & Bennett，1995，转引自郭辉辉，2011）。工作场所越轨行为这个概念特别强调员工对组织规范的违背，这一点从越轨这个词的内涵中就可以看出；而反生产力工作行为这个概念则侧重于行为背后蓄意伤害组织中其他成员或组织整体的动机。

3. 工作场所报复行为

西方学者提出了两种相似的报复行为：一种是报复行为（revenge），另一种是组织报复行为（retaliation）。第一种报复行为是指个体对于感受到的伤害做出的行为反应，例如由于感受到不公平而产生的行为。在中国语言情境中，报复往往带有消极的色彩，但是在西方语言中，报复实际上是一个中性词，并不带有明显的情感色彩。实际上，报复行为既可能对组织或其成员产生负面作用，也可能为其带来建设性的有益影响。例如，Bies et al.（1997）认为，在某些情境下，报复行为有利于人际关系的调节和改善。因此，报复行为不一定具有伤害性，也就不一定属于反生产力工作行为（转引自彭贺，2010）。

组织报复行为是学者们从组织公平的角度提出的概念，指成员在感知到组织的不公正后，针对组织或其代表（通常是管理者）所开展的一种惩罚性行为（Skarlicki & Folger，1997，转引自郭辉辉，2011）。根据以上定义，组织报复行为的对象仅包含组织，而反生产力工作行为既可以针对组织，也可以针对组织中的成员，因此涉及的范畴更大。

二　反生产力工作行为的前因变量

（一）个体因素

1. 人格

关注人格影响的研究者最早考察了大五人格模型中各个维度与反生产力工作行为之间的关系，结果表明随和性、责任心等维度与反生产力工作行为间存在紧密关系。例如，Mount et al.（2006）通过实证研究发现，随和性和责任心能够显著地反向预测个体的反生产力工作行为（转引自张永军等，2012）。另外，Bolton（2010）的研究结果表明，随和性与个人指向的反生产力工作行为之间存在更强的相关关系，而责任心与针对组织的反生产力工作行为相关性更强（转引自张永军等，2012）。这可能是由于低随和性的个体往往不关心他人，也不愿意帮助他人，因此表现出更多的个人指向的反生产力工作行为（如攻击他人等）；而低责任心的个体可能会逃避他人认为困难或者厌烦的任务，从而表现出更多的组织指向的反生产力工作行为（如旷工等）。

此外，马基雅维利主义人格（machiavelli personality）也会影响个体的反生产力工作行为。高马基雅维利主义的个体注重实效，与他人保持情感距离，能够通过操纵人际关系达成自己的目标，而不顾他人的利益和感受。一般认为，高马基雅维利主义的个体更有可能做出反生产力工作行为（Marcus & Schuler，2004，转引自郭晓薇、严文华，2008）。

2. 控制点和自我控制

控制点是指个体将责任或结果归因于外部因素或内部因素的倾向。与内控者相比，外控者更倾向于进行外部归因，从而更可能做出类似反生产力工作行为的反应（林玲等，2010）。Fox & Spector（1999）的研究也证实了控制点对反生产力工作行为的预测作用；此外，他们还发现相较于个人指向的反生产力工作行为，组织指向的反生产力工作行为与控制点之间存在更强的相关关系。另外，高自我控制水平也能在一定程度上避免个体做出反生产力工作行为。在 Bordia et al.（2008）的研究中，自我控制水平不仅对反生产力工作行为有直接的负向预测作用，而且能够缓冲心理契约破裂对反生产力工作行为的诱发作用（转引自张永军等，2012）。

3. 其他个人特质

以往的研究还表明，消极情感特质、自尊、自恋、道德水准等也会对反生产力工作行为产生影响。具体而言，具有高消极情感特质的个体更容易体验到生气和焦虑等负面情绪，进而更倾向于实施反生产力工作行为（Watson，Clark & Tellegen，1988，转引自林玲等，2010）。个体的自尊水平也会影响反生产力工作行为，低自尊水平与更多的反生产力工作行为相联系，而且当个体拥有较低的基于工作场所的自尊（workplace-contigent self-esteem）时，自尊水平会对反生产力工作行为产生更加明显的影响（Ferris，Brown，Lian & Keeping，2009，转引自张永军等，2012）。个体的道德水准与反生产力工作行为显著负相关，即道德水准越高，个体越不容易表现出反生产力工作行为（曹羽男，2006，转引自郭晓薇、严文华，2008）。

4. 个人态度

研究者探究了员工的个人态度对反生产力工作行为的影响，包括工作满意度、组织公平感、组织承诺、组织支持感、心理契约破裂等。一项实证研究表明，工作满意度、组织公平感和组织承诺均与员工的反生产力工作行为显著负相关（Dalal，2005，转引自林玲等，2010）。此外，Tepper et al.（2008）指出，个体对组织的情感承诺越高，那么他做出反生产力工作行为的可能性就越低（转引自张永军等，2012）。Jones（2009）发现，不同的公平类型会对反生产力工作行为产生差异化的影响，比如人际公平和信息公平能够显著负向预测员工指向主管的反生产力工作行为，而程序公平能够显著负向预测员工指向组织的反生产力工作行为（转引自张永军等，2012）。Colbert et al.（2004）发现，组织支持感与员工的人际反生产力工作行为显著负相关（转引自张永军等，2012）。Bordia et al.（2008）发现，心理契约破裂会诱发员工消极的情感反应和报复心理，进而导致组织指向的反生产力工作行为（转引自张永军等，2012）。Chiu & Peng（2008）调查了 233 名中国台湾电子企业的员工，发现心理契约破裂能够同时显著预测组织指向与个人指向的反生产力工作行为，并且两者的关系受到敌对归因风格的调节。

（二）组织因素

影响员工反生产力工作行为的组织因素主要包括组织的伦理氛围、企业文化和组织制度。有学者指出，组织的伦理氛围和伦理文化是影响员工反生产力工作行为的重要因素（Treviño，Weaver & Reynolds，2006，转引自张永军等，2012）。另外，国内研究发现，不同类型的企业文化会对员工的反生产力工作行为产生不同影响。自利导向的组织伦理氛围能够正向预测反生产力工作行为中的公司政治、渎职滥权、贪污侵占和敌对破坏维度，关怀导向的组织伦理氛围能够负向预测反生产力工作行为中的工作怠惰维度，而规则导向的组织伦理氛围能够负向预测反生产力工作行为中的工作怠惰和敌对破坏维度（刘文彬、井润田，2010）。另外，组织的绩效考核制度也会对反生产力工作行为产生影响。Webel & Balkin（2010）指出，结果导向的考核方式比行为导向的考核方式更容易使员工产生反生产力工作行为（转引自张永军等，2012）。

（三）其他因素

工作任务的特征以及领导和管理方式也会对员工的反生产力工作行为产生影响。比如，Martinko et al.（2002）探究了任务困难程度对员工反生产力工作行为的影响：当员工面对非常难以处理的棘手问题时，更有可能实施反生产力工作行为（转引自张永军等，2012）。Detert & Burris（2007）以餐饮业员工为样本开展了一项纵向研究，旨在探究领导和管理方式对员工反生产力工作行为的影响，结果发现辱虐监管（abusive supervision）能够正向预测员工的反生产力工作行为，而道德型领导与员工的反生产力工作行为无关（转引自张永军等，2012）。

三 反生产力工作行为的形成机制

关于反生产力工作行为的形成机制，至今学者们提出了许多理论，包括挫折-攻击模型（Dollard，1939）、计划行为理论（Icek，1991）、自我控制理论（Marcus & Schuler，2004）、因果推断理论（Martinko，Gundlach & Douglas，2002）以及压力源-情绪模型（Spector & Fox，2005）等（转引自张建卫、刘玉新，2008）。其中，后两种理论的影响范围最广，因此下面对这两种理论进行简要介绍。

（一）因果推断理论

Martinko et al.（2002）结合期望理论、强化理论和社会学习理论，强调认知加工在反生产力工作行为产生过程中的重要作用，提出了因果推断理论（causal reasoning theory）。该理论认为，反生产力工作行为是个人因素和环境因素之间相互作用的结果，并且个体的因果推理过程是驱使其做出反生产力工作行为的根本原因。这种因果推理过程主要包括两个阶段：（1）感知阶段，个体对目前的工作进行评价，进而感知到不平衡（即感受到与期望不符的工作结果），比如工作报酬过低；（2）归因阶段，个体对感知到的不平衡进行归因，而个体的归因结果是其从事反生产力工作行为的主要动机（转引自张建卫、刘玉新，2008）。

Martinko et al.（2002）考虑了归因的两个维度，分别是归因指向（内部归因或外部归因）和归因稳定性（稳定因素或不稳定因素）。归因稳定性主要影响个体是否产生反生产力工作行为，如果个体将不平衡感归因于稳定因素，则更可能产生反生产力工作行为；如果个体将不平衡感归因于不稳定因素，则不容易产生反生产力工作行为。而归因指向主要影响反生产力工作行为的形式，如果个体将不平衡感归因于内部因素，则更可能产生自我破坏型反生产力工作行为；如果个体将不平衡感归因于外部因素，则更可能产生报复型反生产力工作行为。比如，当员工认为事件发生的原因是自己天生愚钝时

（内部稳定因素），那么他可能会感到内疚进而酗酒和消沉等（自我破坏型反生产力工作行为）；当员工认为事件发生的原因是同事的恶意破坏时（外部稳定因素），那么他可能会感到愤怒进而做出攻击和暴力行为等（报复型反生产力工作行为），如图 7－4 所示（转引自张建卫、刘玉新，2008）。

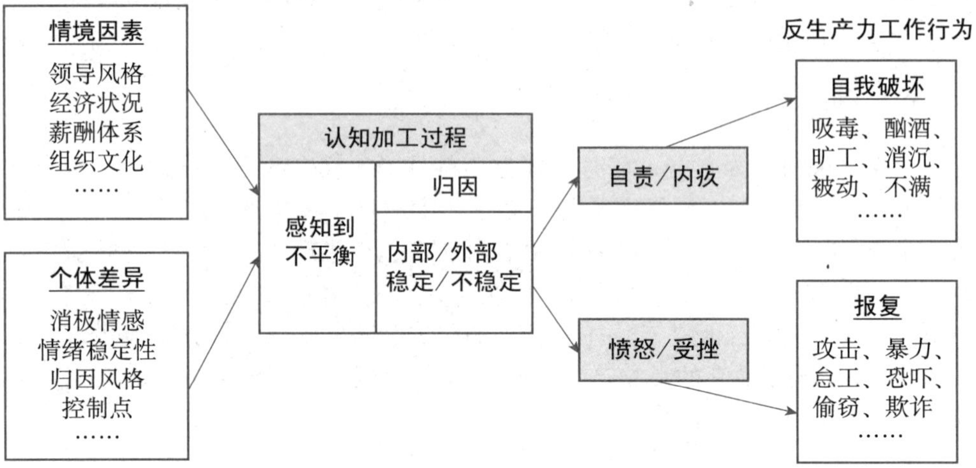

图 7－4 反生产力工作行为的因果推断模型

（二）压力源-情绪模型

Spector & Fox（2005）将挫折-攻击模型蕴涵的思想引入组织行为领域，提出了压力源-情绪模型（stress-emotion model），用于解释工作场所中认知过程、负面情绪以及反生产力工作行为之间的关系。该模型认为，员工的反生产力工作行为其实是员工对工作压力源的一种反应。根据该模型，反生产力工作行为的产生包括以下三个环节：（1）个体感知到工作场所中的压力源（如人际冲突、任务负担过重等）；（2）感知到的压力源诱发个体产生消极情绪（如焦虑、愤怒等）；（3）最终这些消极情绪促使反生产力工作行为的产生，如图 7－5 所示（转引自张建卫、刘玉新，2008）。

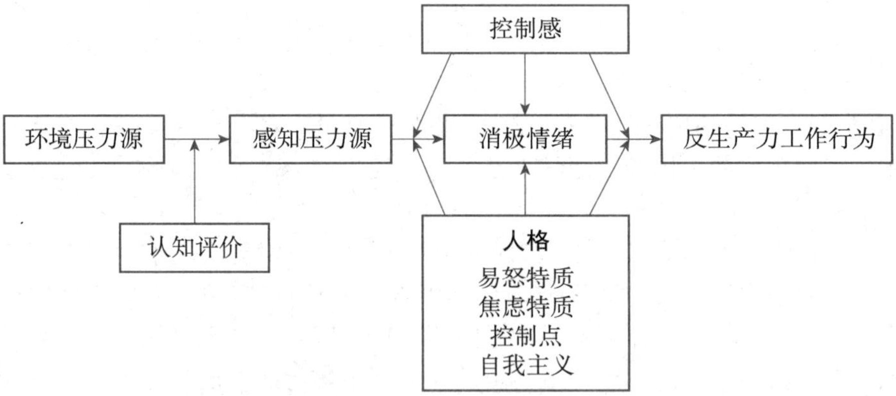

图 7－5 反生产力工作行为的压力源-情绪模型

在该模型中，消极情绪是导致反生产力工作行为的直接原因和动力。以往的实证研究也证实了消极情绪对反生产力工作行为产生的重要作用，比如，Bruk-Lee & Spector（2006）发现，消极情绪中介了人际冲突和反生产力工作行为之间的关系；Judge et al.（2006）发现，敌对情绪和工作满意度中介了人际公平与组织越轨反生产力工作行为的关系。另外，在反生产力工作行为产生的环节，存在三个重要的调节变量，分别是认知评价、控制感和人格。其中，认知评价是客观的环境压力源和主观的感知压力源之间的调节变量。换句话说，即使面对完全相同的环境压力源，由于个体之间存在不同的认知评价，个体感受到的压力源也存在差异。控制感和人格（如易怒特质、焦虑特质等）能够影响反生产力工作行为产生的后两个环节，比如，具有易怒特质的个体在感知到相同强度的压力源时，可能表现出更多、更强烈的消极情绪，进而产生更多的反生产力工作行为，或者在相同的愤怒状态下，具有高水平控制感的个体更不倾向于做出反生产力工作行为（转引自张建卫、刘玉新，2008）。

第4节 员工的积极越轨行为

一 积极越轨行为的含义

（一）积极越轨行为的定义

长期以来，学者们普遍将越轨行为视为一种消极的、有害的破坏性行为，比如贪污、蓄意破坏、辱骂他人等，往往认为这些行为对个体绩效和组织绩效或多或少都会产生破坏性影响。比如，Robinson & Bennett（1995）将越轨行为定义为由于违反组织重要规范从而威胁或损害了组织或者组织内其他成员健康的员工自主行为（转引自郭辉辉，2011）。之前，曾经有学者对越轨（偏离）行为的定义进行整理，结果发现在已有的40个定义中，仅有2个定义没有消极的含义（Sagarin，1975，转引自徐世勇、张玉清，2013）。

随着人类社会的不断发展与进步，最近十几年，世界心理学界涌现出一股关注积极心理和行为的思潮——积极心理学，组织行为学领域也受到该思潮的影响，随之出现了积极组织行为学（positive organizational behavior）。随着积极组织行为学的兴起，学者们逐渐意识到以完全消极的方式看待越轨行为是存在局限的、不恰当的。例如，Spreitzer & Sonenshein（2004）指出，如果将越轨行为狭隘地视为消极行为，那么会导致学者们忽略组织及其成员所参与的部分积极行为（转引自徐世勇、张玉清，2013）。

关于积极越轨行为，主要存在以下两种比较具有代表性的定义：Spreitzer & Sonenshein（2003）将之定义为“用高尚的方式偏离参照群体规范的故意行为”，Warren（2003）将之定义为“偏离参照群体但符合全球新规范的行为”（转引自徐世勇、张玉清，2013）。

目前，学者们对于积极越轨行为的若干特征达成了较为一致的看法。第一个特征是偏离规范，个体的行为必须背离了相关利益群体的规则，这里的群体可以是组织、部门或团队等；第二个特征是带有积极色彩，行为符合社会伦理道德标准或全球共享价值观，或者是为了实现相关利益群体的福祉；第三个特征是自主性，行为具有自主性、自愿性的特点，是一种员工的角色外行为。

但是，在积极越轨行为的概念定位以及如何判定积极与否的标准上，学者们仍没有达成一致意见。首先，在概念的定位方面，Calperin（2003）和 Speitzer & Sonenshein（2003）倾向于将积极越轨行为视为一个独立构念（construct），而 Warren（2003）却认为积极越轨行为是一个涵盖式的术语（umbrella-term），是包含缓和激进主义（tempered radicalism）、反角色行为（counter-role behavior）、吹口哨行为（whistle-blowing）、有原则的组织异议（principled organizational dissent）、呼吁（exercising voice）、功能性或创造性不服从（functional or creative disobedience）等多种行为的集合概念（转引自李红、刘洪，2014）。

其次，不同学者对积极越轨行为中“积极”的界定存在差异。Speitzer & Sonenshein（2003）认为，可以使用高尚（honorable）动机来判定越轨行为的积极性。在他们看来，由于积极的动机未必能够带来积极的结果，而且结果的消极性和积极性可能会随着时间的推移而发生改变，因此只要是个体出于高尚动机所做出的行为，即使最终并未产生实质的积极影响，也可以称为积极越轨行为（转引自徐世勇、张玉清，2013）。而 Warren（2003）提出了更加明确和清楚的判定积极与否的标准，即超规范（hypernorm）。超规范是指那些基于全球性的社会契约和人类价值观、信仰而建立的普遍规范（转引自徐世勇、张玉清，2013）。超规范不仅具有超越不同文化和道德观念局限的普遍性，而且具有可操作性，例如，可以将联合国、国际劳工组织等全球性组织的标准或者国有企业行业标准作为超规范。此外，Warren（2003）根据参照群体规范和超规范两个维度，将积极越轨行为和消极越轨行为整合至统一框架中，如表 7－1 所示。个体的行为可以划分为四种类型：（1）积极遵守行为，指同时遵守参照群体规范和超规范的行为；（2）消极遵守行为，指遵守参照群体规范但偏离超规范的行为；（3）积极越轨行为，指偏离参照群体规范但遵守超规范的行为；（4）消极越轨行为，指偏离参照群体规范同时偏离超规范的行为（转引自徐世勇、张玉清，2013）。

表 7－1　　个体行为的四种类型

		超规范	
		遵守	偏离
参照群体规范	遵守	积极遵守行为	消极遵守行为
	偏离	积极越轨行为	消极越轨行为

（二）积极越轨行为的相关概念

1. 亲社会性违规行为

在积极越轨行为的基础上，Morrison（2006）提出了亲社会性违规行为（prosocial rule breaking），并且将其定义为“员工为了增进组织或股东的福祉，而有意违反正式的组织政策、规章和禁令的行为”。

Morrison（2006）通过访谈的形式，根据行为的动机将亲社会性违规行为划分为以下三种类型：提高生产效率的违规行为、帮助同事工作的违规行为以及更好地服务客户的违规行为。上面的例子就属于第三种违规行为。虽然亲社会性违规行为和积极越轨行为都强调个体行为的违规性和积极性，但是两者仍然在一些方面存在差异：第一，违背对象不同。亲社会性违规行为中违反的是正式的组织政策、规定或禁令，而积极越轨行为中违反的是群体规则或规范，这些群体规则或规范可能具有非正式性或非强制性的特征。第二，受益对象不同。亲社会性违规行为中个体是为了提升组织及组织成员的利益，受益者很显然就是组织的利益相关者。而积极越轨行为中的受益对象并不明确，受益对象未必是组织或组织成员，也有可能是组织外的公众等。

2. 组织权宜行为

组织权宜行为（organizational expedience）是指员工为了达到组织所制定或批准的目标而故意违背、曲解或延伸组织的规则、指令或组织认可的规范的行为（Parks，Ma & Gallagher，2010）。比如，长途运输的驾驶员为了将公司的货物按时送到指定地点（即为了完成组织所制定的目标），而放弃了中途休息时间，导致超过了最长持续驾驶时间（即故意违反了规定）。组织权宜行为和积极越轨行为都是指员工做出了不符合组织正式或非正式规范的行为，两者的主要差异在于组织权宜行为是为了达到组织的目标或目的而不择手段，而积极越轨行为通常是为了遵守社会道德或社会价值观等而做出违反组织规范的行为。另外，组织权益行为实际上并不期望产生积极的后果，只是希望能够达成组织目标，属于一种中性的行为，甚至有时会产生伤害性的负面效果。而积极越轨行为虽然可能损害组织的利益，但是个体实际上希望自己的行为能够给组织外的成员带来积极的影响。

3. 组织公民行为

组织公民行为与积极越轨行为一定程度上都强调个体的内在积极动机，比如帮助他人或者维护道德，但是两者仍在以下方面存在较大的差别。第一是行为的影响性质。组织公民行为更多地强调行为有助于组织的发展或者能够提升组织的效率，比如帮助同事解决问题，或者积极参与组织公共事务；而积极越轨行为不一定能为组织或组织成员带来积极影响。学者们认为，积极越轨行为的积极是指行为具有高尚的动机（Speitzer & Sonenshein，2003，转引自徐世勇、张玉清，2013），而不是能够为组织带来益处。实际上，积极越轨行为反而可能会损害组织的利益，因为员工可能会为了维护社会道德或者社会公众的利益而做出有害于组织的违规行为。例如，员工发现所在企业正在制造劣质药品，为了维护社会中大多数公众的利益（即遵守超规范），违反企业中不举报的潜在规定，主动向有关部门举报（即违反组织规范），导致企业被查封停产（即组织受到负面影响）。第二是行为与组织正式规定的关系。组织公民行为是指员工做出的超出职位要求的行为，职位要求是那些明确的能够通过薪酬体系被正式确认的要求；而积极越轨行为的本质是违反了组织中的规范，规范是那些参照群体中约定俗成的标准，是对群体成员行为的期望，而并不一定是组织中的正式标准。第三是行为的成本大小。组织公民行为在组织中经常发生，而且几乎不会带来成本和风险；而积极越轨行为是对规范的显著偏离，行为发生的频率更低，而且很可能会给组织造成巨大的成本和风险。

4. 吹口哨行为

吹口哨行为是指将内部信息曝光，往往用来指代员工对组织内发生的违反法律或违背道德的事件进行曝光的行为。例如，当组织成员面临道德困境时，某些成员为了避免造成更大的社会危害而选择将企业的违法行为曝光（Dworkin & Baucus，1998，转引自徐世勇、张玉清，2013）。吹口哨行为更加关注行为本身；积极越轨行为不仅强调行为本身，同时关注行为的参照系、自主性和动机。具体而言，吹口哨行为需要同时满足以下条件才可以被称为积极越轨行为：第一，行为偏离参照群体规范，如果群体内部的大多数成员都支持并且愿意采取吹口哨行为，那么即使个体做出了吹口哨行为，也是符合组织潜在规范的，从而并不属于积极越轨行为；第二，是员工的自主性行为，如果个体是被胁迫或者出于无奈才做出吹口哨行为，也不是积极越轨行为；第三，员工具有积极的动机，即个体是为了保护公众的权益、维护社会价值观或遵守道德标准等原因而做出吹口哨行为，如果个体是为了威胁或者报复组织管理者或者其他消极原因等做出了曝光企业违法信息的行为，也不算是积极越轨行为。另外，即使满足了以上三个条件，吹口哨行为也只是积极越轨行为的一种方式，积极越轨行为还可以包括其他违反组织规范却符合某种积极意义标准的行为，比如，做出不符合组织规范但却具有创新性的行为等。

二 积极越轨行为的前因变量

（一）个体因素

人格因素能够预测个体的积极越轨行为。在大五人格模型中，外倾性是唯一能够稳定预测积极越轨行为的人格特质。外倾性得分高的个体通常善于社交、充满热情和活力，往往能够更加公开地讨论自己的想法，包括一些旨在改变现状的想法。例如，以往的研究表明，个体的外倾性与建言行为（voice）显著正相关（LePine & Van Dyne，2001，转引自李红、刘洪，2014）。另外，主动性人格也能够预测个体的积极越轨行为。拥有主动性人格的个体往往能够通过主动识别和抓住机会改变现状。以往的研究发现，主动性人格和吹口哨行为与建言行为显著正相关（Crant，Kim & Wang，2011，转引自李红、刘洪，2014）。个体的风险偏好（即承担风险的意愿）也能够预测积极越轨行为。Morrisn（2006）发现，高风险偏好的个体更有可能为了提升组织或利益相关者的利益而违背组织的规则。个体的控制点也与积极越轨行为相关，比如Chiu（2003）以中国员工为样本发现，内控型人格的个体更可能做出揭露行为（转引自李红、刘洪，2014）。

另外，自我评价以及自我信念会影响个体的积极越轨行为，主要包括自我价值感（self-worth）和行动效能（efficacy of actions）。自我价值感是指个体对自己能力、重要性和成功程度的认知（Coopersmith，1981，转引自李红、刘洪，2014），与自尊和自我效能感等相关。自我价值感较高的个体往往更加自信，更少地服从，更多地表现出主动性和果断性，更可能设置并且秉持高挑战性的目标以改变现状，同时为了目标付出更多的努力（Bandura，1986，转引自李红、刘洪，2014）。比如，整体自尊高的个体表现出更多的建言行为（LePine & Van Dyne，1998），高自我效能感的个体表现出更多的创造性行为（Liao，Liu & Loi，2010）和负责行为（Morrison & Phelps，1999，转引自李红、刘洪，2014）。行动效能是指个体对于所从事行为将会带来的潜在结果的积极信念，这种信念也会影响个体从事积极越轨行为的可能性。Park & Blenkinsopp（2009）发现，认为行动比较有效的信念能够正向显著预测个体的揭发意愿。Withey & Cooper（1989）通过两项纵向研究发现，当个体认为可以通过他们的行为实现改善时，更可能表达出自己的意见（转引自李红、刘洪，2014）。

除了以上因素，个体的社会地位、认知风格等也会对积极越轨行为产生影响。Galperin（2002）发现，具有较高社会地位的个体更可能做出积极越轨行为，因为这些高社会地位的个体通常具有多个参照群体，更有可能接触到多元化的观点。当他们对这些观点进行分析整合时，就更有可能做出对于某一参考群体而言的积极越轨行为（转引自徐世勇、张玉清，2013）。另外，创新型认知风格（innovative cognitive style）也会影响个体的积极越轨行为，拥有创新型认知风格的个体倾向于整合多元化信息，能够对问题重新定义以及更多地产生可能不符合规范的新颖想法。

（二）领导因素

领导者的行为特点以及领导者与员工的关系都会对员工的积极越轨行为产生影响。在领导行为方面，相关研究证实，变革型领导能促使下属表现出更多的角色外行为和建言行为（Detert & Burris，2007；Whiting，Podsakoff & Pierce，2008，转引自李红、刘洪，2014）。另外，上级支持能够预测员工的建言行为和揭发行为等（Detert & Trevino，2010；Sims & Keenan，1998，转引自李红、刘洪，2014），领导的管理开放性对员工的建言行为也存在正向的预测作用（Detert & Burris，2007，转引自李红、刘洪，2014）。在领导者与成员关系方面，研究表明，领导者-成员交换能够显著正向预测员工的建言行为和揭发行为（Burris，Detert & Chiaburu，2008；Bhal & Dadhich，2011，转引自李红、刘洪，2014）。Van Dyne et al.（2008）进一步探究发现，领导者-成员交换对员工建言行为的影响存在一定的边界条件，只有在员工将建言视为一种角色内行为的情况下，领导者-成员交换才能正向影响员工的建言行为（转引自李红、刘洪，2014）。

国内学者关注了华人组织中常见的领导风格对员工积极越轨行为的影响。例如，家长式领导是华人企业中最普遍的领导方式之一，通常被认为由权威领导、仁慈领导和德行领导三个维度构成（郑伯壎、周丽芳、樊景立，2000，转引自李红、刘洪，2014）。段锦云和魏秋江（2012）发现，德行领导维度会促进下属建言，权威领导维度则会抑制下属建言，并且两者会产生交互作用，表现为高德行低权威的领导风格最能让下属主动建言献策（转引自李红、刘洪，2014）。

（三）团队和组织因素

在团队因素方面，现有研究表明，团队满意度和团队认同感与个体的积极越轨行为密切相关。通常而言，高满意度和高认同感的个体表现出更多的积极越轨行为（LePine & Van Dyne，1998，转引自李红、刘洪，2014）。另外，LePine & Van Dyne（1998）探究了团队特征、团队氛围和个体因素对积极越轨行为的共同影响，发现团队满意度较高的个体对团队特征的变化更敏感。具体而言，高满意度的个体在较小的规模以及自我管理的管理风格的团队中表现出更多的建言行为（转引自李红、刘洪，2014）。

在组织因素方面，组织文化和氛围会对员工的积极越轨行为产生影响。基于社会交换理论，Stamper & Dyne（2001）探究了官僚主义组织文化与建言行为之间的关系，发现全职员工受到官僚主义文化的影响。具体而言，当组织的官僚主义文化较弱时，他们会更主动地建言献策，而兼职员工则不受组织文化的影响。另外，Xu & Ziegenfuss

(2008) 发现了薪酬对于员工揭发行为的正向促进作用。当提高报酬时，内部审计师更愿意向上级报告组织中的不道德行为。组织的程序公平也会影响员工的积极越轨行为。Victor et al. (1993) 表明，当组织公平地对待员工时，员工会产生回馈组织的责任感，继而更多地揭发组织中的偷窃行为（转引自李红、刘洪，2014）。

三 积极越轨行为的形成机制

Vadera et al. (2013) 对积极越轨行为领域的相关研究进行回顾和整合，提出了积极越轨行为形成的三种机制。他们基本上沿用了 Warren (2003) 的观点，将积极越轨行为视为一个涵盖式的术语，包括创造性绩效、问题售卖、角色外行为和亲社会违规行为等。此外，他们以更加广泛的视角看待积极越轨行为，将其定义为“违反参照群体规范但是有助于参照群体和遵守超规范的行为”。他们在 59 本期刊中搜索了与积极越轨行为相关的研究，包括《管理学会期刊》(*Academy of Management Journal*)、《行政科学季刊》(*Administrative Science Quarterly*)、《人类关系》(*Human Relations*)、《应用心理学期刊》(*Journal of Applied Psychology*)、《管理期刊》(*Journal of Management*)、《组织行为与人类决策过程》(*Organizational Behavior and Human Decision Process*)等，共发现 152 篇相关的实证研究论文。

他们提出，员工积极越轨行为的产生可通过内部动机、义务感和心理授权三种机制，并将积极越轨行为的各个前因变量与三种机制进行了匹配，如图 7－6 所示。其中，内部动机是指个体由于任务本身具备的有趣性和愉悦性而被驱动参与某项任务，个体的

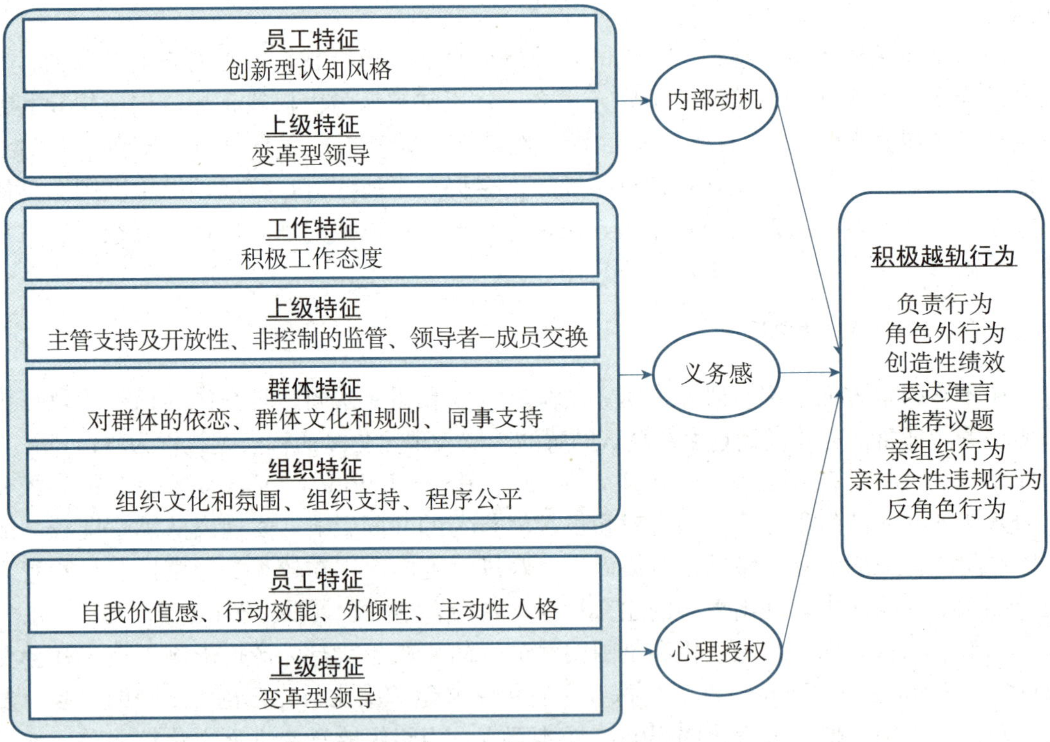

图 7－6 积极越轨行为的模型

内部动机水平越高，越倾向于做出积极越轨行为。义务感是指个体感到自己有义务为群体做出积极的贡献，该机制背后的理论支撑来源于社会交换理论。该理论认为，双方（或多方）之间通过一系列的相互（但未必是同时的）交换可以形成互惠义务（reciprocal obligation）。如果个体在工作互动中感知到工作场所是积极的、友好的、多产的，他们可能就会产生一种回馈工作场所的义务感，从而做出虽然有助于组织但是违反组织规范的行为（即积极越轨行为）。心理授权涉及那些为个体做出积极越轨行为提供心理能量的认知内容，包括意义（即工作对个体而言存在相应的意义）、能力（即自我掌控感、努力提高绩效的期望）、自我决定（即个体在工作中的自由感和自主感）和影响（即个体相信能够产生一定的影响）。个体的心理授权水平越高，就越可能表现出积极越轨行为。

四　积极越轨行为的影响

目前，大多数研究聚焦于积极越轨行为的前因变量，而较少关注结果变量。学界对于积极越轨行为所带来的影响尚未达成共识。积极越轨行为似乎是一把双刃剑，既会产生积极影响，也会产生消极影响。接下来我们将简单地介绍积极越轨行为在个体层面及组织层面可能产生的影响。

从个体层面上看，一方面，积极越轨行为可能会给个体本身以及其他相关个体带来一定的负面影响。已有研究表明，组织负面行为的揭发者可能会被组织领导者或同事视为告密者或者麻烦制造者，从而遭到排斥或者冷淡对待，甚至受到惩罚或制裁，比如获得较低的绩效评价结果或者较差的工作安排等（Miceli，Near & Dworkin，2008，转引自李红、刘洪，2014）。此外，Bryant et al.（2010）以管理人员为研究对象，发现管理者的亲社会性违规行为会降低下属的组织支持感和工作满意度，以及员工对管理者的信任（转引自李红、刘洪，2014）。另一方面，积极越轨行为也可能会产生一些积极结果。以往的研究显示，当个体表现出建言行为时，将会获得更好的绩效评价（Van Dyne & LePine，1998，转引自李红、刘洪，2014）。在 Whiting et al.（2008）的研究中，即使在控制了任务行为和帮助行为后，建言行为也能够正向预测员工的绩效评价（转引自李红、刘洪，2014）。此外，个体的主观幸福感可能也是积极越轨行为的结果变量之一。当个体做出积极越轨行为之后，将会体验到更高的主观幸福感（转引自徐世勇、张玉清，2013）。

从组织层面上看，积极越轨行为的影响同样具有双重性。一方面，积极越轨行为违反了组织内部的规则，可能会造成一定程度的混乱，进而导致不必要的损失或者风险。例如，为了提高工作效率和节约成本，物流部门决定借助高科技手段跟踪商品库存，然而新系统却无法与其他部门的运作有效协调，其他部门的损失冲抵了物流部门的收益，最终组织的综合净收益为负值（李红、刘洪，2014）。另一方面，积极越轨行为也会带来一些潜在的积极结果。例如，员工的积极越轨行为虽然可能会对组织的短期绩效产生负面作用，但是有助于组织获得更加优秀的长期绩效。积极越轨行为可能能够通过对规则的创新性改变优化组织的商业运行规则，使组织更加良性地发展（徐世勇、张玉清，2013）。

整体而言，关于积极越轨行为结果的研究仍然处于初期阶段，关于积极越轨行为对个体和组织的影响仍有待后续的实证研究来验证。

本章小结

1. 除了常规的工作行为，员工在工作场所还会表现出各种各样的其他行为，包括组织公民行为、创新行为、反生产力工作行为、积极越轨行为、攻击行为、越轨行为、报复行为、亲组织行为、亲社会性违规行为、组织权宜行为和吹口哨行为等。其中，前四种员工行为因其典型性和重要性尤其受到研究者和管理者的关注。

2. 西方研究者在相关领域获得了较多的研究成果和发现，国内的相关研究仍处在起步阶段。在学术研究上，未来学者们需开展更多的本土化研究，以检验基于西方情境所得出的结论在中国的有效性以及探索中国情境下员工的典型行为。在实际应用上，企业管理者需要了解员工在工作场所的典型行为，并且对实际工作中员工所表现出的行为予以关注和引导，以提高员工和组织的效能。

关键词

自主工作行为　组织公民行为　情境绩效　亲组织行为　创新行为　创造性　反生产力工作行为　攻击行为　越轨行为　报复行为　积极越轨行为　亲社会性违规行为　组织权宜行为　吹口哨行为

复习与思考题

1. 在工作场所中，员工常见的自主工作行为包括哪些？

2. 员工的组织公民行为是指什么？该概念在中国情境下的结构是什么样的？受到哪些因素的影响？会带来什么影响？

3. 员工的创新行为是指什么？该概念在中国情境下的结构是什么样的？受到哪些因素的影响？

4. 员工的反生产力工作行为是指什么？该概念的典型结构是什么样的？受到哪些因素的影响？形成机制是什么？

5. 员工的积极越轨行为是指什么？受到哪些因素的影响？形成机制是什么？会带来什么影响？

参考文献

1. 程德俊，王蓓蓓．高绩效工作系统、人际信任和组织公民行为的关系——分配公平的调节作用．管理学报，2011，8（5）：727－733.

2. 顾远东，彭纪生．创新自我效能感对员工创新行为的影响机制研究．科研管理，2011，32（9）：63－73.

3. 郭辉辉．反生产行为与组织不公正：归因风格的调节作用．开封：河南大学，2011.

4. 郭晓薇，严文华．国外反生产行为研究述评．心理科学，2008，31（4）：936－939.

5. 贾波．职场排斥对员工组织公民行为影响的实证研究．沈阳：辽宁大学，2014.

6. 李红，刘洪．组织中的建设性越轨行为研究回顾与展望．外国经济与管理，

2014，36（8）：45-52.

7. 林玲，唐汉瑛，马红宇．工作场所中的反生产行为及其心理机制．心理科学进展，2010（1）：151-161.

8. 刘文彬，井润田．组织文化影响员工反生产行为的实证研究——基于组织伦理气氛的视角．中国软科学，2010（9）：118-129.

9. 卢小君，张国梁．工作动机对个人创新行为的影响研究．软科学，2008，21（6）：124-127.

10. 陆成．工作满意度及忠诚度与知识员工反生产行为的关系研究．上海：东华大学，2013.

11. 吕艾芹．中国情境下医务人员组织公民行为研究．济南：山东大学，2013.

12. 潘杨．高校教师职业认同、组织认同与创新行为研究．成都：西南财经大学，2014.

13. 彭贺．中国知识员工反生产行为分类的探索性研究．管理科学，2010（2）：86-93.

14. 秦燕．组织公民行为的问卷编制及现状调查．苏州：苏州大学，2005.

15. 宋典，袁勇志，张伟炜．战略人力资源管理、创新氛围与员工创新行为的跨层次研究．科学学与科学技术管理，2011，32（1）：172-179.

16. 吴金华，全佳敏，李广培．科研人员创新行为研究综述．科技和产业，2015，15（6）：83-88.

17. 武欣，张厚粲．创造力研究的新进展．北京师范大学学报（社会科学版），1997（1）：13-18.

18. 武欣，吴志明，张德．组织公民行为研究的新视角．心理科学进展，2005，13（2）：211-218.

19. 武欣，吴志明，张德．组织公民行为对团队有效性的影响机制研究．管理工程学报，2007，21（3）：19-23.

20. 肖能能．企业员工的关系绩效研究．中小企业管理与科技，2008（11）：34-35.

21. 徐世勇，张玉清．国外积极偏离行为的研究述评．心理与行为研究，2013，11（1）：138-143.

22. 许多，张小林．中国组织情境下的组织公民行为．心理科学进展，2007，15（3）：505-510.

23. 杨英，孙乃纪，肖丽梅．员工创新行为相关研究综述．商业时代，2011（26）：90-91.

24. 尤方华．反生产行为结构及影响因素研究．武汉：华中科技大学，2013.

25. 张建卫，刘玉新．反生产行为的理论述评．学术研究，2008（12）：80-90.

26. 张建卫，刘玉新．企业反生产行为：概念与结构解析．心理科学进展，2009（5）：1059-1066.

27. 张四龙．组织道德气氛对组织公民行为影响的实证研究．长沙：中南大学，2013.

28. 张小林，戚振江．组织公民行为理论及其应用研究．心理学动态，2001，9（4）：352－360.

29. 张永军，廖建桥，赵君．国外反生产行为研究回顾与展望．管理评论，2012，24（7）：82－90.

30. 甄美荣．组织创新气氛对员工创新行为的影响——心理资本的中介效应与目标取向的调节效应．南京：南京大学，2012.

31. 周婧诗．组织创新氛围和心理授权对个人创新行为的影响研究．长沙：湖南师范大学，2010.

32. 朱瑜，凌文辁．组织公民行为理论研究的进展．心理科学，2003，26（1）：186－187.

33. 邹巍．大学生组织公民行为研究．大连：辽宁师范大学，2013.

34. Chiaburu D S，Oh I S，Berry C M，Li N，Gardner R G. The five-factor model of personality traits and organizational citizenship behaviors：a meta-analysis. Journal of applied psychology，2011，96（6）：1140.

35. Chiu S F，Peng J C. The relationship between psychological contract breach and employee deviance：the moderating role of hostile attributional style. Journal of vocational behavior，2008，73（3）：426－433.

36. Farh J L，Podsakoff P M，Organ D W. Accounting for organizational citizenship behavior：leader fairness and task scope versus satisfaction. Journal of management，1990，16（4）：705－721.

37. Fox S，Spector P E. A model of work frustration-aggression. Journal of organizational behavior，1999，20（6）：915－931.

38. Morrison E W. Doing the job well：an investigation of pro-social rule breaking. Journal of management，2006，32（1）：5－28.

39. Parks J M，Ma L，Gallagher D G. Elasticity in the “rules” of the game：exploring organizational expedience. Human relations，2010，63（5）：701－730.

40. Podsakoff P M，MacKenzie S B，Paine J B，Bachrach D G. Organizational citizenship behaviors：a critical review of the theoretical and empirical literature and suggestions for future research. Journal of management，2000，26（3）：513－563.

41. Vadera A K，Pratt M G，Mishra P. Constructive deviance in organizations integrating and moving forward. Journal of management，2013，39（5），1221－1276.

案例分析

普华永道由网络引发的集体怠工

2004 年 7 月初，普华永道北京办事处上百名高级员工召开了争取权益的“北京分会会议”，并选出代表与人力资源部门交涉。他们要求，至少将目前的薪酬提高到同业水平；改变长期无休无止的加班现象，如果加班，必须付相应的加班费；改变不近人情的管理方式，增强员工的归属感。

而员工情绪的反映、集合、“集体怠工”、最终成立谈判小组、召开“北京分会会议”等均通过网络BBS完成，其中最主要的是普华永道员工内部论坛“燕渡寒潭”。

事情的起因是6月底普华永道公布的每年例行薪金调整安排遭到了相当一批员工的反对。他们普遍认为调整幅度太小，平均薪金只上调了10%～20%，级别低的员工上调幅度更小，与其余三大会计师事务所普遍上调30%以上甚至最高几乎增加40%～50%相比，他们感到极度失落。

而与薪金调整幅度形成鲜明对比的是，2004年普华永道中国区业务量大幅增加，连获中国银行等高达数千万美元的审计大单，猛增的业务量让加班成了普华永道审计师们的常态。他们经常通宵达旦地工作，但巨大的工作量并没有让多数员工得到实惠，事实证明他们的付出与收益并不成正比。

失衡的心理折磨着越来越多的普华永道员工，不满的情绪日积月累，“燕渡寒潭”上抱怨的声音越来越多，而且语言愈加赤裸裸。

普华永道内部员工论坛允许外人浏览，事发后媒体记者纷纷登录该BBS，了解事件的起因和详情，该BBS上面有详细的关于事态的进展。员工的反抗情绪日益高涨，慢慢发展到已不仅仅是就这一件事抗议，甚至包括公司内部的其他很多弊端，比如香港高管对内地下属傲慢、香港员工和内地员工薪酬标准不统一、香港员工的心理优势等。集体声讨的声音越来越大，而且已经有了为首的几个组织者，他们详细地记录每次员工讨论会的会议纪要，也向员工详细披露每一次与资方谈判的内容和进展。于是，一个外表光鲜的知名跨国大公司内部很多不为人知的东西就这样通过网络暴露无遗。

普华永道在全国有7 000余名员工，即使北京分公司也有上千人，平时除了各自部门的同事，员工之间互相不熟悉，甚至都不认识。为何会有如此多的人走到一起，并有组织地与资方讨价还价？网络给这些普华永道的员工提供了一个绝好的平台去倾诉，抱怨，进而集结、组织、抗衡。

例如，多数员工对目前的薪酬和加班情况有意见。为了与资方谈判、迫使资方提高员工待遇，召集计划首先在级别较低的SA2员工中展开，他们是此次调薪计划最强烈的反对者。他们希望所有北京的SA2级员工联合起来形成同盟，与资方开展对话。网络上的号召最初加入的只有数十人，不过规模迅速扩大，一些经理甚至更高级别的人也加入进来。

论坛上要求“系统地列出对公司失望的地方，并提出几点希望，在谈判会上向合伙人分组陈述”。这是当时BBS上留下的“一项计划”。

网络的强大让员工有能力在全国范围团结起来。北京“出事”后，通过网络上海的员工也前来支援，发来很多电子邮件，加入声讨队伍。

有很多员工开始通过BBS发表文章，抒发自己对公司的感受，其中包括很多已辞职的员工。似乎，与直接接受媒体采访相比，这种方式更是他们喜欢的向媒体、向外界说话的途径。当然，他们的文章大量被媒体引用，成为媒体报道的真实内容。

一篇名为《普华永道，两年足矣》的文章在普华永道员工中广为流传。文章中，一名2004年2月刚刚从普华永道辞职的员工发出了无奈的感叹："尽管经过了波折，尽管越来越感受不到公司的人文关怀，我仍旧在努力尽职地做我应该做的事情。但是从那时开始，我开始怀疑自己是否还能沿着这条路继续走下去。2月是个很好的月份，我终于在2月选择了离开……我只是简单回忆了短短不到两年的光阴，就找到了无数个让我离开的理由。"

那位离职员工言语犀利，却仍充满了对普华永道的眷恋和期待。他说，多数的高层职位由国外调任的人员担任，"他们高高在上，缺乏对底层员工的了解"。而大多数本土化的"底层员工感受不到关怀，他们的工作难以得到老板的认可，缺乏归属感"。

这位员工的文章在普华永道员工中引起了共鸣。香港办事处一名审计师说，普华永道在专业服务方面无疑是非常优秀的，但这并不能掩饰它在企业文化方面的缺失。这名审计师总结的一个重要原因是，原安达信中国区员工并入普华永道后，两种文化至今未能完全融合。

另一名原安达信员工在BBS上这样写道："我们不习惯普华永道的一切：低工资、没有加班费、没有海外培训……合并之后，我们仍旧回味着安达信，用安达信的笔袋，用安达信的门卡绳，用安达信的圆珠笔，用安达信的思想。"

最终"怠工事件"因为企业方的小步退让和员工的部分妥协收场，但此次事件不仅影响了普华永道短期内的接单数量，而且让普华永道的品牌形象、信誉度、苦心经营多年的良好口碑在中国受损。

卓跃咨询认为，这种印象和伤害主要是普华永道在劳资纠纷危机中的处理不当所致。高强度地工作却不能得到与之相应的劳动报酬，导致员工消极怠工，并酝酿爆发"怠工事件"，这一切都是顺理成章的事情。而媒体的介入更使这场危机公告于天下，加深了危机的危害程度。

此次员工"怠工事件"其实之前已经有相当多的征兆，在内部论坛上员工的抱怨日益强烈，如果企业相关部门和领导重视员工的这种情绪变化，主动与员工进行很好的沟通，则可以避免矛盾的深化。

同时，卓跃咨询也观察到，普华永道在危机反应管理上存在严重的漏洞。公司员工没有征得批准，就可以随便接受记者的采访；公司在员工"怠工事件"发生后任其蔓延，直至严重地影响到公司业务，才开始跟员工进行谈判；疏于和媒体与公众进行有效的沟通，使危机蔓延。此次事件中普华永道的一个做法饱受争议：即使在"怠工事件"最为严重的时期，公司也没有关闭员工组织活动的主要载体、新闻媒体获取信息的内部论坛。支持者认为，这反映了普华永道作为国际大公司的风范，不扼杀员工的话语平台，给他们言论自由。而反对者认为，内部论坛的持续开放让不满情绪不断升级，也让外界看到了普华永道的"家丑"。

普华永道的“怠工事件”反映出，即使是具有现代经营理念的大公司也往往容易对内部员工的不满情绪处理不当，造成后院起火。因此，企业应充分重视内部的口碑营销，使员工真正认同并融入企业的文化，真心实意地为企业进行积极的口碑传播。员工的真心实意往往比一般口碑传播者的赞美更有说服力。

吸取“怠工事件”的教训，普华永道采取了三项机制来增加员工的归属感：公司定期举办名为“we care”的会议，鼓励员工互相关心；增加上下沟通的机制，不同级别的员工都可以与合伙人直接对话；如果不是客户所必需的东西，不鼓励员工加班。

资料来源：根据 http：//www. chinahrd. net/article/2006/10-17/67372-1. htmlt 和 http：//www. chinaacc. com/new/184/185/2005/12/ad8424643019221500211914. htm 整理。

讨论题

1. 情绪在员工的怠工中具体有哪些作用？

2. 普华永道解决员工怠工的方法可以用本章的哪些理论来解释？

第 8 章

职业健康心理

学习目标

学完本章后，你应该能够：

◎ 掌握职业健康心理学的概念与研究内容

◎ 掌握工作压力、工作倦怠、情绪智力、情绪劳动、员工幸福感、工作-家庭冲突与平衡的概念、理论模型及结果变量

◎ 了解员工工作压力的应对办法

◎ 了解应对员工工作倦怠的干预策略

引例

富士康的“十四跳”

从 2010 年到 2012 年，富士康发生了骇人听闻的十四起跳楼自杀事件，其中，2010 年 5 月最为严重，共有七起跳楼自杀事件，25—27 日连续发生。

自杀者自杀的原因各不相同，有的因为男女朋友感情问题，有的因为家里出现变故或者其他情况，有的则因为和室友发生矛盾。有学者认为，跳楼事件具有“传染性”，如果任由其发展必将一发而不可收拾，这正是人们所说的维特效应（Werther effect），即自杀模仿现象。

当员工的心理情绪发生波动时，企业没有注意到或者没有及时有效地进行疏导和处理，恰巧此时出现了第一个人用跳楼这种极端的方式解决问题，从心理上如同传染效果一般传播开来。这种极端的解决问题的方式即便不能真正解决任何问题，也是对其本人心灵的一种自我安慰手段，最终导致了“十四跳”的惨剧。

富士康用所谓的主动加班制度变相压榨员工的休息、娱乐、放松时间，没有让那些年轻的从业者面对从校园或农村到工厂的巨变展开心理建设，高强度的工作给年轻人带来了巨大的压力，流水生产线又使得员工晋升无望。当这些员工受到挫折、失去信心，甚至孤立无援时，一些人采用极端的方式去摆脱生命不可承受之重。

富士康花费大价钱在各宿舍楼安装防护网，却没有及时意识到多给员工些心理疏

导、安全教育。与富士康类似的一批劳动密集型企业长期违法安排劳动者长时间加班，致使部分劳动者出现各种心理健康问题，过劳死或自杀现象时有发生。

员工的工作压力、工作倦怠与个人的身体健康、职场幸福以及生活幸福密切相关。员工的职业心理健康在组织中日益重要。

资料来源：农珍妮，肖鸿．企业职业安全健康——从富士康“维特效应”看企业心理健康的建设问题．科技展望，2015（24）：240.

随着经济社会的发展进步，社会竞争日益加剧，工作群体面临越来越多的工作压力及其他心理健康问题。这些问题如果没有得到及时的干预和解决，可能会产生意想不到的严重后果。而另一方面，人们在求职的过程中，对薪酬及工作本身以外的因素，如工作-家庭平衡、工作的幸福感和满足感等，给予越来越多的关注；组织也越来越重视员工心理健康。那么，职业健康心理包含哪些方面的内容？会对个体和组织产生怎样的影响？本章将对这些问题及职业心理健康的相关内容进行讲解。

第1节 职业健康心理概述

一 职业健康心理的含义

随着社会进步和经济发展，工作占据了人们大量的时间和精力，对个人生活和家庭生活的影响日益扩大。国际劳工组织和世界卫生组织的数据显示，全球每年有200万人死于职业性事故、与工作相关的疾病或伤害。工作者的健康、安全和福祉受到越来越多的关注，这不仅关系到员工个人和家庭，也关系到企业和社会的生产力、竞争力以及可持续发展，甚至影响到国家和区域经济。

职业健康心理学（occupational health psychology，OHP）于20世纪90年代诞生于美国，最早由Raymond，Wood & Patrick（1990）提出，是一门将心理学与职业健康相结合的兼备理论与应用的学科。随后，美国国家职业安全卫生研究所（National Institute for Occupational Safety and Health，NIOSH）和美国职业健康心理学会（Society of Occupational Health Psychology，SOHP）合作推动职业健康心理学的发展，并将职业健康心理学定义为：“提高工作生活的质量，保护和促进工作者的安全、健康和幸福的心理学与职业健康科学的交叉学科”；其中的“保护”主要是指在工作环境中尽量避免工作者暴露在工作场所的危险里，“促进”主要是指训练工作者掌握知识和资源以提高自身的健康水平以及抵抗工作环境危害的能力。

二 职业健康心理的研究内容

（一）工作压力

工作时负担重，要求高，时间长，条件恶劣，以及缺乏社会支持和交流、报酬不合理等，造成工作者日益遭受工作压力之苦。其直接后果是导致工作者精疲力尽，心理失调，严重时甚至引起某些身体疾病。目前关于工作压力的研究集中在工作压力的前因变量（工作压力源）、工作压力的理论、工作压力的后果以及工作压力的应对方式等方面。

（二）工作倦怠

越来越多的工作者开始从事与服务有关的工作，并在付出大量的情绪劳动。因此，与情绪劳动相关的工作倦怠研究日益为研究者所重视，其研究领域也从传统的服务行业扩展到其他产业组织。目前，工作倦怠已成为职业健康心理学较为独立的一个研究领域。有关工作倦怠的结构定义、测量、理论模型、形成原因的研究已相当成熟。

（三）工作-家庭关系

近 20 年来，西方学者开始关注工作-家庭关系对于工作者、家人及组织的冲击、作用和影响。工作-家庭关系不仅与工作满意度、离职意向、缺勤率、心理压力和应激、职业生涯相关，还会影响组织绩效、组织承诺和工作参与度。

（四）工作场所暴力

工作场所暴力是指发生在工作场所的各种身体攻击、威胁行为或口头谩骂。现在工作场所的攻击或暴力已经被公认为一种职业危害，在美国、英国已成为公众和政策制定者关注的焦点。除了导致肉体伤害，它还可能导致工作人员士气降低、工作压力增加、更替增加、对组织管理和同事间的信任度下降，以及工作环境不友好等。目前从心理学角度出发的研究主要集中在暴力产生的原因和暴力预防上。

（五）情绪劳动

情绪劳动是指要求员工在工作时展现某种特定情绪以达到其所在职位工作目标的劳动形式。这些特定情绪针对的目标人群包括客户、顾客、下属、同事。对于组织而言，员工在工作中进行情绪劳动，如按照组织的要求对顾客微笑，会使顾客心情愉快、增加购物量，进而提升组织整体绩效。情绪劳动给员工带来诸多裨益的同时，也不可避免地影响到员工的身心健康，如产生工作压力、导致工作倦怠、威胁身体健康等不良症状。因此，情绪劳动在职业健康中成为日益重要的话题，也受到越来越多企业管理研究者的关注。

（六）职场幸福

职场幸福主要涉及个体在工作场所中的幸福感、满意度等主观的积极感受。幸福感是人们对自身生活满意程度的认知和评价。随着人们物质生活的不断丰富和满足，社会、组织、个体越来越多地关注个体的内心感受，而不只关注企业和员工的绩效。因此，越来越多的研究者致力于研究员工的幸福感与工作绩效、组织绩效的关系。大量的研究发现，员工幸福感高，更有利于提高组织和个体的双重利益，促进组织的生产效率提升，实现组织与员工的双重幸福，也对推动社会的和谐发展有重要意义。

第 2 节　工作压力

一　工作压力的定义

压力（stress，国内有学者将其翻译成“应激”）是当今社会人们比较关注的话题。世界卫生组织的调查显示，工作压力是人们过早死亡的直接杀手，吸毒、酗酒甚至自杀成为一部分人应对工作压力的方式，工作压力已成为各国工作场所中普遍存在的一种现象。

（一）工作压力是一种反应

美国国家职业安全卫生研究所将工作压力定义为一种有害的生理、情绪反应，如果工作要求与员工的能力、资源、需求不相匹配，就会产生工作压力。

斯佩克特（2010）认为，工作压力（job strain）是对有压力的工作条件或情境的身心反应，并将压力分为心理反应、生理反应和行为反应。心理反应涉及情感，如焦虑、沮丧；生理反应包括症状和疾病；行为反应包括物质滥用、抽烟、事故和反生产力工作行为（Jex & Beehr，1991，转引自斯佩克特，2010）。

徐世勇（2015）将压力定义为：当一个人意识到某种主观或者客观的要求可能对其自身产生威胁时所表现出的一种心理、情感和生理上的综合反应。

（二）工作压力是一种动态状态

罗宾斯（2012）认为，工作压力是一个非常复杂的概念，压力是一种动态状态，即个体面临自己重视和渴望的机遇、要求或资源，但对于自己是否能够获得或满足它却无法确定。罗宾斯认为，虽然我们通常从负面的角度讨论压力，但其实它也有积极的价值。因此，压力可分为挑战型压力（challenge stressors）与阻断型压力（hindrance stressors）。挑战型压力是指与工作负荷、工作任务的紧迫性或者时间的紧迫性有关的压力，阻断型压力则是指阻碍个体达到目标的压力（如官僚作风、办公室政治、工作责任不清等）。

孙健敏和李原（2005）认为，压力是一种动态状态，个体在实现对自己具有重要意义的目标的过程中，遇到机会、障碍或要求时便会处于压力状态。简而言之，压力是环境刺激与个体反应相互作用的结果。将潜在的压力转换为个体感受到的现实压力，需要具备两个关键条件：第一，活动结果的不确定性。当个体无法确定自己能否抓住机会、突破要求、符合要求、避免损失时，压力就会存在。第二，活动结果对个体的重要性。如果活动结果对个体而言并无所谓，那么个体就不会在活动过程中感受到压力，即使活动结果不理想，也不会紧张或焦虑。

二　工作压力的模型

（一）罗宾斯的压力模型与工作压力源

罗宾斯的压力模型提出了三方面的潜在压力源（stressor）：环境因素、组织因素和个体因素（见图 8-1）。工作压力源是指需要员工做出适应性反应的工作条件或工作情境（徐世勇，2015）。压力与压力源的不同在于，压力是客观环境与我们的主观感受的综合体，而压力源是指给我们造成压力的客观事实。压力源是否会导致现实压力感的形成取决于个体差异，如个人认知、工作经验等。当一个人体验到压力感时，相应的结果表现为生理症状、心理症状、行为症状。

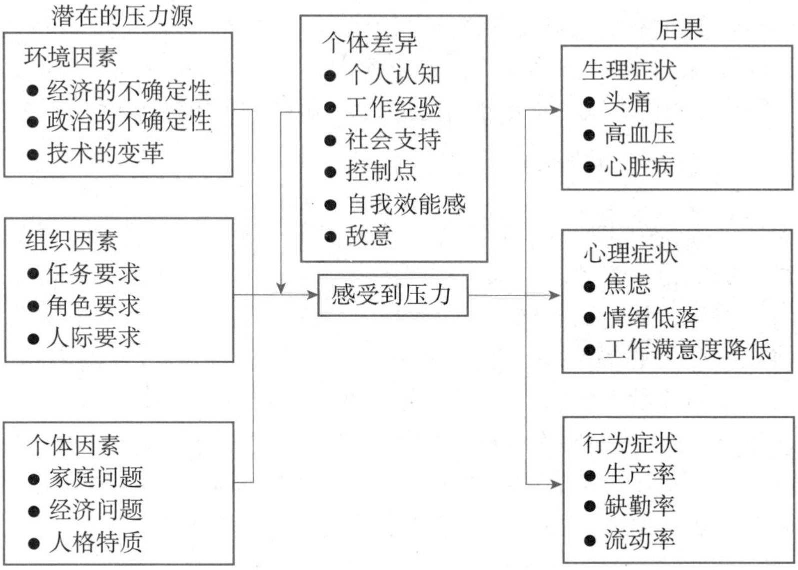

图 8-1　罗宾斯的压力模型

环境因素包括经济的不确定性、政治的不确定性、技术的变革。环境的不确定性会影响组织成员的压力水平。当宏观经济低迷、失业率较高时，人们会对自己的工作稳定性更加担忧；如果政治局势动荡，政策频繁变动，也会给人们带来压力；技术的不断更新可能会使员工的技能和经验在很短时间内变得过时，也可能需要每个人不停地学习，尤其是在技术密集型企业，这给人们带来大量的压力。

组织因素包括任务要求、角色要求、人际要求。

任务要求指的是那些与个人工作任务有关的因素，包括工作岗位的设计、工作条件、工作环境等。

角色要求指的是由于个体在组织中扮演特定的角色而带给该个体的压力，通常包括角色冲突、角色过载、角色模糊。当个体在组织中常常扮演不止一种角色，难以满足不同角色的不同要求时，就会出现角色冲突；当个体被期望做很多事情却没有充足的时间时，就会出现角色过载；当个体对某个角色的界定不够明确，不清楚自己该做什么、不该做什么时，就会出现角色模糊。

人际要求指的是由于个体与他人的关系而带来的压力。个体缺乏同事的社会支持，或者与同事之间关系紧张，会使员工产生压力。组织领导者与员工之间的关系也会影响个体的压力水平。

个体因素包括家庭问题、经济问题、人格特质。人们每周会工作 40～50 小时，其余 120 多个非工作小时内的各种生活事件也影响着个体的压力水平。婚姻、亲密的关系、孩子的管教等家庭问题都会给员工带来压力，即使他们处在工作当中也难以摆脱这些压力。经济问题包括失业、借债、负债未还等。有些人天生就倾向于强调现实世界中的负面因素，因此个人的基本性格也会影响其在工作中表现出来的压力症状。

压力源是否会导致现实压力感的形成取决于个体差异，即个体差异变量调节潜在压力与实际压力之间的关系。罗宾斯认为，至少有四个因素是相关的调节变量：个人认知、工作经验、社会支持、人格特质。

（二）其他工作压力模型

1. 拉扎勒斯的交互理论模型

传统的工作压力研究将环境条件和个体特征看作分离的、静止不变的，但美国心理学家拉扎勒斯（Lazarus，1966）强调人与环境之间的具体相互作用，并在20世纪70年代提出了以认知评价为核心的交互理论模型（见图8-2）。该理论的核心观点包括：

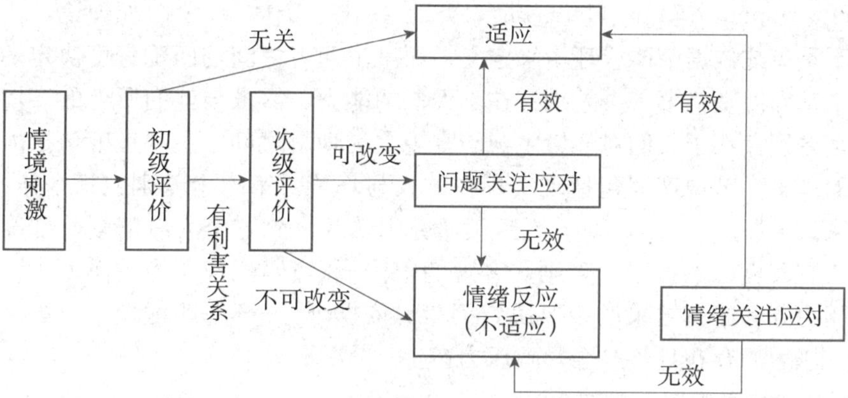

图8-2 拉扎勒斯的交互理论模型

（1）压力是在个体与环境相互作用的过程中产生的。个体与环境的关系超越独立个体与环境的结合，总是处在变化之中。当个体所处的环境需求超过了个体处理需求的能力时，压力就会产生。例如，上级对你的期望过高，远超出你的能力，这时你就会感到压力的存在。

（2）认知评价是拉扎勒斯理论的中心主题。个体与环境的交互作用是通过个体的评价完成的。也就是说，个体不断通过认知结构对环境与自身的关系进行评价，从而使两者相互作用。

Folkman & Lazarus（1984）将个体对生活事件的认知评价过程分为两步：初级评价（primary appraisal）和次级评价（secondary appraisal）。初级评价是个体在某一事件发生时立即通过认知活动判断刺激事件是否与自己有利害关系及其程度。

一旦得到有关系的判断，就立刻进行次级评价，即对个体是否具有能力改变或应对这一事件进行估计。可能会询问自己："这种情况下我该怎么做?""我有哪些应对的方式?"如果个体通过次级评价认为事件是可以改变的，具备有效的应对策略，可以使用某种有效的方式消除威胁，采用解决问题的应对方式，则不会感到有压力；如果次级评价后认为应激源不可改变，自身并没有有效的应对策略，就会感到压力，更多地采用针对情绪的应对方式。

2. 工作要求-控制-社会支持模型

工作要求-控制-社会支持模型（job demand-control-support model，DCS）（Johnson & Hall，1988）的早期版本是工作要求-控制模型（job demand-control model，JDC）（Karasek，1979）。Karasek（1979）以大量有关工作再设计和员工压力的研究为基础建立了针对工作压力的应对机制的模型，该模型从工作特征出发，对工作压力做出解释和预测。Karasek（1979）认为，工作压力来源于工作本身的两个关键特征——工作要求和工作控制的共同影响。工作要求是指存在于工作情境中反映员工所从事工作任务的数量和困难程度的因素，即压力源，如工作负荷、角色冲突以及问题解决要求等；而工作控制则反映员工能够对工作行为施加影响的程度或者称为工作决策幅度。工作压力既不单独取决于工作要求，也不单独取决于工作控制，而是两者之间的交互作用。

3. 个体-环境匹配理论

French，Caplan & Van Harrison（1982）提出了个体-环境匹配理论，认为压力和压力源并不是单纯依据个体或环境来定义，而是由两者之间的匹配程度决定的。这一理论包括三个基本差别：第一个差别存在于人们的能力、需求与他们所处的环境和要求之间。第二个差别存在于人们对环境主观与客观上的理解之间。主观理解包括人们对于自己和环境的理解，客观理解包括现实存在的人与环境。第三个差别包括个体-环境匹配与否的关系。哈里森（Harrison）在后续研究中认为，除非个人有清晰、准确的自我评价，与现实有着良好的接触，否则，客观的个体-环境匹配与压力关系不大。这样，主观匹配是压力源和压力结果的主要决定因素。依据个体-环境匹配理论，当个体与环境不匹配时，压力源存在且最终会导致压力产生。

4. 付出-回馈工作压力模型

付出-回馈工作压力模型（effort-reward imbalance model，ERI）是德国生理医学家希格里斯特（Siegrist）于 20 世纪 90 年代末提出的（见图 8-3）。付出-回馈工作压力模型以社会交换理论为视角，从付出、回馈、过度投入三个方面探讨了工作压力的产生机制和作用机理。

工作角色对于满足个体自我调整的需要起着较为核心的作用。工作让个体获得自我

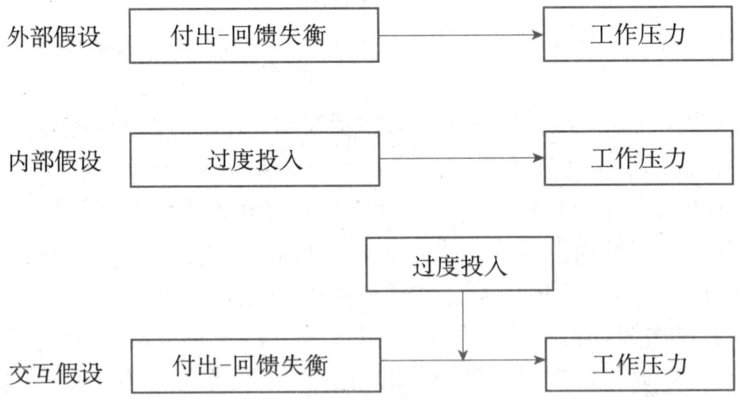

图 8-3 付出-回馈工作压力模型

效能感（成功的工作业绩）、自尊（被承认）和自我认同（属于某个团体）。在社会交换原则的基础上，员工付出时间、精力并期望得到相应的回报，如薪酬、尊重、发展前景等。当员工需要高水平的付出却只有低水平的回馈，造成付出与回馈二者不平衡时，不仅会让员工改变工作状态，如迟到、早退、旷工、对工作产生不满意等，还容易削弱员工的自我效能感、自尊和自我认同，进而损害员工的自我调节功能，使员工在情绪和生理层面产生持续的紧张反应，例如自主神经系统兴奋，血压升高，心率加快，引发心肌梗塞、冠心病等心血管疾病，这种状态持续存在便会危及员工的身心健康。

早期的ERI模型仅涉及付出和回馈这两个要素，其中付出分为外部付出和内部付出两个变量。外部付出是指员工在工作中的工作时间、工作责任、工作任务量等。内部付出是指员工对工作的感情投入等。随后模型中加入了新的要素——过度投入，成为付出、过度投入、回馈三构念要素模型。在发展后的模型中，付出相当于原模型中的外部付出，过度投入相当于原模型中的内部付出，回馈是指人在工作中付出后的一种交换产物，包括薪酬、尊重以及对社会地位的控制。薪酬是指人在工作中各种经济方面的待遇；尊重是指工作中上级、下级、同事等对人的态度，体现人的尊严；社会地位的控制包括工作稳定性、工作晋升前景、变动性、安全性等方面的因素。

三　工作压力的后果及缓解办法

（一）工作压力的后果

虽然工作压力产生的后果有消极的也有积极的，但当前人们主要关注的还是压力巨大的危害性。下面我们从组织和个人两个层面来分析工作压力的后果。

1. 组织层面的后果

（1）增加组织运行成本。显而易见，工作压力问题无疑会增大企业的管理成本。很多研究表明，工作压力过大会增加员工的离职率，从而增加员工招聘、培训等方面的相关成本。

（2）核心成员的身心健康影响组织稳定。工作压力对企业核心成员的危害直接影响到企业的兴衰成败。企业领导者和高层管理者对压力的过度反应会使员工的压力增加，进而影响团队的整体工作效率，甚至会影响组织的稳定。

2. 个人层面的后果

根据罗宾斯的压力模型，当一个人体验到工作压力时，相应的结果表现为生理症状、认知症状、行为症状。除此之外，还有情绪症状（孙健敏、李原，2005）。

（1）生理症状。早期大多数有关压力的研究主要关注生理症状。健康心理学的研究结果认为，压力会使人们的新陈代谢出现紊乱，心率和呼吸频率加快，血压升高，头痛，患心脏病。有压力的工作会导致上呼吸道疾病的增加和免疫系统功能的下降，对那些自我效能感低的人来说尤其如此（罗宾斯、贾奇，2008）。

（2）认知症状。主要表现为不能集中注意力完成工作；反应速度变慢，思维模式杂乱无章，难以进行有效决策；对自己的能力表示怀疑，常常拿不定主意；容易疲劳，健忘，无助感、错误率增加。

（3）情绪症状。主要表现为对工作不满意，它是压力“最简单和最明显的心理影响”。此外，压力的情绪症状还表现为情绪低落、紧张、焦虑、易怒、烦躁、悲观等。

（4）行为症状。主要表现为生产率变化、缺勤、离职、饮食习惯变化、烟酒消费增多、言语速度加快、烦躁、产生睡眠障碍等。已经有大量研究调查了压力与绩效的关系，获得最广泛应用的模型是倒U模型。

（二）工作压力的缓解办法

1. 压力应对的一般性框架

在压力管理中，由凯恩等人发展起来的一套理论非常有价值。这套理论认为，管理压力最好的办法是创造和规划出一种没有压力源的新环境，他们将这种策略称为规划策略。第二个策略是要增强个人应对压力的技能，称为前摄策略。这种办法可以使组织或者个人迅速恢复到正常的活动水平。第三个策略是消除压力不良影响的速效药。压力产生后，个人采取一些建设性的策略（如暂时的放松技术等）来应对紧急情况所造成的压力状态，称为反应性策略。

2. 组织层面的压力管理策略

组织在进行员工压力管理时，首先应该考虑的是消除压力源，或者是建立压力事件的预案，其次是增强组织和员工应对压力的能力，最后是考虑反应性策略。

（1）组织的规划策略。

1）重新设计工作。任务要求是工作压力源中的组织因素之一。组织通过对工作进行再设计，使其职责清晰，减少角色模糊性；在一定范围内设法改变员工的一些工作内容，对过于枯燥乏味的工作进行工作扩大化和丰富化设计，增加工作意义与自主性；对于负荷过重的工作进行合理的拆解，以减轻员工的压力。

2）增强正式沟通渠道。保持正式的沟通渠道畅通无阻，及时就相关问题与员工进行讨论，有助于减轻角色模糊或角色冲突，是塑造员工认知的重要手段。根据罗宾斯的压力模型，个人认知是压力模型中重要的调节变量。

3）合理发放薪酬。薪酬主要是对人力资源所付出的体力劳动和智力劳动的一种回报，根据付出-回馈工作压力模型这一理论依据，增强薪酬管理指标体系的科学性和规范性，可以在很大程度上缓解工作的压力感。

（2）组织的前摄策略。

1）改善甄选过程。在人员甄选和配置的过程中，管理者应把压力因素考虑在内，实现个人与工作的恰当匹配。组织可以根据不同的职业性质来确定压力源的类型，然后在选拔测评中根据不同压力源的类型设计出不同的压力测试方法，对应聘人员的抗压能力针对性地进行测试，以排除那些压力应对能力不适应该岗位需要的求职者。

2）培训员工的抗压能力。培训在开发员工潜能方面发挥着重要作用，也是目前公司在缓解员工压力时常用的一种方法。工作技能培训可以直接提高员工的工作能力，拥有较强工作技能的员工工作压力较小。培训可以使员工直接获得压力管理的技能，从而减轻压力对于员工身体和心理健康所造成的损害。

（3）组织的反应性策略。主要包括资助员工健康计划。近年来，组织越来越关注员工的健康问题，开展了很多健康计划，这些健康计划注重员工身心状况的改善。例如，向员工提供各种咨询活动，帮助员工戒烟、戒酒、减肥、改善饮食状况、制定良好的锻炼计划等。

3. 个人层面的压力管理策略

除了组织策略，个人的一些认知和行为方面的调整也可以增强抗压能力，包括调整认知结构、进行时间管理、运动、倾诉、放松、构建社会支持系统等。

（1）个人的规划策略。主要包括进行时间管理。现代社会人们工作和生活的节奏日益加快，很多人都觉得自己的时间不够用，挤不出时间做一些想做的事情，这就构成了一个重要的压力源。如果能够有效地安排时间，则可以在同样的时间内更快、更多地完成工作，学习时间管理的基本原则，根据重要和紧急程度对这些事进行排序，在自己最清醒和最高效的时间内完成最重要和最紧急的任务。

（2）个人的前摄策略。主要包括调整认知结构。交互理论模型和罗宾斯的压力模型都认为，个人认知是人们感受到外部压力的决定因素。调整自己对外部环境的一些看法可以改变自己的压力水平。具体的做法包括积极地肯定自己、乐观、接纳难以改变的现实、调整自己的期望值等。

（3）个人的反应性策略。

1）适当的运动与休息。体育锻炼能够增强身体生理系统的整体性。相关研究发现，运动能使人体应激反应出现并持续，当运动停止时，身体就会恢复平衡状态。通过有氧运动，例如散步、跑步和游泳，可以增强心脏功能，提高抵抗疾病的能力，宣泄工作压力。

2）学习放松技术。为了让机体有效地在神经学和荷尔蒙水平上阻断压力反应，从而恢复到生理平衡状态，可以自学一些放松技术，以降低刺激强度及与其相关的认知发生，减少威胁性感觉，提高放松程度。常用的放松技巧包括听音乐、冥想、做瑜伽、打太极拳等。

3）构建和使用社会支持系统。研究已经证明，我们从社会接触中体验到的联系感、归属感和结合感能够促进个体的健康。因此当压力过大时，可以与朋友、家人、同事一起讨论，说出自己的苦闷，给压力一个释放的出口，从而减少压力对自己的困扰。

第3节 工作倦怠

一 工作倦怠的含义

工作倦怠（burnout）也称工作过劳、工作枯竭，指个体在过重的工作压力下出现的一种身心衰竭、厌弃工作的综合征。这种综合征有三个突出特点：自我感觉很糟，丧失成就感；待人冷漠，易激惹；身心疲乏（孙健敏、李原，2005）。

工作倦怠的定义最早由美国临床心理学家弗罗伊登伯格（Freudenberger）在1974年提出，专指个体在面对过度的工作要求时所产生的身体和情绪的极度疲劳状态。最初工作倦怠描述的是一些健康机构的工作者因长期与药物滥用者接触体验到的一组负性状况，如长期的耗竭、身体疲劳、工作卷入降低、对服务对象态度较差和工作成就感降低等（转引自宋国萍、汪默，2010）。

马斯拉奇（Maslach，1981）提出的工作倦怠的定义是受到最广泛认可、在研究中沿用最多的。马斯拉奇将工作倦怠定义为“在以人为服务对象的职业领域，个体的一种情绪耗竭、去人性化和个人成就感降低的症状”。该定义明确指出了工作倦怠的三个维度，分别是情绪耗竭（emotional exhaustion）、去人性化（depersonalization）以及个人成就感降低（diminished personal accomplishment）。情绪耗竭是指个人情绪和情感处于极度疲劳的状态，有效的身心资源过度透支，对做事情没有兴趣和激情，其特征是缺乏活力，有情绪资源耗尽的感觉，是工作倦怠最具有代表性的指标。去人性化是指个体以一种负性的、否定的态度和冷漠的情感对待同事或工作对象，出现易怒、消极、不屑一顾等，其特征是将服务对象视为物而非人。个人成就感降低是指个体以一种消极的态度评价自己，对自己工作的满意度也随之降低，进而自尊心下降，其特征是倾向于对自己产生负面的评价、感到无能、工作没有成效、对自己工作的意义和价值的评价降低。马斯拉奇后来将这一概念修正为耗竭、玩世不恭（cynicism）和低职业效能感（reduced professional efficacy）三个维度。其中，玩世不恭是指个体对待工作的一种冷淡和疏远态度。而低职业效能感与个人成就感降低相似，是指自我效能感降低以及倾向于对自己社会性和非社会性的职业成就做出消极评价。

二 工作倦怠的前因变量及结果变量

（一）工作倦怠的前因变量

工作倦怠的前因变量可以从工作与角色特征、组织特征、个体特征、社会与家庭因素四个方面进行探讨。

1. 工作与角色特征

（1）工作量。工作量既包括数量，也包括质量。数量较大时，个体感到工作无法在规定时间内完成；质量要求较高时，个体感到缺乏必要的技能去有效完成工作。研究表明，工作量和时间上的压力与工作倦怠存在高相关，是工作倦怠最主要的预测变量，尤其是在耗竭维度上（Moore，2000；Mullins，1993，转引自宋国萍、汪默，2010）。

（2）角色压力。角色压力包括角色冲突、角色模糊。角色冲突指个体在工作中面临的角色定位与角色期望不一致；角色模糊指个体在工作中缺乏明确的工作责任、权力、目标、标准等。角色冲突和角色模糊是工作倦怠的重要预测变量（Moore，2000；Harden，1993，转引自宋国萍、汪默，2010）。

（3）工作控制。工作控制是指员工参与决策以及自主控制或决定工作的程度，如是否要遵从和服从自己不认同的决定等。根据 Karasek & Theorell（1990）提出的工作要求-控制模型，员工自主决定的范围和工作要求是工作紧张的两个决定因素。与缺乏控制感的员工相比，对工作更有控制感的员工会将改变和问题看成挑战而非威胁，因此更少感知到工作中的紧张感。

（4）工作资源。工作资源是指实现工作目标所需要的资源，涉及物质、心理、社会、组织等方面。Demerouti（2001）提出的工作要求-资源模型（job demands-resources model）认为，各类职业都有其特定的影响倦怠的因素，但均可以归为两类——工作要求和工作资源。一方面，要求严格的工作容易引起持续的、负担过重的耗竭；另一方面，资源的缺失使得员工难以应对工作要求，从而引发退缩行为，产生倦怠感。

（5）工作类别。不同类别的工作体验到的工作倦怠水平也不同。蓝领比白领体验到更多的个人成就感降低和消极倦怠（Schutte，Toppinen，Kalimo & Schaufeli，2000）；一项关于美国和荷兰的工作倦怠研究结果表明，司法行业的员工表现出高工作倦怠、高无效能感，而耗竭水平较低；教师表现出高耗竭、一般水平的工作倦怠和无效能感；医药行业的员工表现出较高的无效能感，但是耗竭和工作倦怠的水平较低（Maslach，Schaufeli & Leiter，2001，转引自宋国萍、汪默，2010）。

2. 组织特征

组织特征包括组织制度、结构、组织公平等。其中，组织公平是指个体对组织对待其公平性的知觉，包括分配公平和程序公平。一项对政府部门员工的研究结果显示，对于专业人士，程序公平和分配公平与工作倦怠有中等程度的相关，国内的研究也支持了这一结论。其中分配公平和参与工作会影响员工的情绪耗竭水平，分配公平、参与工作和投诉机制会影响员工的玩世不恭水平（Gabris & Ihrke，2001，转引自宋国萍、汪默，2010）。

3. 个体特征

个体特征包括人口统计学变量和人格特质。

（1）人口统计学变量。已有研究表明，年轻人的工作倦怠水平高于三四十岁的人。关于性别的研究尚无定论。涉及婚姻状况的研究表明，未婚者的倦怠得分更高，而且单身者比离婚者高。在受教育程度上，高教育水平者的倦怠状况更严重。

（2）人格特质。一些研究表明，自尊、情绪稳定性、随和性、外倾性、自我效能感、控制源与工作倦怠有关。情绪稳定性与情绪耗竭、个人成就感降低相关；随和性与情绪耗竭和去人性化相关；责任心与情绪耗竭相关。在层级回归中，只有外倾性能够预测情绪耗竭和个人成就感降低（Mills & Huebner，1998）。

4. 社会与家庭因素

不同来源和类型的社会支持在一定程度上均与工作倦怠有关。领导、同事、朋友、家庭的社会支持，对情绪耗竭、去人性化的减少和个人成就感的提升均有积极的意义。不同的情绪性社会支持对工作倦怠的作用不同，有些类型的情绪性社会支持有助于消除工作倦怠，如涉及正性内容以及对对方表示同情的谈话；而有些却容易导致工作倦怠，比如涉及负性内容的谈话（Zellars，2001，转引自宋国萍、汪默，2010）。谢义忠（2007）的研究表明，工作-家庭冲突是导致工作倦怠的原因，并进一步影响心理健康的水平（转引自宋国萍、汪默，2010）。

（二）工作倦怠的结果变量

1. 身心健康

工作倦怠最明显的结果之一是身心健康水平下降。生理健康水平的下降表现为头痛、患关节疾病、高血压、肌肉酸痛、慢性疲劳，身体上还会感到疲惫、失眠，以及引发感冒、胃肠功能紊乱。倦怠体现在生理层面的后果还包括心率加快、呼吸次数和排汗增加；而心理方面则表现为情绪烦躁、易怒、焦虑、无助、对工作的意义和价值评价低（Kahill，1988；Capel，1993，转引自宋国萍、汪默，2010）。

2. 人际关系

工作倦怠易使人际关系恶化。工作倦怠水平较高，会使个体减少与顾客和同事的交往，在工作中容易急躁，人际关系恶化。研究发现，工作倦怠水平更高的员工在人际关系处理中容易喜怒无常，缺乏忍受力；或者对人冷漠、生活消极、经常改变自我信念、工作缺乏热情（Maslach & Pines，1977；Lerter，1982，转引自宋国萍、汪默，2010）。

3. 工作绩效

工作倦怠不仅影响员工的身心健康，还会影响员工的工作绩效。Maslach（2001）的研究表明，工作倦怠对于员工士气、工作绩效有负面作用。Blasé（1986）对教师的研究表明，工作倦怠会引发教学有效性的降低。Leiter et al.（1998）有关护理人员的倦怠和病人对护理工作满意度之间关系的研究表明，耗竭程度高的护理人员病人的满意度更低，工作倦怠严重影响护理工作的绩效表现（转引自宋国萍、汪默，2010）。

4. 满意度

工作倦怠还会影响员工的满意度。Iverson et al.（1998）的研究发现，情绪耗竭、去个人化、个人成就感降低都与工作满意度负相关。Borg & Riding（1991）对教师的研究显示，工作倦怠会引发工作满意度降低。工作倦怠的个体在工作中容易产生对工作、组织或者自己的消极态度（Kahill，1988），这种态度甚至会溢出到工作之外，把情绪耗竭等负性感受带入日常生活中，表现出更低的婚姻满意度（Jayarante et al.，1986，转引自宋国萍、汪默，2010）和一般的生活满意度（Demerouti，2001，转引自宋国萍、汪默，2010）。

5. 离职意向与离职行为

工作倦怠还会带来员工离职意向的增加。工作倦怠的三个维度与离职意向都显著相关。研究者对警察和 IT 行业人员的研究均发现，高倦怠水平的员工具有更高的离职意向（Burke & Deszca，1986；Burke，Shearer & Deszca，1984，转引自宋国萍、汪默，2010；Maslach & Jackson，1982），实际的离职行为与情绪耗竭显著相关（Jackson，1986，转引自宋国萍、汪默，2010）。

三 工作倦怠的干预

工作倦怠带来了许多负面后果，这也引发了人们对于工作倦怠进行干预的关注。目前的干预手段主要集中于两种策略：一种是个体干预策略，另一种是组织干预策略。一篇关于工作倦怠的干预的综述发现，68%采用个体干预策略，8%采用组织干预策略，24%结合两种方式，个体干预策略更能够在短期内（6 个月以内）见效，个体干预与组织干预结合的策略则具有更长远的积极效果（1 年以上）。

（一）个体干预

工作倦怠的个体干预主要从个体自身的影响因素出发，旨在提高个体的自我效能感和自尊，改变个体的归因方式，提高个体应对压力的能力和技巧等。具体的干预方法有放松训练、社交训练、归因训练、压力预防训练、时间管理、理性疗法、压力评估管理、认知重构训练等（Maslach，Schaufeli & Leiter，2001）。这些方法可以针对个体进行单人训练，也可以采用少于 100 人的团体进行团体训练。有关干预训练有效性的研究发现，个体干预能有效地减轻个体的工作倦怠症状，尤其是情绪耗竭。

有关工作倦怠影响因素的研究已相对成熟，尤其是对个体因素研究很多。因此，早期对工作倦怠的干预研究主要采用内部干预方法。相对外部干预方法而言，内部干预方法更容易，成本也更低，但其影响力远比不上外部干预，因为与个体因素相比，工作情境因素对工作倦怠的影响更大。

（二）组织干预

组织干预主要从工作倦怠的情境影响因素出发，对个体所在的工作情境进行改造和改善，抑或采取一些有利于减轻个体工作倦怠的措施，如减少个体的工作量、提供更多的工作支持、提高个体工作的自主性、改变不利的组织结构和工作流程等。Maslach et al.（2001）认为，对工作倦怠的干预应该放在对工作不匹配的转变上，这不仅需要对个体进行内部干预，更需要进行外部干预。在工作设计方面，个体如果感觉自己的工作有价值，或努力后能得到很好的回报，就能承受更多的工作量。工作中的控制感能有效减轻个体的情绪耗竭症状（Rijk et al.，1998，转引自宋国萍、汪默，2010）。在公平感方面，学校改革和民主氛围等都会在一定程度上影响教师的工作倦怠（Dworkin et al.，1998，转引自宋国萍、汪默，2010）。自我管理型团队能有效降低员工的工作倦怠水平。自我管理型团队会最大化员工的参与感和工作卷入，尽可能地实现员工需要和组织需要的匹配，可以避免很多导致工作倦怠发生的因素，如角色模糊、角色冲突、缺乏工作控制、缺少领导者以及同事的社会支持等（Elloy，Terpening & Kohls，2001，转引自宋国萍、汪默，2010）。

第 4 节 工作中的情绪

一 情绪与情绪智力

（一）情绪的概念

人们有时会感到高兴和喜悦，有时会感到悲伤和忧虑，有时会感到气愤和憎恶，有时会感到害怕和恐惧，这些都是情绪。19 世纪以来，心理学家对情绪的实质提出了很多不同的看法。当前比较流行的观点认为，情绪和情感是个体对客观事物的态度体验以及相应的行为反应。

功能主义把情绪定义为“个体与环境、意义、事件之间关系的心理现象”（Campos，1983）。阿诺德把情绪定义为“情绪是对趋向知觉为有益的、离开知觉为有害的东西的一种体验倾向。这种体验倾向为一种相应的接近或退避的生理变化模式所伴随”（Arnold，1960）。拉扎勒斯提出的定义是：“情绪来自所处环境中好的或不好的信息引发的生理或心理反应，依赖于短时或持续的评价”（Lazarus，1984）。

（二）情绪的分类

1. 基本情绪与复合情绪

从生物进化的角度，人的情绪可以分为基本情绪（basic emotion）和复合情绪

(complex emotion)两大类。

基本情绪来自遗传，是人类与生俱来、不学自通、不分种族、不分文化、可以为全世界所理解的情绪，每一种基本情绪都有独立的神经生理机制、内部体验和外部表现，也具有不同的适应功能。Ekman(1982，1994)让被试辨认带有不同情绪面孔的照片上的情绪，在识别时具有高度一致性的情绪被列入基本情绪的序列中，由此识别出7种基本情绪：愤怒、害怕、悲伤、快乐、厌恶、惊奇、轻蔑。伊扎德则提取出11种基本情绪：兴趣、惊奇、痛苦、厌恶、愉快、愤怒、恐惧、悲伤、害羞、轻蔑和自罪感(转引自孙健敏、李原，2005)。

复合情绪则是由基本情绪的不同组合派生出来的，主要是后天在社会环境中学习的产物。伊扎德认为，复合情绪有三类：第一类是基本情绪的混合，如兴趣-愉快、恐惧-害羞、恐惧-内疚-痛苦-愤怒等；第二类是基本情绪与内驱力的结合，如性驱力-兴趣-享乐、疼痛-恐惧-怒等；第三类是基本情绪与认知的结合，如活力-兴趣-愤怒、多疑-恐惧-内疚等。复合情绪有上百种，有些可以命名，如愤怒-厌恶-轻蔑可以命名为敌意，恐惧-内疚-痛苦-愤怒可以命名为焦虑；大多数则难以命名(转引自孙健敏、李原，2005)。

2. 积极情绪与消极情绪

Watson & Tellegen(1988)的情绪两因素模型将情绪分为正性情绪(positive affect，PA)和负性情绪(negative affect，NA)(转引自孙健敏、李原，2005)。正性情绪就是我们通常所说的积极情绪，反映人们感觉热心、积极活跃和警觉的程度。高度的积极情绪表现为精力充沛、全神贯注、欣然投入的状态。负性情绪也就是我们通常所说的消极情绪，是一种心情低落和陷于不愉快生活状况的主观体验，包括让人反感的情绪状态，例如愤怒、羞耻、憎恶、内疚、恐惧、紧张等。Watson et al.(1988)在此基础上编制的积极情感消极情感量表(PANAS)是测量积极情绪与消极情绪的重要工具。

3. 罗素的环形情绪分类

环形情绪分类是由罗素(Russell，1988)提出的，这种分类方式认为，情绪可以划分为两个维度：愉快程度和强度。愉快程度可以分为积极和消极两个方向，强度可以分为高和低两个方向。根据两个维度可以划分为四个象限，进而将落在不同象限的情绪划分为四大类(见图8-4)。愉快-高强度表示高兴类情绪，愉快-低强度表示轻松类情绪，不愉快-高强度表示惊恐类情绪，不愉快-低强度表示为厌烦类情绪。这种分类方式在英语国家和非英语国家如中国、克罗地亚、爱沙尼亚、希腊、日本、德国等都得到了一致的研究结果(Larsen & Diener，1992；Reisenzein，1994，转引自孙健敏、李原，2005)。

(三)情绪智力

对情绪智力的研究最早可以追溯到智力测验运动的早期。Thondike(1920)提出了社会智力的概念。他认为，社会智力是“理解、管理并妥善处理人与人之间关系的一种能力”。高德纳在前人研究的基础上于1983年发展了多元智力理论，包括内省智力和人际智力两个维度，涵盖八种智力。Payne(1985)在将情绪智力与情绪结合在一起的基础上，首次提出了情绪智力的概念及结构(转引自范会勇，2014)。

Salovey & Mayer(1990)经过20多年的研究正式提出了情绪智力的概念和系统理论。他们认为，情绪智力是“个体监控自己及他人的情绪，并识别和利用这些信息指导

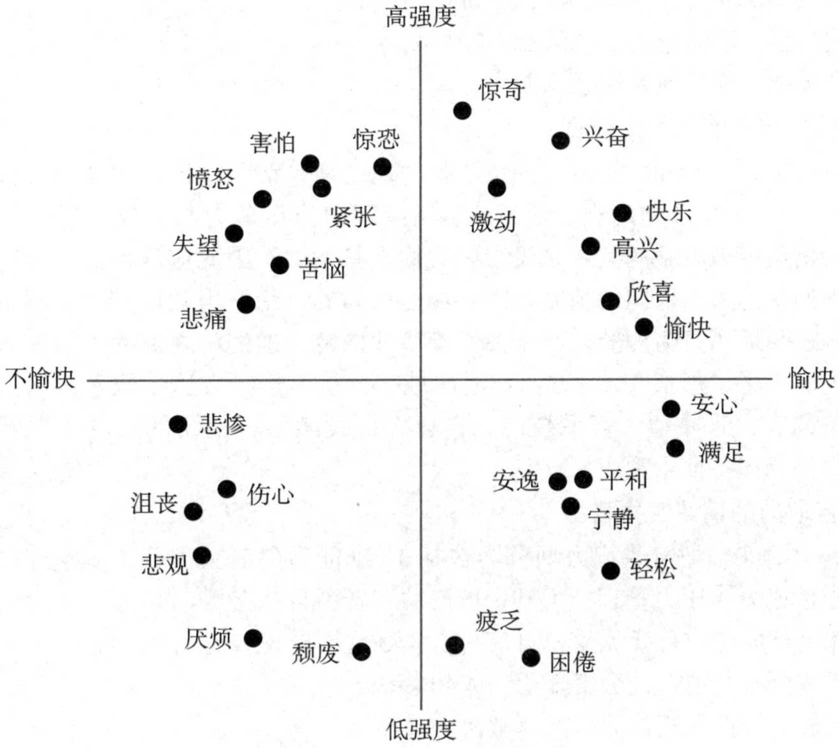

图 8-4 罗素的环形情绪分类

自己的思想和行动的能力”。Salovey & Mayer（1997）对情绪智力的概念进行了完善，认为其包括以下维度：“准确的感知、评价和表达情绪的能力；接近或产生促进思维的能力；了解情绪及相关知识的能力；调节控制和调整情绪，促进情绪和智力发展的能力。”（转引自范会勇，2014）这一定义一直沿用至今。

Bar-On（1995）指出，情绪智力在个体的生活与工作中起决定性作用。情绪智力是个体处理有关情绪问题的能力、在复杂社会中处理人际交往和人际关系的能力以及自身人格特质等的汇总，影响个体应对和满足环境需求和压力的水平；是影响有效应对环境要求的一系列情绪的知识和能力（Bar-On，2000，转引自范会勇，2014）。

Goleman（1995）把情绪智力定义为：“了解自身感受，控制冲动和恼怒，理智处事，面对考验时保持平静和乐观心态的能力。”（转引自范会勇，2014）

（四）情绪智力的理论结构

基于对情绪智力的不同定义，情绪智力的有关理论模型可以分成三类：能力取向的情绪智力模型、人格取向的情绪智力模型和混合取向的情绪智力模型。

1. 能力取向的情绪智力模型

Salovey & Mayer（1990，1997）把情绪智力简化为五个维度（转引自范会勇，2014）：

- 自我意识：体味自我情感的能力。
- 自我管理：管理自己情绪和控制冲动的能力。

- 自我激励：面对挫折和失败也坚持不懈的能力。
- 感同身受：体味他人情感的能力。
- 社会技能：处理他人情感的能力。

2. 人格取向的情绪智力模型

Petrides & Furnham（2007）的情绪智力理论是典型的人格取向理论模型（转引自范会勇，2014）。人格取向的观点认为，将情绪智力当作智力与差异心理学的传统并不一致，因为情绪智力测验的问题是没有客观标准答案的，因此应该作为人格特质，而不是智力。他们认为人格取向的情绪智力与能力取向的情绪智力的区别在于测量方法，即是自我报告还是最高行为测验，而不在于模型的内容。他们将之前的情绪智力模型中的共同因素提取出来，形成 15 个方面：适应性、自信、情绪表达、他人情绪管理、情绪知觉、情绪调节、低冲动、关系技能、自尊、自我激励、社会能力、压力管理、同理心、特质幸福感和特征乐观主义。

3. 混合取向的情绪智力模型

Bar-On（2000）把情绪智力划分为包括 15 种能力的五大类：个体内部成分、人际成分、适应性成分、压力管理能力和一般心境（转引自范会勇，2014）。

- 个体内部成分：自我觉察，自信，自我尊重，自我实现，独立性。
- 人际成分：共情，社会责任感，人际关系。
- 适应性成分：现实检验，问题解决，灵活性。
- 压力管理能力：压力承受，冲动控制。
- 一般心境：幸福感，乐观主义。

二 情绪劳动

（一）情绪劳动概述

随着服务业工作岗位的大量增加和信息技术的应用，新型劳动形式正在产生，越来越多的人参与到需要同他人交往的工作中。而随着物质财富的增加以及休闲时间的增多，人们对服务的要求越来越高。服务工作中一个非常重要的因素是在工作中需要表达特定的情感（Grandy & Fisk，in press；Hochschild，1983，转引自宋国萍、汪默，2010），国内学者汪纯孝也曾经提出“绝大多数服务企业是感情密集型企业”，情绪劳动在职业健康中成为日益重要的话题。

Hochschild（1983）提出的情绪劳动（emotional labor）的概念强调对自身情绪的管理。其定义是员工通过情绪管理来压制或强装某种情感，以形成交往对象可观察到的面部表情或肢体语言，影响交往对象的心理感受（转引自宋国萍、汪默，2010）。情绪劳动需要员工付出额外的努力，有两种完成方式（策略）：表层扮演（surface acting）和深层扮演（deep acting）。表层扮演是指员工在工作中不断改变自己内心的情感，在外在表现上尽力按照企业的情感表现规则来表现企业需要的某种情感。深层扮演是指员工采用各种方式努力改变自己内心的情感，使自己内心经历企业要求他们所表现出的某种情感（转引自宋国萍、汪默，2010）。

（二）情绪劳动的主要作用

1. 对员工的作用

早期的情绪劳动理论认为，大量的、频繁的扮演会让服务业从业人员产生自我疏离感，损害员工心理健康，对员工的工作态度产生消极影响（Hochschild，1983；Rafaeli & Sutton，1989，转引自廖化化、颜爱民，2014）。但后来的研究发现，情绪劳动与员工的身心健康、工作态度之间的关系并不那么简单。

情绪劳动的负面影响主要来自表层扮演，多项研究发现表层扮演会带来情绪耗竭（Grandey，2003；Brotheridge & Lee，2002；Grandey，Foo，Groth & Goodwin，2012，转引自廖化化、颜爱民，2014），表层扮演是预测工作情境中员工情绪耗竭的一个十分重要的前因变量。表层扮演还会带来其他负面效应：一方面表现在员工的心理上，比如情绪失调、产生压力、出现消极的情绪状态、工作满意度下降、个人成就感下降、工作投入水平下降、自我真实感减弱；另一方面体现为离职意向或行为、角色背离行为、工作-家庭冲突、工作退缩行为等消极的行为表现（廖化化、颜爱民，2014）。

深层扮演则与表层扮演不同，它为扮演者带来许多正面的、积极的效果和作用。深层扮演可以提高员工的个人成就感、工作满意度，还可以减少工作倦怠（Brotheridge & Grandey，2002；Chen et al.，2012，转引自廖化化、颜爱民，2014）。虽然深层扮演与员工层面的结果变量之间存在正向的关系，但并不意味着深层扮演越多就越好，因为研究表明，这种积极作用只在低强度的深层扮演下成立，而高强度的深层扮演与表层扮演一样，会损耗员工的情绪，甚至降低他们的组织承诺（Bozionelos & Kiamou，2008，转引自廖化化、颜爱民，2014）。

2. 对顾客的作用

顾客是服务交易互动的主题之一，是情绪劳动者展现出的情绪直接目标群体。情绪劳动者通过情绪感染的方式，对顾客的感受造成影响。所谓情绪感染，就是说一个人表现出来的情绪会影响他的交往对象，使他们产生类似的情绪。

表层扮演对顾客的作用则更加有意思，但使用起来要更加慎重。首先，表层扮演单独作用于顾客变量既没有积极的影响，也没有消极的影响。决定其效果的则是顾客对于表层扮演的识别。如果顾客没有察觉服务者采用了表层扮演，那么表层扮演不会对顾客产生消极的作用，但如果顾客察觉到服务者表露的情绪是不真诚的、伪装的，即使这种表露符合顾客的期待和组织的要求，顾客也会进行负面的评价（Groth et al.，2009，转引自廖化化、颜爱民，2014）。

3. 对组织的作用

情绪劳动对于组织的影响，通常是通过对其顾客或员工的影响间接体现出来的。深层扮演对情绪交付结果具有显著的正向影响（Grandey，2003，转引自任庆颖、张文勤，2014）；多项研究表明，无论是表层扮演还是深层扮演，情绪劳动都会通过不同的路径对整体绩效产生显著的影响（Wong & Wang，2008；Hülsheger et al.，2010；Chen et al.，2012，转引自廖化化、颜爱民，2014）。与此同时，无论是员工工作态度、工作行为，还是顾客满意度、质量评价、忠诚度，都是组织绩效的重要前因变量。由于长时间进行情绪劳动，尤其是得不到足够的支持时，员工会出现病假事假率提高、离职等，从而增加组织的招聘、培训成本，影响员工的士气和组织的氛围（廖化化、颜爱民，2014）。

（三）情绪劳动的相关理论

1. 资源保存理论

资源保存理论认为，人们总是积极趋向于获得、维持、保护和培育有价值的资源，而极力避免任何有可能造成资源损耗的威胁（Hobfoll，1989，1998，转引自廖化化、颜爱民，2014）。在情绪劳动过程中，员工需要持续地对情绪的外部表现如表情、语言、姿势等进行自我监控和调整，因此需要消耗个体的认知资源（如努力、注意力）和动力资源（如能量、毅力）（Gross，1998；Richards & Gross，1999；Brotheridge & Lee，2002，转引自廖化化、颜爱民，2014）。当然，这些资源的消耗可以获得补偿，比如通过工资、与顾客建立良好的互动关系、得到社会性称许或支持等方式。如果个体可以获得的资源补偿与消耗持平，情绪劳动的影响便是中性的；如果个体不能获得足够的资源来应对消耗，情绪劳动便会产生负性的影响，给员工带来情绪耗竭、情绪失调、消极情绪状态等；如果个体获得的资源补偿超出消耗，情绪劳动便会产生正性的影响，员工便可以体验到更高的任务有效性、对工作的掌控等，进而通过这些变量对工作态度、行为及绩效产生影响。

2. 控制理论

Diefendorff et al.（2003）运用控制理论对情绪劳动的发生过程及影响进行分析，并指出“情绪劳动的发生过程是一个不断循环的负反馈回路（negative feedback loop）”（转引自廖化化、颜爱民，2014）。

情境事件刺激引发情绪，个体则不断地对情绪展现的感知和组织的展现规则进行比较，判断两者之间是否有差距，并采用相应的策略调整情绪展现行为，以缩小差距，实现情绪和规则的一致。这一过程受个体对情绪劳动的效价认知的影响，情绪劳动的效价指的是个体对遵循展现规则是否能达成工作绩效目标和个人目标的评价。只有当个体认为效价高时，才会主动地在自我监控、调节、维持的过程中投入更多的注意力，以实现行为与规则的一致；如果个体认为效价较低，便不会在这一过程中付出努力，投入注意力，从而导致情绪与规则之间的差距持续存在，这不仅有损绩效目标，同时有可能进一步导致工作满意度降低和工作倦怠。

3. 情绪调节模型

Gross（1998）提出了情绪调节的过程模型（process model of emotion regulation）（转引自宋国萍、汪默，2010）。该模型认为，个体感受到外界环境刺激的同时，也会向外界输出情绪。外界环境是个体的线索，同时，个体的反应（身体、行为、情绪）为环境或其他人提供信息。一方面，情绪产生之前，个体调节环境或者改变对环境的认知来调节情绪，这叫预先调节的情绪控制（antecedent-focused）；另一方面，个体改变可以观测到的语言、表情、语态等以调节情绪输出，这叫行为中心的情绪调节。

4. 情绪劳动模型

宋国萍和汪默（2010）认为，服务行业中，情境因素、个体因素、组织因素都会影响情绪劳动的深度和效果，并归纳出情绪劳动的模型（见图 8－5）。情境因素包括事先学到的同顾客接触的预期、当时发生的情况等；个体因素包括性别、情感表达方式、情商、个体特征等；社会因素包括工作特征、上级和同事的支持等。这三类因素共同作用于情绪劳动，并带来对个人以及组织的长期影响。

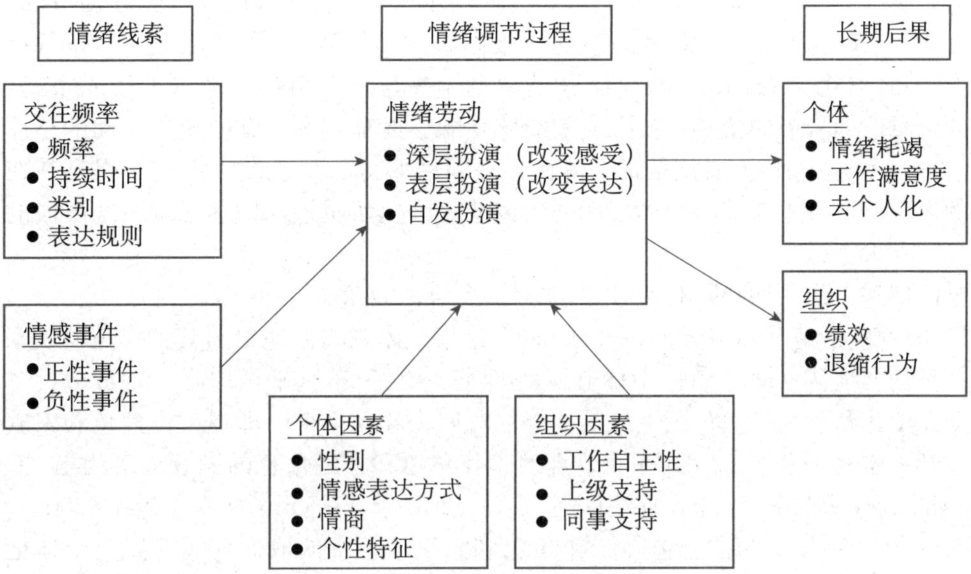

图 8-5　工作中情感调节的框架图

资料来源：宋国萍，汪默．职业健康心理学．南京：东南大学出版社，2010.

第5节　工作-家庭平衡与工作-家庭冲突

一　基本概念

工作（work）是一个个体在一个组织中拥有一个职位的同时完成一系列规定的任务；家庭（family）是指通过血缘关系、婚姻、社会风俗或收养关系联系在一起的几个人（Geurts & Demerouti，2003，转引自宋国萍、汪默，2010）。工作的首要目的是获取外在报酬，而家庭象征着个体属于并为之做出贡献的社会组织。工作和家庭两个领域相互依赖，存在平衡、冲突、促进、溢出、补偿等关系，因此也就有了工作-家庭冲突、工作-家庭平衡等概念。

工作-家庭冲突（work-family conflict）是许多人都会经历的一种压力感受，根据Greenhaus & Beutell（1985）的定义，工作-家庭冲突是一种角色间的冲突，是由于面对工作与家庭两种角色在某些方面彼此互不相容时所产生的角色压力（转引自宫火良、张慧英，2006）。在此基础上，工作-家庭冲突可以从三个维度进行分类：基于时间的冲突（time-based conflict）、基于压力的冲突（strain-based conflict）和基于行为的冲突（behavior-based conflict）。

工作-家庭冲突是外部角色冲突的一种形式，具有双向性的特征。因为工作的时间、压力等而产生的对家庭相关责任的干扰是工作-家庭冲突（work-to-family conflict），比如工作占用了大量的时间，留给家庭的时间不足；因为家庭方面的需求而产生的对工作责任的干扰则是家庭-工作冲突（family-to-work conflict），比如不得不带生病的孩子看医生，导致无法上班工作，对于有子女的双职工和单亲家长而言，问题更加突出。

随着研究的深入，研究者发现，看似对立的工作、家庭角色也有相互促进的一面，研究方向逐渐转移到工作-家庭关系的积极影响方面，如工作-家庭促进（facilitation）和工作-家庭增益（enrichment）。促进是指个体参与某一角色活动（工作或家庭生活）获得的资源（如积极的情感、投入或效能感）能够提升其参与其他角色活动的整体效能（Wayne et al.，2004）。增益是指个体在某一领域取得的角色绩效有利于提升其在其他领域的表现。增益重点关注个体层面的角色绩效和生活质量，促进强调系统层面的效能提升。

全面理解工作-家庭的相互作用需要采用整合的视角。

工作-家庭平衡（work-family balance）是指个体能均衡地参与其工作角色和家庭角色，并且均衡地从这两个角色中体验到满足感。工作-家庭平衡包括三种成分：时间平衡，即在工作角色和家庭角色上投入相等的时间；卷入平衡，即在工作角色和家庭角色的心理卷入水平上相当；满意平衡，即对工作角色和家庭角色的满意程度相当（Greenhaus，Collins & Shaw，2003，转引自王晶等，2010）。Greenhaus & Allen（2006）将工作-家庭平衡重新定义为“个体在工作角色和家庭角色中的成效和满意感与个体把优先权给予那个角色相一致的程度”（转引自王晶等，2010）。这个概念强调工作-家庭平衡是个体内心对平衡的主观评价。也就是说，如果在个体的自我概念中，工作优先于家庭，那么个体会更愿意在工作中投入较多的时间、精力等；反之，则会在家庭中投入较多的时间和精力。虽然投入的时间和精力在客观上不相等，但个体却获得工作角色和家庭角色带来的成效与满意度的平衡。

Greenhaus et al.（2013）的定义强调心理层面，是一种主观的平衡；Grzywacz et al.（2007）则强调社会功能的层面，采用客观的视角来定义（转引自王晶等，2010），认为工作-家庭平衡是一种角色期望的达成，这种达成是通过在工作和家庭领域中与角色相关的合作者的协商和分享完成的。

因此，一些学者也认为工作-家庭平衡应当既包括个人主观的体验，又包括个体执行社会角色的功能，这种平衡既是主观体验也是客观表现，既是个体内在体验的过程也是执行的结果状态（王晶等，2010）。

部分学者认为，工作-家庭冲突和工作-家庭促进是工作-家庭平衡的两种状态，每种状态又分为工作指向家庭、家庭指向工作两个方向（Frone，2003；Edwards & Bagozzi，2000；Grzywacz & Carlson，2007，转引自王晶等，2010）。Frone（2003）提出了工作-家庭平衡的两维模型：一个维度是影响的类型，即工作-家庭冲突或工作-家庭促进；另一个维度是影响的方向，即工作对家庭或家庭对工作。该模型包括四个因素：工作对家庭的冲突、工作对家庭的促进、家庭对工作的冲突、家庭对工作的促进（见图 8-6）。

二 相关理论

许多学者从不同的角度分析和研究工作角色和家庭角色的关系，早期的理论包括以隔离理论为代表的非因果模型和以溢出理论、补偿理论为代表的因果模型；后期则从更

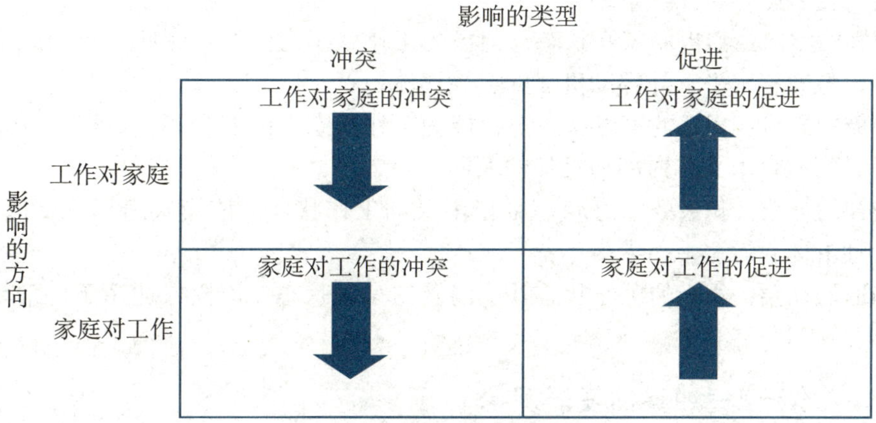

图 8-6 工作-家庭平衡的维度

为整合和动态的角度来分析工作角色与家庭角色的关系，以工作-家庭冲突的发展理论和工作/家庭边界理论为代表。

（一）隔离理论

早期的非因果关系模型即隔离理论（segmentation model）认为，工作和家庭之间虽然相关，但是没有因果关系，每个领域的活动对个体的要求不同，二者之间是相互隔离的（Dubin，1956；Dubin & Champoux，1977，转引自宋国萍、汪默，2010），这一理论更适用于蓝领工人（Lambert，1990，转引自宋国萍、汪默，2010）。

（二）溢出理论

溢出理论（spillover model）认为，工作和家庭之间存在正向关系，即一个领域的变化会导致另一个领域相应的变化。其中，溢出是指从工作领域到家庭领域的继续或普遍化。也就是说，如果一个人处于重复、无挑战性、乏味的工作情境中，那么在家庭领域也容易出现类似的情境。这种溢出既可以是积极的也可以是消极的，积极的溢出如工作上的成功和满意可以扩展到家庭，带来家庭的发展和满足，而消极的溢出如时间的冲突、压力及不相符的行为模式会使个体不能更好地参与家庭生活。溢出过程不仅涉及技巧和行为模式的溢出，也包括压力、情绪、情感、态度的溢出（宋国萍、汪默，2010）。

（三）补偿理论

补偿理论（compensation model）与溢出理论刚好相反。补偿理论认为工作和家庭之间的关系是负向的，即一个领域的变化会导致另一个领域相对应地发生负向的变化。其中，补偿是指对工作或家庭中经历的剥夺进行补偿。也就是说，如果一个人对生活中家庭方面不满，那么在家庭中付出的时间和精力就会减少，从而增加在工作中投入的时间和精力，来补偿在家庭领域没有得到的收益；如果一个人在工作中的经历是负面的，那么在工作中时间和精力的投入就会减少，相应地在家庭中的投入水平会有所增加。

补偿理论其实是溢出理论的补充，两种理论经常结合起来使用。Kabanoff & O'Brien（1980）对溢出理论和补偿理论进行了延伸，提出了包括四种工作/家庭模式的模型（转引自宋国萍、汪默，2010）：

● 消极的溢出：消极的家庭状态与消极的工作状态之间互相影响。该模式适用于低收入水平、低教育水平、外部动机强的男性群体。

● 积极的溢出：积极的家庭状态与积极的工作状态之间互相影响。该模式适用于高收入水平、高教育水平、内部动机强的人群。

● 增补的补偿：积极的家庭状态补偿消极的工作状体。该模式适用于低收入水平、年老的女性群体。

● 倒退的补偿：积极的工作状态补偿消极的家庭状态。该模式适用于外部动机强的男性群体。

（四）工作-家庭冲突的发展理论

随着研究的进展，人们逐渐开始用整合和动态的观点看待工作和家庭之间的关系。与隔离、溢出、补偿理论的观点不同，工作-家庭冲突的发展理论对个体-工作-家庭进行纵向动态分析。该理论的核心内容是，由于男性和女性的成长模式不同，家庭和职业要求取决于个体所处的家庭或职业生涯发展阶段，在不同的人生成长阶段，个体的工作-家庭关系有所不同。也就是说，工作和家庭的关系处于动态的、不断发展变化的过程中。

Grzywacz & Marks（2002）的生态学系统理论认为，个人、情境、时间等特性在工作-家庭冲突的个体经历中产生一个附加效应，这种效应反映在个体与环境的匹配之中（转引自宋国萍、汪默，2010）。工作和家庭都有其所处的生态环境，具备相应的生态资源，也具备相应的生态学障碍。工作的生态资源包括决策程度、同事或管理者的支持，家庭的生态资源包括配偶的支持；工作的生态学障碍包括工作压力，家庭的生态学障碍包括配偶的反对、家庭的批评与负担。工作和家庭的生态学资源与更低水平的工作-家庭负性溢出、更高水平的工作-家庭正性溢出相关，工作和家庭的生态学障碍与更高水平的工作-家庭负性溢出、更低水平的工作-家庭正性溢出相关。

三 工作-家庭冲突的相关因素和结果变量

（一）工作-家庭冲突的相关因素

根据已有的元分析的分类，工作-家庭冲突的相关因素可以分成三大类：工作领域的相关因素、家庭领域的相关因素、人口统计学变量和个体变量（Byron，2005；Eby，Casper，Lockwood，Bordeaux & Brinley，2005）。

1. 工作领域的相关因素

工作领域的相关因素主要包括和工作、组织相关的一些变量，例如工作压力、工作投入、工作特征等。

（1）工作压力包括工作角色超负荷、工作角色冲突和工作角色模糊，可以显著地预测工作-家庭冲突：工作压力越大，个体感知到的工作-家庭冲突越强烈（Frone et al.，1997，转引自宋国萍、汪默，2010）。

（2）工作投入程度越高，个体体验到的工作-家庭冲突越强（Byron，2005）。员工对工作投入更多时间、精力，如经常加班、出差等会严重干扰员工对家庭生活的投入，从而增加工作-家庭冲突。

（3）工作特征包括工作时间需求、工作决定和控制、工作场所的支持、工作晋升和社会价值的提高。工作时间与工作-家庭冲突有显著的相关关系，每周工作时间更长与更高的工作-家庭冲突之间显著相关（Fron et al.，1997；Grzywacz & Marks，2000）。高水平的工作自主权与个体感知到的低水平的工作-家庭冲突显著相关（Fron et al.，1992；Grzywacz & Marks，2000；Kinnunen & Mauno，1998，转引自宋国萍、汪默，2010；张勉、魏钧、杨百寅，2009）。工作场所的社会支持和工作-家庭冲突相关（Carlson & Perrewe，1999；Grzywacz & Marks，2000；Kinnunen & Mauno，1998；Moen & Yu，2000，转引自宋国萍、汪默，2010），晋升机会和社会价值的提高与工作-家庭冲突显著负相关（Wallace，1997）。

2. 家庭领域的相关因素

家庭领域的相关因素主要包括来自家庭责任的因素，例如婚姻状况、孩子数目、家庭支持等。研究指出，已婚者会比未婚者经历更多的工作-家庭冲突（Herman，1977；Grzywacz & Marks，2000，转引自宋国萍、汪默，2010），但也有研究未能证实婚姻状况对工作-家庭冲突的效应（Grandey & Cropanzano，1999，转引自宋国萍、汪默，2010）。家中孩子的数量对个体在工作-家庭冲突中的差异有显著的效应，需要照顾的孩子越多，个体感知到的工作-家庭冲突就越高（Greenhaus，1985；Grandey & Cropanzano，1999；Kinnunen & Maonu，1998，转引自宋国萍、汪默，2010）。来自家庭的社会支持被认为和工作-家庭冲突负相关（Carlson & Perrewe，1999，转引自王晶等，2010）。

3. 人口统计学变量和个体变量

该类别主要包括性别、年龄、教育水平、收入等人口统计学变量和个人特质等个体变量。

性别是工作-家庭冲突中被研究最多的人口统计学变量之一，但研究结果不尽相同。Frone（1992）发现，女性比男性经历更高的工作-家庭冲突（转引自宋国萍、汪默，2010）。Byron（2005）的元分析则认为，性别对于工作-家庭冲突的预测作用极弱。控制其他变量，有些研究则发现，在工作-家庭冲突和家庭-工作冲突中都存在性别差异。Daalen，Willemsen & Sanders（2006）发现，在控制了家庭中孩子数量和配偶的工作时间后，女性比男性报告了更多基于压力的工作-家庭冲突（转引自宋国萍、汪默，2010）。与性别类似，年龄的效果研究结果也不一致。就教育水平和收入而言，低水平的教育和收入与低水平的工作-家庭积极溢出有显著的相关关系，但这一效应只对女性有效（Grzywacz & Marks，2000，转引自宋国萍、汪默，2010）。也就是说，教育水平和收入水平较低的女性，工作对其家庭积极影响的水平也较低。

与工作-家庭冲突相关的个人特质包括情绪稳定性、外倾性、A型人格。高情绪稳定性的个体更易于报告工作-家庭的消极溢出；高外倾性的个体更易于报告工作-家庭的积极溢出（Grzywacz & Marks，2000，转引自宋国萍、汪默，2010）。A型人格的警官比其他警官更多地报告工作-家庭冲突（Burke，1988，转引自宋国萍、汪默，2010）。此外，文化差异也与工作-家庭冲突存在一定的关系。在一项中美文化的比较研究中发现，美国员工比中国员工报告更多的家庭需要，因此，美国员工更容易产生家庭对工作的冲突，而中国员工更容易产生工作对家庭的冲突（Yang，Chen，Choi & Zou，2000）。

（二）工作-家庭冲突的结果变量

工作-家庭冲突的结果变量中，负面影响得到的研究较多。Allen，Herst，Bruck & Sutton（2000）的元分析将工作-家庭冲突的结果变量主要分为与工作相关的、与家庭生活相关的、与压力相关的三大类（转引自张勉等，2009）。

1. 与工作相关的结果变量

常见的与工作相关的结果变量包括工作满意度、组织承诺、工作倦怠、离职意向等。工作满意度与工作-家庭冲突的研究结果是最为丰富的，尽管对二者之间的关系并没有一致的结论，但大多数研究表明工作-家庭冲突越高，工作满意度越低。在 Kossek & Ozeki（1998）的元分析中，二者之间的相关系数为−0.23，在多种行业和职业、不同的国家中，工作-家庭冲突与工作满意度均显著负相关。

组织承诺是指员工对组织的认同、卷入和情感依恋程度，一般认为包括情感承诺、继续承诺和规范承诺。元分析表明，工作-家庭冲突提高，员工的组织承诺则会降低。Casper et al.（2002）则认为，工作-家庭冲突与情感承诺负相关，与继续承诺正相关，与规范承诺无关。Casper et al.（2002）采用认知失调理论解释这一结果：当员工经历工作-家庭冲突而又由于各种原因必须留在组织中时，会经历认知失调，为降低这种认知不一致，个体会通过增加继续承诺，进一步降低对组织的感情投入以应对认知失调。

高水平的工作-家庭冲突很可能导致员工离职，有更高的离职意向，因为个体认为离职可以消除这一冲突（Boyar et al.，2003；Haar，2004，转引自罗耀平等，2007）。

2. 与家庭生活相关的结果变量

常见的与家庭生活相关的结果变量包括生活满意度、婚姻满意度等。元分析表明，工作-家庭冲突与生活满意度显著负相关（Kossek & Ozeki，1998，转引自罗耀平等，2007）。随着时代的发展、文化观念的转变，员工越来越重视工作-家庭平衡，这种愿望难以满足时，生活满意度则会降低。

已有研究指出，工作-家庭冲突与婚姻满意度之间显著负相关，尤其是对女性群体。另一项关于婚姻质量的纵向研究发现，工作-家庭冲突通过心理苦恼这一中介变量影响婚姻的稳定性：个体的工作-家庭冲突较高，心理苦恼随之增加，最终影响婚姻的稳定性（Matthews，Conger & Wickrama，1996，转引自罗耀平等，2007）。

3. 与压力相关的结果变量

与压力相关的结果变量包括一般心理压力、躯体症状、抑郁、酗酒、倦怠等。工作-家庭冲突对个体压力相关变量的影响主要表现在对个人的身体健康和心理健康两方面。研究发现，经历工作-家庭冲突的个体更易于出现躯体症状、酗酒等状况（Frone，Yardley & Markel，1997，转引自罗耀平等，2007）。个体感知到的工作-家庭冲突水平越高，自我苦恼的程度越高（Mauno，Kinnunen & Pyykk，2005，转引自罗耀平等，2007），一般心理压力、工作相关的压力、生活相关的压力都较大，甚至会带来抑郁等问题（Allen et al.，2000，转引自罗耀平等，2007）。

第 6 节　员工幸福感

一　员工幸福感

《现代汉语词典》对“幸福”的定义是，幸福是人心情舒畅的境遇和生活，是生活、境遇称心如意。现代意义上的幸福感研究中，比较有影响力的两种取向是主观幸福感（subjective well-being，SWB）和心理幸福感（psychological well-being，PWB）。这两种取向代表两种哲学基础：一种是快乐论（hedonism），另一种是现实论（eudaimonism）。

（一）员工主观幸福感

员工主观幸福感是指个体对自己生活的整体认知评价和情感体验。尽管英文原意有主观一词，但其修饰的是良好状态或良好存在，直接翻译应该是主观良好状态，对应客观良好状态，即物质或生理的状态。在汉语中，幸福感本身就是主观的，不需要画蛇添足加上主观二字，但国内很多人都习惯于这种说法。

孙健敏等（2014）通过对 2005—2013 年国内关于主观幸福感的 90 篇研究文章的分析，发现在主观幸福感的定义方面，大家普遍接受 Diener（1984）的定义：个人根据自己的标准对其生活质量所做的整体性评价，是衡量个体生活质量的综合性指标。大多数学者也认同 Diener（1984）对于主观幸福感结构的划分——两种成分和三个维度。两种成分是指认知体验和情感体验，三个维度是指高水平的生活满意度、拥有积极的情感体验、缺乏消极的情感体验。虽然少数学者采用其他定义，但这些定义基本上都概括了主观幸福感的基本特征：（1）主观性，即依赖于评价者本人的标准而非他人的标准；（2）整体性，是包含积极情感、消极情感、生活满意度三个维度的综合评价；（3）相对稳定性，尽管每次测量都会受到当时情形和情境的影响，但长期来看具有相对稳定性。

（二）员工心理幸福感

与 Diener（1984）的员工主观幸福感架构不同，Warr（1987）提出了比工作满意度更广泛的员工幸福感的概念，认为员工幸福感是指员工对工作经历和智能的整体质量评价（转引自苗元江、王旭光、陈燕飞，2011）。Warr（1987）的定义也包括两种成分：情绪体验和认知体验。情绪体验被划分为焦虑-满意、消沉-热情两个坐标轴，认知体验包括期望、能力和自主性。里夫（Ryff）作为心理幸福感研究的代表人物，将心理幸福感划分为 6 个不同维度：自我接受、个人成长、生活目的、良好人际关系、情景把握和独立自主。

二　员工幸福感的影响因素

（一）与人格特质有关的影响因素

幸福感是一种主观的体验，个人内部的心理机制会影响其对事件的感知，从而影响其对幸福的体验。人格对主观幸福感的作用的研究起源于有关双胞胎的研究，特勒根（Tellegen）等人的研究表明，气质在儿童的情感体验中具有重要作用。

研究发现，员工的整体人格特质与具体人格特质都会影响员工的幸福感。大五人格主要包括经验的开放性、外倾性、随和性、情绪稳定性和责任心。Costa & McCrae（1980）发现，外倾性与积极情感、满意度有关，情绪稳定性与消极情感有关，主观幸福感主要依赖于人格特质，人格特质可以预测10年后的主观幸福感。

控制点与员工幸福感也有紧密的关联。控制点是一种稳定的人格特质，内控者更倾向于依靠自身的努力完成任务，外控者则更依赖于外部力量，如运气、机会等。在工作情境中，控制点被证明与员工幸福感显著相关，被认为与员工的努力动机有关（Ng，Sorensen & Eby，2006，转引自苗元江等，2011）。

乐观（optimism）作为一种积极的归因风格，使个体倾向于对事件进行内部的、稳定的一般性归因。与悲观主义者相比，乐观的员工更易于被激励去努力学习和工作，更容易产生高水平的幸福感、士气和希望。

基于组织的自尊（organizations based self-esteem，OBSE）是指员工在价值层面对自己作为组织成员的积极直觉和肯定态度，高OBSE员工相信他们的工作对组织是有价值、有意义和有效率的，因此研究表明，高OBSE员工更少表现出工作沮丧和工作压力，从而促进员工的幸福感提升（Mauno et al.，2007，转引自苗元江等，2011）。

（二）与工作有关的影响因素

工作特征对员工幸福感的影响一直是组织行为学家关注的焦点。工作特征理论从不同的视角解释了工作特征对员工幸福感的影响机制。

工作特征是指工作本身所具有的属性或特征，它对工作承担者的身心健康有重要影响。Hackman & Oldham（1976）提出的工作特征模型（job characteristics model，JCM）认为，工作特征将影响员工在工作中的心理状态，进而影响到员工的工作动力、工作绩效、工作满意度等。任何工作都隐含五种核心特征：技能多样性、任务整体性、任务重要性、工作自主性和反馈。技能多样性、任务整体性、任务重要性会使员工感受到自己工作的意义，工作自主性会使员工感受到自己工作结果的责任，反馈可以帮助员工了解自己工作活动的结果。研究表明，任务整体性、任务重要性和工作自主性对工作满意度有显著的积极作用（张一驰等，2005）。

Karasek（1979）提出的工作要求-控制模型认为，如果员工遇到高工作要求同时却缺乏控制，则会产生工作压力和一系列身心健康问题（转引自苗元江等，2011）。该模型后来发展为工作要求-控制-社会支持模型。一项追踪研究表明，工作特征对一年后的员工幸福感有显著的影响（De Jonge et al.，2001；Ter Doest & De Jonge，2006，转引自孙健敏等，2014）。

Bakker（2003）提出了工作要求-资源模型，该模型认为，工作本身可以划分为工作要求和工作资源两个部分，前者是工作中要求员工具备的身体条件、能力条件以及心理素质条件等方面，后者包含工作环境中员工可以拥有的生理、心理、社会方面的各项可利用资源（转引自苗元江等，2011）。工作要求超过了员工的承受范围，则可能产生工作压力，进而降低员工的工作动机与幸福感；工作资源充足，则可以提升员工的工作动机和幸福感。

（三）人口统计学影响因素

幸福感在性别上的差异一直受到人们的关注。一项对 20 多年来西方研究者关于主观幸福感的相关文献的分析指出，在总体生活满意度和积极情感方面几乎不存在性别差异（Argle，1978，转引自孙健敏等，2014）。国内学者也支持这一观点。邢占军（2004）的研究结果表明，男性和女性在主观幸福感上的得分差异没有达到显著水平（转引自孙健敏等，2014）；孙健敏等（2014）对大样本（男性 5 019 人，女性 3 975 人）的数据分析发现，性别与幸福感显著相关，在同等条件下，女性比男性更容易感到幸福，但他们认为这种相关是建立在大样本基础上的，由于样本人数较大，这种差异并不具有实际意义。

年龄与幸福感关系的研究结论不尽一致。Blanchflower & Oswald（2004，2008，2009）的一系列研究结果始终支持年龄与主观幸福感之间存在 U 形关系，这一结果在北美、西欧、东欧、拉丁美洲、亚洲国家和地区都得到了验证，中年人（40 岁左右）的幸福感处于低点（转引自孙健敏等，2014）。澳大利亚、英国和德国的样本虽然也符合 U 形关系，但并没有发现中年人的幸福感最低，在 60 岁以前幸福感一直在提升。而陈婉婷和张秀梅（2013）对我国居民主观幸福感的实证研究表明，随着年龄的增长，居民幸福感增强，这一结论也得到另一个大数据样本的支持（孙建敏等，2014）。国外也有研究指出，年龄与幸福感之间的关系具有一致性；少部分研究指出，幸福感随年龄的增长而降低（Pavot，Diener & Fujita，1990，转引自孙健敏等，2014）。

20 世纪 70 年代，Brown et al.（2004）认为婚姻和家庭是预测美国人总体幸福感的 15 个因素中最主要的两个因素，因为配偶所提供的社会支持有助于提高个体的幸福感（转引自孙健敏等，2014）。Glenn & Weaver（1979）认为，婚姻是预测幸福感最有效的变量之一（转引自孙健敏等，2014）。在针对中国样本的研究中，婚姻状况对幸福感的解释力达到 1.3%，同居和初婚者最幸福，再婚和未婚者次之，离异者幸福感最低（孙健敏等，2014）。

受教育程度越高是否越幸福？在这一问题上也存在两种不同的观点。一种观点认为，学历能提升幸福感，受过良好教育的人有更好的总体满意度，高学历的个体在日常生活中感觉更快乐，对生活品质的满意度也较高（Kau，1995；Rosss & Willigen，1997；Frey & Stutzer，1999；Tsou & Liu，2001，转引自孙健敏等，2014）。Campbell（1981）有关美国 1957—1978 年国民的研究数据虽然支持了这一观点，但在控制收入以及其他因素后这种效应并不显著。良好的教育有助于人们获得稳定的高收入工作、控制更多的经济资源以及构造稳定的社会关系，从而增强其主观幸福感（Catherine & Marieke，1997，转引自孙健敏等，2014）。

本章小结

1. 职业健康心理学以提高工作生活的质量，保护和促进工作者的安全、健康和幸福为目标。一系列与职业健康相关的主题，包括工作压力、工作倦怠、工作-家庭关系、情绪劳动、员工幸福感等，得到越来越多来自研究与实践的关注。工作压力、工作倦怠、工作-家庭冲突、情绪劳动、员工幸福感与员工的身心健康密切相关，与员工在工作场所的表现和组织的绩效也有紧密的联系。

2. 工作压力是一种有害的生理、情绪反应，也是一种动态状态。压力是环境刺激与个体反应相互作用的结果，会增加组织的运行成本，还会对个人的生理、心理、行为、情绪造成影响，可以通过组织层面以及个人层面的规划策略、前摄策略和反应性策略加以应对。

3. 工作倦怠是指在以人为服务对象的职业领域，个体的一种情绪耗竭、去人性化和个人成就感降低的症状。工作与角色特征、组织特征、个体特征以及社会与家庭因素都可能影响工作倦怠的程度，并最终影响个体的身心健康、人际关系、工作绩效、满意度、离职意向与离职行为。

4. 工作中的情绪可以分为基本情绪与复合情绪、积极情绪与消极情绪、以愉快程度和强度划分的罗素环形情绪。情绪智力在工作情境中必不可少，不同的情绪智力模型反映了不同的属性取向，有能力取向、人格取向以及混合取向。情绪劳动在职业健康中成为日益重要的话题，强调员工要在工作中表现出令组织满意的情绪状态。情绪劳动的完成方式分为表层扮演和深层扮演，不同的完成方式对与员工、顾客、组织的影响也不同。

5. 工作-家庭平衡是指个体能均衡地参与其工作角色和家庭角色，并且均衡地从这两个角色中体验到满足感。工作-家庭冲突是指工作与家庭两种角色在某些方面彼此互不相容时个体所产生的角色压力。早期工作-家庭平衡的理论包括以隔离理论为代表的非因果模型和以溢出理论、补偿理论为代表的因果模型；后期则从更为整合和动态的角度来分析工作角色与家庭角色的关系，以工作-家庭冲突的发展理论为代表。

6. 员工幸福感是指个体对自己生活的整体认知评价和情感体验，员工的幸福感高低与其人格特质、工作特征、人口统计学变量有关。

关键词

职业健康心理　职业健康心理学　工作压力　工作倦怠　情绪　情绪智力　情绪劳动　工作-家庭平衡　工作-家庭冲突　家庭-工作冲突　员工幸福感　主观幸福感

复习与思考题

1. 职业健康心理学的定义是什么？主要研究内容是什么？
2. 与工作压力有关的理论模型有哪些？
3. 与情绪劳动有关的理论有哪些？
4. 工作-家庭平衡与工作-家庭冲突、家庭-工作冲突的关系是什么？
5. 员工幸福感的影响因素有哪些？

参考文献

1. 宋国萍，汪默．职业健康心理学．南京：东南大学出版社，2010.
2. 保罗・E. 斯佩克特．工业与组织心理学：原书第 5 版．北京：机械工业出版社，2010.
3. 范会勇．情绪智力的结构与功用．北京：中央编译出版社，2014.
4. 宫火良，张慧英．工作家庭冲突研究综述．心理科学，2006 (1)：124 - 126.

5. 廖化化，颜爱民．情绪劳动的效应、影响因素及作用机制．心理科学进展，2014（9）：1504－1512.

6. 罗耀平，范会勇，张进辅．工作-家庭冲突的前因、后果及干预策略．心理科学进展，2007（6）：930－937.

7. 苗元江，王旭光，陈燕飞．员工幸福感研究述评．企业活力，2011（8）：92－96.

8. 任庆颖，张文勤．国外情绪劳动策略最新研究进展评述．华东经济管理，2014（3）：152－158.

9. 斯蒂芬·P. 罗宾斯，蒂莫西·A. 贾奇．组织行为学：第12版．北京：中国人民大学出版社，2008.

10. 孙健敏，等．幸福社会：提升幸福感的多元视角．北京：中国人民大学出版社，2014.

11. 孙健敏，李原．组织行为学．上海：复旦大学出版社，2005.

12. 王晶，吴明霞，廖礼惠，吴梅宝．国外工作-家庭平衡研究的现状述评．心理科学进展，2010（8）：1269－1276.

13. 张勉，魏钧，杨百寅．工作和家庭冲突的前因和后果变量：中国情景因素形成的差异．管理工程学报，2009（4）：79－84.

14. Byron K. A meta-analytic review of work-family conflict and its antecedents. Journal of vocational behavior，2005，67（2）：169－198.

15. Campos J J. The importance of affective communication in social referencing：a commentary on Feinman. Merrill-Palmer quarferly，1983，29（1）：83－87.

16. Casper W J，Martin J A，Buffardi L C，Erdwins C J. Work-family conflict，perceived organizational support，and organizational commitment among employed mothers. Journal of occupational health psychology，2002，7（2）：99－108.

17. Eby L T，Casper W J，Lockwood A，Bordeaux C，Brinley A. Work and family research in IO/OB：content analysis and review of the literature（1980—2002）. Journal of vocational behavior，2005，66（1）：124－197.

18. French J R，Caplan R D，Van Harrison R. The mechanisms of job stress and strain. New York：John Wiley and Sons，1982.

19. Johnson J V，Hall E M. Job strain，work place social support，and cardiovascular disease：a cross-sectional study of a random sample of the Swedish working population. American journal of public health，1988，78（10）：1336－1342.

20. Karasek R A Jr. Job demands，job decision latitude，and mental strain：implications for job redesign. Administrative science quarterly，1979，24（2）：285－308.

21. Kossek E，Ozeki C. Work-family conflict，policies，and the job-life satisfaction relationship：a review and directions for organizational behavior-human resources research. Journal of applied psychology，1998，83（2）：139－149.

22. Lazarus R S. Psychological stress and the coping process. New York：McGraw-Hill，1966.

23. Lazarus R S. On the primacy of cognition. American psychologist，1984，39 (2)：124 - 129.

24. Lazarus R S，Folkman S. Stress，appraisal，and coping. New York：Springer Publishing Company，1984.

25. Maslach C，Jackson S E. Burnout in health professions：a social psychological analysis// Sanders G，Suls J. （eds.） Social psychology of health and illness. Hillsdale，NJ：Erlbaum，1982.

26. Maslach C，Schaufeli W B，Leiter M P. Job burnout. Annual review of psychology，2001，52 (1)：397 - 422.

27. Schutte N，Toppinen S，Kalimo R，Schaufeli W. The factorial validity of the Maslach Burnout Inventory-General Survey（MBI-GS）across occupational groups and nations. Journal of occupational and organizational psychology，2000，73 (1)：53 - 66.

28. Shirom A，Melamed S. A comparison of the construct validity of two burnout measures in two groups of professionals. International journal of stress management，2006，13 (2)：176 - 200.

29. Siegrist J. Adverse health effects of effort-low reward conditions at work. Journal of occupational health psychology，1996 (1)：27 - 43.

30. Yang N，Chen C C，Choi J，Zou Y. Sources of work-family conflict：a Sino-US comparison of the effects of work and family demands. Academy of management journal，2000，43 (1)：113 - 123.

案例分析

护士的去与留

护士被人们冠以天使的称谓，由此可见其要承受比其他专业的人多得多的压力和委屈。而当代患者对自己的生存质量要求越来越高，这就使当代护士受到的压力越来越大。国内外许多研究表明，护士人群的心理健康问题较为突出，具体表现为一些强迫、抑郁、躯体化症状，如做事必须反复检查，遗忘率高，感到自己精力下降，头疼，腰疼，肌肉酸疼等。

虽然我国《劳动法》规定职工每日工作 8 小时，每周工作 40 小时，但护士的工作时间明显超过这一标准。一项调查显示，86.9% 的护士每周工作时间超过 40 小时，更有 39%的护士工作时间超过 50 小时。夜班是护士工作的重要内容，值夜班非常辛苦，整个病区可能只有 1 个护士，照顾几十号病人，遇到需要抢救的病人会疲惫不堪。近一半的护士表示每周有 2 个夜班，30.6%的护士每周至少有 3 个夜班。

工作强度大、各级检查培训繁多、医患关系紧张和工作时间长给护士们带来了较大的压力。俗话说“三分治疗，七分护理”，护士和病人接触的时间最长，需要在工作中投入大量的情绪和情感，关心和照看病人。有时，他们还要承受一些医患纠纷，许多护士因此受到病人和病人家属的攻击。

资料来源：根据 http：//6d. dxy. cn/article/108074 的资料整理。

讨论题

1. 护士的工作中需要不断的情绪劳动，长期会造成哪些后果？
2. 如何为某医院的护士设计和执行一项员工帮助计划？

第 9 章
沟　通

学习目标

学完本章后，你应该能够：

◎ 了解沟通的含义和过程模型

◎ 理解沟通的类型及沟通过程中的障碍

◎ 掌握人际沟通的方法和技巧

◎ 熟悉沟通中出现的新问题

◎ 了解谈判中的沟通过程

引例

老工友的牢骚

工友老孙去找总经理反映问题。“我们虽然是工友，但也是人，怎么能动不动就加班，连个慰问都没有？年终奖金也没多少。”老孙出发之前，义愤填膺地对同事说，“我要好好训训那个自以为了不起的总经理。”

老孙来到总经理办公区。“我是老孙。”老孙对总经理的秘书说，“我约好的。”“是的，是的。总经理在等您，不过不巧，有位同事临时有急件送进去，麻烦您稍等一下。”秘书客气地把老孙带到会客室，请老孙坐下，又笑着问：“您是喝咖啡还是喝茶？”

“我什么都不喝。”老孙小心地坐进大沙发。

“总经理特别交代，如果您喝茶，一定要泡上最好的茶。”

“那就茶吧！”

不一会儿，秘书端进连着托盘的盖碗茶，又送上一碟小点心：“您慢用，总经理马上出来。”

“我是老孙。”老孙接过茶，抬头盯着秘书，“你没弄错吧！我是工友老孙。”

“当然没弄错，您是公司的元老，老同事了，总经理常说你们最辛苦了，一般同事加班到 9 点，你们得忙到 10 点，心里实在过意不去。”

正说着，总经理大跨步地走进来，跟老孙握手：“听说您有急事？”

"也……也……也，其实也没什么，几位工友同事叫我来看看您……"

不知为什么，老孙憋的那一肚子不吐不快的怨气一下子全不见了。临走，他还不断对总经理说："您辛苦，您辛苦，大家都辛苦，打扰了！"

资料来源：孙健敏，徐世勇．管理沟通．北京：清华大学出版社，2006.

你一定做过"传声筒"的游戏。当信息经过传递到达最后一位接收者时，往往变得"面目全非"，可见要想实现准确的信息传递并非一件易事。沟通在人际交往中普遍存在，有效的沟通对所有组织都至关重要。无论是上下级之间的上传下达，还是跨部门的信息交流，任何沟通过程中的信息失真都会影响组织的运作效率，甚至造成致命的后果。本章的内容将围绕沟通展开，详细介绍沟通的含义、功能和过程以及当前出现的新问题，最后一部分将对谈判中的沟通进行概述。

第1节 沟通的含义与功能

一 沟通的含义

沟通（communication）在组织生活中随处可见。关于沟通是什么，国内外学者有着不同的看法。

美国学者约翰逊（Johnson）认为，沟通是被他人知觉的语言或非语言行为。

赫尔雷格尔（Hellriegel）将沟通概括为信息在人与人之间通过一种或多种媒介的传递，是一种通过传递观点、事实、思想、感受和价值观而与他人接触的途径。

国内学者陈国权认为，沟通是指人与人之间、群体与群体之间、组织与组织之间传达思想、交流情报和信息的过程。

我们认为，沟通是指交换信息、传达和理解思想观念与情感的过程。理解沟通的定义需要注意以下几点：

第一，沟通是一个双向过程，信息发出者传递信息的过程和信息接收者理解信息发出者所发出信息的过程都是沟通的组成部分。如果你之前和许多人一样误认为信息传出就标志着沟通结束了，那么现在要记住"沟通是双向过程"。

第二，沟通的目的是实现相互理解，但并不一定要求意见一致。显而易见，相互不理解会带来很多争端和矛盾，为解决这种不理解就需要进行沟通。但是，即使相互理解了对方的意思，由于利益不同等原因，分歧也可能会存在。因此，沟通结束的时候并不要求达成统一意见。

第三，沟通能力的强弱由这个人能否通过易于理解的方式清晰地表达自己的意思决定，而不看他是否能言善辩、善于说服别人。

第四，信息的交换可以通过口头、书面或者电子化的形式完成。

第五，一个人、一个群体或者一个组织都可以作为信息的发出者和接收者。

二 沟通的功能

信息沟通十分普遍，不论对于人与人之间、群体与群体之间还是组织与组织之间的关系，都具有十分重要的意义。

（一）沟通对于个人的作用

首先，沟通是一个人生存下去的基本前提。想象一下，如果没有沟通，你的生活还能否像现在一样正常？没有沟通，我们的祖先很难跟周围人一起合作，人类被大自然淘汰的可能性会大大提高。

其次，沟通是个体成长和自我发展的途径。人是社会性的动物，离开了社会，一个人不可能存在和发展。即使有充沛的经历去体验世间万物，一个人能获得的直接经验也是有限的。因此，为了能够有足够的经验应对变幻莫测的外部世界，通过沟通获得他人的宝贵经验和体会就格外重要。古人说："读万卷书，行万里路。"人这一生所获得的学识有不少都是通过读书等沟通形式获得的。若没有了书面沟通，我们就会像井底之蛙一样。

最后，在情感方面，沟通可以丰富我们的情感世界。通过欣赏绘画、摄影作品，看电影、电视作品，阅读著作等方式，我们可以体会自己不曾体会的情感，走过别人的心路历程，与作品的创作者进行精神层面的交流，以此来丰富内心体验。

（二）沟通对于组织的作用

管理学家巴纳德（Barnard，1968）认为，"在任何一种彻底的组织理论中，沟通都占有中心的地位"。卡茨（Katz，1974）认为，"沟通是组织的本质"。沟通对于组织的作用可以从以下几个方面来理解。

首先，沟通即管理活动的执行。有了沟通，才能促进各部门、各层级之间的合作。因而，沟通是企业管理制度及战略实施的基本条件。同时，通过沟通管理者还可以间接引导员工的行为，更好地管理员工。例如，领导者的表扬和赞许能够激励一个员工更加努力工作；相反，若同事们因为某个成员工作十分努力（从而使其他成员相形见绌）而对其冷嘲热讽，他们就是在进行非正式的沟通，并以此间接控制或影响该成员的行为。此外，在布置工作的时候，领导者需要让员工明白他们必须做什么，他们表现得如何，没有达到标准时应如何改进工作，这时沟通就有了大用处。

其次，沟通有助于协同工作。一项工作往往需要多个部门、多个群体协同才能够完成。这时，组织内部的信息沟通系统就好比人体的神经系统，如果沟通不能顺利进行，各部门的协同工作就会受到影响，组织的效率也会降低，甚至会导致工作失败。

再次，沟通可以增进信息的分享，减少变革的成本和障碍。变革是管理所要达到的终点站，然而在变革的过程中存在很多阻力和障碍。要消除这些障碍，就要利用有效的沟通将不利条件转变为有利条件，或减少阻力。从另一方面说，沟通还可以为决策制定的过程提供帮助。沟通可以通过传递更多的数据资料等信息，使管理者更好地形成更全面的变革方案。

最后，沟通可以满足员工的社会需要，为员工提供情绪表达的途径。对于不少工作者而言，工作场所就是主要的社交地点。由此，群体内沟通就成了员工抒发并调节自己失落情绪的重要渠道。

三 沟通的基本过程及干扰因素

（一）沟通的过程模型

一提到沟通，你会想到什么？是不是一个人在表述自己的想法，另一个人在听，在尽可能理解的情况下，话音落下，沟通就结束了？如果这么认为的话，说明你对沟通的理解不够深入。实际上，沟通是一个包含九个要素的复杂过程：信息源、编码、信息、通道、解码、信息接收者、反馈、障碍和背景等。图9-1展现了它们之间的相互关系。

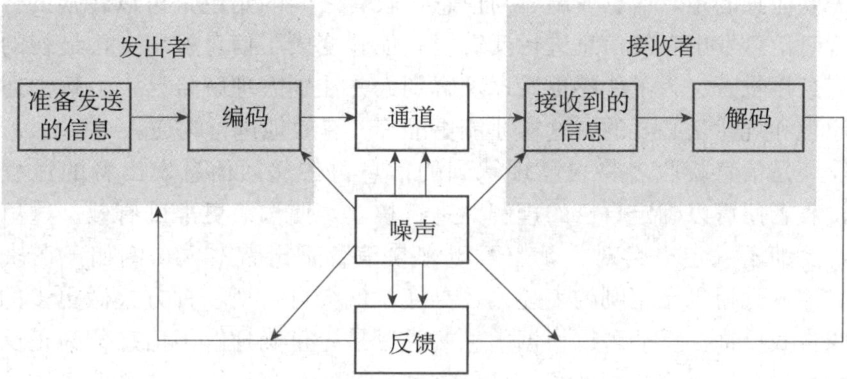

图9-1 沟通过程模型

资料来源：章志光．社会心理学．2版．北京：人民教育出版社，2008.

（1）信息源即信息发出者。信息发出者在进行沟通之前需要有一个沟通的目的，并根据这一目的从自己的记忆中选取适当的、需要沟通的信息。然后将这些信息以便于接收者理解的形式发出，例如口头表达、肢体语言、书信等。同时，沟通的效果还会受到信息发出者的态度、情绪等因素的影响。

（2）信息即信息发出者所要传递给信息接收者的内容。当我们说话时，说出的话语是信息；当我们撰写时，写下的内容是信息；当我们做手势时，胳膊的动作和面部的表情是信息。

（3）编码是将信息用某种符号和方式表达出来的过程。编码所用的符号可以是语言，也可以是其他方式，例如绘画、音乐等。由此编码也被分为三类：语言方式、非语言方式，或是两者的结合。人们之所以要对信息进行编码，是因为别人并不能直接感受到我们的观念或是情感。若想表达信息，我们需要将它们转化为更易于别人察觉和接受的方式。

（4）通道。在传递信息时，发出者需要选择一种适当的渠道。沟通的渠道有很多种，包括面对面沟通、电视、广播、报纸、电话和电影等。这些通道可以大致分为两类：一类是正式渠道；一类是非正式渠道。所谓正式渠道（formal channels），就是由组织建立的、用以传递与工作活动相关信息的渠道，例如年度工作报告会。这类通道往往沿着组织中的权力链条延伸。而非正式渠道（informal channels）则是组织中个体自发形成的一种沟通通道，例如办公室同事小聚时的聊天等。沟通的方式有很多，心理学家指出，在众多沟通方式中面对面的沟通方式最有效。这是因为在面对面地沟通时，信息发出者的表情、语气、态度都会影响到信息接收者，并且信息发出者还可根据信息接收者的反应及时调整自己的沟通策略和内容，使沟通更有效。

（5）解码是和编码是相逆的过程。信息接收者通过这个过程将发出的内容进行转化，形成自己的理解。解码能否顺利完成有赖于编码的质量和信息接收者的理解能力。在解码的过程中，信息接收者会根据自己已有的经验对所接收的信息进行转译，试图还原信息发出者想表达的思想、感情或观念。遗憾的是，信息发出者和信息接收者的心理世界毕竟是相互独立且不同的，因而被感知的信息和信息发出者传递出的信息会存在偏差。

（6）需要注意的是，信息发出者与信息接收者之间的角色是可以转换的。例如，当信息接收者对信息发出者的信息进行反馈时，他就变成了信息发出者，最初的信息发出者便成了信息接收者。为了能够更好地理解别人并让别人理解自己，了解沟通信息编码和解码的原理和规律是必要的，这样才能更准确、有效地进行沟通。

（7）反馈是信息接收者将自己理解到的信息再传递回信息发出者的过程。有了反馈，信息接收者便可以确定自己的理解并进行核实，使沟通更准确有效。这里需要明确的一点是，反馈不一定来自对方，也可以来自信息发出者本人。例如，在谈话的过程中，如果表述者觉得自己刚刚的表述比较难懂，就会自行换一种方式做更多的说明。这种反馈也叫自我反馈。反馈可以根据信息接收者是否正确理解了信息分为正反馈和负反馈。如果信息接收者接收并理解了信息，这种反馈称为正反馈。如果信息源的信息没有被接收和理解，则称为负反馈。成功的沟通者往往很看重反馈，并懂得根据反馈调整自己的沟通内容和方式。

（8）障碍即各种阻碍信息传递和理解的因素。它可能出现在沟通的每一个环节。信息源的信息不充分或不明确，或者选择的编码方式不恰当、没有采用有效的通道，或者信息接收者解码错误等都可能成为沟通障碍。此外，如果沟通者之间缺乏共同的经验，沟通也难以顺利进行。因而跨文化沟通往往困难重重。对于沟通过程中会产生哪些障碍，我们将在下一部分详细介绍。

（9）背景即沟通发生的情境。这个看似不重要的因素影响着沟通的每一个环节。背景不同，同样的词语所蕴涵的意义也会发生改变。比如，有人跟你说："你真棒！"如果这句话的产生背景是你取得了某一成就，就意味着表扬和赞许；如果是在你把一件事办砸了的情况下，这句话就是贬义的。

背景和障碍都是会使信息在传递过程中失真的因素，著名学者罗宾斯也将背景和障碍归结为噪声。

（二）沟通过程中的干扰因素

沟通过程中的干扰因素有很多，可以分为四类：能力因素障碍、心理因素障碍、社会及组织因素障碍、差异性障碍。

1. 能力因素障碍

能力因素障碍是由于沟通者个人的沟通能力而导致的沟通障碍。具体包括：

（1）表达能力障碍。不能选择合适的词语进行表述、口齿不清、逻辑混乱、模棱两可等都算作表达能力障碍。这些情况的发生都会导致信息接收者不能很好地理解信息发出者所想表达的观点和情感。例如痴呆患者无法有逻辑地进行清晰的表述，这就会使他们和亲人的日常沟通受到阻碍。

（2）知识经验差异。正如前面在编码和解码中所提到的，信息发出者和信息接收者都是根据各自已有的知识、经验进行解码和编码的。因此当两者的已有知识、经验存在很大的差异时，就会导致沟通存在障碍；相反，双方共通的知识、经验越多，障碍就越少，沟通也就越顺利有效。这些共通的知识和经验也称为共通区。比如，一个工科的同学和自己学文学的小伙伴讲解机器运作原理时，难免会加入一些专业术语，这时文科的小伙伴就会听得一头雾水。他们之间的共通区太小了。

（3）非语言因素。非语言沟通往往和语言沟通相伴而生，如果两者一致，那么沟通的效果会增强。然而，并不是所有沟通者都懂得如何运用非语言沟通技巧，当非语言信息和语言信息所表达的内容不一致时，就会使信息接收者产生疑惑。例如，许多女生说话的时候喜欢做出卖萌的表情，但是如果在正式场合发言时露出这样的表情就会显得不正式、不合时宜。再如，有些年轻人喜欢相互用手拍肩膀以示友好或表示“哥们儿”。然而，如果以同样的方式向父母或者年龄较大的长辈表达友好，就会显得失礼。

2. 心理因素障碍

心理因素障碍主要包括过滤、选择性知觉、个性和气质、情绪四个方面。

（1）过滤。过滤指信息发出者根据自己的意志对信息进行处理和操纵，使传递的信息对自己更为有利。信息过滤出现的程度由组织结构的层级数目决定，组织的垂直层级越多，信息被过滤的可能性越大。例如班长可能害怕老师听到负面消息而生气，就只将好消息报告给老师；而老师也可能只将班级取得的好成绩上报给领导者，这时就会产生信息过滤。

（2）选择性知觉。试想一下，在沟通的过程中，你能详细精准地记住对方传达给你的每一条信息吗？是否有遗漏的信息？在沟通过程中，信息接收者会根据自己的动机、期望、经验、背景、个人观点等因素，不自主地通过选择性注意来筛选接收的信息，并且在解码的时候根据自己的期望进行。这也是为什么一千个读者心中会有一千个哈姆雷特。

（3）个性和气质。人们会更倾向于相信被大家认为诚实、正直的人所发出的信息；反之，若信息发出者被认为虚伪、狡诈，那么不论他说的信息是否属实，人们都不会相信他。例如两个同学都去老师那里告状，说对方欺负人，那么老师可能会相信一贯表现很好的孩子，而批评平时淘气的孩子。

（4）情绪。信息的理解也会受到信息接收者当时情绪的影响。在不同的情绪下，人对同一信息的理解会发生改变。当双方无法心平气和地沟通时，很容易产生信息的曲解，进而导致沟通失败。试想你在心情沮丧时，即使是自己最好朋友的劝慰也很难听进去，需要等情绪平复一些后才能冷静地接受建议。

3. 社会及组织因素障碍

社会及组织因素障碍主要由沟通双方所处的环境特性及所在的位置决定，具体包括组织结构、社会角色地位和沟通过量三个方面。

（1）组织结构。组织结构是否合理会影响沟通的效率和效果。如果出现组织层级过多、部门设置重叠等不合理情况，信息就会失真，沟通的时效性也会因为沟通时间的延长而下降。如果沟通渠道单一，还会造成信息不足，影响沟通的效果。

例如，IBM引入了矩阵式组织结构，这样的结构可以使不同的事业部之间产生横向联系。再加上原有上下级部门间的纵向关系，整个组织内员工的相互联系加强了，有助于员工相互支持和帮助，协同工作，提高效率。当然，这样也有弊端：当每一个员工均存在多个领导者时，沟通也会变得困难，此时员工可能会从不同的领导者那里得到不同的指令从而无所适从。

（2）社会角色地位。当人们有不同的社会地位时，其意识、价值观、思维方式甚至道德标准都会是不同的。所以不同阶层、不同宗教、不同种族、不同职业的人之间很有可能存在沟通障碍。

例如，在挤公交车的时候，没有上车的人会在下边嚷嚷："门口的这些人，往里走啊，往里走啊，下边还有好多人没上来呢！"可是，一旦上车了，他们马上就回头说："下边的人不要上了，上边挤得要命，你们坐下一趟车吧。"于是车上的人与车下的人就会出现沟通障碍，原因就在于社会角色发生了转变，由等车人变成了乘车人。

（3）沟通过量。凡事都要讲究一个度，信息也一样，过多的信息会使信息接收者因为不能处理大量信息而导致沟通质量下降。生活在现在的信息爆炸时代，处理这些信息需要消耗我们大量的时间和精力。时间一长，难免会产生厌倦感。许多企业的管理人员常常抱怨，花费在沟通活动上的时间过多而影响了正常工作的完成。

4. 差异性障碍

差异性障碍包括跨文化差异、性别差异两个方面。

（1）跨文化差异。这一点在之前讲解沟通过程九个要素时提到过。不同的文化背景会使沟通双方在理解信息方面的差异增大，对事物的评价和反应也不同，进而使进行有效的沟通非常困难。以手势为例，其不同含义如表 9－1 所示。

表 9－1　手势的跨文化差异

手势	含义
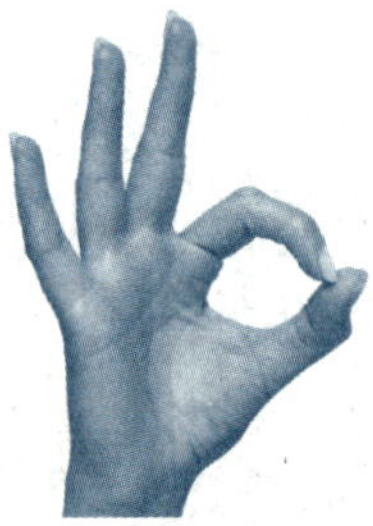	在美国，这是一种友好的表示，意思是"好吧！"或"干得不错！" 在澳大利亚和伊斯兰国家，它与骂人的话是一个意思。
	这一手势鼓励着得克萨斯大学的运动员。 在巴西和委内瑞拉，它是一种代表好运的手势。 在非洲的一些地区，它是一种诅咒的手势。 在意大利，它告诉另一个人"你的老婆不守贞洁"。

续前表

手势	含义
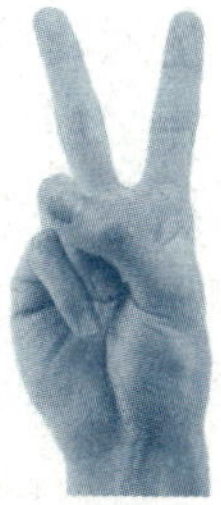	在很多国家，它意味着“胜利”或“和平”。 在英国，如果掌心及手指向内，则意味着“滚开”，尤其是当手指急速向上顶时。
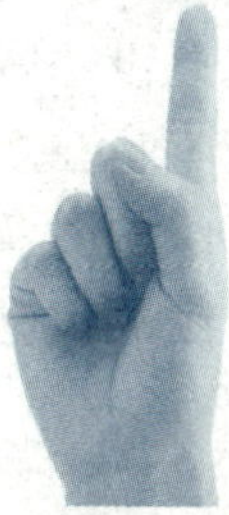	这一手势在美国意味着“过来，到这里来”。 在马来西亚，它仅用于招呼动物。 在印度尼西亚和澳大利亚，它用于招呼“陪夜小姐”。

资料来源：Axtell R E. Gestures：the do's and taboo's of body language around the world. John Wiley & Sons, Inc.，1991.

（2）性别差异。研究表明，男女谈话的重点不同，男性侧重状态，而女性侧重建立联系。因此，许多男性进行谈话是为了在等级社会中保持独立和地位，而女性是为了获得支持和肯定。

四 沟通的类型

（一）按照沟通方向划分

1. 下行沟通

下行沟通（downward communication）是指信息由组织中一个相对较高的层级传递给相对较低的层级的沟通过程。下行沟通常见于管理者执行管理职能的行为中。领导者给员工分配任务、说明规章制度都是在进行下行沟通。

进行下行沟通时，管理者必须对决策的原因做出解释。一项研究发现，如果对变革的原因进行充分解释，则员工认同变革的可能性会提高一倍。这看起来更像是一个常识，但很多管理者仍然觉得他们没有时间向员工解释，或者认为解释将引起混乱。然而，有证据明确表明，解释能够增强员工对决策的认同和支持。

下行沟通的另一个问题是它的单向性。通常，管理者会将信息告知员工，但很少征求他们的建议和看法。2006 年的一项研究显示，将近 2/3 的员工表示自己的上级很少或从未征求过他们的建议。该研究指出：“组织一直在争取获得更高的员工敬业度，然而证据表明，它们犯了各种不该犯的重大错误。很简单，员工需要的只是被尊重和倾听。”手机制造商诺基亚公司积极听取员工的建议，它认为这对公司的创新格外重要。这样做的公司还有很多。最好的沟通者既要向下属解释清楚决策背后的原因，也要向下属征求意见。因此我们需要讨论另一种沟通方向：上行沟通。

2. 上行沟通

上行沟通（upward communication）是指在组织中信息从较低层级流向较高层级的一种沟通，例如建议箱、群体工作会议、员工申诉制度等。通过上行沟通，管理者可以知道下级员工的需求和愿望，也可以知道下行沟通的效果以及各种指示的结果。因此，在组织中上行沟通是必不可少的。上行沟通是群体或组织中流向更高层级的沟通。员工利用它向上级（管理层）提供信息反馈，汇报工作进度，报告当前存在的问题。上行沟通使得管理者能够了解员工如何看待其工作、同事和整个组织。管理者还通过这种沟通来获得关于如何改进工作条件的观点和建议。

如今大部分管理者的工作职责都扩大了，这使上行沟通越来越困难，因为更多的职责往往让管理者不堪重负，容易分心。为了有效进行上行沟通，你可以设法减少使上级分心的因素（如果可以的话，尽量选择在会议室与上级进行沟通，而不是在上级的办公室或格子间）；以标题而不是段落来与上级沟通（你的目的是引起上级的注意，而不是与他进行漫谈）；用切实可行的内容（你认为将会发生什么）支持自己的标题；准备一份议程，以确保你上级给予的关注是值得的。

3. 横向沟通

横向沟通（horizontal communication）也叫平行沟通，是指信息在组织中的同一层级间流动的沟通过程。两个兄弟部门之间的信息交流（例如销售部和市场部）就属于横向沟通。

4. 斜向沟通

斜向沟通（diagonal communication）是指发生在一个组织中不同层级的不同部门之间的沟通。在现实中，这种沟通方式较少应用。当人力资源部职员去联系业务部门的高层时，发生的就是斜向沟通。

（二）按照沟通交互性划分

1. 单向沟通

单向沟通（unidirectional communication）是沟通双方之间不存在反馈，信息单向流动的沟通。例如，领导者通知员工下周开会就是单向沟通。

2. 双向沟通

双向沟通（bidirectional communication）是沟通的双方存在反馈，并且会互换信息发出者和信息接收者身份的沟通。例如，当双方进行谈判时，信息发出者和信息接收者需要进行多次反馈，以确定信息的准确性并进行商讨，直到能够很好地理解对方的意思。这就属于双向沟通。

（三）按照沟通媒介划分

1. 口头沟通

口头沟通，顾名思义，是通过口头语言进行的沟通，是目前应用最多且被认为最能保持整体信息的方式。例如，美国总统进行就职演讲和召开记者招待会进行说明都是口头沟通。

2. 书面沟通

书面沟通包括所有以文字或者符号为信息传播方式的沟通，比如书信、邮件、期刊、报纸、告示、书籍等。当你看到楼道里的告示栏贴着一张讲座信息告示时，就正在扮演书面沟通信息接收者的角色。

为什么信息发送者会选用书面沟通？因为它有形而且可以核实。如果沟通内容是打印出来的，那么信息发送者与信息接收者双方都拥有沟通记录，而且沟通的信息可以无限期地保存。如果对信息的内容有疑问，完全可以随后进行查询。对于复杂且冗长的沟通来说，这个特征尤为重要。例如，一个新产品的市场推广计划中可能包括需要在好几个月内不断开展的多项活动。以书面形式将该计划记录下来，可以使计划的构思者在整个计划的执行过程中有一个参考。书面沟通的最后一个好处来自其过程本身。当用书面方式而不是口头方式传递信息时，常常会迫使人们进行更周全的思考。因此，书面沟通更有可能显得严谨、逻辑性强并且条理清楚。

当然，书面沟通也有缺陷。它比较耗费时间。同是 1 小时的测验，你在口试中向授课教师传递的信息远比笔试多得多。事实上，花 1 小时写出的东西只需 10～15 分钟就能说完。书面沟通的另一个主要缺点在于它缺乏反馈。口头沟通能使信息接收者对于自己听到的内容迅速做出回应，而书面沟通则不具备这种内在的反馈机制。邮寄一份备忘录并不能保证它一定会被收到，也无法保证信息接收者按照信息发送者的本意来解读备忘录的内容。

3. 非语言沟通

一提到沟通，很多人都会想到语言，但是你可能不知道，在沟通中，有 55%的信息都是由非语言沟通传递的。你的每一个举动、身体姿态以及语气和表情都能够传递大量信息。这些重要而且经常被我们忽视的因素就是非语言沟通。非语言沟通可大致分为三类。

第一类为身体语言（body language）沟通，包括动态的身体语言和静态的身体语言两种。动态的身体语言是通过动态无声性的目光、表情动作、手势语言和身体运动等实现沟通；静态的身体语言是通过无声性的身体姿势、空间距离以及衣着打扮等实现沟通。身体语言是语言沟通的补充，并常常使语言沟通复杂化。例如，应邀参加一个宴会的时候，正式的穿着可以表示你很看重这次宴会；反之，如果穿着随意、不得体，则会传递出你并不重视这次宴会的信息。

第二类为副语言沟通。副语言（paralanguage）是指人说话时的音质、音量、音色、音调、节奏、速度等语音系统的因素。说话是一门艺术，一句话的含义分为字面意思和内涵意思，也就是不能仅由字面意思决定，还要听弦外之音。不同的语气、语调都会暗示不同的态度和含义。如果没有了副语言，理解一段表述的含义就要变得困难一些，可能的含义也会变多。表 9-2 就很好地展示了副语言的重要性。

第三类为类语言沟通。类语言指的是人们发出的没有固定意义的声音。咳嗽、呻吟、叹息、嬉笑声、口头禅等都算类语言。类语言能够暗示出信息发出者的状态和情绪。例如，叹息往往意味着疲倦或者情绪低落等，而嬉笑则意味着愉悦。在沟通时，信息发出者可以通过类语言准确把握沟通对象的情绪，选择适宜的沟通方式，避免沟通失败。

表 9-2　　重音的强调对信息的改变

重音位置	句子的意思
为什么我今晚不能请**你**吃晚饭？	我不是要请别人吃晚饭。
为什么**我**今晚不能请你吃晚饭？	而不是你和别人一起吃晚饭。
为什么我今晚**不**能请你吃晚饭？	要找一个理由来解释我为何不该请你。
为什么我今晚不能请你吃晚饭？	你和我之间存在矛盾吗？
为什么我今晚不能**请**你吃晚饭？	而不是你自己去。
为什么我今晚不能请你吃**晚饭**？	而不是明天一起吃午饭。
为什么我**今晚**不能请你吃晚饭？	而不是明天晚上。

（四）按照沟通者的人数划分

1. 自我沟通

正如前面对于沟通的介绍所说，信息发出者和信息接收者可以是同一个人，这种情况下进行的沟通就是自我沟通（self-communication）。

自言自语就是典型的自我沟通。这种现象不仅出现在小孩身上，也出现在大人身上。人在自己完成任务的时候常会给自己发出指令或指导，然后自己接收或拒绝这一命令。例如，逛超市时有的人会一边嘟囔着想要找的商品或者购物清单，一边寻找目标商品。除了购物，成年人完成一些比较复杂的任务时，自我沟通也会出现。

自我沟通不仅有有声的沟通，也有无声的沟通。当人们在决定是否要做出一个举措时，就会在心里进行复杂的自我沟通，通过反复的斟酌和思考做出最后的决定。这也就是为什么有人生动地将思维矛盾的过程描述成一个小天使和一个小恶魔在自己的头脑中吵架。这个吵架过程也是自我沟通。

2. 人际沟通

人际沟通（interpersonal communication）是指两个人以面对面的沟通方式在组织内进行沟通。这种沟通在生活中最常见，有数据表明，管理者在一天当中 3/4 以上的沟通都是人际沟通。

3. 群体沟通

群体沟通包括小群体沟通、公众沟通、大众沟通和组织沟通四种不同的情况。

（1）小群体沟通。小群体沟通（group communication）是指 3 人以上、13 人以下的群体成员之间的沟通，如班委会、董事会、一个办公室的同事等。它包括链式沟通、Y 式沟通、轮式沟通、环式沟通和全通道式沟通五种方式。

链式沟通是按照层级自上而下传播信息的沟通模式，属于下行沟通。它一般是通过正式的沟通渠道传播信息。链式沟通有优点也有缺点，优点就是结构稳定，在层级数量不是特别多的情况下内容较精确；缺点就是形式比较死板，缺乏成员之间的沟通协作，缺乏协同性。

轮式沟通是以一个核心人物为中心，其他人围绕这一核心人物展开沟通的模式。这种模式被普遍认为是强有力的领导者团队模式，其解决问题的效率和准确性都很高。但也存在缺点，它不利于其他成员之间的人际交流和协作，使得成员的满意度降低。

Y式沟通是轮式沟通和链式沟通的结合，因此具有链式沟通与轮式沟通的优缺点。Y式沟通传递信息的速度较快，但是依旧因为缺乏除中心人物外成员之间的沟通，难以提高士气。

环式沟通模式中，每个成员都可以跟邻近的成员进行交流，但是和相隔较远的成员则没有交流。和前三种模式不同，这种模式不存在中心人物，是一种相对平等的模式。多了这份平等，组织的凝聚力也较前三种模式增加了不少。但是这种模式传递信息的速度较慢。

全通道沟通模式中，任意两个人之间都存在联系，也没有中心任务，是一个全面自由开放的网络。这种全方位的开放姿态使得所有人之间都能够相互交流，建立联系。然而，人多了也不好办事，解决问题的速度相对慢一些，不好领导。这种模式多见于现代企业项目小组中。

关于这几种模式的最佳应用场合，有研究指出，生产型群体、需要尽快决策并保持有效领导的群体，采取轮式沟通为佳；娱乐群体、旨在促进群体成员沟通和情感联系的群体，则以环式沟通和全通道式沟通为佳。

（2）公众沟通。公众沟通（public communication）是一个讲话者与众多听者之间的沟通，这种沟通很常见且很重要。教授举办讲座、演讲者公开发表演讲等都是在进行公众沟通。这一过程是双向的，听者也会对演讲者做出反馈，例如鼓掌、提问等，但是演讲者对于沟通有着更大的掌控力量。

（3）大众沟通。大众沟通（mass communication）也就是人们常说的大众传播，是通过广播、电视、报纸、杂志等媒介进行信息传播的沟通方式。

大众沟通有两个明显的特点。首先，大众沟通以信息的传播为主导，缺乏信息接收者的反馈过程。其次，大众沟通的影响广泛而深远。很多研究者都认为，电视、互联网络的兴起已经在世界范围内深刻改变了人们的生活方式。

（4）组织沟通。组织沟通（organizational communication）是另外一种群体沟通的方式，是在社会组织内发生的沟通。一般而言，组织沟通是多层次的。比如，公司总裁和副总裁常常保持密切的正式和非正式人际沟通；而在组织的各级决策群体之间则常常保持小群体沟通性质的联系；在领导者与组织的普通成员之间则往往以公众沟通的形式保持联系。较大的组织机构会以大众沟通的形式，通过本组织的各种大众媒介保持自身机构的一体化。

沟通的分类总结如表9－3所示。

表9－3　沟通的分类

分类标准	沟通类型	细分类别	举例
沟通过程中信息传递的方向	下行沟通		做指示、下达文件、口头警告
	上行沟通		建议箱、员工申诉制度
	横向沟通		员工日常聊天
	斜向沟通		销售部部长与人力资源专员的沟通
沟通过程中传递信息后得到的反馈多少	单向沟通		做指示、下命令、做报告
	双向沟通		召开座谈会、与员工谈心

续前表

分类标准	沟通类型	细分类别	举例
传递信息的方式	语言沟通	口头沟通	日常交谈、开会
		书面沟通	报表、电子邮件、书信
	非语言沟通	身体语言沟通	手势、眼神
		副语言沟通	声调、语速
		类语言沟通	叹息、咳嗽
沟通的组织系统	正式沟通		规章制度、公告通知
	非正式沟通		小道消息
沟通者的人数	自我沟通		自言自语
	人际沟通		两个人之间的沟通等
	群体沟通	小群体沟通	链式沟通、环式沟通等
		公众沟通	演讲
		大众沟通	互联网、报纸、电视
		组织沟通	总裁和副总裁之间的交流

第 2 节　人际沟通

一　沟通中的倾听

有效地倾听不仅包括一般人所熟悉的耳听，还包括眼听、心听与脑听。

眼听是指沟通中观察对方的脸部表情、手势、动作甚至穿着等，以判断他的语言所表达的真正含义。

心听就是我们常说的换位思考，设身处地地体会对方的处境与感受。

脑听是指动脑分析处理收到的信息，以了解对方的语言中是否有弦外之音。

只有做到了用耳、眼、心、脑等全面地倾听对方，才能有良好的倾听效果，这就是所谓的有效倾听。

在有效倾听的基础上，若想提高沟通的质量，需要掌握一些沟通技巧，以实现更有效的情感交流。下面介绍的几种行为会提高倾听的质量。

（1）目光接触。如果谈话对象在说话的时候不看着你，你会有怎样的感觉？大多数人会感觉受到了冷漠对待。所以虽然你用耳朵倾听，但是别人需要通过目光来确认你是否在认真倾听。

（2）肯定的表情与行动。有效的倾听者会对所听到的信息表现出兴趣，而表现自己的兴趣往往需要通过表情与动作。前倾的身体、点头、对谈话内容做出反馈等可以展现出你的兴趣。

（3）避免分心的举动。表现出感兴趣的另一方面是避免不必要的动作行为。在听别人说话的时候，注意减少以下活动：看手表、擦眼镜、眼睛看别的事物、玩笔等。这会让说话者认为你很厌烦或不感兴趣。更重要的是，做这些事情的时候意味着你的注意力并不集中，可能会遗漏一些说话者想传递的信息。

（4）提问。有批判思维的倾听者往往会在分析自己听到的内容之后，根据思考提出问题。提问的目的是确保自己的理解和听者所说的内容是一致的，并传递出“我在认真听”的信号。

（5）复述。复述是将陈述者的话换一种方式说出来。有效的倾听者经常使用这样的语句：“我听你说的是……”或“你是不是这个意思?”为什么要复述呢？原因有两个。首先，准确的复述说明你在认真倾听。其次，复述可以让倾听者检验自己理解的内容是否准确，减少误会的发生。

（6）避免打断对方。在你做出反应前，请先听对方讲完他的全部观点，不要在对方陈述完之前妄下结论。此外，注意自己的偏见：偏见是无法避免的，我们应该诚实地面对、承认自己的偏见，并且聆听对手的观点，容忍对方的偏见。

（7）不要多说。大多数人喜欢表达自己多于倾听别人，他们倾听的原因就是为了能让别人随后听自己说话，这就像是一种交换。尽管如此，同时完成听和说的过程是很困难的，因此一个好的倾听者在听对方表达的时候应少说话。

（8）抑制争论念头。每个人都是独特的，当然会有意见不同的时候。然而，在他人讲话的时候打断对方会产生沟通的隔阂，哪怕只是心中有这样的念头也会使隔阂产生。要学习控制自己想去争论的冲动，放松心情。

（9）实现听者与说者角色的顺利转换。当沟通是单向的时候，例如学生听老师做讲座，通常比较容易形成一个有效的倾听框架。然而，大多数情况下，听者与说者的角色不断转换，并非固定的。有效的倾听者能够使听、说角色转换十分顺畅。因此，角色的转换要求听者全神贯注地倾听表述者表述的内容，而非专注于自己想表达的内容。

（10）注意了上述要点之后，我们还要关注下列非常重要的口头语。

- “顺便说说”：字面上看，“顺便说说”的内容并不重要。可实际上“顺便说说”的内容里往往包含说话者真正想要表达的意思或想要了解的信息。下次听到“顺便说说”时，一定要竖起耳朵听。
- “坦白地说”：逻辑上，以“坦白地说”开头，意味着对方之前的言论中含有并不是很诚实的内容。实际上，他的内涵是“你要特别留心我即将要说的话，这些话很重要”。其实这个措辞和坦白、诚实没有相关之处，它只是一条线索，表示对方即将说出重要的话，希望你注意倾听。
- “在我忘记之前”：类似于“顺便说说”，表面看来并不重要，实际上隐含了对方的重要观点，应视为一个重要内容的信号。

成为一位好的聆听者后，你会发现人们愿意和你说话，而你的知识也会大为长进，获得人们的敬重。

二 沟通中的反馈

沟通中的很多问题是由于误解、曲解造成的，因此沟通中的反馈至关重要，可以避免沟通中的错误理解。反馈的基本指导原则是：

（1）反馈应建立在沟通各方信任的基础之上。

（2）反馈内容最好明确具体，不可过于抽象或泛泛。

（3）在信息接收者准备好回答的时候，有选择地将重点问题首先予以反馈。

（4）避免过早评价或判断对方的观点，否则只会引起冲突或中断反馈。

(5) 在认真听的同时，要注意对方的非语言信息；这些信息可以证实或驳斥反馈的真实性。

第 3 节　组织沟通

本节我们将讨论组织沟通的相关话题。首先我们将讨论小群体沟通网络以及小道消息，之后将讨论沟通技术的创新。

一　小群体沟通网络

正式的组织网络可能很复杂，有上百个员工和六七个层级。为了简化说明，我们这里讨论只有五个员工的小群体。

（一）沟通网络的类型

这种小群体的沟通网络包括三种主要类型：链式、轮式和全通道式，如图 9－2 所示。

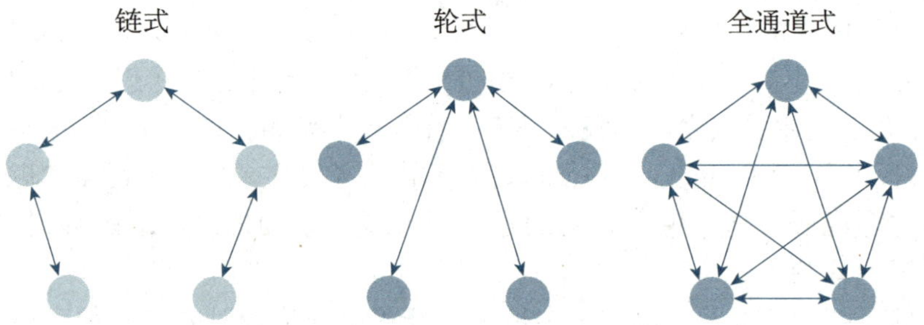

图 9－2　三种常见的小群体沟通网络

这三种网络类型已经在第 1 节详细讲解过，在此不再赘述，仅补充一些内容。

链式沟通网络严格遵循正式的指挥链。它与严格的三层级组织中的沟通方式十分相似。

轮式沟通网络是一个有着强有力领导者的团队的模拟沟通模型。

全通道式沟通网络允许所有群体成员之间互相沟通。在实践中，自我管理型团队通常以全通道式沟通网络为特点。这种团队中，大家相互制约，没有领导者的角色。

（二）不同类型的优势与不足

如何评价每种沟通网络的效果取决于管理者看重哪个方面，每种沟通网络都有优点和缺点，如表 9－4 所示。比如，轮式沟通网络有利于领导者的出现；全通道式沟通网络会提高成员的满意度；而链式沟通网络的精确性是最高的。从表 9－4 我们可以明显看出：没有一个网络能在所有指标上胜出。

表 9-4 小群体沟通网络及有效性指标

指标	沟通网络		
	链式	轮式	全通道式
速度	中	快	快
精确性	高	高	中
领导者的出现	中	高	无
成员的满意度	中	低	高

二 小道消息

(一) 小道消息的定义

在群体或组织中，正式沟通系统并不是唯一的沟通网络，还有非正式的沟通系统，我们称之为小道消息（grapevine）。虽然小道消息是一种非正式的消息渠道，但实际上是一个重要的信息来源。例如，一项调查发现，66%的员工首先通过小道消息获悉重要事件。最近的一项研究表明，从同伴那里得到的小道消息对求职者的成功具有很重要的作用。

(二) 小道消息的特点

小道消息有三个特点：一是不受管理层的控制；二是大多数员工认为相比正规渠道消息，小道消息更可靠；三是传播者往往从中受益。那么，小道消息真实吗？有证据表明，小道消息一般含有75%的真实成分。

(三) 小道消息的产生原因

小道消息是来自搬弄是非者的好奇心吗？其实不然。根据经验，小道消息在变革的时候最盛行，比如重大的人事调动、机构设置变化或决策改变时。换言之，当人们对于重要而未知的变动产生焦虑时，小道消息便产生了。

事实上，工作情境中往往含有三种要素：重要性、模糊性和焦虑。由此我们可以解释为什么流言在组织中十分盛行。在大型组织中，对各种重要事件保密是常见的现象，如新上级的任命、办公室的调整、工作任务的重新安排等，这些情境会促进和维持流言在小道消息网络中的传播。如果流言产生的根本原因没有消除，换言之，人们由于不确定性而产生的需求和期望得不到满足，或焦虑得不到缓解，那么流言会一直持续下去。

(四) 减少小道消息的途径

小道消息对于信息的传播起到了很大的作用。不过，无论如何，小道消息都是对真实情况的一种臆测和选择性传播，如果传播过广、影响过大、失真成分过多，将会引起员工思想涣散和积极性下降。因此，管理者应该通过正式渠道确保信息及时、准确地传递给员工。表9-5提供了减少小道消息消极效果的几项建议。

表 9-5　减少小道消息消极效果的建议

1. 公布进行重大决策的时间表。
2. 公开解释那些看起来不一致或隐秘的决策或行动。
3. 对目前的决策和未来的计划，强调其积极一面的同时，也指出其不利的一面。
4. 公开讨论事情可能的最差结果，这肯定比无端的猜测所引起的焦虑程度要低。

资料来源：斯蒂芬·P. 罗宾斯．组织行为学：第10版．北京：中国人民大学出版社，2005.

三　电子化信息沟通

（一）电子化信息沟通的含义

电子化信息沟通（digital communication）是指以计算机为主体、以各种电子设备为辅助工具的一种现代化信息沟通。现代组织中，电子化信息沟通很大程度上改变了管理方式。一些管理者每天会查阅、发送大量电子邮件、电传等。

（二）电子化信息沟通的方式

1. 邮件沟通

电子邮件使用互联网来收发电子文本和文件，它的发展速度很快，并且很普及。没有电子邮件的日子现在已经很难想象。

电子邮件可以快速书写、编辑和存储，即发即收，并且无限抄送。接收者可以随时在有互联网的地方查阅信件。此外，电子邮件较纸质文件来说，其成本可以忽略不计。

2. 短信、微信沟通

短信、微信是快捷、迅速的沟通方式。由于手机的普及，接收人基本可以在第一时间看到信息。不过由于其多用于简短的文字沟通，一般正式的信息并不会用此传播。

3. 博客与微博

博客一词是从英文单词 blog 翻译而来的，又译为网络日志。管理者可以用它来发布官方消息，员工也可以在上面发表自己的看法。微博即微型博客，是博客的一种。根据统计，数百万美国员工都有自己的微博，并通过微博发布任何他们感兴趣的话题。也正是因为大家可以在微博上发布任何自己关注的信息，对敏感和重要信息进行控制变得十分困难。

4. 传真

传真机使包含文本和图片的文件通过普通的电话线传递。传真机能够扫描文件将其数字化，并进行远程传输，接收方的传真机能够将这些文件复制出来，通过打印使信息广泛传播。

5. 其他方式

音频邮件（voice-mail）系统对声音信息进行数字化处理，使之能通过网络传递并存储在电脑中，以方便接收者需要时使用。

电话会议是指与会人员通过电话远程开会，这种方式大大减少了路途时间，也避免了时间冲突。随着科技的发展，现在还有可视会议，即通过远程视频语音软件，实现图像、语音信息同时到达接收方，方便了议程的讨论。

（三）电子化信息沟通的作用

电子化信息沟通促进了办公室革命，影响深远。不过在推广电子化信息沟通的同时，我们也要全面认识它的积极作用和消极作用。

1. 电子化信息沟通的积极作用

（1）快速、迅捷、便利。

（2）减少出差人员和费用，降低企业的沟通成本。

（3）提高工作效率。

（4）降低劳动强度。电子产品可以自动或半自动地完成以前需要手工完成的任务。

（5）增加成员沟通的自由度。

（6）促进成员之间的合作。员工之间可以更加方便快捷地传输文件。

2. 电子化信息沟通的消极作用

（1）减少了人际沟通。由于缺少面对面的沟通，人们之间的信任和亲密感随之下降。

（2）缺乏个性。由于电子化信息沟通可以无限复制信息，会造成沟通时千人一面，失去个人魅力。

（3）信息泛滥。因为电子设备无法甄别信息的重要程度，存在信息过多而淹没重要信息的情况。

（4）损失大量信息。电子设备如果损坏，其信息的损失将是大量的。

第 4 节　有关沟通的当前问题

一　男女之间的沟通差异

男女之间除了生理方面的差异，在交流沟通的方式上也有很多不同。举个身边的事例：一对夫妻开着车在公路上前行，忽然妻子问丈夫："想停下来喝点儿水吗?"丈夫实话实说："不想。"之后他们继续前进。可是，很想喝水的妻子十分不满，因为她认为丈夫没有在意她的意愿；丈夫发现妻子生气了心里也很不满，因为他觉得如果她想喝水，应该直接说。此情此景中，如果对方都能理解彼此的交流差异，那么情况就会好很多，不至于因为误解而生气。不过遗憾的是，在这个例子中，丈夫没有看出妻子问他话是因为她想喝水，而不是想要得到一个决定；与此同时，妻子认为丈夫这样回答是在支配自己，而没有意识到其实丈夫只是在坦率地表达自己的观点。

通常情况下，男性承受着外部以及内心的双重压力，因此习惯于独处，以这种方式来减少内心的紧张。社会公认男性应该勇敢、果断、有胆识，因为具有外部压力，他们会发表具有攻击性的言论，从而树立男子汉的形象。他们一方面想着如何征服别人，另一方面又担心自己的尊严是否遭到了忽视。正因如此，男性会将生活中的一切活动视为证明自己实力的机会，说话的时候也不例外。他们会有意识地通过谈话取得某种优势，或者阻止自己被摆布。然而女性习惯于自我揣摩，在乎他人的评价，并且希望别人接受自己。她们习惯用倾诉的方式消除焦虑，从中获得肯定与支持，找到彼此的共同点。

因为存在这些特点，沟通中男性会通过沉默、打断、转移话题、否定等行为，形成一种非合作性的谈话方式。与之不同，女性则多会做出积极的回应，并鼓励对方，相应地，我们称之为合作性的谈话方式。一些社会语言学家的研究表明，合作性的女性遇到非合作性的男性，话题极大可能会变成男性主导（黄惠慈，2001）。由此可见，女性存在一个问题：当她们用合作的态度支持男性时，便很难再将自己的想法引入谈话之中，就好像球场中的啦啦队而非球员。此外，男女沟通的特点会因其在团体中角色担当的不同而受到影响。例如女性常常扮演的角色是，制造亲密温和的气氛，以委婉的方式提出批评，并且倾向于正向理解别人的对话，努力发掘对方所表达的深层含义。而男性扮演的角色是，表现自己，通过攻击性、支配性的语言，使自己处于团队的中心位置，并且很少倾听、对表达者的讲话做出反应（黄惠慈，2001）。

以下是心理学家发现的男女沟通方式的不同之处：

（1）相比女性，男性的表达更复杂。根据研究，陈述事件的时候，女性的平均时间是 3 分钟，而男性会达 13 分钟之久。

（2）男性更喜欢打断对话，找机会表达自己的观点。

（3）女性除了语言沟通，会有更多的肢体语言。而男性往往只看重语言沟通的内容。

（4）谈话中男性看重对话题走向的控制，而女性则看重话题的延续。

（5）女性更喜欢表达自己内心的思想，而男性为了表现出强大而很少袒露心声。

（6）女性谈话较活泼，而男性很在意语言表达的力度。

（7）多数情况下，女性会更多地露出微笑。女性多接受挑战，而男性则多挑战别人。

（8）交流中，女性精神性及原则性强，而男性随机性和生物性强。

（9）女性喜欢异性做上级，不喜欢与同性上级深入沟通。而男性则愿意同性做上级。

二 跨文化沟通

经济全球化已是大势所趋，更多的企业着手于全球化发展，营销活动不再局限于本土，而是向多元文化的全球拓展。不可避免地，这将造成企业跨文化管理的问题。解决这个问题，我们只能通过跨文化沟通来实现。所谓跨文化管理，并不一定说是跨国，也可能是跨地区。

文化差异造成的沟通差异很大。西方社会很注重个人个性发展及成就，没有强烈的阶级观念，这使得他们的沟通比较坦率，并且一切围绕工作的效率。而中国人做事讲究中庸之道，不喜欢突出，因此工作中比较圆滑，避免冲突。这样的文化差异造成了沟通的问题，人们会把来自不同文化的价值观、信仰、规范带入到对话之中。沟通者需要结合对方的语言和文化背景来理解，因此跨文化沟通的难度相对一般沟通来说要大很多。

想要顺利进行跨文化沟通，我们要了解跨文化沟通中的影响因素，理解这些影响因素并排除干扰。跨文化沟通的影响因素主要有以下几个。

（一）语言障碍

每种语言都有独特的俗语和惯用语，我们只有对此有一定了解，才能完成无障碍的沟通，否则就会出现一些问题。有这样一个故事：一位工程师在好莱坞做完了一天的工作，在询问导演对自己的工作如何评价时，导演用了一句好莱坞特有的俚语："你在做一件相当不寻常的事!"（"You are doing one hell of a job"，直译为"你在做一个地狱的工作"。）其实这句话是褒奖之辞，然而工程师并不理解，以为是对他的揶揄，结果大家不欢而散。这种情况很常见，因为很多俚语没有办法直接翻译，对于没有这种语言文化知识的人来说，无疑会对沟通造成很大的麻烦。

（二）感知差异

感知是一个人对外部环境刺激进行选择、评价和组织的过程，与文化有很大的关系。萨姆瓦等认为，社会中有五种主要的社会-文化因素对感知的形成与发展起到很大的作用：信仰、文化价值观、心态系统、世界观和社会组织。这五个感知发展因素会造成沟通双方沟通理解时的差异与障碍。首先，不同的文化有不同的信仰，这个信仰决定了人们的价值观；其次，通过后天习得的文化价值观构成人们处理事件时的规则体系；再次，不同文化的人有不同的心态系统，同时世界观也在很大程度上影响人们如何去理解事物；最后，由于跨文化交流的双方来自不同的社会组织，具有不同的组织文化，因此双方会有不同的行为规范和价值判断。由此可见，上述五个因素会对跨文化沟通的双方产生很大的沟通障碍。因此在跨文化沟通时，我们要从这五个因素入手，分析双方的感知差异。

（三）刻板印象

正如之前所说的，刻板印象会在很大程度上影响交流中的信息接收和理解。比如在跟一个西方人沟通时，我们可能在说话之前心里就会想"他是一个西方人，肯定会……"这样的结论并不是通过分析得到的，而是简单地直接得出的。虽然这种方式会简化沟通时的信息处理分析，但由于这个模板是固化的，往往会形成一些沟通偏差，造成误解。国内一位人力资源总监讲过这样一个故事：印象里美国人说话比较直接，因此交流的时候大家主要关注他们的前几句话。有一次，一个美国人在开篇说了很多"yes"，之后很久才跟了一个"but"。由于之前的思维定式，很多人都理解反了美国人的意见。所以，沟通前如果不能对说话人有一个客观全面的认识，就很容易出现偏差。因此我们应该减少成见，从总体文化特征中将个体剥离开，对存在的差异进行分析。

（四）换位思考能力的缺乏

由于处于不同文化背景，换位思考显得格外重要，遗憾的是很多人都缺乏这种意识和能力。人们习惯于站在自己的角度，以个人的价值观和标准评判别人，没有办法全面地接纳、了解、评价对方的文化差异。沟通出现了障碍，不从对方角度出发寻找文化方面的问题，而误认为是对方故意冒犯，这无益于问题的解决。

实现有效的跨文化沟通，可以考虑从以下几个方面着手：

第一，学会包容。我们应该怀有一颗包容的心，认识到差异的存在是必然的，而文化也没有优劣之分。沟通中出现误解时，我们要多想想对方文化的规则，站在对方的角度理解对方，积极面对差异。

第二，知己知彼。我们应该学习、了解对方的文化，同时要善于文化移情。文化移情要求人们在一定程度上摆脱自己文化的束缚，从对方文化的角度反观自己的文化。与此同时，我们还要能对对方的文化采取超然的立场，而不要盲目地落入对方文化的俗套中。此外，我们还应该对自己的文化有更深层次的理解，了解平日里共同语言和行文在字面之外的深层意义，这会潜移默化地影响我们的沟通方式，包括所说的语言以及对听到信息的处理。通过对自己文化以及对方文化的深入了解，我们就能有意识地选择沟通的方式。

第三，跨文化培训。培训的重心是两个：第一是转变观念；第二个是学习沟通技巧。一些西方管理学家提出，跨文化培训将是人力资源发展的重点，其主要内容包括学习语言、文化认知、文化敏感性训练、地区环境模拟、跨文化沟通以及解决冲突的技巧等。跨文化培养的目的是要减少跨文化管理中管理人员可能遇到的文化冲突，提高当地员工对公司经营理念的理解，维持公司内部人际关系的和谐，提升企业内部信息、决策的传递效率，增强团队的协作精神和凝聚力。

第四，使用非语言沟通。如果语言沟通出现了问题，我们要尽量通过非语言沟通的方式解决，比如图片、音乐、肢体语言等。多方面的沟通会比单独用语言沟通更容易让对方理解。

第 5 节　谈判中的沟通

一　谈判的概念

在每个人的生活中都能找到谈判的影子。有一部分谈判是大家基本能够意识到的，例如雇主和员工之间关于工资的谈判、国家之间的利益谈判等；还有一部分谈判不是那么明显，例如推销员和顾客之间的讨价还价。

那么，什么是谈判？著名学者罗宾斯认为，谈判（negotiation）是指双方或多方为了交换产品或服务，试图对他们之间的交换比率达成协议的过程。

二　谈判的分类

谈判可分为两类：分配谈判和综合谈判。

（一）分配谈判

想象这样一个场景：毕业季到了，你相中了即将毕业的师姐拿出来卖的二手书，询问价格后你觉得有点贵，于是就去跟卖书的师姐谈价格。这时，分配谈判就悄然走进了你的生活。

这种谈判的特点在于它在零和条件下操作。所谓零和条件，是指一方所付出的代价就是另一方的收益，双方的付出和收益的总和为零，无法达到双赢。也正因为这种利益关系，谈判双方可能会把对方看作必须驳倒的敌对方，因此分配谈判有一定的攻击性。

适用于分配谈判的战术主要是试图让对手认同自己的目标，或者让其观点尽可能接近自己的目标。为了做到这一点，你可以让对方觉得你所提供的方案对双方都公平，而对方的方案则不是，让对方认为自己应该对你好一点。此外，透露时间期限也是可用战术之一。我们经常看到淘宝等电商贴出限时优惠的字样，这就是在利用透露时间期限的战术来催促潜在顾客尽快购买自己的商品。

（二）综合谈判

综合谈判（integrative bargaining）基于某一假设条件解决问题，并能找到至少一种实现双赢的方式。例如，一家家具公司的销售人员和一个企业谈好了一笔订单，但是销售人员随后得知这家企业曾经有推迟付款的记录。这样一来，公司因为担心不能收回款项，并不愿意给这个企业做贷款购货。然而，家具公司又不愿意失去这笔订单。经过交流和严谨谈判，双方从所有可能的解决办法中找到了出路：家具公司同意进行贷款购货，前提是对方企业需提供银行担保，以确保如果 60 天内企业不付款，家具公司就能获得赔偿。

对于综合谈判来说，最大的挑战是折中让步。比如，你和朋友一起去逛音像店，都看中了一张唱片，但是唱片只剩一张。你的朋友想要的是唱片中送的限量海报，而你想要的是唱片本身。这时如果朋友二话不说把这张唱片让给你，那么你们永远都不会有机会知道其实你们的需求是互补的，也不会发现其实还有能够实现双赢的选择。

三 谈判的过程

一般而言，谈判的过程包括 5 个环节：准备与计划、界定基本规则、阐述与辩论、讨价还价与解决问题、结束与实施。

（一）准备与计划

在开始谈判之前，你需要思考这次谈判的背景。是什么促使这次谈判产生？实质问题是什么？谈判涉及哪些人员？谈判目标是什么？想从中获得什么？你可以将这些问题列出来，理清思路。

接下来，你还需要思考对方的反应会是怎样的，对方会怎么说，你要怎样应对。对方的态度会有多强硬等问题也应在你的考虑范围之内。

（二）界定基本规则

在做好准备之后，双方就可以制定基本规则了，包括什么时间、在哪里谈判，谈判时长是多久，谈判中需要涉及哪些问题，双方陷入僵局时要遵循什么程序，双方的最初报价和要求是什么等。

（三）阐述与辩论

相互交换最初的要求之后，双方就可以根据自己的谈判目的进行交流。双方会阐述、解释、澄清、论证自己的观点，并进行辩论。在这一过程中，你会给对方提供所有能佐证己方观点的资料和信息，但双方不一定是对抗性的，也可以交换各自的信息并且探讨各自的需求，寻找可能的双赢解决方式。

（四）讨价还价与解决问题

谈判的过程从另一个角度看也是双方各自做出一定让步的过程。因此在这一过程中，双方需要做出让步，这就涉及讨价还价的问题，以确定每一方让步到什么程度。

（五）结束与实施

谈判的最后一步是将已经达成的共识规范化并实施。大多数情况下，谈判结束仅需握手言和即可，例如你和朋友解决买唱片的难题；也有部分正式谈判需要双方在谈判结束之后签署正式的合同或者协议，例如劳资双方商定工资等。

本章小结

1. 沟通是指交换信息、传达和理解思想观念与情感的过程。沟通对于个人和组织都有重大意义。

2. 在沟通的过程模型中，信息发出者把信息转移到信息接收者主要包括以下要素：信息源、编码、信息、通道、解码、信息接收者、反馈、障碍和背景等。

3. 影响有效沟通的因素可以分为四类：能力因素障碍（表达能力障碍、知识经验差异、非语言因素）、心理因素障碍（过滤、选择性知觉、个性和气质、情绪）、社会及组织因素障碍（组织结构、社会角色地位、沟通过量）、差异性障碍（跨文化差异、性别差异）。

4. 沟通包括多种类型。根据沟通过程中信息传递的方向不同，可以分为下行沟通、上行沟通、横向沟通和斜向沟通。根据沟通过程中传递信息后所得到反馈的多少，可以分为单向沟通和双向沟通。根据传递信息的方式，可以分为口头沟通、书面沟通与非语言沟通。根据沟通者的人数，可以分为自我沟通、人际沟通与群体沟通。

5. 在沟通中目前出现了一些新问题：沟通的性别差异和跨文化沟通。

6. 谈判可分为两类：分配谈判和综合谈判。一般而言，谈判的过程包括 5 个环节：准备与计划、界定基本规则、阐述与辩论、讨价还价与解决问题、结束与实施。

关键词

沟通　沟通障碍　人际沟通　组织沟通　跨文化沟通　谈判

复习与思考题

1. 思考并说明沟通对组织的意义。
2. 干扰沟通的心理因素障碍有哪些？分别说明它们对沟通的影响。
3. 在人际沟通中，如何实现更有效的倾听？
4. 对比三种小群体沟通网络的优势与不足。
5. 影响跨文化沟通的因素有哪些？如何实现更有效的跨文化沟通？
6. 思考并对比分配谈判和综合谈判的异同。

参考文献

1. 胡君辰．组织行为学．北京：中国人民大学出版社，2010.

2. 张德，吴志明．组织行为学．3版．大连：东北财经大学出版社，2011.

3. 孙健敏，李原．组织行为学．上海：复旦大学出版社，2005.

4. 斯蒂芬·P. 罗宾斯．组织行为学：第10版．北京：中国人民大学出版社，2005.

5. 魏国江，李碧珍．组织行为学．厦门：厦门大学出版社，2009.

6. 关培兰．组织行为学．3版．北京：中国人民大学出版社，2011.

7. 徐建平．组织行为学．北京：中国人民大学出版社，2008.

8. 孙健敏，徐世勇．管理沟通．北京：清华大学出版社，2006.

9. 徐世勇，刘旭刚．管理技能开发．北京：中国轻工业出版社，2010.

10. Goris J R，Vaught B C，Pettit J Jr. Effects of communication direction on job performance and satisfaction：a moderated regression analysis. Journal of business communication，1986，37（4）：348.

11. Katz R L. Skills of an effective administrator. Harvard business review，1974（September-October）：90－102.

12. Putti J M，Aryee S，Phua J. Communication relationship satisfaction and organizational commitment. Group & organization studies，1992，15（1）：44－52.

13. Tucker M L，Meyer G D，Westerman J W. Organizational communication：development of internal strategic competitive advantage. Journal of business communication，1982（33）：51－69.

案例分析

陈总与下属小郭的一次面谈沟通

陈：小郭，在看了你的业绩报告之后，我安排了这次会谈。我想与你谈一些问题。我知道我们从来没有面对面交谈过，但是我想我们该谈谈你该做些什么了。只是我要说的事情可能不太受欢迎。

郭：陈总，不要客气。我想我会听的。在这之前，我与那些初来乍到并自以为懂得这里一切的人已经谈过几次了。

陈：小郭，我希望今天的谈话是一种双向沟通。我不是来给你下判决，也不是来听你汇报的。我只是想知道哪些方面需要改进。

郭：好吧，这我以前也听到过，你就直说吧，你屈尊了。

陈：我不认为是屈尊。但有几件事情你应该听一听。一件事情是我在这次调研中发现的，我认为你与一些女员工太亲密了。

郭：噢，你以前没有来过这里，并不知道这里非正式的融洽关系。办公室人员与楼下的女员工经常说一些开玩笑的恭维话。

陈：也许是这样，但你应该注意些。我注意到出现在厂里的另外一件事情。你应该明白，在我们公司，厂房的整洁非常重要。今天早上我走过的时候，发现这里没有像我希望见到的那样整洁有序，东西放得杂乱无章，真够糟的。

郭：在整洁方面，我敢说我们厂肯定能够打败集团中所有其他厂。你也许发现一些工具不在原位，那是因为有人在使用。但我们还是以整洁而自豪。我不明白你为什么说一切杂乱无章。你在这儿没有经验，下什么判决呢？

陈：我非常高兴你能够关注整洁问题。我要说的也就是你应该注意一下，咱们不再说整洁问题了。我发现你穿得不像一个分公司经理。我想你正在创造一个不戴领带的标准形象。但是便装可能会成为员工穿着随意的借口，那可不太好。

郭：我不希望在经理与员工之间有距离。我认为穿得和车间中的员工一样，能帮助我们减少许多障碍。另外，我也没有那么多钱买那么多衣服，它们每天都可能被油弄脏。这似乎对我太挑剔了。

陈：小郭，我不是在挑剔。我对所提到的事情感触太深了。还有其他一些事情需要谈谈。一个就是你交到总部的报告有太多的错误，有拼写错误，还有数字错误。我想知道你对这些报告是否用心了，看来你只是想敷衍了事。

郭：我们这里太多的事情就是报告。我要花3/4的时间填写这些表格。你为什么不给我们一些机会去干工作而取消这些文件工作呢？

陈：你的想法和我一样。的确应该多控制一下生产率、质量和成本。

郭：我不想再争论这个问题了。对我来说，每次提到这个问题，我最后总是失败者。总部从来都不会不让我们写浪费时间的报告。但是，陈总，我也有一个问题想问问你。

陈：说吧。

郭：你为什么不找其他人了解一下情况？我要回去工作了。

资料来源：孙健敏，徐世勇．管理沟通．北京：清华大学出版社，2006.

讨论题

1. 为了改进与下属面谈的效率，你建议陈总做出哪些改变？
2. 作为下属，你觉得小郭的做法在哪些方面需要改进？

第10章 群体与团队

学习目标

学完本章后，你应该能够：

- ◎ 了解群体的含义和类型
- ◎ 熟悉群体的属性及群体决策的特点
- ◎ 了解团队的概念和类型
- ◎ 掌握并能应用高绩效团队构建的措施

引例

办公室里新来的年轻人

小张2002年毕业于某重点大学行政管理专业。在校期间他品学兼优，多次获得奖学金、三好学生称号，优秀团员称号，并于2001年光荣加入中国共产党。2002年，小张参加了某市公务员考试，顺利通过，被市政府法制办录用。

进入公务员系统后，小张认为从此有了稳定的收入，而且自己的所学又能派上用场，感到很高兴，并且暗自下定决心：要好好做出一番事业。于是，每天小张早早地来到办公室，扫地打水，上班期间更是积极主动地承担各种工作任务，回家还钻研办公室业务。

法制办公室是一个有五个人的科室，包括两个主任和三位年纪较长的办事员老王、老田和老李。几位老同志听说办公室要来一个年轻人，顾虑重重。他们认为，现在的大学生从小娇生惯养，自视甚高，很难相处，而且业务也不熟，需要他们手把手教，无异于一个累赘。令他们没有想到的是，这个年轻人热情开朗，待人谦虚，很容易相处。更重要的是，小张有行政管理学背景，再加上聪明好学，很快就熟悉了业务，成为法制办的一把好手。而且小张很勤快，承担了办公室的大量工作，几位老同志一下子减轻了许多压力。他们渐渐喜欢上了这个年轻人，主任、副主任也经常在办公室的会议上表扬小张。

可是聪明的小张发现，随着表扬的次数增多，几位老同志对自己越来越冷淡。有一次小张忙着赶材料，老田居然冷冷地对他说："就你积极!"小张一时间丈二和尚摸不着头脑。

年终考核的时候，由于法制办的工作按量优质提前完成，被评为"优秀科室"。在制定下一年度的计划时，上级增加了法制办的工作量。法制办的几位老同志本来因为小张的到来轻松了许多，这下子又忙了起来。而且他们发现，虽然繁忙依旧，"名"却被夺走了，每次得到表扬的总是小张。小张更加被排斥了。随着小张被评为法制办第一季度先进个人，三位老同志对小张的反感达到了顶点。从此，几位老同志再也不邀请小张参加任何一次集体活动，还在背后称小张是"工作狂""神经病"，"都这么大了还不谈恋爱，是不是身体有毛病?"话传到小张耳朵里，小张很伤心："我这么拼命干不也是为办公室吗? 要不是我，去年办公室能评上先进科室吗? 怎么招来这么多怨恨?"他一直都不能理解。有一次，小张把自己的遭遇同另一个部门的老何讲了。老何叹了口气："枪打出头鸟，你还年轻，要学的还很多啊!"小张恍然大悟，正是自己的积极破坏了办公室原有的某些东西，让几位老同志倍感压力，才招来如今的境遇。

从此，小张学"乖"了：主任不布置的任务，再也不过问；一天能干完的事情至少要拖上两天甚至三天。办公室又恢复了平静与和谐，先进个人大家开始轮流坐庄，几位老同志见到小张时又客气起来，集体活动也乐意邀请他。小张觉得，这样很轻闲，与大家的关系也好多了，心理压力骤减，生活重新有了快乐。

资料来源：周瑜弘．组织行为学案例精选精析．北京：中国社会科学出版社，2008.

在现代企业中，团队逐渐成为组织解决问题和完成工作的主体。随着团队工作范围的不断扩大，团队成员的构成日趋多元化，团队管理需要考虑的因素也越来越复杂。如何提高团队的运作效率从而实现"1+1>2"的效果，也越来越成为组织需要思考和解决的问题。在本章中，我们将介绍群体与团队的基本概念，解释团队运作的基本原理，并在此基础上对如何构建高绩效团队进行讲解。

第1节　群体的含义

一　群体的基本概念

(一) 群体的定义与特征

首先让我们来了解一下"群体"这个概念。群体（group）是指为了实现特定的目标，由两个或更多人组成的、在行为以及心理上相互影响与相互作用的集合体。群体往往具有以下几个特征：

(1) 成员受到某一因素的影响而进入群体，因此群体成员之间具有共同的利益或共同的目标。

(2) 成员之间在心理认知和行为方面互相作用和影响。

(3) 成员会形成共同遵守的价值标准与行为规范，这使得每个成员的行为都能符合群体的要求。

大家很熟悉的“明星后援会”就是一个典型的群体。粉丝为了支持他们共同喜欢的偶像而形成一个群体。在贴吧、微博等社交平台上，粉丝与粉丝、粉丝与明星之间的互动又使得他们在心理与行为上互相影响，而且随着后援会的逐渐扩大，还会出现各种规章制度以规范粉丝的行为。比如，在明星演唱会上我们经常能见到穿同样衣服、喊同样口号的明星后援会成员。

（二）群体的构成要素

1. 成员

通常我们认为群体成员的能力越强，群体的绩效就越好。事实一定如此吗？作为群体的组成部分，每位成员的能力确实都会直接影响群体的绩效结果。一些研究已经证明，如果一个人具备的能力对于完成任务至关重要，这个人会更愿意参与群体活动，一般来说贡献也会更多，成为群体领导者的可能性也更大。但是，仅仅用群体成员个体的能力是不能预测群体绩效的，因为群体绩效不是成员绩效的简单加和，还有一些其他因素也会影响群体绩效。

从成员个体来看，影响群体行为和绩效的除了成员的能力，还有成员的性格特征。一些特定的人格特质对于群体生产率、群体士气和群体凝聚力等具有积极作用，比如乐观开朗、责任感强、善于社交等。而且在不同地区、不同文化中，对于这种有积极作用的特质的要求各不相同。比如在中国，群体更需要谦虚、随和、乐于助人的特质；而美国可能更欣赏独立、自信。此外，有一些特质例如悲观、独断、统治欲强，在任何文化中都会对群体产生负面影响。这些不同的性格特征通过影响群体成员之间的相互作用方式来影响最终的群体绩效。

但是群体成员的能力和成员性格特征也不能完全预测群体绩效，因为还需要考虑不同成员的搭配组合。研究发现，成员在工作能力上互补的群体更容易有高绩效；个人能力和个体特征决定了成员在群体中的角色，各种角色的适当搭配也会影响群体绩效；价值观相似的成员更容易相互理解，进而密切合作等。

2. 角色

角色一词最早来源于戏剧，指演员在舞台上所要饰演的特定人物，通过表现特定的行为、语言和细节等来反映。而当我们谈论群体中的角色时，是指人们对社会性单元中处于某个职位的人所应该做出的行为的期待。而不同的工作、不同的情境下，我们往往要扮演不同的角色。例如，小明是一名大二学生，他在宿舍是宿舍长；在班里是学习委员；在学生会是人力资源部部长；因为做了家教兼职，他同时是一名初中生的数学补习老师；回到家里他是母亲的儿子、弟弟的兄长。这些不同的角色对小明的行为要求也不同，当学生时他要认真求学，当学生会干部时他要认真负责，当补习老师时他要悉心教导，回到家后他要孝顺母亲、关爱弟弟。这些角色有时互相兼容，有时互相冲突。比如，周三下午有一门很重要的专业课，学生会届时又有一个活动需要小明主持，那他会怎么协调时间呢？

人们在不同的群体中扮演不同的角色。有四个重要的概念与角色有关：角色期待、角色知觉、角色扮演和角色冲突。

第一，角色期待。角色期待（role expectation）是指人们按照社会角色的一般模式对一个人的态度、行为提出合乎身份的要求并寄予期望。通俗地讲，就是别人认为你在特定的情境下应该做出怎样的特定反应。比如，我们认为企业家是有创新力、执行力的；艺术家是浪漫、不拘小节的；人民警察是正直、勇敢的。当角色期待集中在一般的角色类别上时，就成为角色定式或角色刻板印象。

在组织中，雇主与员工之间也存在一种特殊的角色期待，学者们将其命名为心理契约（psychological contract）。心理契约是指在雇主和员工之间存在一种不成文的约定，它规定了双方的期待，也就是雇主对员工以及员工对雇主的期待。一般来说，员工期待雇主公平地对待他们，为他们提供能够接受的工作条件，清楚地向他们传递一天的工作任务，并能够对他们工作的好坏给予反馈。同样，雇主对员工也有期待。雇主期待员工能够认真工作，听从指挥，服从安排，并且忠于组织。但是，当心理契约中蕴涵的角色期待没有得到满足时，就会出现问题：如果雇主没有满足员工对他们的角色期待，员工就可能消极工作，工作满意度降低；如果员工没有满足雇主的角色期待，雇主就可能会处罚甚至辞退员工。

组织中的角色期待也会在一定程度上对组织中的不同人员产生影响。正如皮格马利翁效应所揭示的，员工接受了某种角色期待后，就很有可能朝着被期待的方向发展。所以管理者的期望对其下属员工具有很大的影响，而这一点最早被利文斯顿（Livingston）在《哈佛商业评论》上发表的《管理中的“皮格马利翁”》论述过。

第二，角色知觉。我们上面所谈到的角色期望是外界施加于个体的，并不能反映个体对自己的认识。因此仅有角色期望无法预测一个人的行为，人们对特定角色的扮演更大程度上受他们自己角色知觉的影响。所谓角色知觉（role perception），就是指一个人对于自己在特定环境中应该如何表现、如何反应的认识与知觉。

由于每个人的成长环境、教育经历、人生体验、价值观念及所处环境有所不同，个体与个体之间对于同一角色的理解会存在很大差异。以公交车上让座为例，在中国，年轻人看到老年人上车可能会主动让座，认为这是有爱心的表现，老年人也会为自己得到帮助而感到开心，但是在美国情况就会不同，年轻人不愿意为老年人让座，因为他们不愿意让老年人认为自己对他们的健康产生怀疑，而老年人如果被让座也会为自己的年老体弱感到难过。

个体对自身角色认识的来源有很多，父母、老师、同学以及从小到大的生活见闻都会影响我们对于个体角色的认知，可以说降临到这个世界后所经历的每一件事、所遇到的每一个人都在影响我们的角色认知。

第三，角色扮演。个体对自己的角色有了一定认知后，下一步就会进行相应的行动表现。仍以我们所举过的让座为例，中国青年在角色认知后的下一步表现就是立即让座，而美国青年则是不让座。但是，角色扮演也并不完全取决于个体的角色认知，有时还会受到客观条件的限制。比如，一位新上任的公司总经理认为，总经理就应该大胆创新、努力改革，但是面对上级以及下属员工都愿意保持现状不愿改革的情况，他可能就需要调整自己的领导方式。

第四，角色冲突。角色冲突（role conflict）指的是当一个人承担多种角色时，不同角色期待之间可能会形成矛盾，即如果个体服从其中一种角色期待，那么就很难满足另一种角色期待。甚至有时一个人所承担的所有角色都互相矛盾。

角色冲突的例子自古就不少，比如古人常说的“忠孝难两全”。作为臣子要忠于皇帝，而作为孩子要孝顺父母。如果选择了忠于皇帝，那么可能与父母相处的时间就会少，自然就做不到孝顺父母；反之亦然。时间和精力的有限性决定了我们不能完美地满足两种角色期待。

在组织中，道理也一样。员工所承担的不同角色之间可能存在冲突，而这种冲突会进一步影响员工的行为。当人们感觉到角色冲突时，内心会产生紧张感和挫折感，需要通过一些行为反应来平衡。这时，不同的人可能就会选择不同的行为。比如，个体可以采取一种正规的、符合正式规范的做法。这样，角色冲突就可以依靠能够调节组织活动的规章制度来解决。但有时个体还会采取其他行为，比如退却、拖延、谈判等。研究显示，工作-家庭的角色冲突会影响员工满意度以及离职率（高中华，2014）。

一个相当具有说服力的角色实验是由斯坦福大学的心理学家菲利普·津巴多和他的同事完成的著名的津巴多模拟监狱实验。这个实验能帮助我们更好地理解上述角色概念。他们在斯坦福大学的心理学系办公大楼地下室里建立了一个“监狱”，以每天 15 美元的价格雇用 24 名学生来参加实验。这些学生情绪稳定，身体健康，遵纪守法，在普通人格测验中得分属于正常水平。实验者对这些学生随意进行了角色分配，一部分人为“看守”，另一部分人为“囚犯”，并制定了一些基本规则。然后，实验者就退居幕后，看事情会怎样发展。

这些学生很快就进入所扮演的角色，“看守”显示出虐待狂病态人格，而“囚犯”显示出极端被动和沮丧。囚犯和看守很快适应了自己的角色，一步步地超过了预设的界限，通向危险和造成心理伤害的情形。1/3 的看守被评价为显示出“真正的”虐待狂倾向，而许多囚犯在情感上受到创伤，有两人不得不提前退出实验。最终这个实验在开始 6 天之后被迫终止。这个实验清楚地显示，在被试身上出现了明显的角色冲突。

（三）群体形成的原因

既然有群体存在，我们就需要考虑人们为什么会组成群体。社会认同理论认为，人们会对自己所属群体的成功或者失败产生情绪，因为他们的自尊同群体的表现是紧密挂钩的。比如当公司受到负面的报道时，员工会感到羞愧；当学生所在班级被评为先进集体时，班级里的每一位同学都会感到骄傲。人的一生中可能会通过工作的公司、居住的城市、职业、宗教背景、种族或者性别来形成许多认同。当人们加入某一群体时，就会建立有关这一群体的社会认同，而这可以帮助人们减少对自己身份的不确定性，帮助他们认识自己是谁、与他人有哪些共同之处以及应该做什么。人们什么时候会形成某种社会认同呢？可以考虑以下几个特征：

（1）相似相近性。如果在空间上相近或在个体特征上相似，人们就容易形成群体。很显然，当与组织中其他成员具有相同的价值观或特征时，人们会产生强烈的群体认同感。具有相同的年龄、性别、文化水平等其他人口统计学特征时，新员工会产生强烈的认同感。

（2）独特性。人们更可能会注意那些能够区分他们与其他群体的特征。一项调查发现，在工作群体中，人们对那些具有与自己相同的独特人口统计学特征的成员表现出更强烈的认同感。如果一个组织中只有两名女性，那么这两名女性就会因为共同的性别而产生强烈的认同感。

（3）地位。不同的社会认同代表不同的身份地位，因此人们总倾向于将自己同地位更高的群体联系起来。名牌学校毕业的学生会着重强调自己与母校的联系，并经常向母校进行捐赠；在名企实习过的求职者会极力宣传自己的实习经历。

（4）降低不确定性。正如我们前面提到的，加入群体可以帮助个体确定自己是谁以及该如何适应这个世界。一项研究表明了成立一家分公司后员工所面临的难题：应该继续认同母公司，还是按照分公司正在形成的特征开发出一种独特的认同？在这种实施结构重组的组织中，管理者应设法为新组织界定一种理想的认同，并将其传达给员工，从而避免员工对自己的社会认同感到困惑。

除了上面提到的因素，还有一些理论也可以帮助我们理解人们为什么组成群体或者说群体里为何只有甲和乙，而没有丙和丁。

首先是霍曼斯三要素理论。霍曼斯（Homans）的理论建立在活动、交往和感情之上。这三个要素互相联系：人们共同进行的活动越多，彼此交往的次数就会越多，之间的相互情感（喜欢或者不喜欢的程度）也会越强烈；而相互间喜欢的情感越强烈，又会导致他们之间共同活动和交往的次数越多。在一个群体中，相互交往也是合作和解决问题以实现组织目标的基础。

其次是平衡理论。俗话说“道不同，不相为谋”，反之，能形成群体，个体就一定具有某种共同的基础。国外学者的研究证明了这个道理，Theodore Newcomb（1980）的群体平衡理论认为，人们之间相互吸引是基于他们对与双方都相关的共同目标具有相似的态度。

如图 10－1 所示，个体 X 与个体 Y 交往并建立关系形成群体，因为他们有共同的态度和价值观 Z。一旦这种关系形成，参与者将努力在吸引和共同态度之间保持对称的平衡。如果不平衡出现，将会付出努力恢复平衡。如果平衡不能重建，这种关系将瓦解。

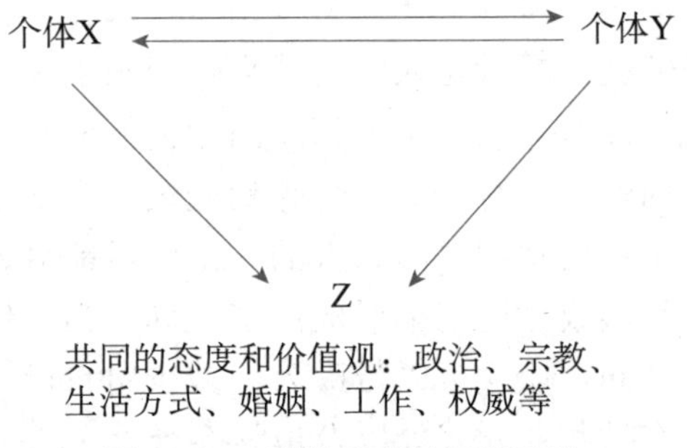

图 10－1　群体形成的平衡理论

（四）群体发展的阶段

通常来说，群体的发展是有一定规律可循的。但是也有研究显示，某些临时群体的发展没有标准的模式，这类群体通常对于完成具体任务没有明确的截止日期。群体的发展过程其实就是从不熟悉到熟悉、从松散到紧密、从混乱到有序的过程。下面我们主要讨论塔克曼（Tuckman）和杰森（Jensen）提出的群体发展五阶段模型和盖尔西克（Gersick）提出的间断-平衡模型。

1. 群体发展五阶段模型

塔克曼和杰森认为，群体的发展要经过五个不同的阶段：形成阶段、震荡阶段、规范阶段、执行阶段、解体阶段（见图 10－2）。

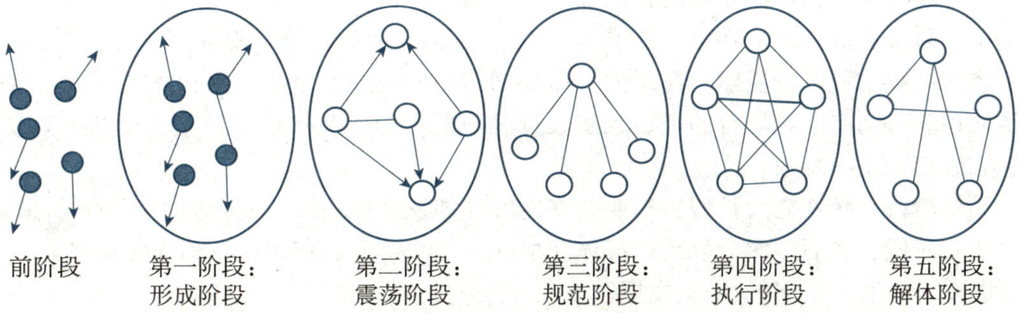

图 10－2　群体发展的阶段

第一阶段：形成阶段（forming）。这个阶段是群体成员相互熟悉的摸索阶段。大家会相互了解其他人的性格和行为特点，明确自己在组织中的地位。在这个阶段，群体会建立松散但明确的基本规则。当群体成员把自己视为群体的一分子思考问题时，这一阶段就结束了。

第二阶段：震荡阶段（storming）。在这一阶段，群体成员虽然接受了群体的存在，但却抵制群体对个体所施加的控制，并且会在由谁控制群体的问题上发生冲突。这一阶段结束时，群体内部出现了比较明朗的领导层级，群体成员在发展方向上也达成了共识。

第三阶段：规范阶段（norming）。在这一阶段，群体成员完全接受自己成为群体的一员，对群体有强烈的认同感和使命感，群体表现出很强的凝聚力。当群体结构比较稳定、群体成员也对那些正确的成员行为达成共识时，这一阶段就结束了。

第四阶段：执行阶段（performing）。此时群体的结构发挥着最大作用，群体结构、等级制度、成员角色等都已完全成型，并得到广泛认同，群体的主要精力从互相了解、认识转移到完成当前的工作任务上。

第五阶段：解体阶段（adjourning）。这一阶段只针对临时性群体而言，因为对于长期工作群体来说，最后的阶段是执行阶段。而临时性群体一旦完成任务，就会面临解体。在这一阶段，群体不再关注高绩效，而是将注意力转移到解散准备工作上。群体成员的情绪反应会有较大的差异，有的成员会为任务圆满完成而感到高兴，有的成员会为群体的解散而感到情绪低落。

但是实际情况中，群体发展并不一定完全准确地遵循上面的顺序。有时几个阶段可能同时发生，或者群体发展到某一阶段后又会回到之前的阶段。例如，如果群体在执行阶段所关注的目标突然发生了急剧转变，那么就会回到震荡阶段，重新明确目标体系并形成新的群体规范，重新确定成员的角色。

此外，从第一阶段到第四阶段，随着群体间成员熟悉程度越来越高，效率也会不断提高。但是，有时高水平的冲突反而会导致较高的群体绩效，这就能解释为什么会出现群体在第三阶段与第四阶段的绩效低于第二阶段的绩效。

2. 间断-平衡模型

前面我们已经提到，并非所有的群体都遵循相同顺序的发展阶段，特别是对于那些有明确截止期限的临时性群体。因此盖尔西克提出了另外一种群体发展模式：间断-平衡模型。该模型认为，群体发展有以下三个阶段：

第一阶段：群体成员在第一次会议上建立目标、明确任务、制定计划、确定领导，然后进入一段平稳的发展期。在群体生命周期的中间阶段会发生一次巨大的转变，群体成员认识到时间有限，原有的平稳状态被打破，群体的各项安排发生重大变化，这次转变标志着第一阶段结束。

第二阶段：转变之后，群体按照新制定的计划发展，经历一个新的平衡阶段。

第三阶段：最后一次会议后，群体完成任务的速度显著加快，直到任务最终完成。

图 10－3 展示了间断-平衡模型。

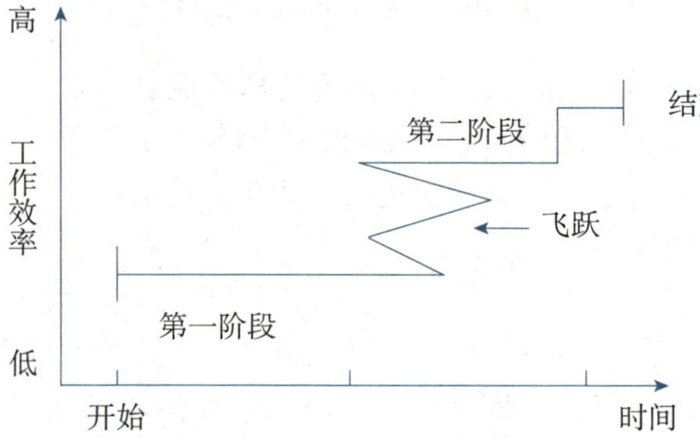

图 10－3 间断-平衡模型

研究发现，从第一阶段过渡到第二阶段大概占据群体完成任务总时间的一半。另一个比较有趣的发现是，尽管每个群体完成任务的时间不一定相同，但是几乎所有群体转变的时间点都是群体生命周期的中间点，此时成员会产生紧迫感，加快行动速度。

间断-平衡模型说明，群体长期以来都是依照惯性发展，在其存在过程中会有一个较为短暂的变革时期。这个时期的产生主要是因为成员意识到完成任务的期限并随之产生紧迫感。但是还有一点需要我们注意：该模型主要描述的是临时性群体的发展变化，并不适合描述长期的工作群体和非任务群体。

二 群体的类型

按照不同的标准，可以将群体分成不同类别。其中，按照群体构成的原则和方式不同，可以将群体分为正式群体与非正式群体（见表 10－1）。

表 10－1 群体的类型

正式群体	命令型群体
	任务型群体
非正式群体	利益型群体
	友谊型群体

(一) 正式群体

正式群体 (formal group) 是指由组织结构确定的、工作分配很明确的群体。在正式群体中，一个人的行为是由组织目标规定并指向组织目标的。正式群体具有明文的规范标准，明确的目标任务、职责分工和权利义务，以及规定的编制和组织形式。

进一步，根据组织的需求和过程又可以将正式群体分为以下两类 (见图 10-4)：

(1) 命令型群体 (command group)。命令型群体由组织结构决定，由直接向某个主管人员报告工作的下属组成。

(2) 任务型群体 (task group)。任务型群体是由为完成一项工作任务而在一起工作的人组成的群体。任务型群体不仅局限于直接的上下级关系，还可能跨越直接的命令关系。比如，如果一个企业要收购另一个企业，那么两个企业的财务总监、人力资源管理者等会组成一个委员会，就收购的各项事宜进行商讨，这个委员会就是一个典型的任务型群体。

我们需要了解的是，所有命令型群体都是任务型群体，但是任务型群体是可以跨越组织界限的。例如，企业可以从市场部、设计部、制造部、采购部等部门抽调人员组成一个新产品开发小组。

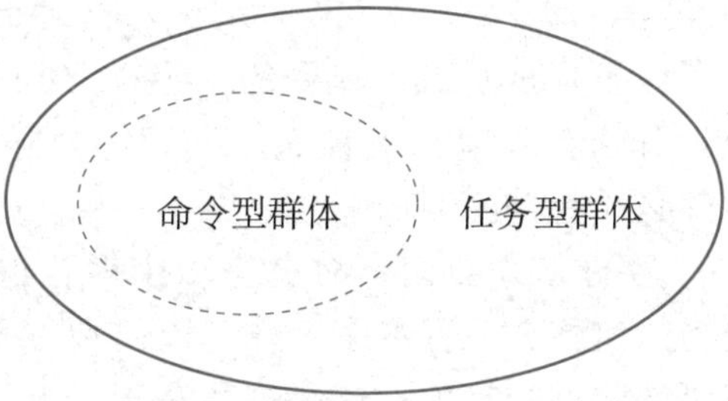

图 10-4 任务型群体和命令型群体的关系示意图

(二) 非正式群体

非正式群体 (informal group) 是指既没有正式结构也不是由组织确定的联盟。它是人们在活动中自发形成的，没有经过任何权力机构承认或批准。形成非正式群体的成员可能具有某种共同的利益、共同的观点、相同的社会背景、相似的经历或生活在邻近地区，也可能具有相同的爱好和兴趣等。在学校里朋友之间形成的“小团体”“小圈子”就是一种非正式群体。具体而言，根据形成的原因，非正式群体可分为以下两类：

(1) 利益型群体 (interest group)。利益型群体是指由具有某种共同目标或共同利益的个体所结合形成的非正式群体。例如，在摩托罗拉公司，有许多员工自发组成的全面顾客满意 (total customer satisfaction，TCS) 团队，它们对改进公司的产品质量、提高顾客满意度起着非常重要的作用。

(2) 友谊型群体 (friendship group)。与利益型群体不同，友谊型群体的形成是因为群体成员具有相同的特点或者共同的兴趣爱好，比如学校的武术社、茶艺社等。

组织内部会存在各种类型的非正式群体，并且在某些情况下，非正式群体甚至比正式群体具有更强的凝聚力。作为管理者，应该重视非正式群体对于组织目标的影响，鼓励和支持非正式群体在缓解员工工作压力、提高士气等方面的积极作用，同时纠正和正确引导对于组织不利的非正式群体，使其对于整个组织目标的实现和员工的利益产生积极影响。

第 2 节 群体属性与群体决策

一 群体的五个属性

（一）成员角色

在每个群体中，不同的群体成员会扮演不同的角色。比如有人可能是领导者角色，有人可能是智多星角色，有人可能是执行者角色，有人可能是捣乱者角色。

（二）群体规范与从众

大家在日常生活中肯定注意过这样的现象：有同学在课堂上发言时，其他同学不会大声说话；学生不会公开顶撞老师。这些现象为什么会出现并且在我们看来并不陌生呢？答案就是规范。

所谓规范（norms），就是群体成员共同接受的一些行为标准。群体规范让群体成员知道自己特定情境下应该做什么，不应该做什么。尽管每个群体的规范或许会有不同，但毋庸置疑的是每个群体都必须有自己的规范。

规范几乎涵盖了群体行为的方方面面，而在组织中最普遍的规范可能就是绩效标准。它详细阐明了员工应当以何种努力程度来工作、以何种方式完成工作、何种程度的拖拖拉拉是合适的，以及诸如此类的事项。这些规范对于个人绩效的影响尤其巨大——这些规范能够调节仅仅基于个人能力和动机来预测的个人绩效。除了绩效标准，还有其他许多规范，例如外观规范（有关着装的规定）、社会安排规范（与谁共进午餐，在工作内外是否与某人建立友谊），以及资源分配规范（任务的分配、报酬和设备等资源的分配）。

1. 霍桑研究

1924 年开始进行的霍桑实验让人们开始全面认识到规范对员工行为的重要影响。这次研究是由美国西方电气公司的领导者发起的，后来由哈佛大学教授埃尔顿·梅奥（Elton Mayo）领导。该研究得出结论：员工的行为与情感紧密相连；群体因素能显著影响个人的行为；群体标准在很大程度上决定个体的产出；与群体标准、群体情感和安全感相比，金钱是决定产出的次要因素。

霍桑实验最初的目的是考察物理环境的变化对生产率的影响，并将照明等其他工作条件选出来代表物理环境。但是，研究人员观察到的实验结果却与他们的预期结果截然相反。

首先，研究人员进行了照明实验。研究人员同时设置了实验组和控制组，并改变实验组的照明程度。但是研究结果显示照明度的改变对生产效率并无影响：当实验组照明增强时，实验组和控制组的产量都上升；当实验组照明减弱时，实验组和控制组的产量仍然保持增长；甚至实验组的照明度减至 0.06 烛光时，其产量亦无明显下降；直至照明减至如月光一般、实在看不清时，产量才急剧下降。

在照明实验之后，研究人员又进行了装配室实验。他们将一组组装电话继电器的女工挑选出来，以便对她们的行为进行更为细致的观察。几年内的观察发现，这组人的产出稳步提高。她们由于个人及疾病原因缺勤的次数只有正常生产部门的 1/3 左右。而这可能是因为被挑选出来的女工曾被叫进部长办公室谈话，而且她们认为自己能被挑选出来是莫大的荣誉。实际上，这个实验以及照明实验中的工人都因他们受到了更多关注而做出了积极回应。

随后，研究团队又进行了群体实验。研究者选择了 14 名男工在单独的房间里从事绕线、焊接和检验工作，并对这个班组实行特殊的计件工资制度。实验者原来设想，实行这套奖励办法会使工人更加努力地工作，以便得到更多的报酬。但观察的结果发现，产量只保持在中等水平，每个工人的日产量几乎差不多，而且工人并不如实地报告产量。深入的调查发现，这个班组为了维护群体的利益，自发形成了一些规范。他们约定，谁也不能干得太多，突出自己；谁也不能干得太少，影响全组的产量；还约法三章，不准向管理当局告密，如有人违反这些规定，轻则挖苦谩骂，重则拳打脚踢。进一步调查发现，工人们之所以维持中等水平的产量，是担心产量提高，管理当局会改变现行奖励制度，或者裁减人员使部分工人失业，或者对干得慢的伙伴进行惩罚。

霍桑研究为我们理解群体规范在决定个体工作行为时的重要作用做出了显著贡献。

2. 从众

群体中的成员都希望能够被群体接受，因此往往都会按照群体规范行事。大量证据表明，群体能够对其成员施加巨大的压力，使其改变自己的态度和行为以符合该群体的标准。

但是，个体成员不会接受所有群体施加给自己的从众压力。因为人们通常会参加多个群体，而这些群体的规范各不相同，有时甚至会互相冲突。这时，个体会选择遵从自己更想加入的重要群体。这些重要群体就是参照群体（reference group）：个体了解群体中的其他人，把自己视为该群体的一员或者渴望成为其中一员，而且觉得其他群体成员对自己具有重要意义。由此可见，并非所有群体都能对其成员施加相同程度的从众压力。

群体对其成员的从众（conformity）压力能够影响群体成员的个人判断和态度，这在所罗门·阿希（Solomon Asch）的经典实验中得到了充分证明。阿希把七八个被试分为一组，让他们围坐在一起，比较实验者手中的两张卡片。如图 10－5 所示，一张卡片上有一条线段，另一张卡片上有三条不同长度的线段，第一张卡片上与第二张卡片上有一条线段一样长，而被试需要判断出是哪一条线段并大声报告自己的答案。答案是显而易见的。但是，阿希想知道，如果从一开始被试的回答就是错误的，会发生什么情况。群体的从众压力是否会导致不知情的被试改变自己的答案，以求与群体其他成员保持一致？为此，阿希预先与前几位被试沟通好让他们给出错误的答案，而让不知情的被试最后一个给出答案。

实验刚开始的时候，先进行几次匹配练习。所有被试都给出了正确的答案。到第三轮的时候，第一位被试给出了明显错误的答案，比如他说图 10－5 中 A 线段与 X 线段一

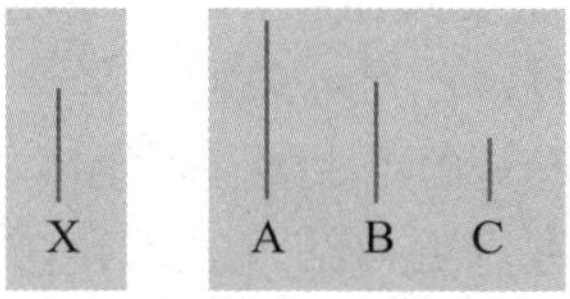

图 10-5 阿希实验中使用的卡片

样长。接下来知情的被试都给出了相同的错误答案，一直轮到不知情的被试。不知情的被试知道 B 线段与 X 线段一样长，但是前面的成员都说是 A 线段。他需要做出一个选择：是自己公开说出与其他成员都不同的答案，还是为了与他们保持一致而说出一个自己知道是错误的答案？

阿希得到的结果是：在多次试验中，75%的被试给出了至少一个从众答案，也就是说，他们明知自己的答案是错误的，不过这个错误答案与群体其他成员的答案一致。平均每个从众者给出了 37%的错误答案。这个实验结果表明，群体规范能够对成员构成从众压力。我们希望成为群体的一员，因此会避免与众不同。

上述结论基于 50 年前的研究结果。时间的流逝是否会使结论的效度发生改变？我们是否可以认为这些结论也适用于其他文化？有证据表明，自阿希在 20 世纪 50 年代初进行该研究以来，人们的从众程度呈现出稳定的下降趋势，而且阿希得出的结论是受文化制约的。与个人主义文化相比，在集体主义文化下人们对社会规范的从众程度更高。然而，即使在个人主义国家中，从众也对群体具有显著的影响。

（三）群体地位

地位（status）指的是他人对于群体或群体成员的位置或层级进行的一种社会界定。它体现在社会的每一个角落。即使是最小的群体，对成员也有不同地位的区分。当个体感觉到对自己地位的看法与其他人对自己地位的看法存在差异时，地位会成为一项重要的激励因素，而且产生显著的行为后果。

那么地位是由什么决定的？根据地位特征理论（status characteristics theory），地位主要有以下三个来源：第一，驾驭他人的权力。能够控制结果的人通常会被认为具有更高的地位，因为他们有可能控制该群体的资源。第二，对群体的目标做出贡献的能力。那些对群体的成功具有重要贡献的人通常有更高的地位。比如，有人认为勒布朗·詹姆斯在球队的决策方面比他的教练更有发言权。第三，个体特征。那些具有群体所看重的个体特征（如相貌出众、聪明、有钱或者友善）的人，其地位通常会高于那些只拥有较少此类特征的人。

1. 地位与规范

研究表明，地位会对群体规范的影响力以及从众压力产生一些有趣的影响。地位较高的群体成员往往比其他成员享有更大的自由来偏离群体规范。工作地位高的人（比如医生、老师和管理人员）往往会对工作地位低的人施加的社会压力持消极态度。比如，内科医生对于保险公司的低级员工做出的决定通常采取抵制态度。而且，地位高的成员比地位低的成员更能抵制从众压力。如果一名成员很受群体器重，而他又不需要或不在乎群体给他提供的社会性奖励，那就尤其可能漠视从众规范。比如我们经常能看到体育明星、著名演员和杰出学者对那些约束他们的规范不屑一顾。只要这些地位高者的活动不影响群体目标的达成，他们通常就能获得更大的自主权。

2. 地位与群体互动

在群体中，地位高的人往往更加果断。他们经常发言，也经常批评和打断别人，同时要求也更多。但是，地位差异实际上妨碍了群体的创造力以及新观点和新想法的提出，因为地位低的成员参与集体讨论的积极性降低。即使他们提出了对实现群体目标有益的建议，也可能不被采纳，从而降低了群体的整体绩效。

3. 地位的不平等

平等的观念是十分重要的，如果成员认为群体中存在地位不平等，就会引起群体内的失衡，并导致他们采取各种各样的措施来纠正这种失衡。群体内对地位标准通常达成了一致，对群体成员的地位层级也会形成共识。但是，当人们从一个群体转入另一个群体时，由于群体的地位标准不同，或者群体成员的背景不同，他们可能会遇到冲突。比如，公司管理者可能把个人收入或公司发展速度作为衡量个人地位的决定因素；政府官员的标准可能是自己手里掌握的预算规模；蓝领工人的标准可能是资历。如果群体由不同类型的个体组成，或者不同类型的群体必须相互依赖，那么当群体试图协调不同的地位层级时，地位差异就可能会引发冲突。比如，当管理者将本组织中不同职能领域的员工组成一个团队时，群体成员的地位就会成为一个突出的问题。

（四）群体规模与社会惰化现象

群体规模也会影响群体的整体行为。研究表明：小群体完成任务的速度比大群体更快，并且个体在小群体中的表现更好。但是，大群体（成员数量不少于 12 人）在解决困难复杂的任务时比较有利，并且更善于获得各种各样的投入。因此，如果群体目标是搜寻和发现事实，那么规模较大的群体更有效；而小群体更善于利用这些投入实现某个结果。一般来说，7 人左右的群体在采取行动时最有效。

与群体规模有关的一项发现是社会惰化现象。社会惰化（social loafing）是指个体在群体中工作时不如单独工作时那么努力的倾向。而这就使得“群体的整体生产率大于等于个体生产率的总和”这个逻辑受到一定的质疑。

人们经常认为，集体精神能够激励成员努力工作，从而提高群体的整体生产率。但是或许这样的刻板印象是错误的。20 世纪 20 年代末，德国心理学家马克斯·瑞格尔曼比较了拔河实验中的个人绩效和群体绩效。他最初预计，3 个人一起拔河的拉力是 1 个人单独拔河时的 3 倍，8 个人一起拔河的拉力是 1 个人单独拔河时的 8 倍。但是，研究结果并没有证实他的猜测。平均来看，1 个人单独拔河产生 63 千克力，在 3 人组成的群体中个人拉力降到 53 千克力，在 8 人组成的群体中个人拉力降到 31 千克力。之后也有研究者用其他类似的任务复制了瑞格尔曼的实验，这些复制研究基本支持了瑞格尔曼的发现：随着群体规模的增大，群体绩效会增加，但新成员的补充降低了生产率方面的收益。从经济学的角度来说就是群体随着规模扩大，其边际收益是减少的。

那么，是什么原因导致了社会惰化？一种可能是，当群体成员觉得别人没有尽最大努力时，自己也会相应地降低努力程度，认为这样才公平。另一种解释是搭便车。当群体没有对任务进行具体划分时，就会有成员希望什么都不做而享受劳动成果，就像三个和尚的故事中一样，每个和尚都想做搭便车者，到最后群体绩效就降低了（谁也没水喝）。这一点对于组织行为学具有重大意义：当管理者希望借助群体的力量来提升工作士气和团队精神时，必须能够识别个体的努力程度。如果做不到这一点，管理者就需要在员工满意度提高与生产率下降之间做出取舍。

有几种方法可以防止社会惰化：（1）设立群体目标，使群体具有为之努力的共同目标；（2）增强群体间的竞争，使各群体更关注自己的绩效；（3）开展同事评估，让每个人对其他成员的贡献进行评价；（4）挑选愿意在群体中工作、积极性较高的成员；（5）如果可以的话，使群体奖励在一定程度上取决于每个成员的独特贡献。尽管上面提到的每一种方法都不能完美地避免社会惰化，但的确能在一定程度上将社会惰化的影响最小化。

（五）群体凝聚力

凝聚力（cohesiveness）指的是成员之间相互吸引以及愿意留在该群体中的程度。不同的群体具有不同的凝聚力。有的群体凝聚力强，可能是因为群体成员之间已经合作了很长时间，或者群体规模较小促成了较多的互动，也可能是外界威胁使得群体成员紧密团结起来。

群体凝聚力会影响群体生产率。研究一致表明，凝聚力与生产率的关系取决于群体中与绩效有关的规范。如果绩效规范要求很高（比如高产出、高工作质量、与群体外的人保持良好的协作关系），高凝聚力群体的生产率就会高于低凝聚力群体，但是如果群体凝聚力高而绩效规范要求很低，生产率就会下降。如果群体凝聚力低，但绩效规范要求很高，则生产率也会较高，但不如凝聚力高且绩效规范要求也高的情境；如果群体凝聚力低，而且绩效规范要求也低，则生产率更可能处于中低水平。图 10－6 形象地阐释了这些结论。

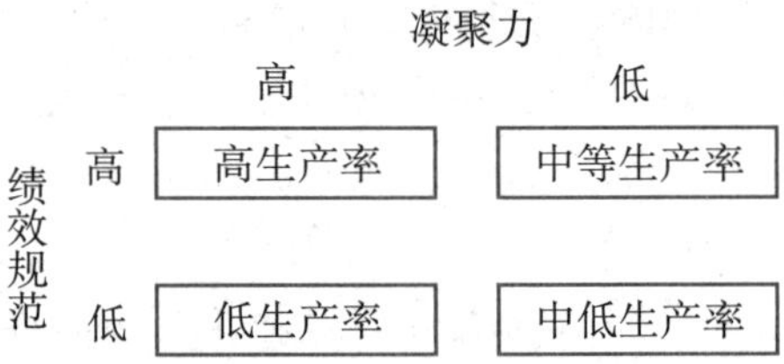

图 10－6　群体凝聚力、绩效规范和生产率的关系

为了增强群体凝聚力，有以下几点建议可以参考：（1）缩小群体规模；（2）鼓励对群体目标的认同；（3）增加群体成员在一起的时间；（4）提高群体的地位，并让人们觉得成为该群体的成员并不容易；（5）激励与其他群体竞争；（6）奖励群体而不是成员个体；（7）使群体拥有单独的物理空间。

二　群体决策

（一）个体决策与群体决策比较

北美许多国家的法律体系认为两人的智慧胜于一人，这个信念在其陪审团制度中表现得尤为明显。如今，组织中许多决策也是由群体共同做出的。群体决策与个体决策相比，具有很多优势：

（1）群体通过汇聚多人的思维，开展头脑风暴，可以提供更完整全面的信息、知识。

（2）由于群体中的个体存在差异性，群体决策能提供更异质化的思维模式，增加观点的多样性。

（3）因为成员参与了决策制定过程，群体决策能够提高决策的被认可程度。

但是，与此同时，群体决策相比个体决策也具有一些弱势：

（1）效率低下。群体决策因为要经过组织成员讨论并协商，需要耗费大量时间，这比个体决策花费了更多的时间。

（2）从众压力。群体成员都希望被群体认可和接受，因此一些不同意见可能会被保留或压制，使得群体决策实际上变成精英决策。

（3）责任不明。群体决策因为是由群体共同做出的，一旦出现问题，不能找到明确的负责人。

对群体决策和个体决策进行比较之后，我们需要考虑两者的适用情况，主要从以下几个方面进行：

（1）待决问题的类型。群体决策适用于由不同方面构成的复杂重大问题，而个体决策效率较高，当问题虽复杂但需分若干阶段完成时，个体决策方法更便于阶段间的协调。

（2）群体成员接受与认同的重要性。当大家的接受与认同对决策的贯彻与实施影响较大时，采用群体决策。

（3）对决策质量的要求。一般来说，集思广益的群体决策质量偏优，但不一定好于最内行的个人，若能确认此人的能力，则可采用个体决策。

（4）个体特征。群体成员若有共同合作、集体共事的经验，可以采用群体决策；若个人竞争性强，不愿合作，则只能采用个体决策。

（5）组织文化与氛围。组织提倡和支持群体协作时，应该采用群体决策。

（6）时间限制。若情况紧迫，不容大家从容研究，则采用个体决策更可行。

（二）群体思维与群体转移

群体决策可能会产生群体思维以及群体转移，这两种现象会影响到群体对于各种方案的客观评估能力。下面我们对群体思维与群体转移做详细介绍。

1. 群体思维

美国心理学家欧文·贾尼斯（Irving Janis）通过研究几个不同的总统制国家对外政策的决策发现了群体思维（group think）。所谓群体思维，就是在一个有凝聚力的群体中，成员倾向于让自己的观点和群体一致而使得群体缺乏不同的思考角度。它主要具有以下几个特征：

第一，群体成员认为他们自己的决策是无懈可击的。

第二，压制相反的观点。群体成员对那些不时质疑群体共同观点的人施加压力，使其支持大多数人的观点。

第三，从众的压力。那些持有怀疑或不同看法的人往往通过保持沉默甚至降低自己看法的重要性，来尽力避免与群体观点不一致。

第四，全体一致的错觉。群体往往将成员的沉默解释为对大多数人观点的支持。

群体思维有其优于个体思维的地方，但有时也会导致一些恶性结果。群体思维在组织中会同时产生正面影响和负面影响，而管理者需要将群体思维的负面影响降到最低。

第一，监控群体的规模。尽管一个群体的成员数量应该控制在多少人并没有定论，但是研究表明，当群体超过 10 人时，会减少个人的责任感。

第二，管理者应该鼓励群体领导者扮演公正无偏的角色。应该鼓励所有成员都发表意见，避免只表达自己的观点，特别是在讨论开始的时候。

第三，任命一个故意反对者唱反调，激发群体成员从不同角度思考和评估决策。

第四，管理者应该在群体内创造一种心理安全感（psychological safety），以免成员担心因自由发表意见而受到指责。

第五，让几个群体同时对一个问题进行决策，并综合比较，必要时咨询外部专家的意见。

2. 群体转移

群体转移（group shift）是指群体讨论会使群体成员的观点朝着更极端的方向转移，这个方向是在讨论之前他们就已经偏离的方向。群体转移的结果就是保守的会更加保守，而激进的会更加激进。多数情况下，群体决策倾向于更为冒险。群体讨论会放大群体最初的观点。

为什么会出现群体转移这种现象？有些人认为，群体讨论使群体成员之间变得更加熟悉和融洽，他们因而会变得更加勇敢和大胆。还有人认为，群体使责任分散化。群体决策使得任何人都不用单独承担最后的决策后果。即使决策失误，也没有一个成员能够承担全部责任，因此群体决策会更冒险。

国内学者陈国权认为，社会文化和组织文化对群体转移影响很大。在一个崇尚勇敢、冒险的社会和组织里，可能会发生冒险偏移；而在一个崇尚谨慎、保守的社会和组织里，可能会发生保守偏移。

（三）群体决策的技术

在实际过程中，形成群体决策也有许多具体的技术，比如头脑风暴法、名义群体法、德尔菲法以及电子会议法。

1. 头脑风暴法

头脑风暴法又称智力激励法，简单来说就是成员聚在一起，就需要讨论的问题畅所欲言，并且在讨论的过程中不允许对他人的看法加以评论。“不允许评论”这一点可以解决群体决策中从众压力这个问题。

头脑风暴法具体可以这样操作：6～12 人围坐在一张桌子旁，群体的领导者先把问题说明白，确保每位成员都清楚地了解。然后，在给定的时间内大家可以自由发言，尽可能多地想出问题的各种解决方案。在讨论过程中，任何人都不能对别人的观点加以评价，哪怕某些观点是异想天开或者稀奇古怪的。所有提到的方案都被记录下来，最后再拿出来由大家一起讨论分析。

头脑风暴法可以刺激群体成员产生新的想法，当群体需要创新时就可以采用这种群体决策方法。

2. 名义群体法

名义群体法是指在决策过程中对群体成员的讨论或人际沟通加以限制，但群体成员是独立思考的。与召开传统会议相同，群体成员都出席会议，但群体成员首先需要进行个体决策。

名义群体法在具体操作时可以按以下步骤进行：

第一步：主持人把问题介绍清楚，并确保每位成员都明白。

第二步：群体成员分别写下自己对于解决这个问题的看法或观点。

第三步：每位成员开始向其他人说明自己的观点，一个接一个，每次表达一种观点。在这个过程中，所有的观点都被记录下来。

第四步：群体开始讨论每个人的观点，允许个人对自己的观点进行解释和补充，大家对每个观点进行讨论评价。

第五步：由每位成员独自对这些观点进行排序。最终的决策结果是排序最靠前、选择最集中的那个观点。

名义群体法结合了个体决策与群体决策的优点，既不相互影响，独立创造，又能够相互讨论。

3. 德尔菲法

德尔菲法又名专家意见法或专家函询调查法，它采用背对背的通信方式征询专家小组成员的预测意见，每一轮征询后会将意见综合反馈给专家，经过几轮征询，使专家小组的预测意见趋于集中，最后做出符合市场未来发展趋势的预测结论。德尔菲法与名义群体法类似，不过没有群体成员聚在一起讨论的环节。德尔菲法提供了某一领域内专家意见的综合评析，而不仅是片面地截取少数几个声音。因此，它常常用来衡量某专业领域的当前地位。

一般来说，德尔菲法的操作步骤如下：

步骤一：在问题明确以后，主持人把精心设计的问卷发给群体成员，通过填写问卷提出解决问题的可能方案。

步骤二：每位群体成员匿名独立填写第一份问卷。

步骤三：主持人把第一次问卷调查的结果整理出来。

步骤四：主持人把第一次问卷调查的结果分发给每个人一份。

步骤五：在群体成员看完整理结果以后，要求他们再次提出解决问题的方案。结果通常是启发出新的解决办法，或使原有方案得到改善。

步骤六：如果有必要，重复步骤四和步骤五，直至找到大家意见一致的解决方案。

德尔菲法的一个优点与名义群体法相同，即可以避免相互之间的影响，减少从众效应，并且相较于名义群体法，德尔菲法还具有地点上的灵活性，因为使用这种方法时不必将所有专家聚到同一地点，节省了将成员聚到一起所花的成本。

4. 电子会议法

电子会议（electronic meetings）法是名义群体法与计算机技术相结合的一种群体决策技术。

电子会议中，群体成员围坐在桌子旁，每人一台电脑。问题通过大屏幕呈现给与会人员，而成员们将自己的想法输入电脑，然后呈现在大屏幕上。电子会议技术的主要优势是匿名、可靠、迅速。与会者可以采取匿名形式把自己想表达的任何想法表达出来。参与者一旦把自己的想法输入电脑，所有的人都可以在屏幕上看到。与会者可以真实地表现自己的态度，而不用担心受到惩罚。而且这种方法决策迅速，因为没有闲聊，讨论不会离开主题，大家在同一时间可以互不妨碍地相互“交谈”，而不会打断别人。

专家认为，电子会议比传统的面对面会议快55%。例如，费尔普斯·道奇采矿公司（Phelps Dodge Mining）运用这种方法，使年度计划会议从几天缩短到12小时。但这种方法也有缺点：与口才好但打字速度慢的人相比，那些打字速度快的人能够更好地表达自己的观点；想出最好建议的人得不到应有的奖励；而且这样所能得到的信息也不如面对面沟通所能得到的信息丰富。虽然这种方法现在正处于幼年阶段，但未来的群体决策很可能会广泛地采用电子会议法。

群体决策效果的评价总结如表10-2所示。

表10-2　群体决策效果的评价

	头脑风暴法	名义群体法	德尔斐法	电子会议法
观点的数量	中等	高	高	高
观点的质量	中等	高	高	高
社会压力	低	中等	低	低
财务成本	低	低	低	高
决策速度	中等	中等	低	高
任务导向	高	高	高	高
潜在的人际冲突	低	中等	低	低
成就感	高	高	中等	高
对决策结果的承诺	不适用	中等	低	中
群体凝聚力	高	中等	低	低

第3节　团队的含义及团队的运作原理

一　团队的定义与特征

团队是指组织为实现某个既定目标，由不同背景、不同技能、不同知识的人相互协作组成的一种特殊类型的群体。团队主要具有以下特征：

第一，团队成员具有共同目标。团队的建立以完成共同目标为主要任务。共同的工作目标可以使团队成员具有强烈的集体使命感，为了团队的业绩表现共同承担责任，从而产生丰厚的集体成果。单纯为了交流而建立的集体很难成为高效率的团队。

第二，团队成员之间具有高度的相互依赖性，每个成员只是团队的一分子，单纯依靠一个人并不能顺利完成任务目标，需要成员之间高度合作，成员往往处于复杂的互动之中。

第三，每个成员对团队做出的贡献都不同，因为成员在背景、训练、能力以及资源方面存在差异。

第四，团队成员共同承担责任。一方面，团队成员在日常的运作过程中共同分摊团队工作；另一方面，无论最后的目标是否达成，都由团队成员共同分享成果或承担失败的责任。

二　群体与团队的区别

从团队的定义我们可以知道，团队是一种特殊形式的群体。但团队与群体又有区别。团队中的成员是具有共同目标的，而群体中的成员是互相独立的，每个人的目标可能各不相同。以足球迷与足球队为例，足球迷是一个群体，他们由于各种各样的原因，比如热爱足球或喜欢某个球员而形成一个群体，但并没有共同的目标；而足球队则是一个团队，他们具有共同的目标，就是争取赢得每一场比赛。罗宾斯认为，工作群体的绩效仅仅是每个群体成员个人贡献的总和；而工作团队则不同，它通过成员的共同努力能够产生协同作用，团队成员努力的结果使团队的绩效水平远远高于个体成员绩效的总和。

我们可以通过表 10－3 了解两者的不同。

表 10－3　　群体与团队的区别

	群体	团队
个体目标与集体目标	两者冲突时，个体目标优先	两者冲突时，集体目标优先
成员的身份认同	成员认为自己仅仅是普通一员	成员有强烈的归属感和使命感
成员的技能组合	随机产生并相对静止	技能多元化并且互补
领导权力的作用	领导权力集中，作用突出	领导权力下放，作用不突出
成员之间的关系	缺乏交流，不够了解和信任	相互信任，充分了解
成员工作主动性	个体被动接受被安排的任务	积极主动，勇于创新实践
集体的行动方式	没有或很少能产生协作	相互支持，发挥集体的能力
个体对集体决策的影响	个体极少有参与决策的机会	成员参与所有影响团队的决策
工作结果	等于或小于个体成果的总和	大于全部个体成果的总和

资料来源：孙义．群体与团队九大区别．[2006-10-05]．http：//www.jjykj.com/viewnews.asp?id=3974.

三　团队的类型

根据团队成员的来源、自主权的大小以及存在目的的不同，我们可以将组织中的团队划分为四种类型：问题解决型团队、自我管理型团队、多功能型团队和虚拟型团队（见图 10－7）。

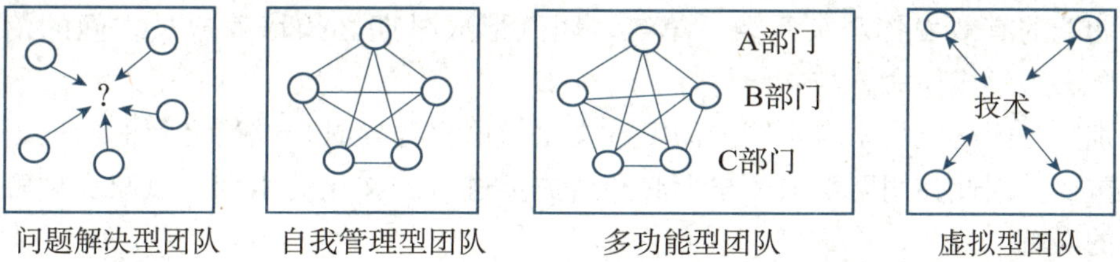

图 10－7　团队的类型

(1) 问题解决型团队（problem-solving team)。问题解决型团队是为了解决组织所面临的特殊问题而产生的。这类团队存在的时间往往很短暂，所要解决的问题一旦消失，团队就会解散。团队成员来自同一个组织或者同一个部门，他们就如何改进工作程序和工作方法相互交换看法或提供建议。20 世纪 80 年代，应用最广的问题解决型团队之一是质量圈。这些工作团队由 8～10 位员工和主管组成，成员定期聚会，一起讨论工作中面临的质量问题，调查问题的原因，提出解决问题的建议，并在授权的范围内采取纠正行动。今天，许多组织都在使用问题解决型团队，尤其是作为一种寻求改进质量、加快递送、消除纷争、减少事故率以及降低成本的方法。

(2) 自我管理型团队（self-managed work team)。自我管理型团队不仅讨论解决问题的方案，并且亲自执行解决方案，对工作承担全部责任。一般来说，这种团队的责任范围包括控制工作节奏、决定工作任务的分配、安排工间休息、检查工作程序。完全的自我管理型团队甚至可以挑选自己的成员，并让成员相互进行绩效评估。这样，领导者的重要性就下降了，甚至可以被取消。

但是使用自我管理型团队并不一定产生积极效果。在这种团队中，员工的满意度的确有所提高，不过，员工缺勤率和流失率通常也较高。研究发现，自我管理型团队的效果取决于情境，企业在组建自我管理型团队之前应该进行环境分析，包括行业环境、组织的价值观与目标、组织文化、任务类型、员工激励等。引入自我管理型团队能否成功取决于组织是否做好准备以及团队是否符合本国的文化传统。

(3) 多功能型团队（cross-function team)。多功能型团队由来自不同等级、不同工作领域、具有不同工作技能的员工组成，他们来到一起的目的是完成跨部门、跨领域和多功能的特定任务，任务完成后，他们又回到自己的部门。

多功能型团队能使组织内（甚至组织之间）不同领域的员工之间交换信息，激发产生新的观点，解决面临的问题，协调复杂的项目。但是该类团队在其形成的早期阶段往往要消耗大量的时间，因为团队成员需要学会处理复杂多样的工作任务；在成员之间，尤其是那些背景、经历和观点不同的成员之间，建立起信任并能真正合作也需要一定的时间，这类团队的成员早期通常都需要经历一段磨合期。

(4) 虚拟型团队（virtual team)。虚拟型团队是指在不同地域空间、通过信息技术进行合作的团队组织形式。这种类型的团队成员之间不需要密切的面对面的接触，沟通可以通过电子技术完成。即便是跨时间、跨地区甚至是跨组织，虚拟型团队同样可以完成信息共享、制定决策、执行任务等其他团队所能完成的全部工作。

要建立一个有效的虚拟型团队必须考虑以下因素：第一，必须契合合作目标。第二，虚拟团队的成员必须经过甄选。必要的技术、经验、职业道德、人际交往能力等对于团队功能的有效发挥至关重要。第三，团队形成早期必须培养成员之间的信任。第四，团队必须形成使命感与共同目标。

特别是当团队成员来自不同的国家、文化与语言各异时，成员之间的沟通与建立信任至关重要。因此在团队形成的早期必须对成员进行跨文化的培训，以减少理解与交流过程中的误解。

第 4 节　高绩效团队的管理

一　团队绩效的含义

哈克曼（1987）和森德斯特伦（1990）对团队绩效进行了广义的定义，认为团队绩效是指团队实现预定目标的实际结果，主要包括三个方面：团队生产的产量（数量、质量、速度、顾客满意度等）；团队对其成员的影响（结果）；提高团队工作能力，以便将来更有效地工作。在至今众多有关团队绩效的研究中，诺尔德（1990）关于团队绩效的定义最为流行。诺尔德（1990）认为，团队绩效主要包括三个方面：团队对组织既定目标的达成情况；团队成员的满意度；团队成员继续协作的能力。

二　高绩效团队的构建

一般来讲，高绩效团队应具备一些条件，这些条件可归结为四个方面：第一是资源等影响团队效力的外界条件；第二是团队组成；第三是工作设计；第四是影响团队效力的过程变量，如图 10－8 所示。

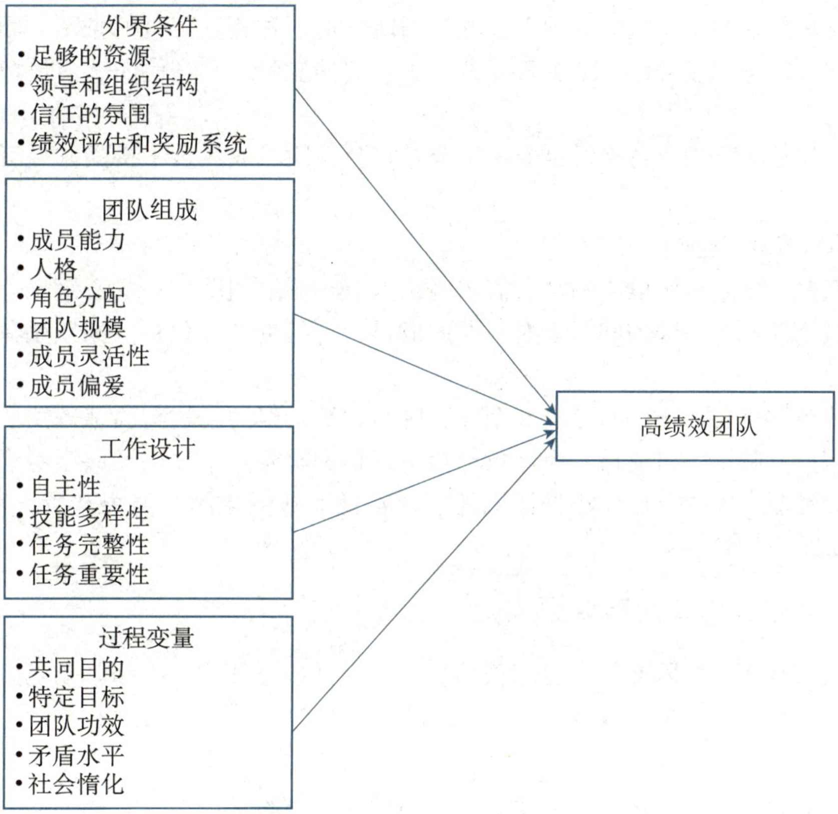

图 10－8　高绩效团队的要素

资料来源：斯蒂芬•P. 罗宾斯．组织行为学：第 10 版．北京：中国人民大学出版社，2005.

（一）高绩效团队的外界条件

与团队绩效关系最大的四种前后关联的影响因素是足够的资源、领导和组织结构、信任的氛围以及绩效评估和奖励系统。

1. 足够的资源

团队是组织系统的一部分，因此所有团队都要依赖群体之外的资源的支持，这些资源包括及时的信息、先进的技术、充分的人员和行政支持等。团队要成功实现目标，关键是要从管理层和组织中得到必要的支持。

2. 领导和组织结构

高绩效团队的领导者起着教练或者后盾的作用，他们为成员提供支持和指导，帮助成员更充分地了解自己的潜力；指明团队前进的方向；向成员阐明变革的可能性；在困难时期鼓舞团队的士气。

但领导并非总是必需的。例如，自我管理型团队通常比任命了正式领导者的团队表现更出色。而且当领导者干涉自我管理型团队时，会妨碍其提高绩效。在自我管理型团队中，团队成员承担着许多典型的属于管理者的义务。

3. 信任的氛围

有效团队的成员必须彼此信任。它包括两重含义：一是团队内部每个成员能够相互尊重和相互信任；二是团队的领导者能够为团队创造一种相互尊重的氛围。团队成员间的相互信任可促进相互合作，减少管理者对于他们的监管，并且使团队成员敢于承担风险和暴露弱点。

另外，信任对于领导者来说也非常重要，它会使团队成员乐于接受领导者的目标和决定。

4. 绩效评估和奖励系统

设计激励制度时应该以人的社会需求为出发点，了解团队成员的心理动态，在设计具有普遍激励意义的制度的同时，对不同的成员设计具有个性化特点的激励制度，全方位进行完善。

个体绩效评估、固定小时工资、个体激励因素等类似的事物与高绩效团队的发展存在冲突。因此，除了要对成员的个体贡献给予评估和奖励，管理层还应当考虑基于群体的评价、分红制、收入分成、小群体机理以及其他能够强化团队努力和责任感的系统，重新设计奖励系统。

（二）高绩效团队的团队组成

团队组成是指与团队如何配置相关的变量，包括成员能力、人格、角色分配、团队规模、成员灵活性以及成员偏爱。

1. 成员能力

一个团队要想高效地运作，需要三种不同技能类型的人：

第一，需要具有技术专长的成员。

第二，能够发现问题，提出解决问题的建议，并权衡这些建议，做出有效决策的成员。

第三，善于聆听、反馈、解决冲突及具有其他人际关系技能的成员。

如果一个团队不具备这三类成员，就不可能充分发挥其绩效潜能。人员配置不合理，团队绩效就会降低。但在团队形成之初，并不需要以上三方面的成员全部具备。在必要时，可以由一个或多个成员去学习团队所缺乏的某种技能，从而使团队充分发挥其潜能。

2. 人格

人格对个人的行为具有重要影响，这也能扩展到团队行为中。已有的研究表明，如果团队成员的外倾性、认同度、责任心和情绪稳定性的平均水平较高，管理层对团队评估的价值也较高。有趣的是，越来越多的证据表明，团队成员人格特质的不一致比平均水平更为重要。例如，团队内较高的平均责任心水平是人们期望的，但是如果将高责任心的人和低责任心的人混在一起则会降低绩效。这可能是因为高责任心的人不但要完成自己的任务，还要执行或重做那些缺乏责任心的成员的任务，也可能是因为这些差别导致人们感到付出不公平。

另一个与人格有关的有趣发现是“一颗老鼠屎坏了一锅粥”。例如，如果有一个团队成员缺少最起码的认同度，那他就有可能给团队绩效带来负面影响。因而，即便团队只有一位成员缺乏认同度、责任心或外倾性，也可能导致内部过程不顺利和总体绩效降低。

3. 角色分配

成功的团队都有成员充当各种角色，并且基于技能和偏爱来扮演那些角色。管理者应该了解每个成员所具备的优势，并在挑选团队成员时就加以考虑，给成员分配最合适的工作任务。通过让团队的角色要求与成员的个人偏爱相匹配，管理者可增加团队成员共同做好工作的可能性。

4. 团队规模

通常来说，最有效团队的成员不会超过 10 人。专家建议要尽可能采用最少的人来完成任务。然而，事实上却存在团队规模过大的通病。有时少数几名成员就可完成任务，管理人员却无视人数过多会带来的沟通问题而增加人数。当团队成员出现冗余时，团队凝聚力会下降，社会惰化现象会加剧，人们会倾向于逃避责任。所以在创建高绩效团队时，管理者应当尽力将团队规模控制在 10 人以下。如果工作单元太大而又想采用团队方式完成工作，那么可以考虑将大的群体拆分若干小的团队。

5. 成员灵活性

由具有灵活性的成员组成的团队在必要时可互相完成其他人的任务。这对于团队来说是一个明显的优势，因为提高了团队的适应性，而不必过于依赖某一个成员。因此要选择具有灵活性的成员，然后对他们进行交叉培训。随着时间推进这将会提高团队的绩效。

6. 成员偏爱

并非每一位员工都是团队选手。如果让他们选择，很多员工会选择在团队之外工作。当要求偏爱独自工作的人加入团队时，会对团队道德产生直接威胁。因此，在选择团队成员时，个人偏爱应当与能力、人格和技能同时予以考虑。高绩效团队通常是由偏爱作为群体一员而工作的人组成的。

（三）高绩效团队的工作设计

高绩效团队需要其成员共同努力，共同承担责任来完成任务，必须名副其实。工作设计包括自主性、使用多种不同技能的机会（技能多样性）、完整地完成一项任务（任务完整性）和工作对他人的意义（任务重要性）。

实践证明，工作设计可以提高员工受到激励的程度和团队绩效，因为工作设计可以提高员工的责任感和主人翁精神，使工作变得更有乐趣。

（四）高绩效团队的过程变量

与团队效力有关的最后一个范畴是过程变量。过程变量包括共同目的、特定目标、团队功效、矛盾水平以及社会惰化。

1. 共同目的

高绩效团队有一个共同的有意义的目的，它为成员提供方向、动力和义务。这个目的是一个远景，比特定目标更宽泛。

高绩效团队成员用大量的时间讨论、塑造这个属于集体又属于每个人的目标，并最终取得一致。当这个共同目的被团队接受时，将成为所有成员的行动指南。

2. 特定目标

高绩效团队将其共同的目的转化为特定的、可评测的、现实的绩效目标。这些特定的目标可以方便地交流与沟通，帮助团队将注意力放在结果上。

此外，与个人目标一样，团队目标也应具有挑战性。有难度的目标可提高所设置的标准方面的团队绩效。例如，数量目标能增加数量，速度目标能加快速度，而精确性目标能提高精确性等。

3. 团队功效

高绩效团队对自己有信心，它们相信自己能成功。我们称之为团队功效。

管理层应该采取什么样的措施来提高团队功效？获得小成功和技能培训是帮助团队提高功效的两种可能选择。

小成功能建立团队的信心。随着团队的绩效记录越来越好，团队成员会越来越坚信他们的努力会在将来取得成功。

此外，管理者应考虑提供培训以提高成员的技术和人际交往技能。团队成员的能力越强，团队形成信心和传递信心的可能性就越大。

4. 矛盾水平

团队中的矛盾未必是坏事。完全没有矛盾的团队可能变成没有情感的一潭死水。在这里，我们将矛盾分为两种：一种是个人型矛盾，例如人际关系不融洽、紧张、对他人的憎恶等。这些矛盾是起破坏作用的。还有一种类型的矛盾称为任务型矛盾，例如，在团队执行非常规活动时，成员之间由于对完成任务的手段和途径存在分歧，就会出现矛盾。这种矛盾一般情况下是无害的。事实上，任务型矛盾刺激了讨论，促进了对问题和选项的批判性评价，减少了群体思维的可能性，因而经常是有利的。

5. 社会惰化

因为在团队中无法确定每个人的付出，团队成员就可能不履行应尽的职责而搭便车。高绩效团队通过让成员承担个体和团队层次的责任来遏止这种趋势，使得成员对团队的目标和实现途径承担个体和集体的责任。成员们很清楚哪些是个体的责任，哪些是集体的共同责任。

三　构建高绩效团队的措施

了解高绩效团队所具备的条件有助于我们构建高绩效团队，实际运用中主要有以下几种措施。

（一）确定适当的团队规模

严格控制团队成员的人数，尽量不要超过 10 人。

（二）选拔合适的团队成员

在挑选团队成员时，不仅要考虑被选者是否具备工作所需的技术才能，还要考虑他们个人的价值观是否与团队相符以及个人的性格是否适合团队工作。

许多应聘者并不具备成为团队成员的必备技能。面对这类应聘者，管理人员通常有三种选择。第一，对他们加以培训，使他们具备合格团队成员的必备技能。如果条件不允许或这样做不奏效，另两种选择是把他们转聘到组织中没有采用团队形式的部门（如果存在这种可能性的话），或者不录用这样的人。

在决定围绕团队进行工作再设计的组织中，管理人员应该预见到，有些员工不愿加入团队，而且对他们进行培训也无济于事。

（三）提供足够的培训

通过培训可以使团队成员的价值观与团队价值观一致，矫正成员的不规范行为，提高成员的工作效率。管理者通常是让员工参加培训班，帮助员工解决问题，与员工沟通、谈判、处理冲突并传授他们技能等。

需要注意的是，我们所说的培训已经不是传统意义上集中时段的训练，而是随时的、全方位的培训，因此需要管理者制定周密的培训计划。

（四）建立合理的激励体系

组织的激励体系应该用来鼓励员工共同合作，而不是增强员工之间的竞争气氛。组织中的晋升、加薪和其他形式的认可，应该给予那些善于在团队中与其他成员合作共事的个人。但这并不意味着忽视个人贡献，而是使那些对团队做出无私贡献的个人得到其应有的报酬。应该给予奖励的员工行为很多，如帮助、指导新同事，与团队伙伴共享信息，帮助解决团队冲突，主动掌握团队需要的新技能等。

最后，员工应该能够从团队工作中得到内部奖励。奖励能够使个人更有团队感，能够给个人提供同志式的友爱，作为成功团队的一员是令人兴奋和满意的。对于员工来说，在团队中能够得到个人发展的机会，能够帮助伙伴们成长，这也是非常令人满意的体验和奖励。

（五）营造积极的团队情绪氛围

根据刘小禹等（2012）的研究，团队积极情绪氛围（团队内部的积极情绪交换）对于团队效能感有促进作用。团队情绪氛围与情绪劳动的交互作用以团队效能感为完全中介影响团队创新绩效。因此，营造积极的团队情绪氛围有助于团队提高创新绩效。

本章小结

1. 群体是指为了实现特定的目标，由两个或更多人组成的、在行为以及心理上相互影响与相互作用的集合体。

2. 群体发展的模型有两种：五阶段模型，包括形成阶段、震荡阶段、规范阶段、执行阶段、解体阶段；间断-平衡模型，即群体发展会经历平衡，巨大转变，新的平衡，之后完成任务几个阶段。

3. 根据群体构成的原则和方式的不同，可以将群体分为正式群体与非正式群体。其中正式群体是指由组织结构确定的、工作分配很明确的群体，包括命令型群体和任务型群体；非正式群体是既没有正式结构也不是由组织确定的联盟，分为利益型群体和友谊型群体。

4. 群体规范就是在某一群体内被大家普遍接受的行为准则。

5. 群体压力是指群体对其成员的一种影响力。当群体成员的思想或行为与群体意见或规范发生冲突时，成员为了保持与群体的关系，就需要被迫遵守群体意见或规范，这时成员会感受到一种无形的心理压力，它使成员倾向于做出为群体所接受或认可的反应。群体压力最常见的表现形式就是从众行为。

6. 群体决策指由群体成员共同进行决策。群体决策可能会产生群体思维以及群体转移，这两种现象会影响群体对于各种方案的客观评估能力。群体思维指在一个有凝聚力的群体中，成员倾向于让自己的观点和群体一致而使得群体缺乏不同的思考角度；群体转移即群体讨论会使群体成员的观点朝着更极端的方向转移，这个方向是在讨论之前他们就已经偏离的方向。

7. 团队是组织为实现某个既定目标，由不同背景、不同技能、不同知识的人相互协作组成的一种特殊类型的群体。

8. 团队划分为四种类型：问题解决型团队、自我管理型团队、多功能型团队和虚拟型团队。

9. 高绩效团队的构建需要四方面的要素：资源等影响团队效力的外界条件，团队组成，工作设计，影响团队效力的过程变量。想要构建高绩效的团队，就必须确定适当的团队规模，选拔合适的团队成员，提供足够的培训，建立合理的激励体系。

关键词

群体　群体决策　群体压力　群体转移　群体规范　群体思维　团队　高绩效团队

复习与思考题

1. 描述群体发展的五阶段模型。

2. 比较正式群体和非正式群体的异同。

3. 对比群体决策与个体决策的优势和不足，并举例说明两者适用的情境。

4. 什么是群体思维？它会对群体决策产生怎样的影响？

5. 什么是团队？对比群体与团队的区别和联系。

6. 高绩效团队需要具备哪些条件？

参考文献

1. 休·J. 阿诺德，丹尼尔·C. 菲尔德曼．组织行为学．北京：中国人民大学出版社，1990.

2. Tuckman B W. Developmental sequence in small groups. Psychological bulletin，1965，63（6）：384－399.

3. Isenberg D J. Group polarization：a critical review and meta-analysis. Journal of personality and social psychology，1986，50（6）：1141－1151.

4. Romanelli E，Tushman E. Organizational transformation as punctuated equilibrium：an empirical test. Academy of management journal，1994，37，（4）：1141－1166.

5. Homans G C. The human group. New York：Brace & World，1950.

6. Janis I L. Victims of group thinking. Boston：Houghton Mifflin，1972.

7. Davis K，Newstrom J W. Human behavior at work. 7th ed. New York：McGraw-Hill，1985.

8. Latane B. The psychology of social impact. American psychologist，1981（36）：343－356.

9. Barnes L B，Kriger M P. The hidden side of organizational leadership. Sloan management review，1986（Fall）：15.

10. Rodrigues A，Newcomb T M. The balance principle：its current state and its integrative function in social psychology. Interamerican journal of psychology，1980，14（2）：85－136.

11. Livingston S. Pygmalion in management. Harvard business review，1988，66（5）：121－130.

12. Sundstrom E，De Meuse K P，Futrell D. Work teams：applications and effectiveness. American psychologist，1990，45：120－133.

13. Kravitz D A，Martin B. Ringelmann rediscovered：the original article. Journal of personality and social psychology. 1986（50）：936－941.

案例分析

高绩效团队的困惑

君仪公司生产管理部经理郑胜甫这几天心情想好却好不起来。

郑经理所在的是一家日用消费品生产制造合资企业，这家企业近几年发展迅速，平均每年都有10%以上的销售增长。虽然近两年竞争越来越激烈，但是由于在前几年打下了扎实的管理基础，公司仍能继续保持平稳发展的势头。

但最近郑经理越来越感到本部门的创新氛围大不如前。现在部门成员对本职工作都非常熟悉，工作完成情况较好，但郑经理就是感到他们都有一种不思进取的态度。另外，部门成员对待其他部门的态度和看法也与以前不同，平时言谈中总是流露出不满的情绪，诸如某某部门的人员如何如何“没有理念”“没有思路”，自满懈怠的情绪在部门成员间平时的交谈中表露无遗。郑经理感到一种可怕的东西在笼罩并渐渐吞噬着自己的这个团队。他觉得现在到了该好好想想本部门问题的时候。

郑经理于五年前进入此公司并在生产管理部担任部门负责人。当时生产管理部共有四位员工，他们是进入公司刚满一年的王均和赵婕、进入公司三年的段拥炬与冯传敏。

在进入此部门两星期后，经过观察，郑经理发现王均做事有条理，交给他做的事总能有计划地完成，但缺点是在工作中主动性不够。赵婕天性活泼开朗，在工作中经常会提出一些新鲜点子，但是做事欠缺条理性，老是丢东落西的。段拥炬从公司刚成立就在此部门工作，经验丰富，而且工作积极主动。冯传敏与段拥炬同为公司资深员工，工作经验丰富，且人脉活络、人缘很好，在公司各个部门都有朋友。

四年前公司 ERP 系统成功上线后，经过业务流程重组，郑经理负责的生产管理部主要承担以下工作职责：(1) 制定生产计划；(2) 制定产能计划；(3) 安排日常生产排程；(4) 制定采购计划；(5) 制定分销资源计划。

郑经理利用业务流程重组的机会，将手下四位员工的工作职责进行了重新划分，经验丰富的段拥炬被安排负责制定生产计划与产能计划，同样经验丰富的冯传敏负责制定分销资源计划，王均负责安排日常生产排程，赵婕负责制定采购计划。

由于公司采用了目标管理工具，每个员工都要参与制定各自的工作目标，因此大家都清楚地知道个人及上级的工作目标。郑经理为生产管理部制定的目标是生产计划达成率在90%以上；原辅料、半成品、成品的库存控制在4 000 万元以下；客户订单的交货期为 5 个工作日以下。

而此目标又分解到部门其他四位员工，如赵婕负责采购计划，她的目标是原料库存在 2 500 万元以下，缺料率在 2%以下，主要原料缺料率为 0%。由于每个人都有落实到自身的具体数字目标，都可衡量，且 ERP 系统保证了所有数据都可随时提供，绩效反馈非常有效，公司的激励制度得以有效实施。

公司各方面对这个部门的工作满意度都较高。

这个部门的工作要求其他部门的配合，所有工作都需要与人沟通才能完成。如要完成生产计划，不仅要与本部门生产排程、采购计划、分销资源计划充分协调，还需要与市场部、财务部、研发部、技术部、工程部等部门进行有效的沟通。所以郑经理在部门内一直强调沟通的重要性，并积极提倡协同配合，使大家都明了每个人的工作均需要部门内其他人员的帮助才能完成。大家逐渐形成了互相信任、互相帮助、开诚布公的氛围。

郑经理要求各成员将各自的具体工作细节写成流程，供部门内所有人员参考，相互学习后部门内所有人都具备了单独完成各项工作的能力。

过去，在郑经理的倡导下，部门一直具有创新观念，“鼓励提出不同意见”“不能提出改进意见，就不要反对别人的观点”“不提出改进意见，就完全按别人意见做”等小口号都是他们总结出来的。

经过这几年的成长，生产管理部已成为一个工作绩效高、学习能力强、工作满意度高、内部凝聚力强的团队，部门内的成员都以在这个团队中工作为荣。然而，当前在这个团队中出现了诸如开头提及的一些不和谐现象，下一步郑经理该怎么办？

资料来源：孙健敏，李原．组织行为学．上海：复旦大学出版社，2005.

讨论题

1. 请分析郑经理是如何成功塑造高绩效的工作团队的。
2. 请说出给这个团队带来高绩效的原因是什么。
3. 目前郑经理所领导的团队为什么会出现问题？如何克服？

第 11 章 领导与领导行为

学习目标

学完本章后，你应该能够：

◎ 了解领导的基本内涵

◎ 理解领导的特质理论、领导的行为理论和领导的权变理论

◎ 掌握领导权变理论的主要观点

◎ 熟悉关于领导的最新观点

引例

唐僧的领导力

很多人看《西游记》时总是不喜欢唐僧。这样一个善恶不分、滥发慈悲的人怎么能够被唐太宗和观音菩萨委以重任，领导四个本领高强的徒弟呢？

但是，我们是不是该思考一下：如果没有唐僧这个把握方向、凝聚人心、意念超强的“精神领袖”，取经恐怕并不会成功。那么，唐僧领导艺术的关键是什么？

第一，唐僧在神俗两界取得了合法的领导地位。从外部因素来看，唐僧被观音菩萨选中，并且深得唐太宗的器重，代表大唐前往西天取经。也就是说，唐僧获得了正式的权力来源，其在团队中的地位被“权威部门”认可和扶持。因此，唐僧具备了领导的权威性和正式性。在随后的取经过程中，观音菩萨还多次出面相助，为其搜罗人才，先后降服了四位能干的徒弟，组建了取经团队，巩固了唐僧的领导地位。正是有了这种得到“高层认可”的权力地位，四个徒弟才心甘情愿地为唐僧牵马挑担、降妖伏魔。

第二，唐僧在团队中建立了很好的激励机制。仔细回想一下，唐僧的四个徒弟都是“有前科”的：孙悟空因为大闹天宫而被压在五指山下；猪八戒因为贪恋美色而被贬下凡间；沙和尚因为失手打碎了玉帝心爱的琉璃盏，被放逐到流沙河；小白龙因为忤逆不孝，被父亲告发，犯了天条。那么，取经归来的奖励就是可以免除各种惩罚，修成正果，立地成佛。

第三，从其本身来看，唐僧确实也具备一个优秀领导者所必需的素质。首先，意志坚定、目标明确。一个领导者在一群人当中不一定是最强壮的，也不一定是最聪明的，但一定是目标最明确、意志最坚定的人。唐僧恰恰就是这样一个人。譬如，面对火焰山，八戒建议："只拣无火处走便罢。"唐僧问："哪方无火?"八戒答："东方南方北方俱无火。"唐僧又问："哪方有经?"八戒答："西方有经。"唐僧便坚定地指出："我只要往有经处去。"因此，对于唐僧而言，"神马都是浮云"，功名、钱财和美色统统不重要，只有取经大业才是最终也是唯一的目标。正是这种超强的信仰和目标导向，才能够带领四个徒弟一路披荆斩棘，取得真经。其次，能以情感人，以德化人。唐僧非常关心下属，对待四个徒弟也是关怀备至。唐僧会在烛光下为孙悟空缝制衣服，还会为熟睡的猪八戒盖好被子。正是这种执着、善良和对徒弟的关心，使得四个徒弟死心塌地地跟随，保护唐僧一路西去。由此可以看出，一个合格的领导者要学会以情动人，利用情感管理提高成员的归属感。最后，树立权威，以权服人。对于孙悟空这样一个难缠的徒弟，唐僧对付他的诀窍就是"紧箍咒"。这实际上代表的是一种力量。任你孙大圣本事再大，只要违反团队的规定，就要接受惩罚。唐僧正是利用这种方法树立了不容挑战的领导权威。

资料来源：徐世勇．组织行为学．2 版．北京：中国人民大学出版社，2015.

在组织中，我们常常观察到领导者具有不同的行事风格。有的领导者谦和民主，愿意听取下属的建议，有的领导者专权独断，对自己的决策充满信心；有的领导者强调工作任务的高效完成，有的领导者更关注员工的发展与成长。这些领导风格并不是相互排斥的，有时我们会在同一领导者身上观察到不同的领导风格。优秀的领导者不仅能够提高团队和组织的效率，还会得到下属的信任和拥戴。那么，这些优秀的领导者是否具有某些相同的特征和品质？他们的领导能力是不是与生俱来的？是否存在一种放之四海皆宜的领导风格，在任何情境下都能激发组织活力？本章将围绕这些问题，详细介绍关于领导的理论模型及最新观点。

第 1 节　领导与领导者

大海航行靠舵手，一个好的领导者能将羊带出狮子的气势，而一个失败的领导者却可能浪费原本优秀的属下，领导对团队的重要性不言而喻。那么领导究竟该如何定义？领导与管理是一个概念吗？在这一节我们将从领导的含义、领导与领导者的关系、领导与管理、领导者与管理者几个方面来细细剖析领导一词。

一　领导的含义

领导是一种普遍现象，从古人类的狩猎团队到现今的工作团队，任何团队都会有一个指引大家的领导者。而在管理学界，领导又是一个复杂的概念，经过不同时代学者的不断丰富，领导的概念包括多样的角度。

(一) 领导的定义

在近100年的时间里，学者们对领导这个领域的研究不断深入，但是始终没有一个统一的定义。学者们往往根据所研究的方向，从不同的角度定义领导。从斯托蒂尔(Stogdill) 对学者们对领导的定义进行的综述，我们可以发现：学者们对领导的定义完全没有统一，有多少人去定义领导就有多少个定义，并且往往有着不同的视角。

纵观前人的研究中对领导的定义，虽然各不相同，但是有两个大致的方向，因此我们将这些不同的定义分为两类：行为过程和能力角度。为了更好地理解，先看几个例子。行为过程的定义比如“领导是影响有组织的团体的行动以达到团体目标的一种过程”(Rauch & Behling，1984)，“领导是影响人们自动为达成群体目标而努力的一种行为过程”(Terry，1960)，“领导就是一个人影响他人，以使他们为某个目标而工作或帮助他们追求前程的过程”(Hellriegel，1995)。能力角度的定义比如“领导是一种影响一个群体实现目标的能力”(Robbins，1996)，“领导是超越组织例行指导的机械式顺从的一种影响力”(Katz & Kahn，1978)，“领导是能超越文化限制，进行具有更强适应性的革命性变革的能力”(Schein，1992)。

除了这两种比较常见的方向，还有一些另辟蹊径的学者。孔茨(Koontz，1958)就强调领导的艺术性，他认为领导是一门促使其下属充满信心、满怀热情地完成任务的艺术。

虽然学术界现在对于领导还没有统一的定义，但是正如罗宾斯所说的那样，我们对领导的定义应当能够真正诠释它在理论和实践中是如何使用的。我们既应该界定理论上领导的能力，又应该肯定实践过程，因此将领导定义为：引导和影响他人(包括个体、团体、组织或社会)为实现特定目标而努力的行为过程和能力。

(二) 领导与领导者的关系

领导(leadership)和领导者(leader)虽然只有一字之差，表达的意思却差别很大。有时在日常用语中两者也许会有所混淆，人们会直接用领导来表示领导者，比如“今天领导要来视察，大家一定要好好表现”。但是，在更加书面的定义中，我们通常将领导作为动词使用，通常是指领导者的行为与活动过程。比如“总裁作为一个高层领导者应该领导公司员工实现工作目标”。这样一来，领导和领导者的区别就十分明显了。

二 领导与管理的关系

领导(leadership)和管理(management)这两个术语经常被人们用到，但很多研究者和实践中的管理者并没有正确地区分它们的差别，以至于造成混淆。那么它们之间究竟有什么区别？本部分我们将具体剖析领导与管理的区别以及领导者与管理者的区别，以进一步认识领导的内涵。

(一) 领导与管理

通常来说，我们在理解领导和管理的字面意思时首先的印象就是，领导有“率领和引导”的意思，而管理有“照管和约束”的意思。

具体来说，领导是领导者为了实现预定的组织目标，运用相应的理论、原则、职能、方法，制定策略并影响、率领、引导组织成员完成预定任务的活动过程。而管理指的是负责某项工作顺利进行，负责对人、财、物的保管和料理，照管并约束工作进程。也就是说，管理主要涉及任务完成过程中的各项监督和约束工作，即将领导者的战略方针落地的具体实施过程。

被誉为“领导力第一大师”的哈佛商学院教授约翰·科特（John Kotter）对管理和领导的意义有着独特的理解，在《变革的力量》一书中他提出观点：不论是领导还是管理，目标都是保证任务顺利实现，都需要针对某些事务做出决策。但是领导更关注企业的未来，处理变化的问题，具有独到的前瞻性，由领导者来决定前进的方向，并激励鼓舞他人克服障碍、齐心协力实现该愿景，带动组织发生建设性或者适应性的变化；而管理则主要关注制定正式的计划，设计严谨的组织结构，并监督这些计划有没有很好地实施，目的在于实现有序一致的状态以保证组织高效运转。

简单来说，领导更重视从宏观上把控全局，而管理则重视从微观上把战略落到实处。举个例子来说，在某种意义上，毛泽东是一位杰出的领导者，而周恩来则是一位优秀的管理者。而在公司中，CEO 往往担当起领导者的责任，洞悉市场发展，制定相应策略，成为员工的精神领袖；而各级管理者则各自分工，设计出有效的制度来告诉员工该如何做才能实现目标，更注重协调和控制。

因此，我们可以这样说，告诉员工“该实现什么”是一种领导方式，而告诉员工“该如何实现”则是一种管理方式。

更加详细一些，我们可以从四个方面来归纳它们的区别：

(1) 活动目的不同。管理的重点在于效率和效益的提高，而领导的目的主要在于引导变革。

(2) 活动方式不同。管理的方式往往是程序化和规范化的，而领导的方式则更具灵活性和更有个人风格。

(3) 活动主体不同。管理是组织所有成员应当参与的活动；而领导则是组织中高层次成员的活动，是单向的。在公司中，各级主管会按照部门年度计划安排工作进展，而高层领导者的任务则是绘制公司的战略蓝图。

(4) 活动内容不同。管理的对象包括人、财、物、时间、信息、技术等，而领导的侧重点主要是人，领导关注做人，关注人的尊严、人的价值、人的潜能、人的激励和发展。

有的学者因此认为领导通常对公司有着更为重要的作用。例如，杰克·韦尔奇曾说：“领导者，像罗斯福、丘吉尔和里根等人，有办法激励一些有才干的人，使他们把事情做得更好；而管理者总是在复杂事务的细节上打转，他们往往试图去控制和压抑，把大量的时间和精力浪费在琐碎的细节上。”不可否认，领导者往往是至关重要的精神领袖，但是一个组织的高效运作必须由领导者和管理者共同实现。优秀的组织同时需要强有力的领导和强有力的管理。在今天的动态世界中，我们需要领导者对常规进行挑战，提出关于未来的愿景，并激励组织成员予以实现，保证组织欣欣向荣；我们也需要管理者制定具体计划，构建高效的组织结构，并监管组织的日常运行，保证组织稳定。

需要注意的是，在当前的管理实践中，我们区分管理与领导的逻辑意义大于实际意义。现代组织中，领导者必须具备管理的技巧，而管理者往往也需要具有领导的能力。正如大卫·威坦所言："虽然这种对领导和管理的区别在过去几十年可能是适合的，但当前的研究显示，现在情况已经不同了。管理者如果同时不是一个好的领导者，是无法成功的。同样，领导者如果不是一个好的管理者，也无法成功。有效的管理和领导是无法分离的。管理所需的技能同时也是领导所需的，反之亦然。"

领导和管理并不是简单的非黑即白。一个良好运作的组织必须既有领导又有管理。总结起来，可以从两个角度来理解这种关系。从人员组成角度，优秀的公司总裁扮演领导者的角色，而其下属分管各个部门的主管则扮演管理者的角色，他们必须紧密配合才能保证组织高效有序地运转。从个人能力角度，总裁除了具有个人魅力，也必须懂得如何管理，他需要直接管理手下的主管，也需要奠定整个公司管理制度的基调；主管们除了良好的制定和执行计划的能力，同样需要有足够的领导力来影响手下的员工把计划落到实处。因此，领导和管理是密不可分的。

（二）领导者与管理者

正如我们之前总结的那样，领导者和管理者存在明显的区别，同时又有着紧密的联系。虽然领导者往往具备一定的管理能力，管理者也具备一定的领导能力，但是两者的能力侧重点有很大的不同。

哈佛商学院教授亚伯拉罕·扎莱兹尼克（Abraham Zaleznik）的观点比较具有影响力：领导者与管理者是完全不同的两类人。他们在个人经历、动机及思考问题与做事的方式上存在差异。不能说管理者是用一种消极的态度来工作，但是基本上管理者应该循规蹈矩，即按照企业的某种要求做事，而不会越雷池半步。但是领导者则不一样，他完全是用一种个人的、积极的态度来面对目标，常常倾向于主动寻求冒险，当机遇与奖励很高时尤其如此。只要是对绩效有帮助和有影响的，他就敢于尝试。此外，管理者通常会根据自己在事件与决策过程中所扮演的角色与他人发生联系；而领导者关心的则是观点，以一种更为直觉和移情的方式与他人发生联系。

但是，这绝不是说领导者是搏击风浪的勇士，而管理者则是墨守成规的夫子。用科特的话来说就是："领导者的主要工作内容是面对不断变化的环境做出反应，通过开发未来的前景确定前进的方向；而管理者的主要工作内容则是面对各种复杂问题，通过制定与实施计划来达成目标。要达到组织的最佳效果，管理者和领导者具有同等重要性，二者缺一不可。"

第2节　领导的特质理论

清楚地知道了领导者和管理者的区别之后我们发现，领导者往往是能够率领千军万马的伟大人物，具有独特的能力。优秀的领导者在我们心中被神化，提到他们，我们就会想到聪明绝伦、精力充沛、勤奋异常、品德高尚、勇敢自信、意志坚定、具有强烈的正义感、有人格魅力等。

早期学者们想要弄清楚诸如拿破仑、丘吉尔等强有力的领导者究竟具有什么特别之处，并试图探寻他们是否存在天生的特别的个人特质。学者们用领导特质来界定那些能够把领导者与非领导者区分开来的个性、社交、生理或智力方面的属性。特质理论的基本假设就是：成功的领导者应该具备一些其他人所不具备的特质（trait）和技能（skill），而这些特质和技能是遗传和学习的共同结果。特质理论关注的内容包括生理特征（如身高、外貌等）、个体特征（如内外向、自信等）、社会特征（如合作性、人际关系等）、能力与技能（如智商、知识等）等是否与领导力有关。

试图分离出领导特质的早期研究大多以失败告终。1948 年，斯托蒂尔对 1904—1948 年间的 124 篇文献进行了综述，发现与领导有效性有关的特质包括高智商、对他人需要的敏感、对任务具有较强的理解力、主动、有恒心、自信、愿意承担责任等。然而，同时他也发现，每一种特质的重要性会因为情境的不同而不同，并且没有哪种特质是成为一名成功的领导者所必需的。20 世纪 60 年代晚期的 20 项研究确定了近 80 种领导特质，但是只有 5 种特质在 4 项以上的研究中都出现。目前关于领导特质理论的研究也存在这种情况，各种研究中的领导特质千变万化，没有定数。

一个例外是，学者们围绕大五人格来梳理这些特质时，出现了一些突破。总体来说，当需要进行领导时，具有外倾性（喜欢与他人待在一起，并且能够坚持己见）、责任心（有原则，信守承诺）和经验开放性（有创造力，随机应变）的领导者确实具有明显的优势。这仿佛表明，优秀的领导者确实存在某些共同的重要特质。除了上面几点，也有研究显示，能够预测有效领导的另一种特质是情绪智力。他们认为，情绪智力的一个核心成分是移情。善于移情的领导者可以察觉到他人的需要，倾听下属所说的话（及弦外之音），并且能够读懂他人的反应。

但是在后续的研究中学者们发现，这些特质与领导力之间并不是充分必要的关系。也就是说没有这些特质，不代表领导者就不是优秀的领导者。有了这些特质，也不代表就一定会成为优秀的领导者。

领导者也许是与众不同的，具有积极卓越的特质。但是领导者之间并没有什么明显的天生的共性。因此，人们对领导特质理论产生了怀疑。人们开始思考，特质也许与情境相互影响，从而产生相应的行为，进而影响领导有效性，仅仅把特质作为领导有效性的预测源可能会有失偏颇。

第 3 节　领导的行为理论

因为领导特质理论的不足，20 世纪 40 年代末至 60 年代，学者们将目光转到了另一个方向，开始研究卓越有效的领导者是否在行为方式上有独特之处。

领导的行为理论不再关心那些无法测量的、主观性极强的所谓特质，而是直接研究领导者的外在行为；不再揣摩领导者的性格和能力如何，而是关注优秀领导者经常表现出的行为特点，这些行为特点与领导者的脾气之间没有必然的联系，而是受到情境因素和个人因素的共同影响。领导行为理论关注的重点主要包括领导行为究竟可以划分为哪些类别、维度或者风格，比较有效的领导者与一般的领导者在行为方面有什么区别。

领导特质理论认为领导者具备一些天生的优点，与之相反，领导行为研究则表明领导者的外显行为是可以后天习得的，人们可以被培训成领导者。因此，领导行为理论比领导特质理论更具诱惑力。它告诉人们，领导者不是天生的，我们都可以经过后天的学习和改造成为优秀的领导者。领导行为理论拓展了企业培养人才的思路，也给了员工积极奋进的动力。

下面我们来看几种比较经典的领导行为理论。

一 俄亥俄州立大学的研究

最广泛认可的领导行为理论是 20 世纪 40 年代末俄亥俄州立大学进行的研究。他们在多项研究的基础上，把领导风格归纳为结构维度和关怀维度两大类。这两个维度充分体现了员工们所描述的绝大多数领导行为（见图 11 - 1）。

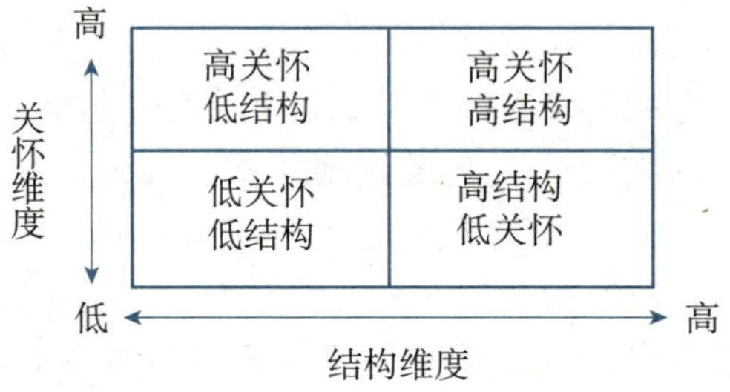

图 11 - 1 俄亥俄州立大学的研究

结构维度（initiating structure）涉及领导者为了实现组织目标而对自己与下属的角色进行界定和建构的程度，包括对工作、工作关系和目标进行组织。高结构维度的领导者更重视工作任务的完成情况，为群体中的员工安排特定的工作任务，强调员工的任务绩效。

关怀维度（consideration）涉及一位领导者与其下属的工作关系以相互信任、尊重下属的意见和重视下属的情感为特征的程度。高关怀维度的领导者更重视下属的成长和发展，欣赏和支持他们，平等地对待每一位下属。

研究表明，高结构领导者所管理的团队和组织具有更高的生产率，高关怀领导者的下属具有更高的工作满意度和积极性，也更加尊重领导者。通常来说，高结构、高关怀的领导者比其他三种类型的领导者更能提高下属的工作效率和满意度。但是，高-高的行为风格有时也会带来一些负面影响。比如，当下属从事的是例行性的常规任务时，高结构的领导行为会导致下属的抱怨，下属的满意度也会降低。因此采取什么样的行为需要领导者针对不同的情境进行调整。

二 密歇根大学的研究

密歇根大学的调查研究中心（SRC）进行的领导研究也具有相似的目标：找出与绩效有关的领导行为特征。密歇根大学研究团队在俄亥俄州立大学研究的基础上，也将领导行为风格划分为两个行为维度：员工导向维度和生产导向维度。员工导向的领导者（employee-oriented leader）强调人际关系，与下属保持良好的沟通，关心员工的需要，并且认可员工之间的个体差异；生产导向的领导者（production-oriented leader）强调工作的技术或任务层面，重点关注完成本群体的工作任务，对于与下属之间的人际关系则不那么重视。

很多研究都表明，员工导向的领导行为风格通常会与员工的高生产率和高工作满意度联系在一起；生产导向的领导行为风格则更可能导致员工的低生产率和低工作满意度。

这两项研究的结果密切相关。员工导向的领导与关怀维度相似，而生产导向的领导与结构维度相似。事实上，这个领域的大多数研究者将这几个术语当作同义词使用。

三　管理方格理论

在领导行为风格双维度观点的基础上，布莱克（Blake）和莫顿（Mouton）采用图表的方式，从关心员工和关心生产两个维度出发提出了管理方格理论。该理论将两个维度定位在两个坐标轴上，将每个坐标划分为 9 个等级，1 表示最低的等级，9 表示最高的等级，5 表示中间的等级，这样就产生了 81 个领导类型细分位置（见图 11－2）。管理方格理论是双维度理论的加强版，更为细致的划分使得领导的行为特征更为详细具体。

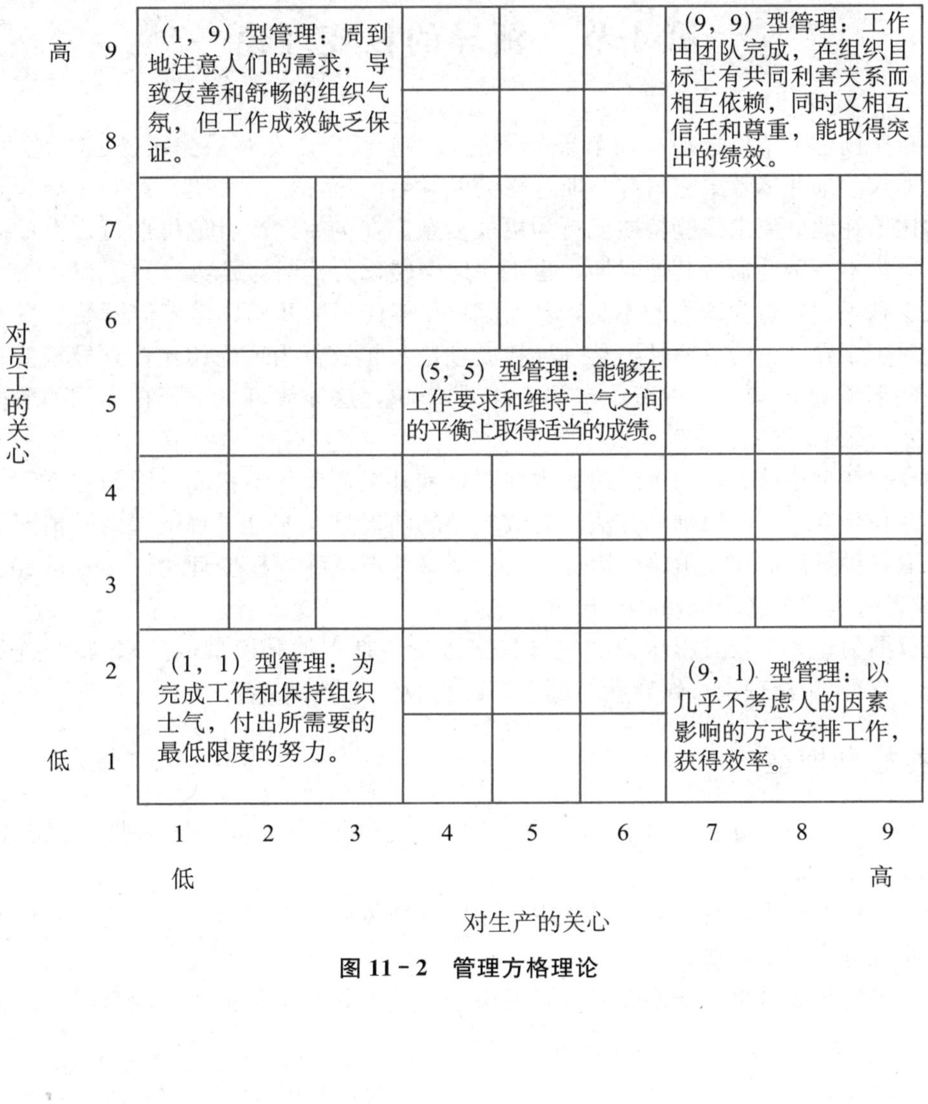

图 11－2　管理方格理论

管理方格理论总结出五种领导行为。

一是虚弱型（1，1）。这种类型的领导者对员工和生产都不关心，他们只以最小的努力来完成必须做的工作。二是任务型（9，1）。这种类型的领导者高度关心生产和效率，但不关心员工，很少注意员工的发展和士气。三是中庸型（5，5）。这种类型的领导者在两个维度上都保持了中等状态，只图维持一般的工作效率和士气。四是关系型（1，9）。这种类型的领导者只关心员工而不关心生产，倾向于做老好人。五是全面型（9，9）。这种类型的领导者既关心员工也关心生产。

领导行为理论将测量学引入领导理论的研究当中，对领导理论进行操作化和测量，为领导者的培训提供了理论依据和实践方法，对领导理论的研究做出了独特的贡献，为后面的实证研究奠定了基础。

但领导行为理论也有一定的局限性。研究者发现，在领导行为和领导有效性之间难以得出统一而清晰的结论，领导行为极有可能会受到其他情境变量的影响，在不同的情境之下会产生不同的效果。领导理论因此又发展到一个新的阶段，领导权变理论开始兴起。

第 4 节　领导的权变理论

乔布斯创建了苹果，却曾被苹果公司的董事会解雇。在苹果公司遭遇大危机之时，他再次加入苹果并拯救了它。乔布斯这样的领导者的沉浮经历表明，评判领导者是不是成功的比单纯地分离出一些特质或行为更加复杂。在创始期或者危机期行之有效的种种特质或行为不一定会适合其他时期，也不一定会转化为长期的成功。

认识到了领导行为理论的不足，20 世纪 60 年代中期开始，学者们开始认真考虑情境变量对于领导理论的重要性。与领导特质理论和领导行为理论相比，领导权变理论考虑了一些干预变量（intervening variables）的影响，这样就可以解释在不同的阶段同一个领导者会采取不同的行为。

领导权变理论认为，每个组织的内在要素和外在环境各不相同，因而在实际管理活动中不存在普遍适用的原则和方法。有效领导的前提是在充分了解组织内外情况的基础上，采取各种灵活的应变策略。因此，人们把这种观点称为权变理论（contingency theory）或者情境理论（situational theory）。

到目前为止，比较有影响力的领导权变理论包括费德勒模型、赫塞-布兰查德的情境理论、路径-目标理论、领导参与模型等，我们仅介绍前三者。

一　费德勒模型

第一个全面的领导权变模型（见图 11-3）是由伊利诺伊大学的弗雷德·费德勒（Fred Fiedler）提出的。

费德勒模型认为，有效的领导取决于领导者的风格与组织所处的环境是否匹配。费德勒的研究分为三个步骤。

（1）确定领导风格。费德勒将领导风格分为关系导向型和任务导向型，与之前的领

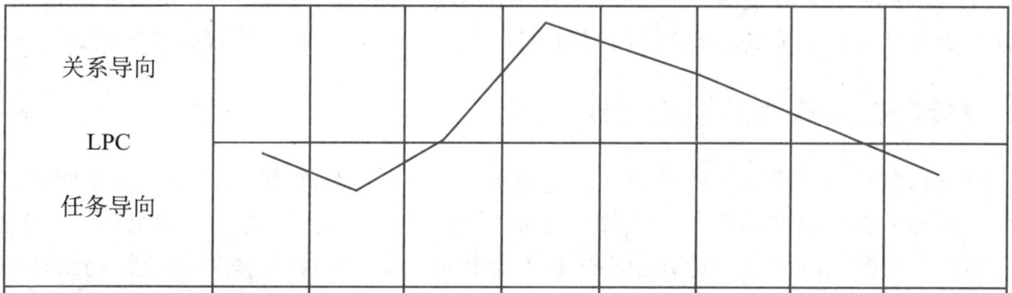

上下级关系	好	好	好	好	差	差	差	差
任务结构	明确	明确	不明确	不明确	明确	明确	不明确	不明确
职位权力	强	弱	强	弱	强	弱	强	弱
情境	有利			中等			不利	
有效领导方式	任务导向型			关系导向型			任务导向型	

图 11－3　费德勒的领导权变模型

导行为理论类似。他设计了最难共事者问卷（least preferred co-worker（LPC）questionnaire），来确定领导者属于哪种类型。LPC 问卷由 16 组对照形容词构成（如快乐-不快乐、高效-低效、开放-防备、助人-敌意）。费德勒让回答者回想自己共事过的所有同事，找出一个最难共事者，然后在 16 组形容词中用一个从 1 到 8 的量表来对其进行评估。以相对正面的词汇来描述最难共事者（LPC 得分高）的被试为关系导向型。与此相反，对这名最难共事者看法比较消极（LPC 得分低）的被试，费德勒认为他们可能主要感兴趣的是生产率，因而被界定为任务导向型。

同时，费德勒认为，一个人的领导风格是固定不变的，个人不可能改变自己的风格去适应环境。因此如果情境需要的领导者与在此职位上的领导者不匹配，那么提高领导有效性的方式仅有两个：或是替换领导者以适应新环境，或是改变环境以适应领导者。

（2）研究界定情境。费德勒把情境因素归纳为三个方面：职位权力、任务结构和上下级关系。职位权力是指领导者的正式职位所拥有权力的影响力，包括招聘、解雇、处罚、晋升和加薪等权力变量。这种权力的影响力比一般的监督权大很多。任务结构是指工作任务的程序化程度，也就是有关人员对工作任务、职责的明确程度。上下级关系（领导者-成员关系）是指下属对一位领导者的信任、爱戴、拥护和尊重程度，以及领导者对下属的关心、爱护程度。

费德勒指出，可以用这三个维度来评定情境。一般来说，在职位权力更强、任务结构更明确、上下级关系更好的情境下，领导者的控制力和影响力更强。

（3）研究领导者与情境的匹配。在这一步，费德勒研究了具体什么样的领导者在什么样的环境中能达成最好的领导效果。

费德勒通过研究 1 200 个工作群体的情况得出了如下结论：任务导向型领导者在非常有利和非常不利的情境下干得更好，而关系导向型领导者在中等有利的情况下干得更好。

费德勒的研究发现可以有效运用于实践。根据他的理论，组织应该使领导者和情境之间实现最佳匹配。我们可以采取两种方法：一是替换领导者，比如组织处在一个糟糕的处境中，那么一个只讲究和谐的关系导向型领导者就不太适宜，应该替换成更严谨的任务导向型领导者来改变现状。二是改变情境来适应领导者，比如重新设计工作制度，或者改变领导者对于加薪、晋升等权力变量的控制程度，也就是分权或者集权。

二 赫塞-布兰查德的情境理论

赫塞和布兰查德提出了情境理论。他们指出，领导者的领导风格必须在不同的情境下与不同的下属成熟度相匹配，这样才能最大限度地达到理想效果。赫塞-布兰查德的情境理论与费德勒的权变理论在中心思想上是相同的，都是在考虑领导风格与情境的匹配。但与费德勒模型中的情境因素不同，情境理论考虑的主要因素是下属的成熟度，认为领导者应该重视下属的类型，并针对不同类型的下属表现出不同的领导风格。

下面具体比较情境理论和费德勒模型。情境理论所讨论的领导风格与费德勒模型一样，包括关系导向和任务导向两个维度。但是情境理论在这两个维度的基础上发展出了四种类型。赫塞认为这两个维度不是截然对立的，而是可以有机结合，因此按照两个维度的高低组合，得到了四种领导风格。

（1）指示型（高任务-低关系）：领导者清晰地告诉员工工作任务并指导他们如何完成，但是较少关注下属的情感体验；

（2）推销型（高任务-高关系）：领导者同时提供指导性行为和支持性行为，在该严肃时严肃，该体贴时体贴；

（3）参与型（低任务-高关系）：领导者和下属共同决策，领导者的主要任务是提供便利的沟通条件；

（4）授权型（低任务-低关系）：领导者提供很少的指导和支持。

关于情境因素，赫塞主要讨论了下属的成熟度，将下属的成熟度定义为下属完成某个具体任务的能力和意愿。具体来看，赫塞将下属按照成熟度分为四类（见图 11－4）：

（1）第一类人既无能力也不愿意完成某项任务。

（2）第二类人对于完成某项任务缺乏能力，但愿意完成这项任务。这类人有积极性，但缺乏足够的技能，往往有心无力。

（3）第三类人消极怠工，有能力但不愿意付出努力去完成某项任务。

（4）第四类人既有能力也愿意完成任务，是领导者最想见到的下属类型。

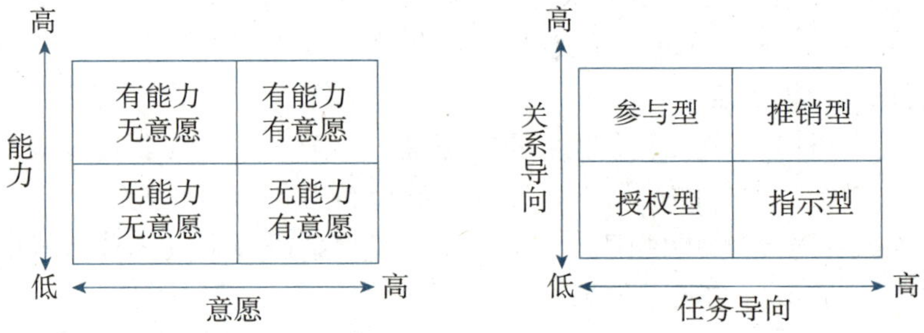

图 11－4 情境理论（一）

赫塞认为，对于不同类型的下属，需要采取不同种类的领导风格，否则就会不适合，无法达到高绩效。在情境理论中，对应的匹配关系如下（见图 11－5）：对于某项任务既无能力也不愿意去做的员工应该采取推销型（高任务-高关系）领导风格，赋予员工知识技能，教他们完成任务，并关怀激励他们努力去做；对于某项任务缺乏能力但愿意做的员工应该采取指示型（高任务-低关系）领导风格，这类员工不需要过多的激励，只需要明确地对他们完成任务的技能进行指导就可以；对于某项任务缺乏热情但能够胜任的员工应该采取参与型（低任务-高关系）领导风格，这类员工需要领导者着力引导，激发他们的热情来为组织奉献自己的知识和技能；对于某项任务既有热情又胜任的员工应该采取授权型（低任务-低关系）领导风格，这类员工往往使领导者非常放心，可以给予更多的授权。

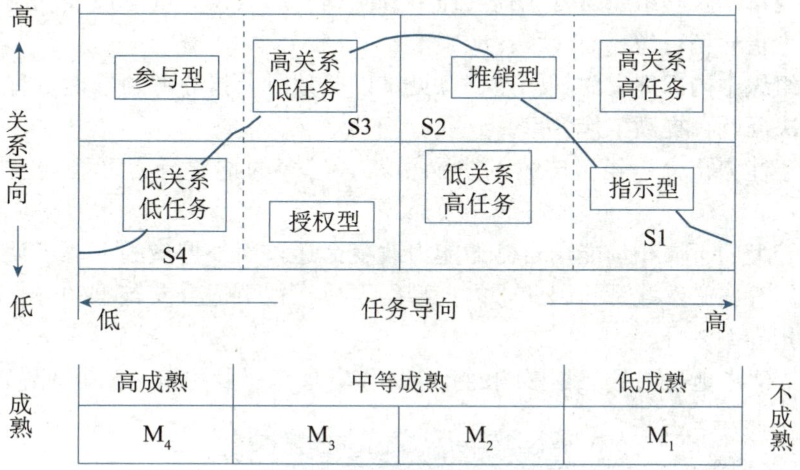

图 11-5　情境理论（二）

三　路径-目标理论

罗伯特·豪斯（Robert House）在 1977 年提出了一种新的领导权变理论：路径-目标理论。该理论认为，领导者的作用在更大程度上体现为帮员工设定工作目标，激励员工，为他们提供支持和指导，最终使他们达成目标，得到回报。也就是说领导者肩负为员工制定目标并指导路径的责任。

在该理论中，豪斯将领导风格在传统的双维度上进行了拓展，划分为四种：

（1）指导型领导。让下属知道他们期望的是什么，并对完成工作的过程进行具体指导。这种风格接近费德勒模型中任务导向型领导风格。

（2）支持型领导。对待下属十分友善，关心下属的需要。这种风格接近费德勒模型中关系导向型领导风格。

（3）参与型领导。在工作中注重与下属共同磋商，在决策之前充分考虑下属的建议。

（4）成就型领导。倾向于设置有挑战性的目标，并期望下属实现自己的最佳水平。

与费德勒模型显著不同的是，豪斯认为同一个领导者在不同的情境之下表现出的领导风格是可以调整的，而不是保持不变的。

在他的理论中，豪斯将情境分为环境因素和下属因素。环境因素包括任务的结构化程度、正式权力关系的明确程度、工作群体特征，下属因素包括控制点、经验、感知到的能力。不同的情境因素适合不同的领导风格，两者之间的有机结合可以带来更好的效果。

豪斯的研究内容总结起来有六点。

（1）在任务的结构化程度低的情况下，员工的行为不确定性更大，员工往往会感到更大的压力，此时指导型领导更能使员工情绪稳定，达到更高的工作满意度。

（2）当任务的结构化程度较低时，员工的自主度更高，成就型领导更能激发员工取得卓越绩效的热情，促进员工努力工作，甚至会促进创新。

（3）当任务的结构化程度较高时，员工的每一步骤都已经被规划好，过多的指导甚至会引起无措和反感，此时支持型领导会带来更高的绩效和工作满意度。因此在一个组织中，如果规章制度和组织运营流程已经十分明确，那么领导者应该表现出更多的支持型行为，减少指导型行为。

（4）当组织中内部冲突比较剧烈、意见难以一致时，指导型领导能更好地调节员工的情绪，解决问题，提高工作效率。

（5）对于能力出众、经验丰富的资深员工，过多的指导行为可能会被视为累赘和多余。

（6）内控型的下属相信能用自己的能力改变命运，而外控型的下属不认为自己的努力与命运之间存在必然联系。因此，内控型的下属往往更适合参与型领导，而外控型的下属则需要指导型领导。

图 11－6 清晰地列出了互相影响的几个因素，展示了罗伯特·豪斯理论的主要内容。

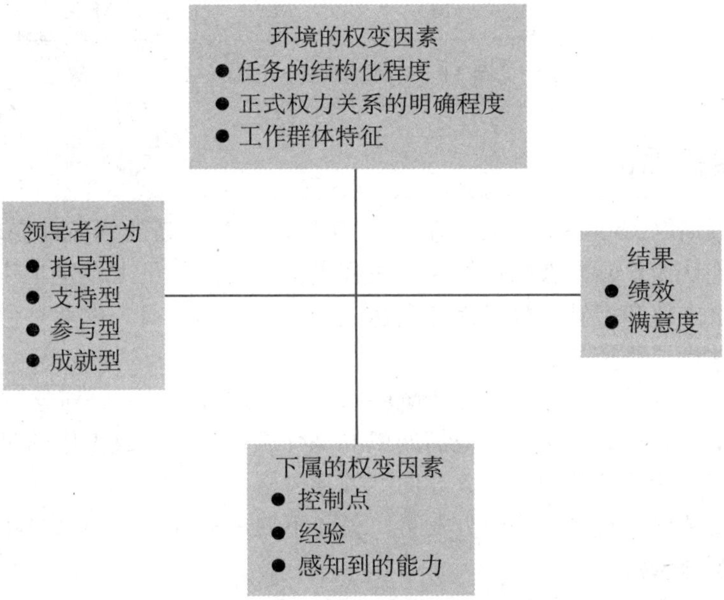

图 11－6 路径-目标理论

第 5 节 关于领导的最新观点

本节我们将讨论领导理论的最新进展，比较流行的有如下四种：魅力型领导理论、交易型和变革型领导理论、领导者-成员交换理论、道德诚信与领导。

一　魅力型领导理论

林肯、丘吉尔都是富有魅力的领导者，他们所体现出的魅力成为学者们研究的新热点。魅力型领导理论将领导者视为通过其语言、创意和行为来鼓舞下属的人。

魅力型领导的概念是由社会学家马克斯·韦伯提出的。一个多世纪前，他把魅力（源自希腊语中的“天赋”）定义为：“个体一种特定的人格品质，因为该品质而区别于普通人，并且会被视为拥有超凡才能的人、超人或者至少是拥有非凡权力或特征的人。普通人是无法获得这些品质的，但是会把它们看作神圣的起源或者是学习的榜样。具有这类品质的人被人们当作领导者。”韦伯认为，具有领导魅力的人是理想的领导者，天生就与众不同。

而第一个从组织行为学角度来思考魅力型领导的研究人员是罗伯特·豪斯。根据豪斯的魅力型领导理论（charismatic leadership theory），当下属观察到某些特定的行为时，会把它们归因于英雄主义或者超乎寻常的领导能力。具体的领导魅力体现为哪些特点呢？表 11－1 描述了这些特点。

表 11－1　　魅力型领导者的关键特点

1. 愿景及其清晰的表述。他们拥有一个愿景（表述为一个理想化的目标），勾勒出比现状更美好的未来；他们能使用其他人易于理解的语言清晰阐述该愿景的重要性。
2. 个人冒险。他们敢冒风险，不惜付出高成本，为了实现愿景做出自我牺牲。
3. 对下属需要的敏感性。他们对他人的能力有深刻了解，并对他人的需要与情感做出积极回应。
4. 打破常规的行为。他们做出的行为常被认为是新奇的和不合规范的。

资料来源：Conger J A，Kanungo R N. Charismatic leadership in organizations. Thousand Oaks，CA：Sage，1998：94.

那么，一个重要的问题就出现了：魅力是天生的还是可以后天习得的？研究表明，魅力既是天生的，也是可以后天习得的。

每个人都有与生俱来的魅力特质。事实上，对同卵双胞胎的研究发现，在领导魅力测试中他们的得分相差无几，即使他们在不同的家庭成长且从未谋面。研究表明，人格与魅力型领导也是相关的。那些天生就外向、自信、更追求成功的人往往更有可能成为魅力型领导者。

不过，这并不代表严肃认真的人就不能成为有魅力的领导者。绝大多数学者认为，个体是可以通过培训表现出魅力型行为的。领导者经过培训，可以分三个阶段学会做一个魅力型领导者。首先是保持乐观和激情，学会用更富感染力的肢体语言和口头语言来鼓舞他人。接下来是创建一个能够鼓舞他人追随自己的纽带来争取他人。最后是调动跟随者的情绪，使自己所领导的整个团队表现出良好的绩效。

优秀的魅力型领导者究竟如何影响下属并带领他们实现美好的愿景？学者们将这个影响机制总结为四个步骤：首先，魅力型领导者分析组织的现状，并洞悉行业发展趋势，据此构想组织的美好未来，制定出一个清晰并具有吸引力的愿景（vision），也就是一个包含目标的长期战略。其次，魅力型领导者会用一个强有力的愿景陈述在下属的头脑中留下深刻的烙印，并传达高绩效期望来激励下属的信心。接下来，魅力型领导者通过言传身教向下属传达一套新的价值观，并用自己独特的人格魅力使下属信服并不由自主地模仿学习。一项对 115 位政府职员的调查发现，在与魅力型领导者共事时，他们在工作中具有更强烈的归属感，这会使他们更愿意提供帮助和服从命令。最后，魅力型领导者在日常和下属相处的过程中，行为往往是非传统的、热情的、能激励他人的，这使下属能够更好地体会到领导者所想要传达的情绪，并且更容易和领导者一样对企业的愿景充满勇气、信心和坚定信念。

在什么样的情境下，魅力型领导更容易出现？研究者总结出三种情形：

（1）当下属的任务中包含很多意识形态成分时，或当环境带来很大的压力与不确定性时，魅力型领导似乎最成功。因此，政治和宗教领域出现魅力型领导者的可能性通常较大。在动荡不安或者萧条时期，一个富有号召力的领导者往往能起到巨大的作用。比如，乔布斯在 1997 年重掌苹果 CEO 职位并力挽狂澜，将公司带上了一个新台阶。

（2）组织中的层级也是影响魅力型领导分布的重要因素。在低层级的管理工作中，魅力型领导特质较难发挥作用。组织目标往往是由高层领导者制定的。

（3）当人们感受到不安或者压力较大时，更容易接受魅力型领导，更具人格魅力的领导者能给他们带来更多的信心。

通用电气的杰克·韦尔奇、迪士尼的迈克尔·艾斯纳、阿里巴巴的马云、华为的任正非，每个传奇的企业都有一个传奇的领导者，他们都是具有超凡魅力的商业领导者。每个公司都想拥有一名具有超凡魅力的领导者，希望他能带领公司创造奇迹。因此，为了吸引这样能力超群的领导者，公司往往会提供诱人的条件和极高的待遇。但是，并不是每一位魅力型领导者都会按照组织的最佳利益行事。这些有着独特思想的人也许会利用手中的权力将公司重新打造成他们想要的样子。我行我素的领导者在长期的位高权重之后也许会迷失本心，甚至让个人利益和目标凌驾于组织目标之上。长期的说一不二也会导致他们自我膨胀，难以做出正确的决策。爱多的破产就是这样一个让人唏嘘的例子。胡志标是一位具有传奇性的魅力型领导者，他白手起家，吸引了一大批年轻人一起闯天下。但是在一路走红的良好势头下他难以冷静地看待市场，做出了错误的扩张决策，高层领导者之间利益划分的不均也是压死爱多的原因之一。

魅力型领导毋庸置疑是有效而重要的。但值得注意的是，这种非常强调个人的领导方式一定要辅以理智的管理体系，才能从精神上和制度上同时保障组织的高效运作。

二　交易型和变革型领导理论

交易型领导和变革型领导的概念最早由巴斯（Bass，1985）提出。

交易型领导者通过澄清工作角色与任务要求来指导下属实现既定目标。之前我们提到的俄亥俄州立大学的领导双维度、费德勒模型、路径-目标理论描述的都是这种交易型领导者。交易型领导者告诉员工需要实现什么样的目标，并明确地告诉员工付出什么样的努力能交易到什么样的回报，通过指引员工更好地实现目标来达到良好的绩效。

而变革型领导者则鼓舞下属将个人利益升华为组织利益，并对下属产生超乎寻常的深远影响。这是一个新颖的领导理念，在关系导向型领导者的基础上进行了拓展。变革型领导者关注个体员工的利益和需要；他们帮助下属用新视角看待老问题，从而改变下属对问题的看法；他们鼓励员工当家做主，激励、调动和鼓舞下属为实现群体目标付出更大的努力。胖东来的于东来就是一个有着变革型领导理念的领导者，他强调员工和企业之间的和谐，力求员工把企业当家，非常重视福利建设和交流沟通，这种乌托邦式的管理方式在现代企业当中也是独树一帜的。

表 11－2 简要界定了这两类领导者的特点，我们可以从中清晰地看到这两类领导风格的不同。

表 11－2　变革型领导者与交易型领导者的特点

交易型领导者
权变式奖励：制定努力与奖励的交换规则，承诺对良好绩效给予奖励，认可成就。
例外管理（主动的）：观察并寻找那些偏离规则和标准的行为和事件，予以纠正。
例外管理（被动的）：只有不符合标准时才实施干预。
放任型：领导者会让下属为了任务自主地工作，而不进行干预，除非目标不能达成。
变革型领导者
领袖魅力：提供愿景和使命感，灌输荣誉感，赢得尊重和信任。
感染力：传达高期望，使用各种方式实现众志成城，以简单的方式传达重要的目的。
智力刺激：促进人们提升智力和发展理性，并且培养人们解决问题的能力。
个性化关怀：关爱员工，区别对待不同员工，为员工提供指导和建议。

资料来源：Bass B M. From transactional to transformational leadership：learning to share the vision. Organizational dynamics，1990（Winter）：22.

交易型领导和变革型领导并不是截然对立的，两者互为补充。仅仅是交易型领导者或者仅仅是变革型领导者都会导致失败。如果一个交易型领导者不具备变革型的理念，那么他只能做一个平庸的领导者；如果一个变革型领导者不具备交易型的理念，那么他难以制定强有力的制度来保证组织的高效运作。因此，最好的领导者既是交易型领导者也是变革型领导者。

交易型领导很容易，但凡有一定领导力的领导者都能做到，在交易型领导基础上发展起来的变革型领导则要求更高。变革型领导往往能比单纯的交易型领导带来更高的绩效和更高的员工满意度，因为变革型领导者更有创造力，而且鼓励自己的下属也变得更有创造力。在由变革型领导者领导的公司，更加充分有效的沟通能使群体成员达成共识，而对下属的信任和放权的理念使得高层管理者往往对组织目标和愿景有着更高的认可度，进而产生更高的组织绩效。变革型领导者能够提升下属的自我效能，并将必胜的精神传递给整个群体。

与魅力型领导者相比，变革型领导者制定的企业愿景往往是和员工深入沟通过的，弱化了领导者的个人因素。在解释创业型企业的成功时，这样的企业愿景比热情洋溢的沟通风格更加重要，也更能得到下属的信任和认可。魅力型领导者更强调员工接受他们的思想，而变革型领导者则努力培养员工自己的价值观，并通过沟通来寻求最好的企业愿景。

变革型领导并不是在所有情境下同等有效。它对小型私营企业的影响要大于结构更为复杂的组织。当领导者能够与员工直接接触时，变革型领导者的个性化风格可能效果最佳。另一项研究显示，当团队具有高权力距离和集体主义特征时，变革型领导者在提高群体效能方面更加有效。但是在一个鼓励个人主义的群体中或者不愿轻易放弃决策权时，变革型领导者难以发挥理想的作用。

总体证据表明，与交易型领导相比，变革型领导与更低的离职率、更高的生产率、更低的员工压力和倦怠以及更高的员工满意度之间存在更显著的相关关系。与魅力型领导一样，变革型领导也是可以后天习得的。一项针对加拿大银行管理者的研究发现，那些接受过变革型领导培训的管理者所领导分支机构的绩效要显著高于那些没有接受过这种培训的管理者所领导的分支机构。其他研究也得到了类似的结果。因此，变革型领导是一个杰出的领导者需要有意识地学习的领导技能。它可以使员工对组织更有归属感，使组织不再是一言堂而是每位员工都有权参与其中，为组织发展贡献力量。这样的组织无疑是更先进、更具活力的。

三 领导者-成员交换理论

你的上级是否会对与他亲近的人更好？如果你认为是的，那么就已经认识到了领导者-成员交换理论。这个理论的主要内容是：由于领导者时间紧迫并且精力有限，他们会与下属中的一部分人建立特殊关系。这些人成为圈内人，受到更多的信任，更可能获得特权，也承担更多的责任。而其他下属则成为圈外人。

在领导者接触一个员工的初期，就会对他做出能力、性格等各个方面的评估，然后在心中将其划分为圈内人或圈外人，而且这种由第一印象确定的关系相对稳固，一般难以随时间的推移而改变。接下来，领导者会对自己满意的员工提供更多的奖励，而对不想与其建立密切关系的员工进行处罚，这个过程体现了领导者对二者之间关系的投资。要形成完整的领导者-成员交换关系，还需要员工对领导者的态度做出回应。员工对愿意建立密切关系的领导者会付出更多的忠诚，更努力地完成领导者交给的任务，而对于不喜欢的领导者则会消极怠工。如果领导者和员工都确认建立了密切关系，那么就完成了一次领导者-成员交换，领导者获得了一个稳定的圈内人。

领导者愿意将什么样的人划进自己的圈子？这个问题没有确切的答案，但有证据表明，领导者倾向于将具有以下特点的人归为圈内人：态度、性格和人口统计学特征与自己相似，或者比圈外人具有更强的能力，如图 11－7 所示。具有相同性别的领导者和下属往往具有更密切的关系（更高的领导者-成员交换水平）。值得注意的是，尽管是由领导者来做出选择、放出信号，但下属的特征和他相应的行为同样会影响最终的决策。

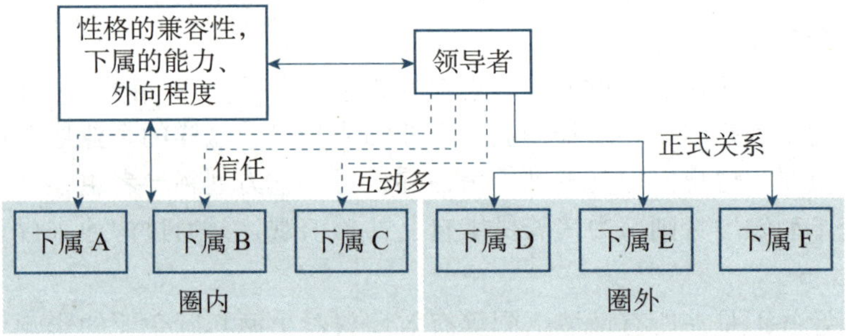

图 11－7 领导者-成员交换理论

有确切的证据表明：领导者会区别对待下属；这种区别对待绝不是随机发生的；与圈外下属相比，圈内下属具有更好的绩效评估结果，在工作中更乐于提供帮助或做出组织公民行为，而且对上级更满意。领导者把资源投资给自己认为表现得更好的圈内人，他们认为圈内人是最有能力的，而圈内的员工得到了更好的资源，对领导者忠诚度更高，工作表现积极并取得更好的工作绩效。这是一个交换的循环过程，这样的循环会使领导者和这些下属之间的关系变得更加牢固。

领导者-成员交换理论也许可以解释为什么在组织中有些人在得到领导者的青睐之后，职位会一再晋升，表现也越来越好。但是圈内人不仅意味着更好的资源或者晋升，同样代表着更努力的工作和更大的责任。

四　道德诚信与领导

各种领导理论从不同的角度诠释了有效领导的特点和作用。但是除了卓有远见的战略眼光、强大的执行力和独特的个人魅力，领导者还应该具有高尚的道德诚信。对于领导理论的完整拼图，道德诚信是不可缺少的一部分。只有具有道德诚信的领导者才能作为组织的精神领袖，才能获得员工的信任，带领他们更好地走向前方。

诚信领导者（authentic leaders）清楚地知道自己是谁，知道自己的信念和价值观，能够坦率、公开地按照自己的信念和价值观行事。下属会认为他们是有道德的人。诚信领导者会与下属分享信息，鼓励开诚布公地沟通，并坚持自己的理想。结果就是人们逐渐对诚信领导者产生信任。

在西方管理学界，领导者的道德问题是一个新兴问题，仅仅在最近才有一些伦理学家和领导学家开始思考领导的道德含义。在西方文化背景下，领导者的个人生活和他的工作事业往往是分开的。法国前总统萨科齐绯闻不断，但是只要他的政党仍为人们所认可，他仍旧可以做领导者。然而在中国，我们的文化背景对于领导者有很高的道德要求，无论官阶大小、职位高低，只要是领导者，人们都会关注他的言行举止。因为我国的文化中个人品德与工作是不能截然分开的，一个品行不正的人绝不可能很好地领导他人。

显然，把道德诚信纳入领导的范畴是大势所趋。关注领导的精神层面无疑有助于领导理论的发展。道德诚信影响着领导者实现有效领导的途径和每一个步骤：制定愿景时，没有道德的领导者制定出的愿景有时本身就是错误的，有些领导者会过分关注自己的需求或愉悦；影响员工、激励员工时，没有道德的领导者对于员工来说是没有信服力的，也就难以对员工起到榜样或者激励作用。

没有道德的领导者更可能使用他们的权威来增加其对下属的权力，进而达到为其个人利益服务的目的。有道德的领导者则会以一种对社会有建设性作用的方式来利用自己的权威，并服务于他人，不会做出破坏公平公正的事情。那些公正对待下属的领导者，尤其是通过经常提供诚实、准确的信息来做到这一点的领导者，被认为是更有效的领导者，更能获得员工的信任。高层管理者需要为本组织确定道德基调，所以一定要树立高水平的道德标准并以身作则，鼓励和奖赏他人的正直行为，及时惩罚犯错误的员工，避免滥用权力，绝不损害组织和员工的利润来谋求私利。只有他们品行端正，下属才会放心地接受领导者安排的工作，才会对领导者保持稳定的信任。

上级和员工之间的信任与许多积极的雇佣结果相关。下面仅列举一些研究得出的重要结论：

（1）信任鼓励承担风险。当员工决定偏离常规方式行事，或从一个新的角度来解读上级的指示、通过一些创新来为组织创造额外的价值时，他们就在承担风险。在这两种情况下，信任关系有助于员工实现这种跨越。

（2）信任有助于信息分享。员工无法表达对工作的想法的一个重要原因是，他们无法确定领导者对于自己的意见会有怎样的反应，因此对于表达自己的观点感到不安。当管理者表明自己会公正对待员工的想法，并且重视积极、主动的变革时，员工更加愿意提出想法。这更有助于变革型领导者与员工进行更透明的交流，培养员工敢于批判的价值观。

（3）存在信任关系的群体更加有效。员工对领导者的信任不是单向的，而是扩散型的。当领导者为本群体设定了信任的基调时，成员会更加愿意帮助彼此并为对方付出额外的努力，而这会进一步加深信任。相反，在一个缺乏信任的群体中，成员会彼此怀疑，互相猜忌，经常戒备对方以防被利用，并且限制和群体中其他成员的交流。这些行为无疑是有害的，阻碍了组织的发展，甚至会导致整个群体的毁灭。

（4）信任促进生产率提高。信任还会对公司的根本利益产生积极影响。那些信任上级的员工往往会获得更高的绩效评估。用领导者-成员交换理论的观点说，信任促进了领导者和成员之间积极的互动，建立了更紧密的关系，促进了绩效的提升。而对领导者的不信任甚至会导致对组织成员的不友好。不信任更容易导致成员出现利益分歧，从而使得人们难以看清共同目标。于是，人们更愿意隐藏信息，相信职场阴谋论，秘密地追求个人利益。不信任的氛围往往会引发恶性冲突，并阻碍合作。

领导者是组织的标识，领导者的个人魅力和精神面貌对于组织的整体文化有着至关重要的作用。结合所有的领导理论，优秀的领导者应该具有独特的个人魅力，足以吸引他人衷心跟随，能够同时关注任务绩效和员工思想，激励员工培养自己的价值观并对组织形成更强的归属感，愿意为组织付出努力。最后整个组织高效运作，达到预期的战略目标。有的人是天生的领导者，有的人是后天培养的领导者，但他们的领导才能是否能很好地发挥要受到情境因素的影响，不同的情境适合的领导风格也是不同的。

本章小结

1. 本书将领导定义为引导和影响他人（包括个体、团体、组织或社会）为实现特定目标而努力的行为过程和能力。

2. 管理和领导是不同的概念：在活动目的上，管理的重点在于效率和效益的提高，而领导的目的主要在于引导变革；在活动方式上，管理的方式往往是程序化和规范化的，而领导的方式则更具灵活性和更有个人风格；在活动主体上，管理是组织所有成员应当参与的活动，而领导则是组织中高层次成员的活动，是单向的；在活动内容上，管理的对象包括人、财、物、时间、信息、技术等，而领导的侧重点主要是人。相应地，管理者和领导者也不同。

3. 领导理论经历了从领导特质理论、领导行为理论到领导权变理论的发展阶段。领导特质理论假设存在天生的个人特质的差别。领导行为理论主要包括：俄亥俄州立大学研究团队将领导风格归纳为结构维度和关怀维度两大类；密歇根大学研究团队将领导行为风格划分为员工导向维度和生产导向维度；布莱克和莫顿采用图表的方式，从关心员工和关心生产两个维度出发提出了管理方格理论。领导权变理论认为，有效领导的前提是在充分了解组织内外情况的基础上，采取各种灵活的应变策略。费德勒模型把领导者的领导风格分为关系导向型和任务导向型两种；赫塞-布兰查德的情境理论认为领导者的领导风格必须与下属的成熟度相匹配；罗伯特·豪斯的路径-目标理论认为领导者的激励作用体现在能通过澄清要求、为员工提供支持和指导，增加员工达到目标并获得所期望回报的可能性，因此领导可分为指导型领导、支持型领导、参与型领导和成就型领导。

4. 新近出现的领导理论包括交易型领导、变革型领导、魅力型领导、领导者-成员交换理论、道德诚信与领导。

关键词

领导　管理　领导的特质理论　领导的行为理论　领导的权变理论

复习与思考题

1. 什么是领导？它与管理有哪些联系和区别？
2. 描述管理方格理论包含的五种典型领导行为并思考它们对团队绩效的影响。
3. 路径-目标理论是怎样划分领导风格和情境因素的？如何实现二者的匹配？
4. 魅力型领导者具有哪些特点，会对下属和组织产生怎样的影响？
5. 对比交易型领导和变革型领导的差异。变革型领导总是更有效的吗？
6. 举例说明道德诚信对领导的影响。

参考文献

1. 陈国海．组织行为学．2 版．北京：清华大学出版社，2006.
2. 俞文钊．管理心理学．2 版．大连：东北财经大学出版社，2005.
3. 陈维政，余凯成，黄培伦．组织行为学高级教程．北京：高等教育出版社，2004.
4. 章志光．社会心理学．北京：人民教育出版社，1996.
5. 孙健敏，李原．组织行为学．上海：复旦大学出版社，2005.
6. 吴晓波．激荡三十年．北京：中信出版社，2008.
7. 陈国权．组织行为学．北京：清华大学出版社，2006.
8. 陈力．组织行为学．北京：人民卫生出版社，2005.
9. 余凯成．组织行为学．3 版．大连：大连理工大学出版社，2010.
10. 王晶晶．组织行为学．北京：机械工业出版社，2009.
11. 罗宾斯．组织行为学精要：第 8 版．北京：电子工业出版社，2005.
12. 斯蒂芬·P. 罗宾斯．组织行为学：第 10 版．北京：中国人民大学出版社，2005.

案例分析

领导工厂

几项对 1 187 家美国最大上市公司的分析显示，不同公司培养未来领导者的能力是截然不同的。在其中一项研究涵盖的公司 CEO 中，竟然有 26 位 CEO 曾经任职于通用电气公司。

然而，正如下表所示，根据公司员工的总人数来计算，通用电气公司的现任或前任员工成为大公司 CEO 的可能性仅排名第十。排名第一的是管理咨询公司麦肯锡。令人惊讶的是，如果我们根据麦肯锡员工如今成为大公司 CEO 的数量来推断，每 690 名麦肯锡员工中就有 1 位将会成为《财富》世界 1 000 强公司的 CEO。

公司	员工数量	培养的大公司 CEO 数量	概率
麦肯锡	11 000	16	690∶1
德勤	17 170	8	2 150∶1
百特国际	48 000	11	4 365∶1
普华永道	47 750	10	4 775∶1
安永	103 000	12	8 585∶1
美林	62 200	7	8 885∶1
摩托罗拉	66 000	7	9 430∶1
英特尔	88 100	8	11 010∶1
宝洁	138 000	12	11 500∶1
通用电气	300 000	26	11 540∶1

有些公司的表现却并不令人满意。如花旗银行（30 180∶1）、AT&T（23 220∶1）和强生（15 275∶1）。

毫不奇怪，有些公司可能对这些结果感到不屑，但是在该榜单上排名靠前的那些公司并不会采取这种态度。宝洁公司前 CEO 雷富礼这样说："我们是领导者的发动机，是人才的制造机。"

资料来源：罗宾斯．组织行为学：第 14 版．北京：中国人民大学出版社，2012.

讨论题

1. 管理咨询公司在 CEO 培养比例上表现优异，部分是因为这些公司大多由管理者组成（相对于蓝领工人或初级职员）。你认为员工队伍的构成在多大程度上会影响该公司培养 CEO 的可能性？

2. 你认为那些所谓的领导工厂同样也是非领导者的更佳去处吗？为什么？

3. 上述数据是否为领导者选拔和开发的重要价值提供了支持？为什么？

第 12 章 权力与政治

学习目标

学完本章后，你应该能够：

◎ 了解权力的概念及其分类
◎ 熟悉权力的运行机制
◎ 了解权术的不同类型及权术选择的影响因素
◎ 掌握组织政治的基本概念
◎ 熟悉诱发组织政治行为的因素

引例

成功的着装

詹妮弗·科恩（Jennifer Cohen）以为自己完全了解公司的着装规定，但是她错了。

科恩效力于费城的一家营销公司。在一次会议之前，一位年长的同事将 24 岁的科恩拉到一边并告诉她，穿着女士短裤和无袖上衣是十分不得体的。科恩对于这种指责感到十分惊讶。“对于什么着装会被公司接受，每代人都有不同的看法，”她说，“在这件事上，我觉得自己被严重冒犯了。”

对科恩更严重的冒犯是接下来发生的事：由于科恩的着装被认为不得体，她被禁止参加这次会议。

并不只是科恩的雇主会这样做。根据美国人力资源管理协会（SHRM）针对雇主的一项调查，尽管很多公司有便装日，推行更正式着装要求的雇主数量却在增加。2001 年，53% 的雇主允许员工每天都穿便装。如今，这个数字变成了 38%。硅谷的一家营销公司 McGrath/Power，过去允许员工穿便装。现在，它提出了更加正式的着装要求。“此一时彼一时，”CEO 乔纳森·布卢姆（Jonathan Bloom）说，“我们经历了一段过于随便的时期……当我们的着装非常随便时，工作质量就变得没那么好了。”

具有讽刺意味的是，随着更多公司提出更正式的着装要求，其他以正式着装知名的公司却反其道而行之。IBM 曾经提出必须穿西装和白衬衫的工作着装要求，现在却完全摈弃了所有着装要求。丹·格鲁尔（Dan Gruhl）是 IBM 的一位研究人员，他经常穿着凉拖和短裤到该公司位于加利福尼亚圣何塞市的办事处上班。他说道："轻松的环境可以激发你更加开阔的思维。"尽管其他一些公司做得不如 IBM 这么彻底，不过诸如福特、通用汽车和宝洁这样的传统公司也制定了宽松的着装规定。

不过，虽然有 IBM 这样的公司，更多的公司却制定了更加严格的着装规定。就连美职篮（NBA）都为球员制定了场下着装要求。至于科恩，她还是对这样的着装要求感到很气愤。"当你感到舒适时，就不会焦虑，"她说道，"就会专注于工作。"

资料来源：罗宾斯．组织行为学：第 14 版．北京：中国人民大学出版社，2012.

虽然可能不被承认，但权力和政治几乎是所有组织与生俱来的，它们时刻发生在组织中并对组织运作产生影响。人们对权力与政治的消极认识通常源自其导致的不平等却又无法抗拒的后果，但有时权力与政治又是组织正常运作和发展所不可或缺的因素。我们要掌握的是如何更好地运用它们而不是一味否定它们。本章将通过讲解权力与政治产生和作用的机制帮助你更好地认识组织中的权力与政治。

第 1 节　权力的基本概念

中国有句古语：尧为匹夫，不能治三人；纣为帝王，足以乱天下。意思是说，即使像尧这样贤明的人，假如他是个普通老百姓，手里没有权力，也管不了几个人，干不了大事情，而像商纣王这样品行不端的人，手中有了权力，也就有了祸乱天下的本领。这句古语足以让我们了解到古人对于权力的重视。更有人认为"大丈夫不可一日无权，小丈夫不可一日无钱"，这更通俗地折射出人们对于权力的追求和渴望。但奇怪的是，在中国的语境下，人们对权力又往往避而不谈。一说到权力，总能将其联系到贪污腐败等丑恶的事情上，那么权力到底是什么？组织行为研究者在过去 20 多年的研究中已经认识到，组织是高度政治化的，而权力就是这种游戏的名称。权力和群体、非正式组织、互动行为、冲突以及压力等构成了组织动力学研究的重要课题。

一　权力的含义

古往今来，许多学者都对权力做过定义。中国古代的思想家也围绕权力做了许多论述。比如，商鞅曾说："权者，君之所独制也"，君主须"秉权而立"。韩非强调"权重位尊"，"势重者，人主之渊也"，"主之所以尊者，权也"。

西方学者对权力也有自己的思考和认识。R. H. 陶奈认为，权力是"一个（群）人按照他（们）所愿意的方式去改变他人或群体的行为，以及防止自身的行为以一种所不愿意的方式被改变的能力"。这种能力是人在改造世界的活动中所借助的一种手段，它的实现常常需要获得外部力量的援助。外在资源的稀缺性以及分配的不平等强化了权力，使得权力的真实存在成为验证主体身份、社会地位及其实力的标志。

托夫勒则把权力视为以暴力、财富和知识三要素为基础产生的一种有目的地支配他人的力量。

社会学家马克斯·韦伯把权力定义为“社会关系中的一个行动者扮演某种角色以排除阻力达成自己意愿的可能性”。韦伯权力定义的追随者、美国社会学家彼德·布劳认为，权力是“个人或集团通过威慑力量不顾反对而把其意志强加于他人的能力”。

美国社会学家帕森斯对权力的定义是：“权力是一种保证集体组织系统中各单位履行有约束力的义务的普遍化能力。”

费弗尔则简单地将权力定义为潜在的力量，是“影响行为、改变事情的进程、克服阻力和让人们进行他们本不会做的事情的潜在力量”。

罗宾斯对于权力的定义是：“权力是一个人（A）对另一个人（B）的行为产生影响从而使 B 按照 A 的意愿行事的能力。”这个定义暗含以下三个要点：（1）能力是潜在的，不需要证明其存在性。一个人可以拥有权力但不使用权力。（2）权力存在的前提是存在依赖关系。假如 A 与 B 之间不存在依赖关系，或者说 A 没有控制 B 所期望拥有的东西，那么 A 对 B 就没有权力；反之亦然。比如在某一大学必须通过某一课程的学习才能获得大学毕业证书，而全校只有一名老师教授这门课程，那么这名老师就对想顺利毕业的大学生拥有权力。（3）如果 B 的工作行为已经事先严格地被规范好，那么他将没有任何选择余地。

尽管学者们对于权力的定义各不相同，但概括来说，权力具有以下四个特点。

第一，权力的发生是以人和意志的存在为前提的，它存在于人际互动关系之中。权力的主体是人，或人格化的组织——群体或国家。人是具体的权力操作载体，通过人的类别及其行为方式而使权力呈现出多种色彩。群体或国家则是通过某种物载体，比如组织机构的复杂运作使权力得以实施。尽管权力本身并不是一种关系，但权力是人与人之间社会关系的投射，以及由此展开的人与物之间的关系。

第二，权力是一种外在型能力，无法以物质或精神的方式在人的肌体内积淀下来转化为一种生物机能而世代遗传。权力的产生既可能是有意识的行为，也可能是由无意识或非目的性的行为造成的。有意识的行为源于人类先天具有的一种生存意识，或组织管理的秩序化要求。无意识的权力现象更多地源于人的自然属性，比如个体的气质、容貌、性情、品性、文化修养等常常可以造成对他人的一种权力关系。相对劣势的一方往往因无形的压力而不自觉地顺从相对优越的一方，赋予后者以支配他们的权力。我们可以在周围诸多的小团体中找到很多佐证，当那些出类拔萃者鹤立鸡群般地成为天然的群众领袖时，他们的权力所赖以生存的土壤，恰恰是由那些崇拜者“不懈努力和大力推崇”造就的。

第三，权力具有可交换性，可以通过权力主体的更换而发生转移。权力的可交换性源于它的第二个特点：权力是一种外在型能力。外在型的特点表明它与权力主体的生理能力以及由后天习得并转化为人的内在智能不同。比如，分析能力是融合于人的生理能力，无法在各主体之间进行转移。而大多数权力则可以从主体中分离出来，并能够在不同的主体间进行转移。

第四，权力具有不平等性，这是它的本质特点。权力一般以“命令—服从”的轨迹运行。这里，命令并不一定是以明示的语言或行为的方式表达；服从也具有特别的意义，它既是权力的构成要素之一，又是权力实际存在的重要条件。没有服从，就没有真正意义上的权力。

二 权力与影响力

影响力从心理学角度讲，是指一个人在与他人交往中影响与改变他人的心理与行为的能力。影响力取决于一个人的地位、能力、品格、知识、才能等诸多方面的因素。与权力相比，影响力被认为在范围上更广、更多地和领导力相联系，但两者显然都包括在领导过程中。领导者的影响力包括权力性影响力与非权力性影响力两大类，这里我们所说的影响力，更多强调的是后者，即非权力性影响力。

麦克莱兰在 1978 年指出，想给企业带来变革而制定战略决策的人，有两种基本的选择：其一，他可以营造出一种形势，使别人按照他的意愿去做。其二，他可以尽量与人们沟通，以改变他们看事物的角度，继而按照他所建议的方法行事。很明显，在上述第一种情况下，决策制定者是在使用权力基础达到目的；而在第二种情况下，他是在利用影响力。处于变革过程中的组织领导者应尽可能扩大自己的非权力性影响力，缩小自己的权力性影响力，因为权力不能带来激励，不能使人自觉，不能使人自动产生对领导方式的认同。非权力性影响力表面上没有合法权力那种明显的约束力，但实际上，它不仅确实具有权力的性质，而且常常能发挥权力性影响力所不能发挥的约束与引导作用。

（一）权力性影响力

权力性影响力又称强制性影响力，主要来源于法律、职位、习惯和武力等，因此只有权力拥有者才具备。一般来说，它具有两方面的特点：对领导者来说，具有外加性；对于被领导者来说，具有很大的强迫性。例如组织中的领导者喜欢吸烟，尽管国家明令禁止在公共场合吸烟，但是他的这一个人特点会影响到下属，该领导者在下属面前吸烟一般不会遭到强烈的反对。

（二）非权力性影响力

美国管理学家亨利·艾伯斯说：“假如一个组织的领导者没有影响力，那么无论是学校、企业、军队还是国家，都不能生存下去”。在构成领导者权威的诸因素中，非权力性影响力越来越成为主要的因素。非权力性影响力是由领导干部自身素质形成的一种自然性影响力，既没有正式的规定，没有上下授予形式，也没有合法权力那种命令与服从的约束力，但其影响力却比权力性影响力广泛、持久得多。因为对于被领导者来说，接受非权力性影响力具有更多的自愿性。具体地说，构成非权力性影响力的核心要素是领导者的品格、才能、知识和情感等因素。

1. 品格因素

品格因素是指领导者的道德品质、人格、作风等，主要反映在领导者的言行之中。如果一个领导者具有优良的品格，如公道正派、严于律己、无私奉献、以身作则等，就会使下属产生一种发自内心的敬佩，使领导者更具有号召力，更容易吸引人去效仿。这就是古语中常说的“其身正，不令而行；其身不正，虽令不行”。相反，如果一位领导者表里不一，说一套做一套，不具有优良的品格甚至道德败坏，那么他的威望就会大打折扣，而下属对这样的领导者往往没有心理上的认同，即使服从也只是表面上的。

2. 才能因素

才能指一个人在实践中形成并表现出来的聪明才智与工作能力，是一个管理者综合素质的体现，是构成领导者影响力的主要因素。才能因素具有很强的实践性，在实践中通过才能的展示，员工对领导者产生敬佩。

3. 知识因素

知识是人类实践经验的科学总结，本身就是一种科学赋予的力量。这里所说的知识包括文化知识、专业知识、法律知识、思想政治知识等，因为领导者决策行为所体现出的知识的科学性，会给人以信赖感。

4. 情感因素

情感因素是指领导者体贴关心下属、平易近人、和蔼可亲、感情融洽，能使下属产生亲切感的影响因素。如果领导者能够使下属产生更多的亲切感，那么就对下属更具有非权力性影响力。

三　权力的分类

权力按照其所针对的描述对象可以分为个体权力与部门权力，而个体权力按照其来源或基础可以分为职位权力和个人特征权力。

（一）个体权力

在我们的生活中权力随处可见。凡是存在优劣对比或是有崇拜、敬畏、依赖等感情出现的地方，就有权力的影子。那么究竟是什么赋予了个体对他人行为产生影响的能力？权力从何而来？对此，弗伦奇和瑞文（Raven）提出了个体权力的五个基础或来源：强制权力、奖赏权力、法定权力、参照权力和专家权力，如表 12－1 所示。其中，前三者更多与个体在组织中的职位相关，而后两者主要源于个体的独有特征。所以个体权力又可以进一步分为职位权力与个人特征权力。

表 12－1　　权力基础的测定

一个人具备一种还是多种权力的基础？对下列问题的确定性反应可以回答这个问题。
★ 这个人可以为难他人，你总是避免惹他生气。（强制权力）
★ 这个人能给他人以特殊的利益或奖赏，你知道与他关系密切是大有益处的。（奖赏权力）
★ 这个人掌握支配你的职位和责任的权力，期望你服从法规的要求。（法定权力）
★ 这个人的知识和经验能使你尊重他，在一些问题上你会服从他的判断。（专家权力）
★ 你喜欢这个人，并乐意为他做事。（参照权力）

资料来源：斯蒂芬·P. 罗宾斯．组织行为学：第 7 版．北京：中国人民大学出版社，1997.

1. 职位权力

（1）强制权力。强制权力主要来自对不完成命令所受到的惩罚的恐惧。在组织中，具有强制权力的人能对他人施加惩罚或造成不好的后果。假设 B 很在乎自己的工作，如果 A 能对 B 进行解雇、停职和降级，那么 A 对 B 就拥有强制权力。同样，如果 A 能够给 B 分派 B 不喜欢的工作或以让 B 感到尴尬的方式对待 B，那么 A 对 B 也拥有强制权力。用操作学习的术语讲，这意味着这个人拥有给予惩罚或负强化的权力；用期望动机的术语讲，这意味着权力源于对不服从权力所有者的意愿就会被惩罚的期望。强制权力也可以来自对关键信息的控制。在组织中，那些拥有他人所需的数据或知识的人员能使他人依赖自己。

这种源于恐惧的权力还可表现为对他人的伤害权，比如，政府依靠军队和法律资源来使公民顺从于它的管理和统治；商家依赖所控制的资源行使对市场的垄断权；学校依赖拒绝学生接受正规教育的权力；荷枪实弹的暴徒也依赖这种强制权力实施对他人生命和财产的控制和剥夺。对于大多数人来说，对权力的负面印象就源于这种形式的权力。

（2）奖赏权力。与强制权力相反，奖赏权力来自服从命令或完成命令后的好结果带来的奖励。人们服从这种权力是因为这可以为其带来好处。显然，如果一个人能够给予他人所希望获得的报酬，那么就对他人拥有奖赏权力。组织中的管理者就拥有这样的权力，他们可以给予员工金钱方面的奖励，比如加薪和奖金；或者非金钱方面的奖励，比如晋升、表扬或者有利的工作轮换等。用操作学习的术语讲，这意味着管理者拥有给予正强化的权力；用期望动机的术语讲，这意味着管理者拥有提供正性效价的权力，并且其他人知觉到了这种能力。

值得注意的是，奖赏权力与强制权力的关键都在于接受方的知觉，即对奖励的追求程度或对惩罚的厌恶程度。如果管理者认为对下属提供加薪属于奖赏，而下属对加薪并不看重或者认为有比加薪更具意义的追求，那么管理者所拥有的奖赏权力就没有他自己想象的大。或者管理者认为将下属开除是一种惩罚，而下属对继续在该组织工作并没有多大兴趣，那么此时管理者所认为的自己所拥有的强制权力也与实际情况不同。此外，奖赏权力与强制权力实际上是一组相对的概念。利用强制权力，可以剥夺他人有价值的东西或给他人造成不良的影响。利用奖赏权力，可以带给他人某种积极的利益或帮助他人免于消极的影响。

（3）法定权力。在正式群体中，法定权力是获取一种或多种权力基础的最常见途径。它代表组织成员根据自己在组织结构中的职位来控制和使用组织资源的正式职权。法定权力与通常所说的权威接近，和前面提到的强制权力和奖赏权力密切相关，但不同的是，法定权力不依赖于与他人的关系或他人的接受程度，而主要是基于这个人所拥有的职位和角色。具体来说，这个人对他人拥有这类权力是由于他的职位，而不是他个人的人格魅力或其他类型的个体特征。

法定权力主要有以下三个来源。第一，源于当前社会、组织或团队的文化价值观的认同。比如，在组织中，管理者通常具有法定权力，因为员工相信等级结构的价值，在这种结构中，担任高层职位的人被设定为对低层级的员工具有权力。另外，在组织中盛行的价值观也决定了这种法定权力，比如，在街道上的一群社会青年中，最狠的那个可能容易获得法定权力。第二，源于一种被接受的社会结构。例如，当蓝领工人接受一家公司的雇佣时，他们实际上接受了公司的等级制度并承认了他们上级的法定权力。第三，源于被指定成为一个强有力的个人或团体的代表或代理。被选举成为官员、担任委员会的主席、成为公司董事会的成员等都是获得这种形式的权力的例子。

强制权力、奖赏权力与法定权力更多地与个人在组织中的职位相关，因此可以被划分为职位权力。下面将要提到的参照权力和专家权力主要源于个体的独有特征，因此被划分为个人特征权力。个人特征权力主要有两种基础：他人的尊重和敬佩；专业知识。

2. 个人特征权力

（1）参照权力。参照权力的基础是人们认同某个拥有令人羡慕的资源或人格特质的人。如果我喜欢、尊重和崇拜你，你就对我拥有权力，因为我想取悦你。

参照权力来源于对他人的崇拜和效仿他人的意愿，这一点有助于解释为什么人们要花大价钱请名人为产品做广告。市场研究表明，比尔·考斯比、伊丽莎白·泰勒、迈克尔·乔丹等名人能影响人们对于照片加工器、香水和运动鞋等商品的选择（罗宾斯，1997）。

我们可以很容易地分辨出参照权力与前面提到的三种权力的区别：不管参照对象是否拥有惩罚或奖赏的权力，或者其是否具有合法性，只要参照者认可参照对象的个人特点，对其产生崇拜心理，那么就会产生这种权力。比如，在一个团队或组织中，有人形象良好，极具主见，能言善辩，那么他就具备了强烈的个人特点，很容易对他人具有参照权力。

（2）专家权力。专家权力来源于专长、特殊的技能或知识。随着工作日益专业化，我们越来越依赖各种专业人员以实现目标。

所有种类的权力都基于接受方的知觉，但专家权力对知觉的依赖性可能更强。专家权力要被认可，首先要确定其可靠性、可依赖性和相关性。

可靠性来源于专家具有可信的资格。比如一位有名的医生在指导如何救治病人方面拥有专家权力，但是如果想要就如何管理公司提出建议，那么他就不具有值得信任的可靠性。

除了可靠性，专家权力的代表还必须具有可依赖性和相关性。可依赖性是指寻求这种权力的人必须具有诚实可信的声誉。比如，丑闻将损害政治人物在选民心中的专家权力。相关性指的是这种权力只局限在相关的专业领域。如前所述，医生关于管理事务的评论或建议就既不具有可靠性，也不具有相关性，因此，他在这个领域将不具有专家权力。

很明显，专家权力是最为脆弱的权力类型。但组织中的管理者必须经常依靠拥有专家权力的人为他的管理活动服务。随着组织专业化和技术化程度越来越高，组织各层级成员的专家权力正变得越来越重要，一些低层级的具有专家权力的员工也经常被安排参加组织高层的决策会议。

最近的研究表明，弗伦奇和瑞文的五种基本权力基础或许可以整合为一个整体性的权力量度。这个新的权力量度具有内部一致性，并且与五种独立的权力基础显著相关。它还可以解释在研究权力与其他因素如抵制、顺从和控制的关系时的其他一些附加变量。比如，研究发现，程序公正可能在权力基础中起一定的作用。权力基础与有效的工作反应是相关的，但工作反应也被员工对程序公正的知觉调节。这意味着，在现实中，员工倾向于按照权力所有者表现出来的行为的公正性形成自己的评价性知觉，并相应地做出反应。特别地，当行为表现得公正合理时，员工对于上级运用的权力会给予更为积极的反应。

（二）部门权力

除了个人具有不同权力，组织中不同部门的权力客观上也存在不同，取决于由部门的功能属性决定的其他部门对其依赖程度的大小。具体地说，决定因素如下：

（1）对克服组织不确定性作用的大小。部门的功能属性越强，对处理不确定性事件的作用越大，那么权力就越大；反之就越小。

（2）可替代性的大小。部门的可替代性越小，权力就越大。

（3）中心性。中心性一方面表现在一个部门在企业关键活动中的地位；另一方面表现在该部门与其他部门的相关性上，即与该部门发生工作关系的部门有多少，以及这些部门对该部门的依赖程度。中心性和权力相联结反映了部门对于实现企业目标做出的贡献。贡献越大，中心性就越强，权力就越大。

通过以上介绍我们可以推论，组织中具有审批、财务、审计职能以及处于工作流程中关键环节的部门权力较大。上游部门的权力比下游部门的权力要大；而充当服务、咨询和联络角色的部门权力则相对较小。而且，权力较大的部门的管理者不但对下属有较多的影响能力，而且在需要其他部门的合作方面也具有较大的优势。比如我们在影视剧《杜拉拉升职记》中看到，在以销售为重心的公司中，销售部门经理在与其他部门合作时更具有话语权。从动态角度来看，部门可以通过争取参与重大决策的过程来扩大权力，假如该参与对组织是有利的，那么这种活动是应该得到组织支持的，但要控制在一定的范围之内。否则，一是可能会使资源不恰当地向该部门倾斜而造成浪费，二是可能带来组织整体的决策失误，三是可能会加大部门间的冲突。因此，过于争取权力的活动对组织是有害的。

由表 12－2 提供的信息可以看出，财务功能在各种战略应变措施中都发挥着重要作用，具有非常大的权力。具体体现在：它的中心性很强，其他部门与财务部门之间是很紧密的相互依赖关系，财务功能当中仅有一些活动具有可替代性，核心业务如核算、利润决策以及为投资者提供必要的信息等具有严格的不可替代性。此外，它在处理外部环境不确定性方面也发挥着重要作用。

表 12－2　　财务功能的权力地位

战略应变	企业财务功能应变范围	作为权力来源的价值
依赖性	重要的、资源配置方面的决策 收集其他部门所需要的资源 为其他部门提供必要的信息和资源	非常高
中心性	管理企业中的关键资源 是企业的重要语言之一 大部分的企业决策是利润决策 为企业提供重要的、衡量绩效的标准	非常高
财务资源	为企业收集财务资源 审计企业的资源	非常高
可替代性	专有的知识和技能基础 可替代性不大 要求精通专业知识	适中或高
不确定性处理	试图评价战略选择方案的风险 处理企业与环境之间的衔接环节 为企业解决筹资问题 给投资者提供必要的信息	高

资料来源：根据网上资料（www.glr.com.cn）改编。

第 2 节　权力的运行机理

一　权力的关键：依赖

我们在有关权力的定义中提到，权力存在的前提是权力授受双方存在依赖关系。而且我们还可以说权力是关于依赖性的函数，即 B 对 A 的依赖性越大，那么 A 对 B 所拥有的权力就越大。彼德·布劳在他的《社会生活中的交换与权力》一书中，对于渗透在社会生活各个角落的权力现象进行了深入细致的分析。他认为，如果一个人能提供满足他人需要的服务，并且他人无法或极少有可能从别处得到这种必需的服务，那么他便拥有了对他人的权力。在上下级、长幼、朋友、同事等关系中都有权力的存在，权力甚至存在于恋人之间。他描述说，在爱情关系中，陷得较浅的一方往往处于有利的地位，而陷得较深的一方居于明显的劣势地位。由于对维持两人关系过于关心或投入，自己便对恋人产生了一种依赖或无可替代感，从而给予陷得较浅的一方以利用自己情感的权力。这个形象的剖析揭示了权力的核心：依赖。或者说，一个人权力的大小可以由别人对其依赖性的大小来衡量，取决于他被需要和被取代的程度，即可选择性。举个例子，如果 A 拥有 B 所希望获得的某种资源，并且 A 是这种资源的唯一控制者，那么 A 就因此获得了对 B 的权力。如果某种东西大量存在，那么拥有它并不会增加你的权力。“在失明者的国度里，独眼者就是国王。”反过来说，越是能够增加自己的选择余地，别人对你的权力就越小。这可以解释大多数组织为何要开发多个供应商而不是把所有业务都交付给一家厂商。此外，这还可以解释我们当中的很多人为何渴望保持经济独立。经济独立能减少他人对我们的权力；否则，他人能够通过限制我们获得机会和资源的途径来对我们拥有权力。从上面的描述我们可以得出依赖性有三个主要来源：重要性、稀缺性和不可替代性。

1. 重要性

如果一个人所掌握的资源没人想要拥有，说明这个人拥有的资源对大部分人来说并不重要，也就不会产生依赖性。组织总是力图避免不确定性，因此那些可以减少组织不确定性的人员会被认为是一种重要资源。比如，工程师在电子科技公司会比在百货公司中更有权力，因为电子科技公司主要依赖工程师保持产品的先进技术和高品质，而百货公司更需要有销售能力的人员。

2. 稀缺性

制造了具有异国情调的超级跑车并以自己的名字命名的费鲁乔·兰博基尼深谙稀缺性的重要，并利用这一点在第二次世界大战中大显身手。当时，兰博基尼和意大利军队驻扎在罗兹岛。他的长官对他的机械技能印象深刻，因为他在修理其他人无法修好的坦克和汽车时展现了卓越的能力。战后，他承认他的能力大部分归功于他是岛上第一个获得维修手册的人，而且他记住了其中的内容并销毁了维修手册，从而使自己变得不可或缺。

稀缺性在如今的劳动力市场中也体现得淋漓尽致。我国有大量的普通劳动力，这些劳动力只能负责简单的车间生产，不具有稀缺性，因此工资大多较低。而顶尖的管理人才数量很少，数量上的稀缺性赋予了这类人更大的权力，使他们能在薪资谈判中获得更有利的结果。

3. 不可替代性

一种资源的有效替代物越少，控制这种资源所带来的权力就越大。现在许多高校对任职教师有发表论文的要求，但是教师通过发表论文获得的认可越多，他们就越容易流动，这是因为其他高校都希望得到著述多、知名度高的教师。而那些没有发表论文或者论文数量很少的教师拥有最小的流动性，而且受上级的影响最大。

二 权力的运用：权术

权术是指运用权力的手段。同样的权力，不同的人运用起来可能会产生不同的结果。最近的研究表明，权力拥有者为达到目的而采取的行为有一定的标准模式，他们经常使用的权术主要有以下七种。

（1）合理化：这是最常用的方式，它通过使用事实或数据的办法，使自己的观点看起来符合逻辑或合情合理，并且符合组织的规章制度，从而让他人接受。

（2）友情：提出请求之前，先进行吹捧，表现得友好、谦恭，取得对方的好感后再提出自己的请求。经验表明，要试图影响自己的领导者，动用友情的方式比较有效。

（3）结盟：争取组织中他人的拥护以获得对自己要求的支持。比如，如果想影响组织中更多的成员，与其他部门的经理或者领导者结盟是一种较好的方法。你的员工会认为你是在支持他们，这个时候你的影响力和领导力已经在扩大了。

（4）谈判：双方坐下来谈判，尽可能达成双赢的结果。这种方式给员工一种平等的感觉，有利于问题的解决。

（5）硬性的指示：直接使用强制的方式，如要求服从、重复提醒、命令，并指出制度要求服从。

（6）高层权威：从上级那里获得支持来强化要求。

（7）法规的约束力：运用组织制定的奖惩规定。如引用组织关于加薪、绩效评估或晋升等的规章制度来支持你的决定。

三 权术选择的影响因素

以上七种权术并不是均等地运用的。如表 12-3 所示，不管用以影响上级还是下级，合理化都是最常用的策略。此外，研究者还发现了影响权术选择的四个权变因素：管理者的相对权力、管理者试图影响他人的目的、管理者对成功的期望、组织文化。而且，在实际情况中通常是几种策略同时使用以达到实施权力的最好效果。

表 12-3　按使用频率高低排列的权术

管理者影响上级	管理者影响下属
（高使用率）合理化	合理化
结盟	硬性的指示
友情	友情

续前表

管理者影响上级	管理者影响下属
谈判	结盟
硬性的指示	谈判
（低使用率）高层权威	高层权威
※	规范的约束力

说明：对上级的影响中删去了规范的约束力。

资料来源：斯蒂芬·P. 罗宾斯．组织行为学：第 7 版．北京：中国人民大学出版社，1997.

（一）管理者的相对权力

这一点主要从两个方面影响权术的选择。首先，掌握资源更多或者地位相对更高的管理者拥有更广的权术选择范围；其次，地位较高的管理者与地位较低的管理者相比更喜欢选择比较强硬的权术，比如硬性的指示。通常，在实际情况中，是管理者先对下属下达命令。当被下属拒绝或看起来下属不太愿意服从时，管理者会使用更直接的策略："根据××规定，你必须这样去做。"相对而言，权力较小的管理者如遇到抵制，更容易停止行动，因为他会觉得采取硬性的指示代价太大。权力较小的管理者在使用强硬的手段实施权力时可能还会缺乏底气。

（二）管理者试图影响他人的目的

目的不同时，管理者选择的权术也会有所不同。当他只是想从上级那里为自己谋求好处时，比如申请加薪，可能会倾向采用友情的方式，希望能通过友好的方式促进与上级的良好关系；当管理者希望推行上级的某种政策时，可能会采用合理化或者高层权威这两种权术，并且同时可能会采用友情的方式使下级更好地完成任务。

（三）管理者对成功的期望

如果管理者认为成功很容易达到，在权术选择方面就可能会选择简单常见的，因为他认为简单的命令就能完成任务。相反，如果管理者认为成功比较难以达到，他选取的权术方法可能就会较多，并且会重视运用硬性的指示和法规的约束力，还考虑运用友情的方式影响下级。

（四）组织文化

这一点很容易解释。在比较轻松活泼、等级不森严的组织中，权术的选择可能会倾向友情；而在等级森严、气氛严肃的组织中，可能更愿意使用法规的约束力和硬性的指示。而且，组织本身可能会对权术的选择进行一定限制。

第 3 节　组织政治

一　组织政治的含义

组织政治的定义可谓五花八门。从本质上说，这些定义要么聚焦于运用权力来影响组织决策，要么聚焦于组织成员在组织的许可范围内追逐自身利益的行为。罗宾斯将组织中的政治行为定义为：不被组织正式要求，但又影响或试图影响组织内部利益分配的活动。这个定义包含两层意思：一是该政治行为是在工作要求范围之外的，因此可以推断，行为的主体具有使用权力的欲望；二是主体行为对组织的利益分配活动产生了影响或潜在影响。根据这个定义，许多活动都被涵盖在组织政治行为中。比如，隐瞒决策者所需的关键信息、结盟、告密、散布谣言、向媒体泄露机密信息、与组织中的其他成员进行交易以使双方获益、游说他人支持或反对某个人或某个备选方案等。表 12－4 提供了测试一个组织政治化程度的简单办法。

表 12－4　　组织政治化程度的快速测定法

你所在组织的政治化程度如何？根据以下量表回答下面的五个问题。

SD＝强烈反对；D＝反对；U＝不确定；A＝赞成；SA＝极力赞成。

1. 决定一个人升迁的因素是个人偏好而非绩效。
2. 组织里没有唯唯诺诺者的市场，只要是好建议，即使和上级的意见冲突，也会被采纳。
3. 不管工作质量如何，如果是个老好人，那么你也能待下去。
4. 鼓励员工大胆发表言论，即使这一言论与组织现有观念相悖。
5. 存在妨碍工作绩效的小集团或非正式组织。

评分：1，3，5 项如为 SD，则各得 1 分；如为 D 则得 2 分，依此类推，如为 SA 则得 5 分。2，4 项则相反，如为 SA 则得 1 分。总分越高，组织政治化程度越严重。

资料来源：斯蒂芬·P. 罗宾斯．组织行为学：第 7 版．北京：中国人民大学出版社，1997.

在实际情况中，大多数经验丰富的管理者表示政治行为是组织生活的重要组成部分，并且认为只要不伤害他人，组织中的政治行为是既符合道德也非常必要的。因为不使用组织政治行为可能会很难顺利完成任务。对于同一个行为，有些人会认为其属于政治行为，另外一些人则可能认为其是有效的管理。事实是，有效的管理并不必然是政治行为，虽然在某些情况下可能是政治行为。某种程度上说，一个人的出发点决定了他会把哪些行为划分为组织政治。例如，一项实验研究表明，与临时员工实施的同一种行为相比，由一名资深的正式员工实施的权力导向行为被认为是更加正当和温和的。表 12－5 是对同一种行为的政治行为标签和有效的管理标签。

表 12－5

政治行为标签	有效的管理标签
责备他人	富有责任感
套近乎	建立工作关系
溜须拍马	表现忠诚
推卸责任	授权
不露马脚	为决策寻找充分的证据
制造冲突	鼓励变革和革新
拉帮结派	促进团队工作
告密	提高效率
早有预谋	未雨绸缪
出风头	有才干，有魄力
有野心	事业心强
投机	精明敏锐

续前表

政治行为标签	有效的管理标签
奸诈狡猾	老练稳健
妄自尊大	十分自信
完美主义者	细心周到

资料来源：Krell T C，Mendenhall M E，Sendry J. Doing research in the conceptual morass of organizational politics. Paper presented at the Western Academy of Management Conference，Hollywood，CA，April 1987.

二　诱发组织政治行为的因素

组织政治行为在组织活动中十分常见，那么是什么诱发了组织政治行为呢？在诱发组织政治行为的因素中，有些是个人因素，有些是组织文化或组织内部环境。图 12－1 给出了具体的诱发组织政治行为的因素。

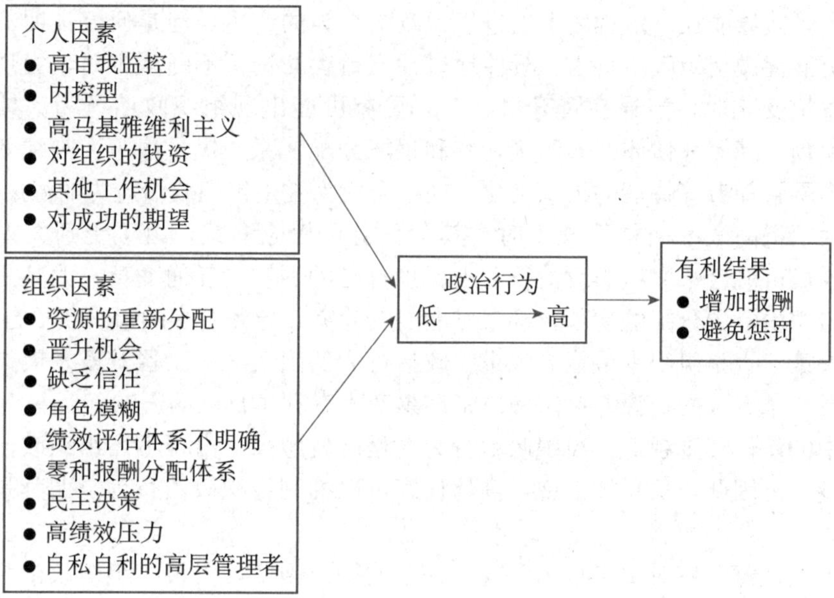

图 12－1　诱发组织政治行为的因素

（一）个人因素

研究者已经发现，在个体层面上，某些特定的人格特质、需求以及其他因素很可能与组织政治行为有关。单就人格特质来说，研究者发现，高自我监控、内控型、权力需求多的员工更可能参与组织政治行为。与低自我监控者相比，高自我监控者对社交线索更加敏感，表现出更高的社会从众程度，而且更有可能擅长组织政治行为。内控型的个体相信自己能够掌控所处的环境，因此更容易采取积极主动的立场，并尝试按照自己的愿望来操控局面。显而易见，具有马基雅维利主义人格特质的个体（这些人的特点是具有操纵欲和权力欲）能够心安理得地把组织政治行为当作进一步获得个人利益的手段。

此外，个体对组织的投资、其他工作机会，以及对成功的期望都会影响他们愿意采取不当组织政治行为的程度。一个人期望从组织获得的利益越多，如果他被迫离开组织，造成的损失就会越大，因而他采取不当组织政治行为的可能性就越低。一个人可以选择的工作机会越多（因为就业市场比较有利，或者其拥有稀缺的技能或知识、很高的声望，或者在组织外部拥有重要关系），那么该个体冒险采取不当组织政治行为的可能性就越高。如果一个人预计使用不当手段获得成功的可能性很低，该个体就不会贸然行事。对使用不当手段获得成功有着较高期望的往往是两类人：一类是经验丰富、组织政治技巧娴熟而且拥有权力的人；另一类是天真、缺乏经验的人，他们错误地判断了自己成功的可能性。

（二）组织因素

与个人因素相比，组织因素对组织政治行为的影响更大。许多组织中的员工都具备我们前面提到的个体特征，但是在这些组织中，组织政治行为的范围和程度相差甚远。

虽然个体差异能在一定程度上促进组织政治行为的产生，但是研究证明：特定的情境和文化更能促进组织政治行为。具体地讲，当组织的资源不断减少时，当现有的资源分配模式发生变化时，当存在晋升机会时，更有可能出现组织政治行为。具有缺乏信任、角色模糊、绩效评估体系不明确、零和报酬分配体系、民主决策、高绩效压力、自私自利的高层管理者等特征的组织文化，往往会成为滋生组织政治行为的温床。

组织为了提高效率而精简规模时，其资源也在相应缩减。由于受到失去资源的威胁，组织成员可能会采取组织政治行为来保护自己的利益。任何变革，尤其是那些能够显著改变组织内资源分配的变革，都很可能引发冲突并导致更多的组织政治行为。

晋升决策一直是组织中最能导致组织政治行为的因素之一。晋升或发展机会能够刺激组织成员竞争有限的资源并设法使决策结果产生有利于自己的影响。

组织中的信任程度越低，组织政治行为的程度就越高，出现不当组织政治行为的可能性也就越大。因此，从总体上说，高信任度可以抑制组织政治行为，尤其是不当组织政治行为。

角色模糊性意味着对员工行为的规定并不明确。因此，对员工组织政治行为的范围和功能也就几乎没有什么限制。根据定义，组织政治行为是处于员工正式角色之外的活动，因此角色越模糊，员工就越容易采取组织政治行为而不被他人察觉。

组织在绩效评估中采用的主观标准较多，或者仅仅强调一项测量标准，或者在行动发生之后很久才予以评估，那么员工采取组织政治行为并且蒙混过关的可能性就会较高。主观的绩效评估标准会导致模糊性。仅仅使用一种测量标准会鼓励员工绞尽脑汁在这项标准上显得“成绩斐然”，但常常因此牺牲了工作中其他重要的、没有获得评估的部分。行动与评估的时间间隔也是一个相关因素。时间间隔越长，员工为自己的组织政治行为承担责任的可能性就越低。

组织文化越是强调采用零和方法来分配报酬，就会激励越多的员工参与组织政治行为。即分配给一个团队的奖励是一定额度的，就会导致团队不同成员之间展开增加自己报酬的竞争。零和方法把报酬当作一块大小固定的“蛋糕”，因而某个成员或群体的任何所得必定来自另一个成员或群体的损失。如果我获得，你就必然失去。如果要把每年15 000元的工资增长额度分配给5名员工，那么工资增长超过3 000元的员工就从其他一个或几个员工那里拿走了钱。这种做法激励人们设法使自己显得劳苦功高并使其他人显得无关紧要。

要求表现出色的压力越大，员工采取组织政治行为的可能性就越高。当组织严格要求员工对工作结果负责时，就迫使员工必须交出一份“看起来不错”的绩效报告。如果一个人认为自己的整个职业生涯都取决于下个季度的销售额或者下个月的工厂生产报告，那么他就会受到激励，采取一切必要手段来确保获得对自己有利的数据。

最后，当员工看到高层管理者采取组织政治行为时，尤其是看到这些人成功地实施了组织政治行为并因此获得奖赏时，组织中就会形成一种支持组织政治行为的氛围。从某种意义上说，高层管理者的组织政治行为意味着这种行为是可接受的，因而为低层员工的组织政治行为提供了许可。

三　组织政治行为所导致的后果

有许多管理者认同组织政治行为的存在，也有许多管理者对其十分憎恨。一名喜剧编剧就表示十分厌恶部门内的组织政治行为：“一些编剧用来拍制片人马屁的时间要多于从事工作的时间。而且，我们的总编剧显然有自己的一帮亲信。虽然他们给我的报酬很高，而且我也的确能够发挥自己的创造力，但我十分厌恶，因为在这里需要时刻提防遭人暗算，并且总是需要自我吹嘘。我已经厌倦了这种环境：大部分工作任务由我完成，功劳却几乎全被别人抢走。”

在刚才讨论那些与组织政治行为有关的因素时，我们主要关注的是组织政治行为会导致的有利结果。但是对于大多数人来说——他们只具有有限的政治技能，或者是不愿意参与这种政治游戏——组织政治行为所导致的结果往往是消极的（见图 12－2）。

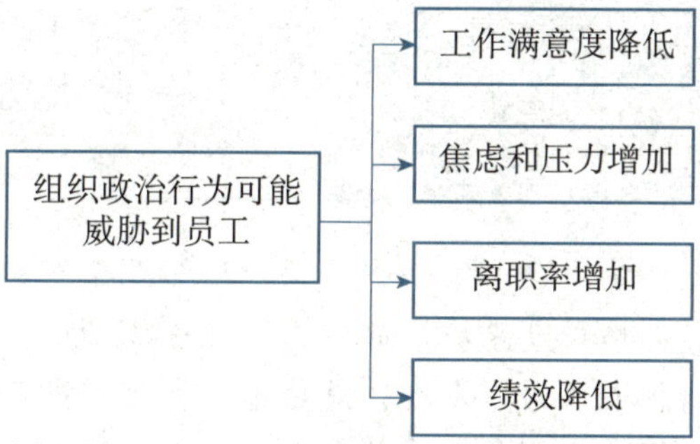

图 12－2　员工对组织政治行为的反应

比如，有许多研究证据表明，对组织政治行为的察觉与员工的工作满意度负相关。同时，对组织政治行为的察觉还可能会增加员工的焦虑和压力。这可能是因为员工认为自己如果不参与组织政治行为，就会获得不公平的对待或者损失自己应有的利益。此外，过多的组织政治行为可能还会导致更多的员工离职。而且可能员工因为察觉到组织政治行为的存在而认为组织是不公平的，因此会减少工作的动力，从而绩效也受到影响。

研究者还注意到几种有趣的限定条件。首先，个体成员对组织政治的运作方式和原因的理解似乎会影响到组织政治-绩效水平的关系。“如果某个组织成员充分了解谁负责决策以及他们为何被任命为决策者，那么与那些不了解这个决策过程的组织成员相比，他应该能够更好地理解某些事情的来龙去脉。”当某个成员的组织政治技巧和理解能力都很强时，他的工作绩效很可能会提高，因为他会把组织政治行为视为一种机会。这符合你对具有高超组织政治技巧的个体所持的看法。但是，当人们对组织政治的领悟能力较低时，他们更有可能把组织政治视为一种威胁，从而对工作绩效产生不利影响。

其次，当人们把组织政治视为一种威胁时，常常会采取防卫行为，即为避免行动、指责或变革而采取保护性的应对行为。表 12-6 提供了防卫行为的一些例子。防卫行为与对工作和工作环境所持的消极态度息息相关。

表 12-6　防卫行为

避免行动
● 过度遵从。通过“规章制度明确表示……”或“这是我们一贯的做法”等言辞来严格解读自己的职责。
● 推诿责任。把执行某项任务或决策的责任转移给他人。
● 装聋作哑。假装自己没注意或缺乏能力，从而回避某项不合意的任务。
● 耽搁时间。拖延某项任务，使自己显得脱不开身。例如，把 2 周可以完成的一项任务延长到 4 个月。
● 搪塞。在公开场合表现出或多或少的支持，而私下里却做得很少或根本不做。
避免指责
● 缓冲。这是“不留后患”的一种美化说法。它描述的是组织成员为树立一种能力强、考虑周全的形象而严格记录下工作活动的方方面面。
● 明哲保身。远离那些可能会变得不利的情境。它包括只承担那些成功可能性很高的项目，把有风险的决策交由上级批准，不贸然表达自己的判断或意见，在冲突中保持中立。
● 辩护。寻找各种解释来减轻自己对某个不利结果的责任，以及/或者通过道歉来表达自己的悔恨。
● 替罪羊。将不利结果归咎于外部因素，而外部因素往往是无法指责的。
● 虚报信息。通过歪曲、润色、欺骗、有选择性地汇报、混淆视听等手段来操纵信息。
避免变革
● 阻止。设法阻止发生具有威胁性的变化。
● 自我保护。在变革过程中通过控制信息或其他资源来保护个人利益。

需要指出的是，防卫行为也会产生一些后果。从短期来看，广泛地使用防卫行为可以很好地增进个人利益。但从长期来看，这种行为往往演变成一种长期的甚至病态的行为。那些总是采取这种行为的人最后发现，这是他们所知道的唯一反应方式。就这一点来讲，他将失去同事、上级、下属和客户的信任与支持。但在中等程度上，防卫行为可能是在组织中谋求生存和发展的有效手段，因为管理者也比较认同从适度的改良着手推动组织变革。

对于组织来说，防卫行为往往会降低组织的有效性。从短期来看，这种行为会拖延决策，增加个人和群体之间的紧张气氛，减少冒险的成分，降低贡献和评估的可靠性，妨碍组织的变革。从长期来看，防卫行为会导致组织的僵化和停滞不前，使组织不能及时跟上市场的变化，相反形成的是组织政治倾向浓烈、员工士气低下的组织文化。

本章小结

1. 权力是一个人（A）对另一个人（B）的行为产生影响从而使 B 按照 A 的意愿行

事的能力。权力具有以下特点：它的发生是以人和意志的存在为前提的，它存在于人际互动关系之中；它是一种外在型能力，无法以物质或精神的方式在人的肌体内积淀下来转化为一种生物机能而世代遗传；它具有可交换性，可以通过权力主体的更换而发生转移；它具有不平等性，这是它的本质特点。

2. 影响力是指一个人在与他人交往中影响与改变他人的心理与行为的能力。影响力包括权力性影响力与非权力性影响力两大类。与权力相比，影响力被认为在范围上更广、更多地和领导力相联系，但两者都包括在领导过程中。

3. 权力可以分为个体权力和部门权力。个体权力按照来源不同可以分为强制权力、奖赏权力、法定权力、参照权力和专家权力几类。而部门权力的大小则取决于对克服组织不确定性作用的大小、可替代性的大小、中心性等多方面因素。

4. 权术是权力的具体运用，经常使用的权术有七种：合理化、友情、结盟、谈判、硬性的指示、高层权威和法规的约束力。

5. 组织政治是指那些不被组织正式要求，但又影响或试图影响组织内部利益分配的活动。诱发组织政治行为的因素包括个人因素（比如高自我监控、内控型、高马基雅维利主义、对组织的投资、其他工作机会、对成功的期望）和组织因素（比如资源的重新分配、晋升机会、缺乏信任、角色模糊、绩效评估体系不明确、零和报酬分配体系、民主决策、高绩效压力、自私自利的高层管理者）。

6. 在组织政治行为中，个人常常采取避免行动、避免指责、避免变革等防卫行为。从短期来看，广泛地使用防卫行为可以很好地增进个人利益。但从长期来看，这种行为往往演变成一种长期的甚至病态的行为，会降低组织的有效性。

关键词

权力　影响力　权术　组织政治行为　组织政治

复习与思考题

1. 什么是权力？说明权力与影响力的区别和联系。
2. 分别阐述个体权力和部门权力的来源基础。
3. 影响权力双方依赖性大小的因素有哪些？请举例说明。
4. 权力拥有者可以选择哪些权术策略？哪些因素会影响他们的选择？
5. 为什么会产生组织政治行为？
6. 组织政治行为总是消极的吗？它会导致哪些后果？

参考文献

1. 陈国海．组织行为学．2版．北京：清华大学出版社，2006.
2. 俞文钊．管理心理学．2版．大连：东北财经大学出版社，2005.
3. 陈维政，余凯成，黄培伦．组织行为学高级教程．北京：高等教育出版社，2004.
4. 章志光．社会心理学．北京：人民教育出版社，1996.
5. 孙健敏，李原．组织行为学．上海：复旦大学出版社，2005.
6. 吴晓波．激荡三十年．北京：中信出版社，2008.

7. 陈国权．组织行为学．北京：清华大学出版社，2006.
8. 陈力．组织行为学．北京：人民卫生出版社，2005.
9. 余凯成．组织行为学．3版．大连：大连理工大学出版社，2010.
10. 王晶晶．组织行为学．北京：机械工业出版社，2009.
11. 罗宾斯．组织行为学精要：第8版．北京：电子工业出版社，2005.
12. 斯蒂芬·P. 罗宾斯．组织行为学：第7版．北京：中国人民大学出版社，1997.
13. 斯蒂芬·P. 罗宾斯．组织行为学：第14版．北京：中国人民大学出版社，2012.

案例分析

加拿大戴亚米公司

戴亚米公司是加拿大第二大家用电器生产商。它生产的产品3/4通过批发的形式卖给零售店。这些零售店贴上自己的商标销售这些产品。此外，戴亚米公司还向美国和欧洲出口。

萨利文在7年前被提升为运输部经理，他的整个职业生涯都是在戴亚米公司度过的。早期，他的任务是跟踪运输和审定运费。有时他也做一些其他运输工作，比如，驾车接载重要来访者参观，给国外来宾安排旅游车观光。

近年来运输部发生了很大的变化，运输部经理的位置升格为企业高级管理人员，而他的下属们则用大量的时间与数以百计的运输公司谈判、打交道，以降低运费和改善服务。

运费逐渐上升到几乎占家用电器批发价的10%。取得便宜的运费对于戴亚米公司的利润来说至关重要。由于美国和加拿大政府放宽了相关法规，戴亚米公司所在的省也大量减少了有关规定。运输公司过去习惯于采取君子协定的方式确定运费。不论使用哪一家公司，承运价格都大同小异。现在，卡车运输、火车运输在互相竞争，都想获取戴亚米和其他制造商的业务。

戴亚米公司运输部使用计算机计算最优运输价格。从渥太华到多伦多，洗衣机的卡车运费在400～800美元之间，网络提供了大量随行就市的运费信息，公司据此可以选择最经济的运输方式。

萨利文最近会见了加拿大国内航运公司的爱里伯斯·蒂。她抱怨说，很多卡车从港口返程的时候都是半载。于是，她建议，如果戴亚米公司能够租用那些半载的卡车，那么，加拿大国内航运公司可以给他优惠的价格。这样一来，戴亚米公司可以节省10%～15%的运费，把货品从工厂运到新布恩斯维克。

萨利文没有做出承诺，但是答应研究一下细节并核算一下费用。几天之后，在一次部门会议上，萨利文非常惊讶地发现，他所在部门内部对于戴亚米公司和加拿大国内航运公司打交道的争论很大。一位经理认为，戴亚米公司可以选择最低的运费而不必与其打交道；另一位经理相信，可以迫使加拿大国内航运公司做出进一步的让步，因为戴亚米公司是一个很大的客户。这位经理相信，戴亚米公司可以利用加拿大国内航运公司对蒙特利尔运输公司进行压价，以使蒙特利尔运输公司成为戴亚米公司的两家主要运输公司之一（所谓主要运输公司，就是托运方以一定价格提供大量运输业务）。鹬蚌相争之下，戴亚米公司就可享有较低的运费。

第二天，戴亚米公司总裁对萨利文说，把加拿大国内航运公司视为戴亚米公司的主要运输公司是一个很好的建议。他希望萨利文能够与加拿大国内航运公司达成协议，从而使戴亚米公司节约大量运费。

萨利文感到震惊，他没有想到，公司总裁会如此快地知道运输部内部的争论及其细节。他不知道下一步该怎么做才好。

资料来源：孙健敏，李原．组织行为学．上海：复旦大学出版社，2005.

讨论题

1. 运输部面临的问题是什么？萨利文是一位有能力的政治家吗？

2. 解释为什么在过去几年中，戴亚米公司运输部的地位和影响在不断提升。

3. 从萨利文的个人利益出发，利用为数不多的卡车运输公司为戴亚米公司服务并使之依附于该公司是否恰当？

第 13 章
组织文化

学习目标

学完本章后，你应该能够：

◎ 熟悉组织文化的概念及相关理论

◎ 理解组织文化的形成、维系及变革

◎ 了解组织文化的几种分类

◎ 掌握克拉克洪-斯托特伯克构架和霍夫斯泰德构架

◎ 了解组织文化的有关测量方法和工具

引例

米汤中的组织文化

大盛魁是清代山西人开办的商号，是晋商的典型代表。极盛时有员工 6 000 多人，商队骆驼近 20 000 头，资本十分雄厚，声称其资产足够用 50 两重的银元宝铺一条从库伦到北京的道路。

大盛魁的创办起源于清康熙时，在平定准噶尔部噶尔丹的叛乱中，特准商人随军贸易。在随军贸易的商人中，有三个肩挑小贩，即山西太谷县的王相卿和祁县的史大学、张杰。他们三人虽然资本少，业务不大，但买卖公道，服务周到，生意十分兴隆。清兵击溃噶尔丹军后，三人便在杀虎口开了个商号，称吉盛堂。康熙末年改名为大盛魁。

该商号在初创时经营很不顺利。过年的时候王相卿、史大学、张杰三人已经揭不开锅，只能喝些米汤。就在这个时候，来了一位身穿蒙古袍、背着一个包裹的壮汉，要吃饭充饥。三人见他是过路人，便热情接待，把自己仅有的米汤让给壮汉喝。这个壮汉喝完米汤后说是出去办点事，留下包裹便走了，再未返回。于是三人打开包裹，一看原来是一包白银。此后多次查访壮汉，亦无下落。三人商量后，决定暂时挪用壮汉留下的银子作为商号资本，扩大经营。商号生意十分顺利，赚了不少银两。三人觉得在他们最困难的时候，是财神变化成壮汉给他们送来了资本，便把原来那位壮汉包裹里的银数留足，作为财神股，把此股所分红利记入“万金账”，作为护本。同时，为了纪念他们创业时过大年喝米汤的日子，规定每年正月初一商号要喝一顿米汤。

米汤的故事也体现出了三人不贪便宜、诚信为先的精神。大盛魁的经营延续了三位创始人“买卖公道，服务周到”的原则，这种诚信表现在大盛魁对手工业品的订货活动中：凡选中的手工业户，世代相传，不随便更换加工户；当手工业户资金短缺、周转困难时，便借垫银两，予以扶持。另外，每年正月初一商号喝米汤的习俗也成为“忆苦思甜”的载体，传承着大盛魁艰苦创业的奋斗精神。

资料来源：邓九刚．大盛魁商号．北京：中国画报出版社，2008.

个体的价值观决定了一个人的追求和价值取向，类似地，组织文化决定了在企业中什么是重要的、什么是不重要的，它引导组织中的个体按照正确的方式做事。文化是一个组织区别于其他组织的重要标识，每个组织都有其独特的文化特征。当人们新加入一个组织时，需要学习在这个特定的组织中应该如何做事。个体与组织相互影响，共同推动着组织文化的发展、维持和变革。在本章中，我们将对组织文化的内涵及影响进行讲解。

第 1 节　组织文化的含义

一　组织文化的兴起与发展

19 世纪末到 20 世纪初，西方企业的管理大多采用古典管理理论、行为科学理论等管理理论的基本思想，这些思想与方法在一定的时间内对于企业的发展有巨大的贡献。但随着时间的推移，这些管理方法暴露出了其缺点——忽视了对人的考虑。直到霍桑实验之后，人们才开始重视和强调人际关系在企业管理中的重要性。从那时起，研究者侧重于工作场所中的人际关系对于企业管理的影响，研究重点从工作环境转向心理环境。在这种大背景下，20 世纪五六十年代开始，组织气氛成为研究者关注的热点。

组织气氛是指群体中个体之间共享的知觉或个体的认知地图之间相同或相似的部分。组织气氛研究发展的必然结果就是组织文化。

第二次世界大战以后，西方学术界特别注重人的主体性研究，致力于探求人深奥莫测的精神世界和千变万化的行为表现。哲学、文学、人类学、心理学等学科都贯穿这一特征。

一方面随着研究者对于人的价值日益深入地探究，另一方面因为国际化和信息化的发展，企业的规模不断扩大，人员数量不断增加，企业员工的凝聚力对于企业的发展至关重要。这些新的变化都要求原本遵循传统管理理论的企业做出改变，从使用绝对科学的管理方法向调动员工主观能动性的管理方法转变，美国便是这场变革中最突出的一个国家。

20 世纪 70 年代，日本成为世界第二大经济体，日本企业逐渐取得了全球竞争优势，感受到威胁的美国企业对于日本取得的成就感到惊讶，于是派遣大量专家、学者和企业家到日本考察，试图探索日本成功的奥秘。经过长期研究他们发现，美国人在企业管理中强调理性主义的科学管理，注重工作环境。但是，理性主义管理缺乏灵活性，很不利于发挥员工的创造性和与组织长期共存的信念。日本人不但注重工作环境，还特别注重培养员工对于组织的忠诚度。研究发现，日本企业与其员工具有共同遵循的目标、战略、价值观念、行为方式、道德规范等精神因素，这些精神因素的综合便构成了组织文化。

1970 年，美国波士顿大学组织行为学教授 S. M. 戴维斯在《比较管理——组织文化展望》一书中，率先提出组织文化这一概念。1981 年，美国加利福尼亚大学美籍日裔教授威廉·大内出版了专著《Z 理论——美国企业界怎样迎接日本的挑战》，该书分析了组织管理与文化的关系，提出了“Z 型文化”“Z 型组织”等概念，认为组织的控制机制是完全被文化包容的。

20 世纪 80 年代，组织文化的研究中心以组织文化的基本理论为主，包括组织文化的概念、要素、类型等方面。1985 年，沙因（Schein）出版《组织文化与领导》一书，标志着美国组织文化的研究完成了质的飞跃，从经验研究进入真正的理论研究阶段。同时，对组织文化的经验主义研究也在继续进行。

组织文化的研究在 20 世纪八九十年代已经成为很多学科的研究热点，比如管理学、组织行为学、工业与组织心理学。组织文化学派成为管理理论丛林中的一个重要分支，因此八九十年代也被称为管理的组织文化时代。进入 90 年代后，西方组织文化理论研究出现了四个走向：一是企业文化基本理论的深入研究；二是企业文化与企业效益和企业发展的应用研究；三是关于企业文化测量的研究；四是关于企业文化的诊断和评估研究。

而在中国，很早就有学者注意到了文化对于人的影响。虽然没有提出成体系的组织文化概念，但早在 20 世纪五六十年代，每个企业、工厂都会有口号贴在大门口。到了 80 年代末 90 年代初，我国兴起了组织文化热潮。企业文化研究获得很大发展。在我国企业界，大部分企业领导者对企业文化概念已不再陌生，开始逐渐熟悉企业文化的管理功能，更有不少企业在实际中不断实践，结合实际开展了独具特色的企业文化建设，并且获得了可喜的成就。从那时起，关于组织文化的研究一直是管理学者关注的热点问题。

二 什么是组织文化

（一）文化的定义

要想给组织文化下一个定义，首先需要知道文化是什么。

一般认为文化是指一系列习俗、规范和准则的总和，它起着规范、导向和推动社会发展的作用。文化可以从两个角度来说，一个是广义的文化，另一个是狭义的文化。广义的文化是指人类在社会历史实践过程中创造的物质财富和精神财富的总和，例如中华文明、两河流域文明、古埃及文明等。其中，物质文化可称为“器的文化”和“硬文化”，精神文化可称为“软文化”。狭义的文化是指社会的意识形态，以及与之相应的社会制度、组织机构、思维方式等，特指人类的精神生产能力和精神产品。

用一张图（见图 13－1）我们就可以很清晰地了解文化是什么，这张图就是霍夫斯泰德的文化表征，这是一个像洋葱圈一般的图形，层层相套，越聚向核心越可以表达文化的具体含义，每一层都解释了不同深度层次的文化含义。最外层的符号层包括文字、手势、图标或物体，其特殊含义只有共享同一文化的人才能识别；英雄指某一文化中备受推崇的人物形象，象征着这个文化真善美的一面，受到多数人的认可；礼仪指社交、宗教仪式等，是一种集体的文化活动，是一个文化通用的行为方式。以上三层可总结为实践，其行为表现可以被观察到，但其文化含义是无形的，必须由这一文化圈的人通过实践来确切地表示。最核心的价值观则是文化的核心，是指人们喜欢某种事物而不喜欢其他事物的普遍倾向性。

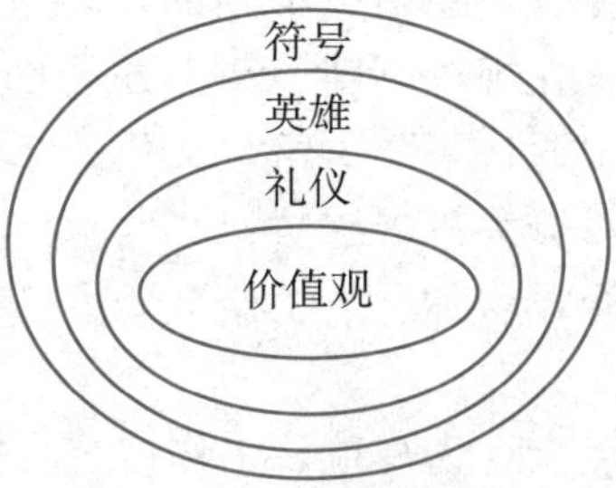

图 13-1　霍夫斯泰德的洋葱图

（二）什么是组织文化

就像不同人的性格不同一样，每个组织都有其与众不同的文化，例如松下的文化精髓认为“松下电器公司是制造人才的地方，兼而制造电器器具”；索尼享有“索尼产品永远是最新的”的美誉；戴姆勒-奔驰公司则以其“品质管理和品质文化”制胜。

组织文化从文化发展而来，存在于企业、学校、医院、政府部门、社会团体等组织中。任何一个组织都会受到两方面的影响，一方面来自社会环境，一方面来自原本存在于组织中的传统。基于以上两个原因，每个组织都会形成特有的哲学信仰、意识形态、价值取向和行为方式，从而形成独具特色的组织文化。

因为其多样性，人们可以从不同角度、不同层次来诠释组织文化的定义，所以每位学者关于组织文化的定义都不一样。曾有人对组织文化的定义做过粗略的统计，多达 180 种，几乎每个管理学家和组织文化学家都有自己的定义。

霍夫斯泰德认为，组织文化是一种组织心理及组织的潜意识，它一方面在组织成员的行为中产生，另一方面又作为共同的心理程序引导这些成员的行为。

希恩（1984）认为，组织文化是特定组织在处理外部环境适应和内部整合过程中所发明、发现或发展起来的基本假说和规范。

威廉·大内在他的《Z 理论——美国企业界怎样迎接日本的挑战》中指出：“企业文化是由其传统风气构成的。同时，企业文化意味着一个企业的价值观，诸如进取、保守或是灵活，这些价值观构成企业员工活动、意见和行为的规范，管理人员身体力行，把这些规范灌输给员工并代代相传。”

迪尔和肯尼迪认为，企业文化由价值观、神话、英雄和象征凝聚而成。

罗宾斯对于组织文化的定义是：组织成员共享的一套能够将本组织与其他组织区分开来的意义体系。该体系的特征主要体现为七个特质。

（1）创新与冒险。员工在多大程度上受到鼓励进行创新和冒险。

（2）关注细节。员工在多大程度上被期望做事缜密、仔细分析和注意细节。

（3）结果导向。管理层在多大程度上重视的是结果和效果，而不是为了实现这些结果所使用的技术与过程。

（4）员工导向。管理决策在多大程度上考虑到决策结果对组织成员的影响。

（5）团队导向。工作活动在多大程度上围绕团队而不是个体进行组织。

（6）进取心。组织成员的进取心和竞争性（而不是随和性）如何。

（7）稳定性。组织活动在多大程度上强调维持现状而不是成长和发展。

余凯成认为，组织文化是在一定的历史条件下，某一组织在其发展过程中形成的共同价值观、精神、行为准则及其在规章制度、行为方式和物质设施中的外在表现。

除了以上定义，我们还可以通过下面对组织文化的结构解析来加深对组织文化系统的理解。一般认为，组织文化可分为三个层次：

（1）表层文化。如商标、企业名称、员工服装、办公环境、作息时间、同事间的称呼等。

（2）中层文化。如规章制度、行为规范、工作传统、礼仪、报纸杂志等。

（3）深层文化。如人性假设、事业追求、价值准则、人生信念、思维方式等。

简言之，组织文化就是指组织成员的共同价值观体系和行为习惯，它使组织独具特色，区别于其他组织。具体地说，它包括组织内独特的信念、假设、期望、追求、价值准则、行为规范、处事方式以及物质环境等。

三 组织文化的分类

由于每个组织所处的外部环境和内部条件不同，组织文化呈现出不同的类型。从不同角度来看，组织文化可以分成很多类型。一个比较通俗的看法是组织文化可以分为强文化和弱文化。调查研究表明，如果员工对于组织的使命和价值观具有相同的看法，那么这种文化是强文化；如果看法普遍不同，那么这种文化是弱文化。

在强文化的企业中，组织的核心价值观得到强烈、广泛的认同。接受核心价值观的组织成员越多，对核心价值观的信念越坚定，组织文化就越强。强文化会对员工行为产生巨大影响，因为这种高度的认同感会在组织内部创造一种浓厚的行为控制氛围。强文化可以降低员工离职率，因为组织成员与组织的立场保持高度统一。这种目标一致性造就了凝聚力、忠诚和组织承诺。反过来，这些特征又降低了员工离开组织的可能性。

除了强弱文化的划分，很多学者都对组织文化的类型试着进行不同区分，下面将介绍几位学者的分类方法。

（一）杰弗里·桑南菲尔德的分类

杰弗里·桑南菲尔德（Jeffrey Sonnenfeld）将组织文化分为四种类型：学院型（academy）文化、俱乐部型（club）文化、棒球队型（baseball team）文化、堡垒型（fortress）文化（Sonnenfeld，1988）。

1. 学院型文化

拥有这种类型文化的组织喜欢雇用年轻的大学毕业生，并对他们进行大量的专门培训，使他们不断成长、进步，然后指导他们在特定的职能部门领导或从事各种专业化的工作。桑南菲尔德认为，IBM、可口可乐公司、宝洁公司、通用汽车公司都属于这种类型。

2. 俱乐部型文化

这种组织非常重视适应、忠诚感和承诺。与学院型组织相反，这种组织把管理人员培养成专才。在这类组织中，人员的资历、年龄、经验是最重要的。贝尔公司、达美航空公司、政府机关和军队都属于此种类型。

3. 棒球队型文化

这种组织是冒险家和改革家的天堂。它们在各种年龄和有经验的人中寻找有才能的人，组织员工的生产能力付给他们报酬。由于它们对工作出色的员工予以巨额报酬和较大的工作自由度，员工一般都会拼命工作。这种类型在会计、法律、咨询、广告、投资银行、软件、生物研究等领域较为普遍。

4. 堡垒型文化

与棒球队型组织重视创造发明相反，堡垒型组织着眼于生存。这类组织以前可能是上述三种中的一种，由于各种原因衰落了，因此要尽力保全现存的财产。这类组织工作安全保障不足，但对于喜欢流动性和挑战性工作的人来说，则是一个不错的选择。

事实上，很难明确地将一种组织文化绝对归入某一类型。同时，组织在不同的发展阶段，其组织文化的类型也在改变。另外，桑南菲尔德还发现，这 4 种不同的文化类型能够吸引不同个性的人。员工个性与组织文化的匹配影响一个人在管理层级上升迁的高度和难易程度。

（二）罗杰·哈里森的分类

罗杰·哈里森（Harrison，1972）也将组织文化分为四种，但区分这四种组织文化的依据在于权力是集中还是分散的，在组织中以人为中心还是以职能为中心。

1. 权力文化

这种文化的结构像一张蜘蛛网，在核心人物的领导下，权力逐层下放而构成组织结构。这种组织只有很少的规则和工作程序，不注重规范化的形式。具有这种文化的组织能对威胁和危险做出很好的反应。但是，它面临的风险是过多依赖处于中心地位的人物。一般公司早期的创业阶段就是这样一种情况，缺乏明确的规则和制度，组织成员的活动比较灵活，可以对各种威胁做出及时反应。

这种组织是由一个人或一个很小的群体领导的。组织往往以企业家为中心，不很看重正式的组织结构和工作程序，对领导者非常忠诚。随着组织规模逐渐扩大，权力文化会感到很难适应，开始分崩离析。

2. 官僚文化

在这样的组织里盛行以职位为基础的文化。在这种文化中，角色或职务表述通常要比担任职务的人更重要。角色通常指某一职位承担的责、权、利。官僚文化中的主要权力来源是职位，规章制度是主要发挥影响作用的手段。官僚文化的效率取决于工作和责任分配的合理性，而不依赖于人的个性。

官僚文化在处于稳定环境中的组织将会取得成功，它给个人提供了安全感和可预期性，其安全过分依赖于组织而很少依赖于个人能力。举个极端的例子，生产线上的工人就处于官僚文化中，他们忽视个体差异，都按照标准化的工作职责和流程操作，即决定他们行为和绩效的因素是职位的设置和相应的工作内容，而非个人的能力。

也就是说，在这个组织中你是谁并不重要，重要的是你在什么位置上，以及你和什么位置比较接近。事情都是按照规则处理的，人们喜欢的是稳重、长期和忠诚，有的甚至是效忠。个人的特异表现和行为活力被看作一种威胁。官僚文化看起来能带来安全和稳定，但它并不能适应环境中的变化，当组织不得不做出重大变化或者面临危机时，这种文化会遭受大范围的创伤。

3. 任务文化

在这种组织文化中，组织接到任务时会临时把适当的资源积聚在一起，把适当的人安置在适当的层级，组成一个应对任务的团队，并放手让他们工作。也就是说，这是一个以临时小组为中心建立起来的组织，组织成员组成一个个团队，执行一项项任务，任务完成后团队解散，再为另一项新的任务组建一个新的团队。任务文化是一种团队文化，它利用团队统一的力量去提高效率。

这种文化适应性极强，适合需要灵活性和敏感性的市场和环境。在拥有任务文化的组织中，实行控制较为困难。任务文化本质上属于不稳定的文化，是一种强调专家权力、奖励工作结果、把个人目标与群体目标结合起来的文化。例如，一些公司的研发部门就是以项目为基础，员工平时不分团队，接到项目时根据需要抽调技术专长适合的员工组建团队。咨询公司、工程公司和广告公司等是这种文化的典型例子。有管理权威认为，这是最理想的组织模型之一。但这种文化要求人们必须公平竞争，而且当不同群体争夺重要资源或特别有利的项目时，很容易转化成恶性的政治紊乱。

4. 人本文化

通常是学术机构、小型工作室、律师事务所所采用的模式。这种文化允许每个人都按照自己的兴趣工作，同时保持相互有利的联系。在这样的组织里，组织实际上服从于个人的意愿，或者被个人左右。

（三）迪尔等人的分类

迪尔等人在《企业文化》一书中，把组织文化划为四种类型。

1. 挑战型文化

具有这种文化的企业往往风险很高，决策结果反馈最快。这类企业决策时赌注高，决心大，冒很大的风险，企业内充满竞争气氛。由于要求在短期内获得利益，企业人员合作精神差，不重视长期投资，人员流动率高。一些以销售业务为主的公司往往具有这种文化。

2. 柔性文化

这种文化要求工作时精力充沛，拼劲十足，工作之后尽情娱乐，工作与生活并重。这类公司一般风险不大，但工作紧张。一些以研发为主的公司往往具有这种文化。谷歌就是一种典型的柔性文化组织。在谷歌，人们基本是不拘礼节的，公司几乎没有什么层级。由于工作场所密集度很高，往往三四个人共用一个地方，里面还有沙发和宠物犬。

3. 长期赌注文化

这是一种风险很大的文化。其价值观集中在对未来进行投资，需要人们具有很强的自信和长期经受考验的能力。这类文化的优点是有助于发明创造和技术突破，缺点是行动速度缓慢，对迅速变化的环境不会做出灵敏的反应。

4. 过程文化

这是一种低风险、慢反馈的文化。员工对自己工作效果的好坏全无观念，因此会促使他们把注意力放在如何做，而不是做什么上。在这种文化中，工作井然有序，完全照章行事，因而容易抑制人的创造性，产生僵化体制和官僚主义。公务员体系就是一种典型的过程文化，完全按规则办事，员工服从上级的指挥，缺乏创造性。

第 2 节 组织文化对组织的作用

组织文化对组织的作用是不言而喻的。第一，每一个组织都有不同的组织文化，每一种组织文化都可以标识一个组织，通过组织文化我们也就可以区分不同的组织。第二，组织文化使组织中的每个成员有归属感。第三，组织文化可以驱使组织成员为组织做出更多的贡献。第四，组织文化增强了社会系统的稳定性。第五，组织文化可以使人们的行为方式和思维方式有一定程度的趋同，从而可以控制组织成员，引导和塑造其态度和行为。第六，组织文化有助于以人为本理念的贯彻。国内很多企业都提出了以人为本的管理思想，却未能很好地说明如何实践以人为本。概括来讲，组织文化对于组织的作用可以分为积极和消极两个方面。

一 组织文化的积极作用

组织文化的积极作用主要表现在有明确的目标导向作用、可以提高成员对于组织的忠诚度、激励组织成员更好地工作、约束成员的行为、减少沟通成本提高上传下达的效率、是区分一个组织与另一个组织的方法、对组织外部产生影响等。

第一，有明确的目标导向作用。文化以一股你看不到的力量指导员工该做什么、不该做什么。组织文化使得组织成员的目标与组织的整体目标相一致，同时引导个体发展。例如许多企业目前倡导学习型组织，为员工提供很多培训、探讨的机会，于是组织推崇的不断学习、不断进步的组织文化就为个人的发展指明了方向。

第二，有凝聚作用。组织文化的凝聚作用是指它能把组织的成员紧紧地联系在一起，同心协力，为了实现共同的目标和理想、为了共同的事业奋勇拼搏、开拓前进。任何一家比较成功的企业，都需要以团队的方式解决问题，相互帮助，共同克服困难，这其中就离不开组织文化的凝聚作用，以让员工更加开放、毫无保留地合作。

第三，有激励作用。组织文化可以在员工心中形成一种精神目标和支柱，激励全体成员自强自信，团结进取，形成统一的意志，这种意志会不断鞭策员工前行，并产生激励效应。当你看着身边的同事经过不懈的努力取得成功时，是不是也感到热血沸腾，是不是相信通过自己的努力终会得到满意的回报？

第四，有约束作用。一种组织文化一旦确定，就会对组织的每个成员具有约束和规范作用，使他们的行为趋于一致。组织文化通过价值观、传统等软性因素约束，比用规章制度等硬性因素约束对员工具有更强大、更持久、更深刻的影响。例如一个提倡谨言慎行的公司，无论进入公司的新人性格是开朗还是内向，一段时间后都会变得谨慎小心，少说多听。

第五，可以对组织外部产生影响。与一个组织产生联系的不仅是内部的成员，组织的客户、供应商等也会受到组织文化的影响，所以一个组织会以自己的方式作用于社会。例如希尔顿酒店的文化就是要求酒店服务员全力满足客人的任何要求，即使是客人的私事也要尽力帮助，因此任何服务员无须特别的规范指导，在组织文化的辐射作用下，遇到客人提出需求都会迅速做出反应。

第六，有区分作用。每个组织都有不同的组织文化，组织文化就像组织的性格，不仅可以把组织和组织区分开来，也能够把一个组织的成员和另一个组织的成员区分开来。例如清华大学强调严谨踏实，而北京大学推崇自由进步，两所学校的不同文化培养了学生的不同特质，可以根据这些特质区分出两所学校的学生。

第七，可以减少沟通成本，提高上传下达的效率。一方面组织文化可以提高成员的能动性；另一方面因为文化背景相同，人与人的沟通会相对容易，组织文化通过润滑组织内部的关系，减少不同部门、不同层级及不同个体之间沟通合作的障碍，提高组织整体效率。例如文化氛围比较和谐的组织中，不同部门的员工在共事时会相互体谅，精诚合作，而不会为了自己部门或个人的利益拒绝合作，这样能大大提高组织的运行效率。

二 组织文化的消极作用

从组织角度说，组织文化会提高员工的忠诚度，增加员工的行为一致性。这对企业是非常有利的。从员工角度说，组织文化同样很重要，在无声无息中统一了规则，告诉员工应该怎样做事情。但是，我们也不应忽视组织文化——特别是强组织文化——对组织效率可能造成的不利影响。我们不应忽视文化的消极作用，特别是强有力的文化对整个组织和组织成员潜在的消极作用。

当一个组织经历制度化（institutionalization）过程，并完成制度化时，这个组织就有了自己的生命，并脱离了它的创立者或成员。对于组织成员来说，可接受的行为模式在很大程度上是不可更改的。虽然这并不是完全消极的，但是的确意味着那些应该受到质疑和分析的行为和习惯已变得理所当然，从而压制创新，并把维持组织文化当作目标本身。

如果组织的共享价值观与进一步提高组织效率的要求不一致，组织文化就会成为组织的束缚。当需要快速应对变化迅速的市场时，最有可能出现这种情况。当组织面对稳定的环境时，行为的一致性是组织的资本，但是在面临动态环境时，就有可能束缚组织的手脚，使组织难以应对环境变化。这有助于我们理解一些组织的高层管理者这些年来所面临的挑战，这些组织都有强文化，过去一直效果很好，但是当曾经有效的方法不再有效时，这些强文化就会成为障碍。下面详细列举在文化束缚下可能出现的情况。

第一，对于变革与创新的障碍。面对稳定的环境时，组织的管理成本较低，因为行为的一致性有利于组织的发展。但是，当市场环境迅速变化时，过时的组织文化就会束缚组织的手脚，使组织难以应对变幻莫测的环境。有些公司有强劲的组织文化，而且这种文化在过去起过非常积极的作用，但是，随着企业战略的变化、环境的改变，这些强文化会成为变革的障碍。

第二，对于多元化的障碍。组织文化具有一种强制性，要求全体成员具有一致性。因此，组织领导者往往希望甚至是强迫组织新进成员适应、接受组织的核心价值观。但是，当组织环境发生变化时，组织将变化的力量寄托在组织新进成员身上。现在由于全球化的影响，不同种族、性别和道德伦理的员工可能在一个团队中工作，这些生活背景不一样的成员难免会出现文化不同的现象。所以一般而言，管理人员既希望新成员能够接受组织的核心价值观，又不得不面对这些差异，因为这些差异可以为组织注入新鲜的血液，激活整个组织。

第三，对于整合的障碍。现代环境下的激烈竞争呼唤合作、整合，以便于资源的优化配置，兼并和收购也就成了许多组织的迫切要求。以前，管理人员在进行兼并或收购决策时考虑的关键因素是融资优势或产品协同性。近几年，文化的相容性变成了他们主要的关注对象。虽然收购对象在财务和生产方面是否有利可图是必须考虑的因素，但收购对象与本组织的文化能否相容，越来越成为一个重要的因素。

第 3 节　组织文化的形成、维系与变革

一个组织的文化并不是凭空产生的。它一旦形成，就很难消失。组织文化的形成受到哪些因素的影响？组织文化一旦建立，又有哪些因素会强化和维系它的存在？本节将讨论这些问题。

一　组织文化的形成

说起组织文化的形成，首先我们需要明白文化是如何形成的。文化人类学认为，一种文化的生成意味着一种新的文化形貌（cultural configuration）的产生。从历史角度看，在人类社会发展的不同阶段，新文化的形成源于内部、外部多个方面力量的共同作用。内部因素是原有文化逐渐显露出自身的矛盾和冲突，并且引起社会的文化危机，这种危机会推动组织自身产生新的文化精神。外部因素是外来文化的入侵和冲击，但其深层原因仍然是文化内在的超越性和自在性的矛盾冲突。

那么，组织文化是怎么形成的？组织文化的形成是漫长的历史过程，它既不是凭空产生的，也不会无缘由地消失。它是随着组织的诞生、创始人的倡导、组织的各种规定和活动的制度化以及组织成员对于基本的、有意义的行为的共同理解，并经过甄选、高层人士推动、社会化逐步形成和发展起来的。组织当前的惯例、传统、做事的一般方式，在很大程度上取决于过去的实践以及这些实践的成功程度。

一个不可忽视的组织文化源头是该组织的创始人。组织创始人对组织的早期文化影响巨大，他们为组织应该做的事情勾画了愿景，而且因为新建组织通常规模较小，所以非常有利于创始人把该愿景灌输给所有组织成员。

组织文化的形成有三种途径：第一，创始人选择那些与自己思想一致的员工；第

二，创始人将自己的思想传输给其他员工并使其接受，最后社会化；第三，创始人的行为鼓励员工认同这些信念、价值观和假设，并进一步完善自己的想法。当组织获得成功时，创始人的人格特质会根植于组织的文化之中。

在组织行为学中，组织文化产生的一般模式可以用图示法表示，如图 13－2 所示。

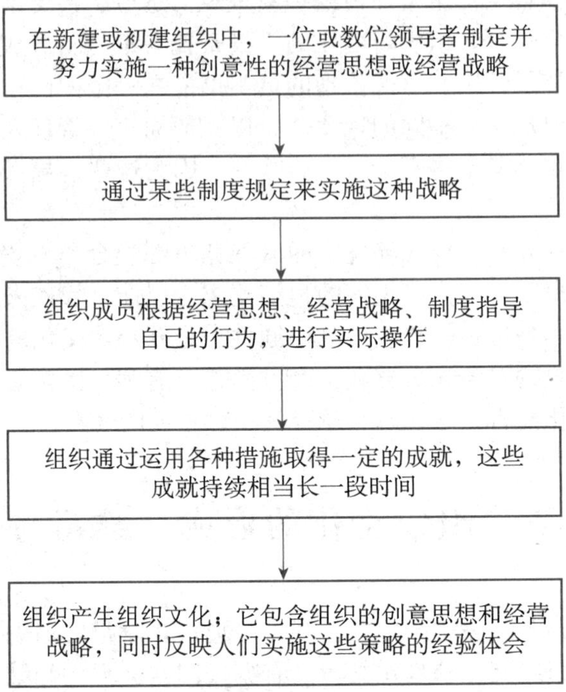

图 13－2　组织文化产生的一般模式

资料来源：石伟．组织文化．上海：复旦大学出版社，2004.

当这些理念和价值观导致组织成功后，它们就会被制度化，那些反映组织创始人和领导者愿景和战略的组织文化随之出现。从图 13－2 中可以看出，组织文化生成必须具备以下几个条件。

（1）组织文化必须与周围的环境相匹配。组织文化不能脱离外部环境而存在，所以组织文化的存在依托于自然环境和人文环境。在社会环境中，组织文化的性质和发展方向受政治、经济和技术的影响。同时，组织文化根植于民族文化的土壤中，传统的民族文化是一个国家在长期历史发展过程中逐步形成的，具有强大的渗透力。组织文化的理念、价值观、行为规范都带有明显的民族特色，所以世界上不同民族的组织文化是千差万别的。

（2）组织文化的形成必须依靠组织创始人的倡导与示范。一开始，因为组织的人数很少（往往都是组织的创始人），所以首先会创立一种文化的意识，这种意识是根据组织的战略和环境挑战所提出的反映客观需要的文化主张，然后刻意使组织凸显这种文化色彩。这些人成为组织文化的先驱者，少数领袖人物和先进分子的示范启发和带动了组织的其他人，形成了组织新的文化模式。

英国著名学者沃尔特·戈德史密斯和大卫·克拉特巴克在《致胜之道》中指出：“作为组织文化一部分的领导作风，在许多成功企业中，受到企业创始人和最近几任董事长的性格和声誉的很大影响。”

首先，组织文化的形成常常与创始人和领导者的经营思想、管理艺术、工作风格，与他们个人的品格、胆识和魅力，与组织对过去成功历史的学习和强化有着直接关系。作为组织文化的创始者，他们规划了组织的发展蓝图，依据自身的视野、认知、经验、知识与思想境界，靠着自身的洞察力、想象力、创造力和崇高的威望，不断完善组织文化。其次，领导者作为组织的创始人，在确定组织发展方向的过程中具有很重要的地位，而组织的发展方向本身就体现着组织文化。最后，创始人的管理风格形成后，会对组织成员起到极大的示范作用，进一步对日后组织文化的形成具有很重要的作用。正是在这个意义上，一些组织文化的实践者提出，组织文化就是“一把手文化”或者“老板文化”。

（3）组织文化的形成需要管理制度的支持。组织文化的形成既是制度化的，也是慢慢积累沉淀的。但是，如果任由其发展，组织文化的形成会非常缓慢。在一个组织中，组织领导者一旦认识到新文化的合理性和必要性，就会有意识地在组织内部制定相应的行为规范和管理制度，通过制度来推动组织文化的生成。逻辑上，组织文化与管理制度存在如下关系，如图 13－3 所示。

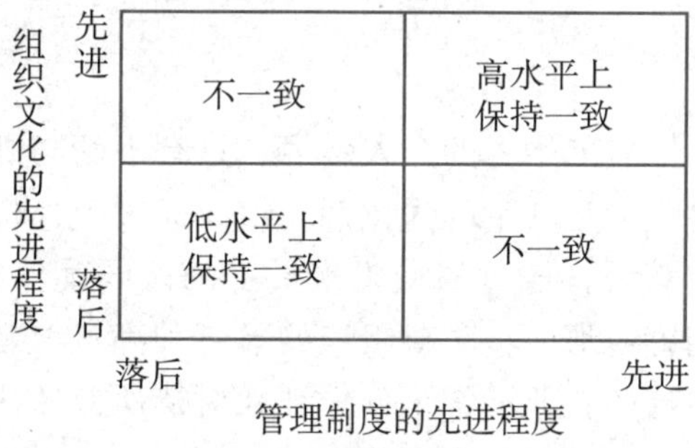

图 13－3　组织文化与管理制度的关系

组织文化的建立并没有明确的要求，更多的时候是每个人都有自己独特的方法，所以很多人不知道文化建设从哪里入手。制度化是指要在组织中建立一种能够使广大成员的自觉能动性得以充分发挥的制度机制，建立一种广大成员能够自我管理的制度机制，借此成员可以进行自我管理，上下之间沟通顺畅，组织各部门之间配合默契、生产协调，保证成员尊严和个人价值得以实现。组织的制度化建设是组织文化建设中的组成部分，组织在进行组织文化建设的过程中会产生一定的文化成果，这些成果也需要以制度的方式巩固。要强化组织文化在组织成员中的影响，必须使组织文化与管理制度保持高水平的均衡或一致。

（4）组织文化的形成必须得到组织成员的认同。在组织文化的形成过程中，制度发挥了很重要的作用，同时领导者自身具备的文化素质也很重要，这些都是为了让组织成员认同组织文化，并转化为自觉的行为和心理。从社会学的角度分析，一定文化相对应的价值观和行为准则被组织成员接受的过程称为文化的“社会化”过程。具体的措施如下。

第一，树立榜样人物。发挥榜样的作用是建设组织文化的一种重要且有效的方法。

迪尔和肯尼迪在其合著的《企业文化》一书中，把英雄楷模人物作为组织文化五大构成要素之一，其示范意义由此可见一斑。在社会中，我们也经常可以看到十佳人物评选之类的活动，这也是在积极发挥榜样的作用。

第二，鼓励员工参与。组织文化是组织创始者建立的，但是只有得到成员的广泛认同，才能体现其应有的价值。因此，应该创造各种机会让全体成员参与进来，完善组织文化。同时，要将组织文化和日常工作相结合，提倡每位组织成员将组织文化变得更适合自己的工作岗位，从而使组织文化得到广泛的接受。

第三，开展文化活动。举办有特色的文化活动，比如歌咏比赛、摄影比赛、演讲比赛等。这些方式不仅是组织文化非常好的传播方式，也是培养文化共识的重要途径。文化的形成需要宣传和倡导，只有如此才能完成从制度到习惯的转换，从而形成一种文化场、文化氛围。

二 组织文化的维系——组织文化是如何强化的

组织文化形成之后，可以通过多种途径不断发展。在组织文化的维系过程中，有三个因素起着特别重要的作用：甄选过程、高层管理者、社会化与组织化。

（一）甄选过程

组织初期的文化主要依靠创始者的个人魅力。只有不断与外界接触，才可以不断完善一个新的事物。甄选过程就是其中的强化剂。组织通过甄选标准的设立，筛选出与自身价值观相同或相近的应聘者，通过赢得未来员工的认同确保组织核心理念得到巩固。如果成员与组织文化不相容，那么员工对组织的承诺和满意度就会很低，流动率就会提高。要求具有高度献身精神的企业通常十分仔细地对待所要雇用的人，并以价值观作为雇用的基础。

（二）高层管理者

高层管理者在强化组织文化方面起着模范表率作用，因为他们往往是组织文化的创始者，他们的价值观直接影响企业的发展方向。“行动比语言更响亮”，高层管理者的行为往往比他们对员工的讲话影响力更大。无形中，高层管理者的言谈举止、个人偏好都在向下属传递着信息：什么样的行为是组织所认可的，什么样的价值观是组织所倡导的。高层管理者通过自己的所作所为，把行为准则渗透到组织中。比如高层管理者在对下属进行奖励或者提升时，就会在潜意识中遵循组织的核心价值观，对那些同组织文化相符的员工行为予以嘉奖，从而对员工的态度和行为起到引导作用，强化组织文化。

在思科，广泛流传着这样一个故事：一位思科总部的员工看到总裁钱伯斯大老远地从街对面小跑着过来，后来才知道原来钱伯斯看到公司门口的停车位已满，就把车停到街对面，但又有几位重要的客人在等他，所以只好几乎是小跑着回公司。在思科，最好的停车位是留给员工的，管理人员哪怕是总裁也不享有特权。钱伯斯向所有思科员工传递了一个重要理念——员工是思科最宝贵的财富。

（三）社会化与组织化

人生来只是一个自然人，只有接受家庭、学校等一系列的教育和学习之后才会成为一个社会人。在这个过程当中，人们形成并且不断完善属于自己的世界观、价值观和人生观，从而完成了社会化（socialization）的过程。然后，当人们即将进入新的组织工作或者到一个新的地方生活时，自身的价值观与所处环境的共同价值观会出现差异，这种差异使人们不得不重新调整自己的“三观”，以符合环境的要求。个体将组织价值观内在化并由社会人成长为组织人的过程就称为个体的组织化（systematization）。

组织化过程的关键时点是新员工刚加入组织的时候。许多公司也认识到了这一点，因此在员工入职时会对新员工进行为期几天乃至几周的培训，通过介绍公司的愿景、使命、核心价值观等，帮助员工初步完成组织化的过程。比如，迪士尼乐园的所有新进人员都要接受很多天的培训，迅速学习一种新语言：员工是“演员表上的演员”；顾客是“贵宾”；群众是“观众”；值班是“表演”；职务是“角色”；职务说明是“剧本”；制服是“戏装”；人事部门是“分派角色的部门”；当班是“在舞台上”；下班是在“后台”。迪士尼用有关迪士尼特性、历史和神话的问题进行练习，不断在新人心里灌输和加强公司的基本理念。迪士尼推行严格的行为准则，要求演员迅速抹掉不符合个人特定角色的个性。一位作家说过：“迪士尼是一家封闭得让人奇怪的公司。它严密控制一切，偏执程度之高是我这么多年以来收集美国企业消息所罕见的。”

值得注意的是，并非只是组织文化影响组织成员，双方也可以相互影响：一方面个体不断接受组织文化，另一方面新加入组织的成员自身的价值观与理念也在影响并不断完善组织原有的文化，即组织文化并非一成不变的。

图 13－4 总结了组织文化的创造与维系过程。最初的组织文化源于组织创始人的“三观”。这反过来对员工甄选标准产生了强烈影响。组织现任高级管理人员的行动为员工的行为标准设定了一个范围：什么是可接受的行为，什么是不可接受的行为。怎样对员工进行组织化取决于两点：一是在甄选过程中，是否成功地保证了新员工的价值观与组织的价值观相一致；二是组织的高级管理人员偏爱什么样的员工组织化方法。

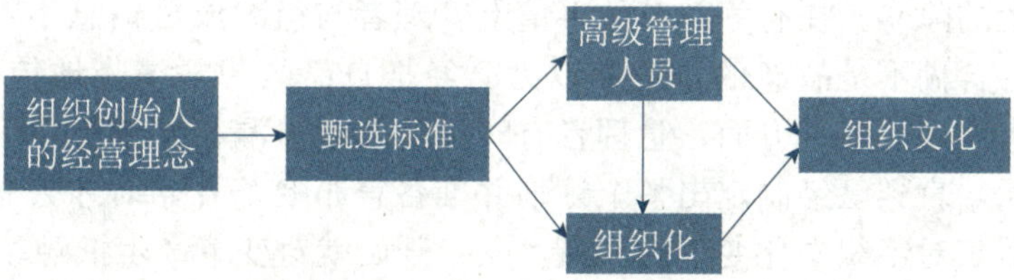

图 13－4　组织文化创造与维系模型

组织文化在今天也面临挑战，如今组织分权化已经成为一种趋势，这使文化变得前所未有地重要。不得不承认，这样的趋势使创建一种强文化变得更加困难。当正式职权和控制系统被削弱时，组织文化的共享意义（shared meaning）会将组织中的每个人指向同一方向。在组织中组建的小团队、事业部往往仅对所在的小范围组织有强烈的文化认同，对整个组织却没有。在虚拟组织中，缺乏频繁的面对面接触会使建立一套共享的规范变得十分困难。因此在创新型组织中，能够经常就共同目标和优先事项与成员进行沟通的强有力领导者尤其重要。

三 组织文化的变革

组织文化变革是组织生存、发展的客观需要和根本要求。一般而言，组织文化变革是组织变革的一部分。当组织原有文化体系难以适应组织经营发展的需要而陷入困境时，就必然要通过文化变革创建新的组织文化。组织文化变革是组织文化产生变化的重要契机。通过组织文化变革，组织可以对其文化现状进行深刻的剖析，广泛地吸取其他文化的精华，去除本身文化的糟粕，真正做到积极推动组织文化不断发展。

（一）组织文化变革的特征

特征一，障碍性。在刚开始时变革都会受到阻碍，组织文化的变革也不例外。一旦出现问题，组织成员很容易产生抵触情绪，这是因为改变后的规定会与组织先前推行的规定有冲突的地方，员工短时间内很难适应。

特征二，无序性。组织文化变革总是慢慢变得有序的。在旧文化体系被组织文化变革破坏而新文化体系尚未建立时，组织成员会产生不适应，呈现一种分散、无序的状态。但是经过一段时间，人们就会对变革开始适应。

特征三，渐变性。组织文化变革总是由量变到质变的。由一种文化到另一种文化的转变往往需要较长的时间，即使组织外部环境发生巨大变化使组织文化出现突发性变革，也是建立在量变积累基础之上的。

（二）组织文化变革的阻力

构成组织文化的因素具有两个特性：相对稳定性和持久性。基于以上两个特性，组织文化一旦形成，就很难改变。正是由于组织文化具有稳定性，组织文化变革面临诸多阻力，主要包括个体和组织两个层面。

1. 个体层面的阻力

组织文化变革中个体层面的阻力来源于人的特性，包括如下三个方面。

（1）沟通上的障碍。在有关变革的事情上管理者与组织成员信息不对称。也许对于管理者而言这种含糊不是故意的，他们以为已经把自己的想法清晰地传达给了其他人，但实际上并没有做到；另一方面，管理者有时可能故意遗漏一些细节，因为他们希望延迟对变革的讨论，直到已经制定出整个计划并准备宣布变革开始时才公布。这种沟通上的障碍会造成员工对组织文化变革的恐慌，从一开始就对变革产生抵触。

（2）接受上的障碍。如果没有安全感，员工就难以接受。员工在原有的组织环境中知道应该怎样行动，知道从哪里可以获得所需要的东西，觉得自己能把握在组织中的生活，因而是安全的。但在变革初期，组织中工作的许多细节还不清晰。员工最关心的就是实际权力是否还和原来组织文化中拥有的权力一样。员工不知道重新获得权力需要付出多大努力，怎样努力，自己有没有这个能力。这些焦虑都会给组织成员带来很大的不安全感。

（3）能力上的障碍。即使组织成员已获得详尽的信息，从心理上也接受了变革，也有一个能力的问题。组织的变革常常伴随着技术变革或人员变革。每一次变革都对组织成员提出了更高的要求。先进生产线的引进、办公自动化的推行、新技术的应用都要求组织成员不断提高自己的知识和能力，以适应组织变革的需要。如果需要一些成员本身并不具备的能力，变革就不能彻底进行，最终组织只能维持现状。

2. 组织层面的阻力

组织并不是个体的简单集合，而是更多地表现为一个有机体。因此当变革发生时，所面临的障碍也更多地以一种整体性、系统性的方式表现出来。

（1）组织的思维惯性。组织一旦对某一新行为采取一种反应，在以后出现类似的行为时也会采取这种思维方式。即使产生了新的组织文化，也会做出类似的反应，这在很大程度上阻碍了组织文化变革。

（2）变革的有限性。组织文化由一系列相互依赖的子系统组成。当我们对其中一部分进行变革时，可能会因为更大系统的问题而变得无效。

（3）对组织既得利益的威胁。文化变革的过程往往伴随着组织内部权力的重新分配以及职能调整。组织中控制一定数量资源的群体常常视变革为威胁，因为变革将意味着固有预算或人员的减少。由于未来资源分配可能触及这些人的利益，他们往往对变革持抵触心理。

（4）组织中急于求成的心理。组织文化变革需要足够的时间，也需要足够的耐心。一个组织要真正实现从旧文化向新文化的转变至少需要 3～5 年的时间。所以组织文化变革要想取得真正的成功，必须付出坚持不懈的长期努力。

（5）组织领导者的言行不一。在组织文化变革中，组织领导者必须言行一致。一方面，作为领导者他们要以坚定的意志倡导新理念和新行为；另一方面，作为执行者他们又要以身作则地扮演新的价值观、新的管理方式最忠实的执行者。应该清醒地意识到，领导者的言行不一正是实施组织文化变革的一大障碍。

（6）组织资源的有限性。资源的有限性也限制了组织进一步的变革。组织文化变革需要耗费很多资源，比如人力、物力、财务资源等。一旦缺乏相应的资源，组织文化变革便很难开展。

第 4 节　组织文化的测量

一　组织文化的分析方法

莱纳尔托维奇（Tomasz Lenartowicz）和罗斯（Kendall Roth）将目前流行的评价文化的方法归纳为两大类：一类是以文化为中心的；另一类是以个性为中心的。以文化为中心的文化评价方法是定性方法，起源于文化人类学，常被称作人种学描述法。而以个性为中心的评价方法常在描述一个文化时用于获取定量数据，它通过两种基本方式来评价文化：一种是替代方法，称作区域从属法；另一种是价值观推断法，又可以进一步划分为直接推断和间接推断（Tomasz Lenartowicz & Kendall Roth，1999）。

总的来说，评价文化的方法共有四种：人种学描述法、区域从属法、直接价值观推断法、间接价值观推断法。下面我们对这四种文化评价方法做简要介绍。

（一）人种学描述法

人种学描述法（ethnological description）属于定性方法，主要用于识别或者比较文化。它始于对社会结构、人类产品和集体行为的观察，进而得出关于文化类型的结论。这一方法从20世纪初就开始使用，它赞同人类学专家的观点，认为文化非常复杂，无法测量，只能进行观察和描述。它提供了描述性的数据，这些数据细致地描绘出文化的类型和各自的特征。

人种学描述法收集到的数据可作为二手资料，因此常作为许多人的二手资料来源。这种方法的另一个重要优点在于确定了文化的分析单元，因为研究文化的一项基础性工作就是确定应当在何种水平或者层面上评价。

不过，尽管这种方法在研究跨文化形成假设的过程中提供了非常有用的信息，但并不能提供定量的结果或者测量工具。因此，它在商业的跨文化研究中并没有得到广泛应用。例外的是Childers & Rao（1992）用这种方法对泰国经理人和美国经理人的差异进行研究。而在非商业研究中的一个例子则是Kluc Rhohn & Strodtbeck（1961）使用这种方法区分出美国的五类亚文化。

（二）区域从属法

第二种文化评价方法是区域从属法（regional affiliation）。它是一种替代法，使用那些反映文化或者类似于文化的样本特征来定义文化的类型。这种方法常用的样本特征包括国籍、出生地以及居住地。这些替代因素是以下面的理论作为基础的：民族特征具体存在；核心文化价值观的习得是在童年时期；文化和地域密不可分。区域从属法最本质的内容就是这些替代因素将文化类型同地域联系起来。

区域从属法的使用需要满足以下两个条件：首先是人口统计学方面的可变性在样本设计和协变量使用时都得到控制。协变量包括年龄、性别、学历以及其他与研究相关的人口统计学变量。其次是如果研究包括个体水平的测量，那么应当询问被试是在哪里度过童年的，因为文化价值观主要就是在成长的地方形成的。

这种方法的缺陷在于缺少验证因变量与文化之间假设关系的测量工具。另外，这些替代因素只是帮助划分了文化类型，得到的数据也只是定类的。因此，当需要定比或者定距数据时这种方法不太适用。

（三）直接价值观推断法

直接价值观推断法（direct values inference）测量样本中被试的价值观，并在这些价值观集合的基础上推断文化的特征。该方法假设，文化的概念化是基于价值观的。

其中比较著名的是Kroeber & Kluckhohn（1952）列出的164个文化的定义。这些定义虽然来自不同的研究领域和不同的时期，但是都反映出同一个观点：文化是某一特殊群体共同享有的习得特征。这些特征隐含在象征物、仪式或者活动中。

许多不同的价值观模型都可用于支持直接价值观推断法。其中一个模型就是霍夫斯泰德总结的文化的四个工作价值观维度：不确定性规避、个人主义、男性主义和权力距离。这些维度成为广泛研究的对象，并且在国际商业研究中被频繁引用。霍夫斯泰德

1980 年开发出一套评价工作价值观的工具——价值观调查模型（value survey module，VSM），然而它的使用范围相当有限。另一个模型是基于罗克奇价值观调查问卷的模型。

关于直接价值观推断法，还有三个问题需要注意：第一，具有不同人口统计学特征的人群价值观不同，因此有必要控制人口统计学变量，或者使用大样本以便人口统计学变量的影响得以随机化。第二，价值观模型要求被试具有理解所有价值观含义的能力。第三，直接价值观推断法在定义文化群体上是不充分的。

（四）间接价值观推断法

直接价值观推断法基于一手数据，而间接价值观推断法（indirect values inference）使用的则是二手数据。二者最本质的区别在于间接价值观推断法并未通过调查群体成员归纳出文化类型的特征。这种方法将其他研究中得到的文化特征用作基准，来推断前面的替代要素，如国籍、出生地、居住地等。间接价值观推断法的前提假设是被研究的样本同作为基准的样本是一致的。

关于这种方法的一个问题是从基准样本推断被试样本时潜在的测量误差，因为给因变量提供数据的样本同给自变量提供数据的样本并不一定具有相同的特征。因此，两个样本地理方面和人口统计学方面的差异导致在测量文化特征时可能产生严重误差。显然，使用间接价值观推断法最关键的问题就是抽样。一般有两种方法来减少上述测量误差：一种是确保基准研究的样本和现在研究的样本足够大，使得影响价值观的变量随机化；另一种是确保现在研究样本的特征同基准样本的特征是一致的。

二　组织文化的分析模型

前面我们介绍了评价文化特征的几种方法，下面我们对两个经常使用的文化分析模型进行详细阐述。

（一）克拉克洪-斯托特伯克构架

在分析文化差异时使用最多的方法之一就是克拉克洪-斯托特伯克构架（Kluckhohn-Strodtbeck framework）。这一构架确定了六个基本的文化维度：与环境的关系、时间取向、人的本质、活动取向、责任中心和空间概念。下面我们分别对每一个维度进行考察。

1. 与环境的关系

人们屈从于环境，还是与环境保持和谐关系，抑或能够控制环境？在很多中东国家，人们把生活视为命中注定的事情。当什么事情发生了，他们倾向于认为是“真主的旨意”。相反，美国人和加拿大人则相信他们能够控制自然。比如，他们愿意每年花费上亿美元经费从事癌症研究，因为他们相信可以找到癌症的病因，发现癌症的治疗办法，最终消除这种疾病。

介于两个极端之间的是一种更为中立的看法，即希望寻求与自然的和谐关系。比如，很多远东国家的人们对待环境的做法就是以它为中心活动。

可以预期，这些对待环境的不同看法会影响到组织的实践活动。我们以目标设置为例说明。在屈从于环境的社会中，目标的设置并不普遍。如果你相信人们在实现目标的过程中不可能做很多事，那有什么必要设定它呢？在一个与环境保持和谐关系的社会中，可能会使用目标，但人们预期到它会发生偏差，并且对未能达到目标的惩罚也是极轻的；而在一个控制环境的社会中，广泛地应用着目标，人们希望实现这些目标，对未能达到目标的惩罚也是很重的。

2. 时间取向

文化注重的是过去、现在还是将来？不同的社会对时间的价值观也不一样。比如，西方文化把时间看作一种紧缺的资源，“时间就是金钱”而且必须高效利用。美国人关注的是现在和近期未来。你可以在绩效评估的短期取向中看到这一点，典型的北美组织每6个月或1年对员工进行一次评估。相反，日本人则以一种更长远的观点看待时间，这也在他们的绩效评估方法中得到反映。日本的工人常常用10年以上的时间来证明他们的价值。

还有一些文化对时间持另一种观点：他们关注的是过去。比如，意大利人就追随他们的传统，并寻求保护他们历史的实践活动。

对不同文化时间取向的了解能够帮助你对下面这些问题有所认识：最后期限的重要程度，是否普遍采用长期计划，工作任务安排的长度以及迟到的原因。比如，它可以解释为什么美国人热衷于安排和维持约会，还可以解释为什么并不是每个社会都像北美社会那样迷恋节省时间的设备，如记事本、昼夜邮寄服务、汽车电话、电子邮件和传真机等。

3. 人的本质

文化把人视为善的、恶的，还是两者的混合？在很多国家，人们认为自己本质上是诚实和可信的，也有一些国家认为人的本质是非常邪恶的。北美人的看法倾向于在两者之间，他们认为人本质上是好的，但必须谨慎小心才能不被利用。

你可以看到文化中对人的本质的看法如何影响管理者的主要领导风格。如果国家关注的是人的邪恶一面，则采用更为专制的风格来规范人的行为；而在强调信任价值观的文化中，参与甚至自由放任的领导风格占主流；在混合型文化中，领导风格可能会重视参与，但同时拥有严格的控制手段以迅速识别违规行为。

4. 活动取向

一些文化重视做事或活动，强调成就。另一些文化重视存在或即时享乐，强调体验生活并寻求对欲望的满足。还有一些文化重视控制，强调远离物质而克制欲望。

北美人生活在做事取向的社会中。他们工作勤奋，并希望因为自己的成就而获得晋升、加薪以及其他方式的认可。相反，墨西哥人则是存在取向的。在这种文化中，下午总是步履缓慢，他们还强调即时享乐。法国人则是控制取向的，并且强调理性和逻辑。

对文化中活动取向的理解能使你认识到这样一些问题：人们是怎样对待工作和娱乐的？人们是如何做出决策的？人们在奖励分配上使用的是什么标准？比如，在存在取向占主导地位的文化中，决策很可能是情绪型的；相反，在做事取向和控制取向的文化中，决策很可能分别强调实证和理性。

5. 责任中心

文化还可以按照对他人幸福的责任分类。比如，美国人是高度个人主义的，他们使用个人特点和个人成就来定义自己，相信一个人的责任是照顾好自己。而马来西亚人和以色列人更注重群体。比如，在以色列集体农场中，人们共同工作，共享奖励。他们看重的是群体的和谐、统一和忠诚。英国人和法国人则遵循另一个取向——依赖于等级关系，这些国家中的群体分成不同的层次等级，每个群体的地位保持稳定，不随时间的改变而改变。等级社会倾向于实行贵族统治。

文化的这一维度对于组织中的工作设计、决策方法、沟通类型、奖励系统和选拔活动都有重要影响。比如，个人主义社会中的选拔重视的是个人成就；而在群体社会中，能与他人很好地合作则可能最为重要。在等级社会中，选拔决策以候选人的社会等级为基础。这一维度有助于解释为什么在美国个人简历（在此列出了个人成就）十分流行，而对裙带关系（聘用自己的亲属）持消极意见。

6. 空间概念

克拉克洪-斯托特伯克构架的最后一个维度与空间的拥有有关。一些文化非常开放，并公开从事商业活动。另一些极端的文化则极为重视让事情在私下进行。大多数社会介于这两个极端之间。

日本的组织表现出其社会的公开特性。那里几乎没有私人办公室。经理和操作工人在同一间屋子里、在中间不分隔的桌子上办公。北美人的公司也反映出他们的文化价值观。他们通过一个人使用的办公室和拥有的秘密来反映这个人的地位。重要会议都要在关着门的房间里进行。空间常常是除本人之外其他人无权使用的。在具有混合取向的社会中，隐私和公开交融在一起。比如，这里可能拥有很大的办公室，但墙并不高，因而创设了有限的隐私。空间概念方面的这些差异对于组织管理，如工作设计与沟通，有着显著的影响。

表 13－1 概括了克拉克洪-斯托特伯克构架中的六个文化维度，以及每一个维度可能的变化情况。

表 13－1　　克拉克洪-斯托特伯克的价值维度的变化

价值维度	变化		
与环境的关系	控制	和谐	屈从
时间取向	过去	现在	将来
人的本质	善	混合	恶
活动取向	存在	控制	做事
责任中心	个体主义的	群体的	等级的
空间概念	隐私的	混合的	公开的

（二）霍夫斯泰德构架

霍夫斯泰德对文化差异进行了更全面的分析。大量早期的组织研究，或是只包括极有限的几个国家，或是对不同国家的不同公司进行分析。霍夫斯泰德则相反，他对在几十个国家和地区中为一家多国公司工作的 11.6 万名员工进行了调查，这一数据排除了把差异归因于不同公司的活动与政策不同等理由。因此，他所发现的国家之间的差异可以令人信服地归因于民族文化的差异。

他的巨大数据库表明，民族文化对员工与工作相关的价值观和态度起着主要影响。

更为重要的是，霍夫斯泰德发现，管理者和员工的差异表现在民族文化的四个维度上：（1）个人主义与集体主义；（2）权力距离；（3）不确定性规避；（4）生活数量与生活质量（事实上，霍夫斯泰德称第四个维度为男性主义与女性主义，因为其带有强烈的性别歧视色彩，我们在这里变换了一种说法）。

1. 个人主义与集体主义

个人主义（individualism）指的是一种松散结合的社会结构，在这一结构中，人们只关心自己或直系亲属的利益。在一个允许个人有相当大自由度的社会中这是可能的。与个人主义相反的是集体主义（collectivism），它以一种紧密结合的社会结构为特征。在这一结构中，人们希望自己所归属群体（比如一个组织）中的其他人在他们遇到困难时能帮助和保护自己。以这种安全感为交换条件，他们感到自己应该对群体绝对忠诚。

霍夫斯泰德发现，一个国家的个人主义程度与这个国家的富足程度密切相关。美国、英国和荷兰等富裕国家都是极为个人主义的，而哥伦比亚、巴基斯坦等相对贫穷的国家则是极为集体主义的。

2. 权力距离

人们天生具有不同的体力和智力，从而造成了财富和权力的差异。社会如何处理这种不平等？霍夫斯泰德使用权力距离（power distance）一词作为衡量社会对机构和组织内权力分配不平等这一事实的认可尺度。一个权力距离大的社会认可组织内权力的巨大差异，员工对权威显示出极大的尊敬，称号、身份及地位占据极为重要的地位。一些公司发现，在与权力距离大的国家谈判时，所派出的代表应至少与对方头衔相当才有利。这样的国家有菲律宾、委内瑞拉、印度等。相反，权力距离小的社会则尽可能减少这种不平等。上级仍拥有权威，但员工并不恐惧或敬畏老板。丹麦、爱尔兰及奥地利是这类国家的典型。

3. 不确定性规避

我们生活在一个不确定的世界中，未来在很大程度上是未知的，不同的社会以不同的方式对这种不确定性做出反应。一些社会中人们接受这种不确定性，或多或少对风险泰然处之；对与自己不同的行为和意见比较容忍，因为他们并不感觉因此而受到了威胁。霍夫斯泰德将这样的社会描述为低不确定性规避（uncertainty avoidance）的社会，也就是说，人们感到相对安全。这类国家有新加坡、瑞士和丹麦。

高不确定性规避的社会以成员中的高焦虑水平为特征，以不安、压力、进取心为特征。在这种社会中，由于人们感到受社会中不确定性和模糊性的威胁，因而创建机构来提供安全和减少风险。他们的组织可能有更正式的规则，人们对异常的思想和行为容忍度较低，社会成员趋向于相信绝对真理。在一个高不确定性规避的国家中，组织成员表现出较低的工作流动性，终身雇佣是一种普遍实行的政策。这类国家有日本、葡萄牙和希腊等。

4. 生活数量与生活质量

第四个维度也分为两个方面。有的文化强调生活数量（quantity of life），这种文化的特征是过分自信和物质主义。有的文化则强调生活质量（quality of life），这种文化重视人与人之间的关系，并对他人的幸福表现出敏感和关心。

霍夫斯泰德发现，日本和奥地利在生活数量维度上得分高，而挪威、瑞典、丹麦和芬兰则在生活质量维度上得分高。

5. 美国与其他国家在霍夫斯泰德构架维度上的比较

霍夫斯泰德根据这四个维度对几十个国家进行对比，发现美国文化的排列位置如下：

- 个人主义与集体主义：在所有国家中个人主义的得分最高。
- 权力距离：低于平均值。
- 不确定性规避：明显低于平均值。
- 生活数量与生活质量：在生活数量方面明显高于平均值。

这些结果与美国在世界上的形象十分一致。在权力距离上低于平均值与一个国家的人期望政府的代表类型是民主理想型联系在一起。在这一类型中，美国的得分排在少数人作为统治阶层、大多数为无权主体的国家之下，而排在那些对平等主义价值观有极高承诺的国家之上。在不确定性规避上明显低于平均值也与政府的代表类型拥有民主化理想相一致。美国人觉得自己相对而言不受不确定性的威胁。另外，对美国人进行描述时，最常见的刻板印象之一是个人主义的伦理道德。而基于霍夫斯泰德的研究，这种刻板印象似乎是很有基础的。美国的个人主义得分被列为世界第一。美国在生活数量上明显高于平均值也是不足为怪的。资本主义看重的是进取心和男性主义，这与霍夫斯泰德的描述是一致的。

此处没有列出霍夫斯泰德从几十个国家中获得的全部结果，表 13－2 中列出了其中部分数据。我们主要关注文化之间的相似性与差异性，下面来看在四个维度上与美国最为接近的国家和最不一致的国家。

表 13－2　　霍夫斯泰德的文化维度举例

国家	个人主义/集体主义	权力距离	不确定性规避	生活数量
澳大利亚	个人主义	小	中等	高
加拿大	个人主义	中等	低	中等
英国	个人主义	小	中等	高
法国	个人主义	大	高	低
希腊	集体主义	大	高	中等
意大利	个人主义	中等	高	高
墨西哥	集体主义	大	高	高
新加坡	集体主义	大	低	中等
瑞士	个人主义	小	低	低
美国	个人主义	小	低	高
委内瑞拉	集体主义	大	高	高

说明：生活数量得分低相当于生活质量得分高。

美国的个人主义得分极高而权力距离得分较低。同样情况的国家有英国、澳大利亚、瑞典、挪威和新西兰；在这些维度上与美国最不一致的国家有委内瑞拉、哥伦比亚、巴基斯坦、新加坡和菲律宾。

美国在不确定性规避方面得分低而在生活数量方面得分高。同样情况的国家有爱尔兰、菲律宾、印度和南非；在这些维度上与美国最不一致的国家有智利、葡萄牙和前南斯拉夫。

本章小结

1. 组织文化是组织在其内外环境中长期形成的以价值观为核心的行为规范、制度规范和外部形象的总和。

2. 关于组织文化的结构，包括两元说、七特质论几种观点。其中两元说认为组织文化包括物质文化和精神文化；七特质论认为组织文化有创新与冒险、关注细节、结果导向、员工导向、团队定向、进取心和稳定性等特征。

3. 组织文化的类型有多种分类方法：杰弗里·桑南菲尔德提出有学院型文化、俱乐部型文化、棒球队型文化和堡垒型文化；罗杰·哈里森提出有权力文化、角色文化、任务文化、人的文化；迪尔等人提出有挑战型文化、柔性文化、长期赌注文化和过程文化。

4. 组织文化的积极作用主要有目标导向作用、凝聚作用、激励作用、约束作用、适应和辐射作用、区分作用和效率作用。组织文化的消极作用是组织文化可能成为变革与创新的障碍、多元化的障碍、整合的障碍。

5. 组织文化的形成需具备几个条件：组织文化与环境文化相匹配，依靠组织创始人的倡导与示范，是制度化和组织成员认同的结果。

6. 组织文化的维系过程中有三个因素特别重要：甄选过程、高层管理者、社会化与组织化。

7. 组织文化变革的特征有障碍性、无序性和渐变性。

8. 组织文化变革的阻力可能来源于个体层面和组织层面。

关键词

组织文化　组织文化的形成　组织文化的维系　组织文化的变革

复习与思考题

1. 组织文化包含哪些具体内容？
2. 强文化会对组织和员工产生怎样的影响？
3. 组织文化的作用总是积极的吗？它会在哪些方面对组织产生束缚？
4. 思考创始人是如何影响组织文化的形成的。
5. 什么是文化“社会化”？如何实现组织文化“社会化”？
6. 阐述克拉克洪-斯托特伯克构架所包含的文化维度并举例说明其在组织中的体现。
7. 思考霍夫斯泰德构架中描述的民族文化差异对组织的影响。

参考文献

1. 霍夫斯塔德．跨越合作的障碍——多元文化与管理．北京：科学出版社，1996.
2. 邓九刚．大盛魁商号．北京：中国画报出版社，2008.
3. 斯蒂芬·P. 罗宾斯．组织行为学：第 12 版．北京：中国人民大学出版社，2008.
4. 时巨涛，等．组织行为学．北京：石油工业出版社，2003.
5. 石伟．组织文化．2 版．上海：复旦大学出版社，2010.

6. 孙枫．无形无限：企业人的另类感知．深圳：海天出版社，1998.

7. 唐京，陈卫旗．从“组织气氛”到“组织文化”——概念发展的逻辑．心理学动态，2001，9（1）：62－65.

8. 王华生．现代企业文化建构的思考．河南大学学报（社会科学版），1994（6）：49－55.

9. 沃尔特·戈德史密斯，戴维·克拉特巴克．致胜之道．上海：上海翻译出版公司，1987.

10. 辛向阳．成败之间：解读决策零失误．江西：江西人民出版社，2002.

11. 张晓．比较徽商与晋商的“官商结合”文化．特区经济，2005（10）：161－162.

12. 刘光明．企业文化．3版．北京：经济管理出版社，2002.

13. 孙健敏．以人为本是企业文化的主旋律//黄卫伟，吴春波．走出混沌．北京：人民邮电出版社，1999.

14. 孙健敏．吴春波．我是谁．北京：新华出版社，2004.

15. 罗长海．企业文化学．北京：中国人民大学出版社，1999.

16. 惠普康柏合并遭遇文化冲突　同期收入比去年下降．[2002-09-09]．http：//it. enorth. com. cn/system/2002/09/09/000414136. shtml.

17. 约翰·科特，詹姆斯·赫斯克特．企业文化与经营业绩．北京：华夏出版社，1997.

18. 张瑞敏．海尔的竞争优势在于创新．中国质量万里行，2000（9）：25－29.

19. 大陆少壮派CEO：关于中国CEO日益年轻化的思考．[2004-04-21]．http：//biz. 163. com/40421/3/0KGDGA8400020RK7. html.

20. 詹姆斯·C. 柯林斯，杰里·I. 波勒斯．基业长青．北京：中信出版社，2002.

21. 詹姆斯·E. 波斯特，等．企业与社会．北京：机械工业出版社，1998.

22. 松下幸之助．松下幸之助自传：松下经营成功之道．北京：军事谊文出版社，1987.

23. 戴维·J. 斐里切．商业伦理学．北京：机械工业出版社，1999.

24. 刘孝全，张勉．企业文化测量研究述评．学习导报，2004-04-23.

25. Sonnenfeld J A. The hero's farewell：what happens when CEOs retire. Oxford University Press，1988.

26. Harrison R. How to describe your organization. Harvard business review，1972（September-October）：119－128.

27. Schein E. Organizational culture and leadership. San Francisco：Jossey-Bass，1985.

28. Cabrera E F，Bonache J. An expert HR system for aligning organizational culture and strategy. Resource planning，1998，22（1）：51－60.

29. Lenartowicz T，Roth K. A framework for culture assessment. Journal of international business studies，1999，30（4）：781－798.

30. Hofstede G. Cultures and organizations：software of the mind. New York：McGraw-Hill，1991.

31. Hofstede G. Culture's consequence: international differences in work-related values. Newbury Park, CA: Sage, 1980.

32. Kluckhohn F, Strodtbeck F. Variations in value orientations. Westport, CT: Greenwood Press, 1961.

33. Cameron K S, Quinn R E. Diagnosing and changing organizational culture: based on the competing values framework. Addison-Wesley, 1998.

34. Chatman J A. Matching people and organizations: selection and socialization in public accounting firms. Administrative science quarterly, 1991 (36): 459-484.

35. Deal T, Kennedy A. Corporate cultures. Reading, Mass.: Addison-Wesley, 1982.

36. Pettigrew A. On studying organizational culture. Administrative science quarterly, 1979 (24): 570-581.

案例分析

谷歌和宝洁交换员工

谷歌和宝洁的企业文化大不一样。宝洁的企业文化特点是严格的控制、纪律、等级和刻板——这种特点是如此鲜明，以至于员工们称自己为“宝洁人”。同样，谷歌也因其懒散、非标准化、自由自在的文化而知名。

因此，是什么使得这两种重量级的、成功的强文化（但是却截然不同）决定对彼此的员工实施社会化？其中一个原因显然是营销：宝洁认为自己未来更多的营销努力将会在网上进行，而谷歌当然就是实现这一战略的理想对象。而谷歌公司则把宝洁视为自己广告空间的重量级买家（宝洁是世界上最大的广告客户）。然而很显然，这也并不仅仅与营销有关。毕竟，宝洁和谷歌也同其他很多组织有业务往来，但是并没有与它们交换员工。这两家公司都相信，通过让关键的管理者接触一种同样强调创新（通过截然不同的方式来予以强调）的文化，可以进一步提高他们的创新能力。

有时，我们可以从那些与我们不同的方式中学到很多东西。在这两家公司的合作中，情况确实如此。在早期的一次员工交换中，谷歌的一名销售团队主管丹尼斯·丘迪（Denise Chudy）用最新的数据使宝洁的管理者感到震惊。这些数据显示，在过去一年中，网上对于关键词“优惠券”的搜索增长了50%。宝洁的员工认为宝洁是世界上最具创新性和最善于利用数据的组织之一，以追踪顾客偏好、产品使用和购买行为而知名。他们不会轻易感到震惊。加入谷歌的世界是一个既震撼人心又极富挑战性的学习过程。

谷歌交换到宝洁的员工也学到了不少东西。谷歌员工珍·布拉德伯恩（Jen Bradburn）浏览宝洁公司数十年来关于汰渍洗衣粉以及该公司坚持采用亮橙色包装的营销资料时，写道：“不要去惹橙色，知道这一点是有帮助的。”

当然，差异还是很明显。宝洁的一位管理者向谷歌员工展示一则1954年的汰渍洗衣粉广告时，骄傲地说：“当时，70%～80%的电视观众可以看到这则广告。”而谷歌团队则发出了惊愕的笑声。

资料来源：罗宾斯．组织行为学：第14版．北京：中国人民大学出版社，2012.

讨论题

1. 你是否认为谷歌和宝洁之间的员工交换对于所有公司都是个好主意？为什么？为什么这样做的公司如此之少？

2. 宝洁和谷歌同意交换员工的原因之一就是希望将对方组织文化中最好的方面移植到自己的文化中。基于本章的知识，描述文化如何通过这种交换实现移植。

3. 你认为你更适合谷歌还是宝洁的组织文化？为什么？

4. 如果你是员工，是否愿意被交换到一个组织文化截然不同的公司？为什么？

第 14 章 组织的变革与发展

学习目标

学完本章后，你应该能够：

◎ 了解组织变革的概念及相关理论

◎ 理解组织变革的动力与阻力

◎ 掌握组织变革的模型和方式

◎ 熟悉组织发展的含义和具体方法

引例

是“不变革则灭亡”，还是“变革即灭亡”

在理解人类行为和组织行为时，后视偏见是一个巨大的问题。从事后来看，所有事情都变得十分清晰。我们可以用电路城（Circuit City）的失败作为一个例子。

不久之前，电路城还处于欣欣向荣的时期。这家 60 年前成立的公司长期落后于对手百思买，但是从 2001 年开始两者之间的差距逐渐缩小。事实上，电路城的股票在 2004—2006 年的表现均超过了百思买和无线电音像城（Radio Shack）。然而到了 2009 年，电路城的股价暴跌到每股 0.2 美元，现金流消失了。在无法找到买家之后，电路城关闭了其在美国的 567 家店铺和加拿大的 765 家店铺。34 000 名员工失去了工作，这家美国第二大消费类电子产品连锁公司就此消失。

哪里出了问题？专家指出，是两种变革尝试弄巧成拙。第一，电路城制定了一项战略决策，即将店铺位置选在地价比较便宜的地段。第二，2007 年，电路城为了控制成本而解雇了 3 400 名最有经验的销售员工。在这两种情况下，公司都节省了资金，但是在消费者交通便利和员工士气方面付出了巨大代价。电路城还实施了另一个重大变革。为了效仿那些增长较快的竞争对手的做法，加上认为消费者已经厌倦了“强力推销”，电路城在 2003 年改变了它的销售佣金结构。虽然大多数消费者可能不喜欢那些过于积极的销售人员，但是电路城的这种做法意味着许多最有经验的销售人员可能会另谋高就。

电路城可能是因为实施了糟糕的变革而受到重创，但是在导致它失败的原因之中，有两个关键因素是其他许多公司也面临的。首先，当然也是最明显的，就是经济形势。模糊的经济衰退征兆尽管在事后看来是明显的，在 2007 年并没有多少人注意到。其次，在全球衰退中苦苦挣扎的众多行业中，零售业是受影响最严重的。2008—2009 年，许多零售商或者关门大吉，或者宣布破产，其中包括 Eddie Bauer，Sharper Image，Linens'n Things，以及 Goody's。其他零售商，如西尔斯和凯马特仍在苦苦支撑。

人们常说，企业须谨记“不变革则灭亡”。有人事后分析说：“电路城变得骄傲自满——这是个致命的错误。”但击垮电路城的到底是它没有进行变革，还是实施了不当的变革？

资料来源：罗宾斯．组织行为学：第 14 版．北京：中国人民大学出版社，2012.

随着新业态、新产品层出不穷，人们对于组织变革的概念已不再陌生。尤其是在改革创新和经济新常态等大的时代背景下，经济社会环境的变化对组织变革提出了更高的要求。但组织变革并不是一件容易的事，其中涉及的组织内外部因素繁杂，如果实施不当，可能会给企业带来“灭顶之灾”。要不要变革，选择什么时机变革，由谁实施变革，以及采取怎样的方式进行变革，都是企业在快速变化的环境中需要谨慎思考的问题。本章将围绕组织变革展开，详细讨论其理论模型及影响因素，并对组织发展进行概述。

第 1 节 组织变革的基本概念

一 什么是组织变革

中国古代典籍《周易》中有这样的说法：穷则变，变则通，通则久。这句话的意思是，当事物发展到极点的时候，便要加以变化，以求通达长久。这个道理对于个人成立，同样适用于组织的变化。如今，全球经济市场进入了一个崭新的时代，互联网+、云计算成为企业发展的新风向标，形势变化的速度更是以秒计算。在这种高动态的环境中，组织想要存活下来并且有所发展，就必须进行变革，以适应持续变化发展的新形势。

管理学家对组织变革（organization change，OC）从不同角度给出了定义。

学者们普遍认为组织变革是组织主动、有计划地发起变化的行为。如波克和斯克米特（W. W. Burkeal & W. H. Schmidt，1971）认为，组织变革是通过应用行为科学的知识和方法，把人成长和发展的希望与组织的目标相结合，以提高组织效益的活动过程；米纳（J. B. Miner）认为，组织变革是在一个组织或在一个组织中的大型部门收集信息、诊断、执行行动计划、干涉、促成变化、评估结果的活动过程。一般来说，组织变革是一种在一定时期内包括整个系统在内的有计划的变化尝试，这些变化尝试与组织的任务相联系。

还有部分学者从应对变化的角度来定义组织变革。如比尔（M. Beer，1980）认为，组织变革就是适应变化的过程，是应用行为科学的知识帮助组织适应内外部环境的变化而建立的一门新学科。杜布林（DuBrin，1978）将组织变革定位在技术和思维模式，而非行为；他认为组织变革是指用以改善个体、群体与组织效能的各种技术，以及关于工作生活质量的思维模式。

总而言之，组织变革是指根据组织内外变化的要求，运用组织行为学以及相关学科的原理和方法，在组织内部强调改变人的态度、行为和人际关系，以保持和促进组织效率，更快达成组织目标的过程。该领域的研究包括组织诊断，组织反馈机制，辅导，对人员流程、技术结构、人力资源管理以及全球战略层面的干预手段等。

概括来讲，组织变革可以分为五类：组织结构变革、技术变革、人员变革、组织管理制度变革以及组织物理环境变革（见图 14－1）。组织结构变革涉及对权力关系、协调机制以及其他类似结构变量的改变；技术变革包括对工作流程、方法以及所用设备的调整；人员变革涉及对员工态度、技能、期望、观念和行为的改变；组织管理制度变革包括组织管理理念与管理方法的改变；组织物理环境变革包括对工作场所的位置和布局安排的改变。

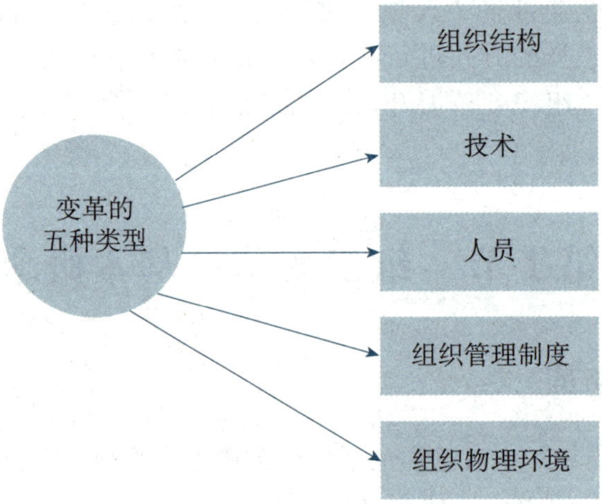

图 14－1　组织变革的类型

二　为什么要进行组织变革

美国管理咨询专家汤姆·彼得斯（Tom Peters）从十个方面分析了组织变革的必要性，如表 14－1 所示（转引自王英，1995）。

表 14－1　　组织变革十要素

要素	描述
1. 前所未有的不确定性	与 20 年前相比，今天的任何事情都变得不稳定和难以预测，而绝大多数处于困境无法解脱的公司恰恰拒绝正视这一点。
2. 市场细分	今天的市场越来越细分，但是，大公司的传统优势却是大规模生产。于是，在细分市场面前，它们面临小公司的强劲挑战。
3. 时间	速度、灵活性、适应性已经成为竞争的主要手段，因为在计算机时代，任何决策结果可以被迅速反馈。

续前表

要素	描述
4. 质量、设计与服务	在这个已经充分国际化的年代，质量、设计与服务的激烈竞争使得企业除非“迷恋”于质量、设计与服务的不断进步，否则只能自食受顾客冷落的苦果。
5. 大公司行为	大公司往往机构臃肿，官僚作风盛行，懒于进取和变革。在朝气蓬勃、灵活机动的小公司面前，大公司的优势正在丧失。除非在未来通过变革保持和发扬优势，否则，它们将被市场竞争淘汰。
6. 组织结构	等级制度已经成为过去，随着管理信息系统、计算机网络系统和专家系统的建立，没有传统的“完备的管理阶层”，亦可发挥正常的功能。
7. 规模经济作用的弱化	规模经济的老观念已经受到了挑战，规模大固然对聚集资本和控制市场有利，但是，未来的巨型公司将是由一群小公司聚集而成的企业集团。
8. 协作网络	如今，一家成功的公司不可能脱离其他公司，必须依赖与其他公司的协作网络。相互协作的公司必须着眼于共同成功和共同获利。
9. 国际化	现今，任何公司的经营都是共同的而不是孤立的。由于信息可以在全球范围内充分传递，任何国家的市场都不仅仅是本国公司的市场，而同时是其他国家公司的市场。
10. 工作内容丰富化	生产线工作是受到批评最多的领域，在未来，必须给予操作工人更多的决策权和参与权。

Andrew H. Van De Ven & Marshall Scott Poole（1989）总结各个学者的观点，将组织产生变革的原因归纳为四类，如表 14-2 所示。

表 14-2　　关于组织变革的原因

类别	内容
生命周期论	许多管理学者引用有机物的生长过程来启发式地比喻组织体由初始状态到最终状态的发展过程，用有机物的诞生、发育、成熟、衰弱、死亡来说明组织的生命周期。依据生命周期学说，变革是时机成熟时发生的。也就是发展中的组织体中内建着一个形式、一种逻辑、一项程序或一组密码，促使组织体依循一定的变革程序，由现在的状态过渡到预先设定的结果状态。组织体的发展受制于这个预先设定的因子。
目的论	依据目的论，组织体的发展是指朝向一个目标状态前进。目的论假定，组织体能有目的性或调适性地行动，不管是自我行动还是与其他人或组织体互动。也就是说，组织体已建构了目标状态，能通过行动达到目标状态，能自我省察前进方向。因此，这个理论认为，组织发展就是目标形成、执行、评估以及基于自身的认知与意愿而修正的周而复始的一系列行动。
辩证论	组织体存在于多元体系中，充斥相互冲突的事件与力量或相互矛盾的价值观，它们相互竞争以期获得优势或控制权。这些对立可能存在于组织体内，或者是一些相互冲突的目标间，或者是一些相互冲突的利益团体间；也可能存在于组织体外，即组织体与其他组织体间。辩证论认为，势必存在两个以上的个体相互对立，因而需要处理其间的冲突。
演化论	演化论的目的在于解释组织体重复、累积、随机地发生突变（variation）、选择（selection）及留存（retention）的演变过程。在组织及管理的应用上，演化论大多用来描述组织人员的整体变革。不管处于任何规模，演化论模型都可用来解释组织体发生突变、选择及留存的演变过程。

第 2 节　影响变革的因素

一　组织变革的动力

（一）外部动力

从应对变化的角度看，为了适应外部市场环境的迅速变化，在激烈的竞争环境中求得生存，组织变革的外部动力主要有四种：劳动力特点、技术进步、国际化经营以及社会与政治压力。

1. 劳动力特点

劳动力市场的人员构成越来越复杂，员工的性别、受教育程度、能力、技能甚至文化背景都不同。例如，以往幼儿园教师基本都是女性，现在逐渐出现了男性幼教。中国企业在国外设立分支机构与外籍员工共事时，为了适应文化多样性，必然要做出一系列变革。

2. 技术进步

互联网技术迅猛地更新换代影响着众多企业，传统的管理、组织结构已经不能适应当今的市场环境。无论是生产型企业还是服务型企业，为了提高生产率、更有利地参与市场竞争，都在尽量使用新技术，尤其是向互联网平台进军。例如，现在许多与互联网相关的企业都在进行结构扁平化的转型，以应对市场变化和技术、产品的更新换代。

3. 国际化经营

目前，企业面对的是一个全球性市场。在这个市场上，所有国家都被纳入国际分工体系中；同时，由于信息技术革命和各国市场日趋开放，国家间、企业间的竞争日益激烈。当今，跨国公司已经成为国际化经营活动最主要的载体。通过国际直接投资，跨国公司实施全球战略并形成全球一体化的生产体系，在世界范围内开展经营活动。从企业的发展来看，国际化经营是一个从被动到主动的过程。乔纳森和威施米普尔将企业的国际化进程分为五个阶段：国内经营阶段、零星出口阶段、经常性出口阶段、国外销售阶段和直接投资阶段。

4. 社会与政治压力

社会与政治压力是企业进行组织变革的强大动力，发生战争、国家领导人更换、人们价值观转变、重大政策法规颁布等都会推动组织进行变革。

例如，党的十八届五中全会决定：全面实施一对夫妇可生育两个孩子的政策，积极应对人口老龄化。从人力资源管理的角度看，全面二孩政策对劳动用工特别是“三期”女职工的管理将产生极大的影响，企业的管理成本和法律风险都会大大增加，故需做出变革来应对这种巨大的变化。

（二）内部动力

内部动力是指企业内部要求变革的动力，可以归纳为以下两方面。

第一，组织结构。任何组织其结构都有一个逐步完善的过程。在这个过程中，结构改变最典型的是对现有部门再划分或合并，这种变化往往会影响到整个系统。比如企业决定进入互联网行业，传统的组织结构就需要向扁平化的组织结构转型。

第二，管理。管理无疑是组织变革的关键动因。当管理经营中出现了决策失误、核心人才离职、奖励系统出了问题等时，就需要推行组织变革。

这些组织变革的内在动力多多少少都和外部环境的变化相关。即便组织成长的不同阶段需要不同的组织结构或经营模式来匹配，也要以市场形势作为参照来制定具体的公司战略和策略。

二　组织变革的阻力

自古以来，与变革有关的事件多会经历“腥风血雨”，因为习惯的力量很强大。

（一）组织阻力

1. 组织结构惯性

组织中设有不同层级的管理机构，并对各项工作进行了细密的规定，对权力、责任也做了明确的说明。这样的细致管理对保持员工的行为稳定是有利的，但却不利于组织变革。结构惯性是来自组织的一个最主要的阻力，几乎在每一次组织变革中均会遇到。如果某项变革要求改变原有的结构体制和信息沟通系统，处于不利地位的某个层级就会反对。精简机构和减少层级时尤为如此。

例如一家公司近年销售业绩不佳，销售部门的成本消耗却很高，公司总经理有意精简销售团队，合并一些销售小区。这样的变革一旦实施，就会导致一些小区经理降职或失业，大区经理则要承担变革期间的大部分压力和风险，因此，整个销售部门可能都会坚决反对这样的变革。销售部门是公司的核心盈利部门，它的抵制可能直接影响总经理的决策，这样，一个可能有利于组织整体利益的变革计划便会搁浅。

2. 资源、经济实力的限制

变革会改变组织的资源结构，由于资源有限，现有的资源会限制变革的幅度，一些原有的资源会闲置，造成资源浪费，对固定资产投资高或技术相关性强的组织更是如此。因此，资源的总量和配置都可能限制变革的推行。

例如一家公司想在海外建立分支机构，需要从公司内部提拔一个既了解企业文化和经营模式，又能适应当地语言、生活的区域总裁，却一直找不到合适的人选。没有主持工作的总裁，这个建立分支机构的设想只好作罢，资源的缺乏直接导致变革的流产。

3. 组织间的协议

组织间的协议通常给人们规定了道义、法律上的责任，可以约束人们的行为。终身雇佣制度使可能导致减少劳动力需求的改变难以进行；与另一组织签订了某种合同后要改变组织目标就不那么容易；所作变革如波及其他组织的成员的情绪，那些其他组织也会通过某种方式进行干预。

4. 盲目变革

有时，一些组织狭隘地将目光集中于变革，千方百计地强调一切以变革为重，却忽视了其他重要因素，如任务、结构、人员、信息系统等。结果，良好的愿望反而成为变革的阻力。

5. 群体压力

身在组织的个体即使想改变他们的行为，群体规范也会成为约束力。例如，某个成员可能愿意接受组织的变革安排，但如果关系密切的群体成员向他施加压力，他就可能做出抵制变革的行为。

（二）个体阻力

组织变革和发展的成功经验表明，组织不仅需要克服组织向既定目标努力的阻力，更需要员工对既定组织变革目标的支持。但是由于对既得利益的保护和对未知事物的恐惧等原因，得到员工的支持并非易事。

首先，抵制姿态是组织变革之初所面对的首要问题（Waston，1982）。Waston（1982）和 Graham（1995）认为，员工与管理者之所以在组织变革问题上常常引发冲突，是因为两者在确定变革目标的过程中存在地位差距。Jones & Harris（1967）、Thomas（1989）、Krants（1999）等也认为，管理者总是支配变革，因抵制变革而遭到指责的对象往往是处于弱势地位的员工。其次，从员工伦理规范的角度也可以解释对既定组织变革的抵制。Milgram（1965）、Modigliant & Rochat（1995）认为，服从权威的伦理规范将激发员工对组织变革的抵制态度。Ashford，Rothbard，Piderit & Dutton（1998）等进一步认为，这种伦理规范远远超出了利己的范畴，从而提醒最高层管理者注意，组织要想保持高绩效就必须考虑员工的信仰（转引自高静美，2010）。

个体的阻力主要源于人类的一些特点，如态度、需要、观念等，具体如下。

1. 习惯

除非情况发生了显著的变化，否则人们总是按照自己的习惯对外来刺激做出反应。某种习惯一旦形成，就可能成为个人获得满足的源泉。人们较长时间从事某项职业活动，对工作环境、工作方法、职业用语、职业习惯等形成了职业认同。如果变革改变了人们熟悉的工作方式、职业习惯，会使某些人由于心理上的不适而产生不快或抵触情绪。

2. 对未知事物的恐惧

变革往往产生未知事物。而面对未知事物，大多数人都会感到焦虑不安或恐惧。因此，许多员工由于不知道变革后自己要面对什么样的同事、上级或下级；不知道自己以后要做什么事，能做出多大贡献，这会导致很多员工从内心深入反对变革。另外，对未来不确定性的恐惧也可能源于害怕失败和对高层管理人员缺乏信心等因素。

3. 对既得利益的威胁

包括权力和资源。任何决策权力的重新分配都会威胁到组织长期以来已有的权力关系。在组织中引入参与决策或自我管理型团队的变革，就常常被基层主管和中层管理人员视为一种威胁。组织中控制一定数量资源的群体常常视变革为威胁。他们倾向于对事情的原本状态感到满意。变革是否意味着他们的预算或人员减少呢？那些从现有资源分配中获利最多的群体常常会对可能影响未来资源分配的变革感到忧虑。

4. 缺乏全局观念

不少员工所处的地位不高，对很多事情漠不关心或者只是有限地参与，在认识组织的整体变革必要性方面有一定的局限性，因此不支持组织变革。例如，运作良好的销售部的推销员对总经理将要进行组织结构变革十分反感，但实际上其他部门已出现严重问题，到了非变革不可的地步。

第 3 节　组织变革的理论模型

一　组织变革的方式

采取什么样的方式进行组织变革，这是有计划的变革过程所要注意解决的基本问题。国外学者有的着眼于变革的过程，有的着眼于变革的对象，从而形成了几种有代表性的观点。

（一）格雷纳模式

格雷纳（Greiner）模式依据组织内的“权力分配丛集”，将权力分为单方的权力、分享的权力和授权的权力。根据这三种权力的运用，可以区分出七种不同的变革方式。

1. 单方的权力

单方的权力（unilateral power）是指组织的领导者依靠职位的权力及权威，单方面提出变革。有如下三种变革方式：

（1）凭借命令。由上级单方面宣布变革，传达至基层组织及员工。

（2）更换人员。在与下级无磋商的情况下，以其他人代替一个或更多职位上的人员，借以增进组织绩效。

（3）调整结构。通过改变组织的层级、部门等正式结构，来影响组织成员的行为、绩效。

2. 分享的权力

分享的权力（shared power）是指在组织变革阶段仍然注重职权和地位的运用，并注意行使权力的主动性与分享。有如下两种变革方式：

（1）群体决策。组织成员参与选择预先由上级拟定的多种变革方案。这种变革方式不涉及问题的确定与解决，只是强调群体对其中一种方案有比较一致的看法。

（2）群体解决问题。经由群体讨论的方法确定组织存在的问题并提出解决问题的方法。

3. 授权的权力

授权的权力（delegated power）是指在变革阶段将变革的权力移交给下级，让下级主持变革。有如下两种变革方式：

（1）案例讨论。鼓励成员对变革案例提出自己的看法与分析，并研究可取的变革方案。

（2）敏感性训练。主要强调人们的相互了解，提高成员个体的自觉性，从而达到增进组织绩效的目的。

对于上述三种变革权力的运用方式，格雷纳认为分享的权力比其他方式更有效，这是一种“尽量增强的独立感与执行政策及权威所需要的平衡”。

格雷纳的模式只是指出了怎样变革，强调变革的权力方式，并没有解决要变革什么的问题。另外一种有代表性的模式是以莱维特提出的四个变量为基础的变革模式。

（二）莱维特模式

莱维特认为，组织是一个多变量的系统，其中任何一个变量发生变化，其他变量也将发生相应的变化。在有计划的组织变革过程中，相互间起显著作用的四个变量为结构、任务、技术、人员，它们是相互依赖的（见图 14－2）。组织变革可以通过改变其中任意一个或几个变量来进行。组织变革的特定目标可能只是改变四个变量的其中一个。但四个变量之间高度互动，所以彼此影响、相互牵动，任何变革在推行之时必须有缜密的分析与规划，才能将无法预期的不良后果减至最少，顺利达成组织变革的目的与成效。在莱维特构想的基础上，一般将组织变革方式归纳为以下三种。

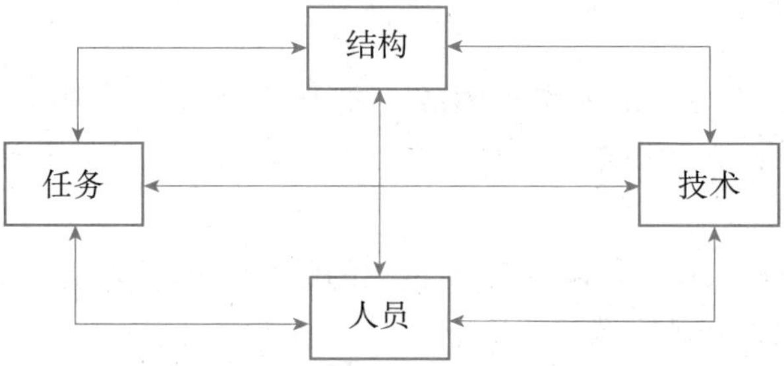

图 14－2　莱维特模式

1. 以结构为重点的变革方式

改变结构也就是对组织成员及领导者所担负的责任和相互关系进行调整，包括重新划分和合并部门、协调各部门的工作、调整管理幅度和管理层级等。结构的变革是完成组织变革任务一种最直接和最基本的方式，一般见效快，可以使组织发生根本改变。

2. 以任务和技术为重点的变革方式

这种变革方式主要是指对组织部门、层级、工作任务进行重新组合，改变原有的工作流程；更新完成工作和任务的技术工具，改变解决问题的机制，研究解决问题的方法以及采用这种新方法的程序。两者可以是独立的，但变革工作任务势必要与变革应用于工作的技术工具结合起来。这种变革方式主要有以下几个方面：

（1）工作扩大化。指横向扩大工作范围，主要是在一些重复性的工作中为减少员工的单调、乏味而扩大工作内容，使一个人同时承担几项或周期性更长的工作。

（2）工作丰富化。指纵向丰富工作内容，让员工有自主权，有时会参加计划和设计，获得信息反馈，评估和修正自己的工作。

（3）自治群体。指让基层组织安排自己的工作计划，控制工作的进度和管理，以及进行许多常规决策。它有两个特点：一是把工作上相互依赖的员工组织为关系密切的小群体；二是员工有控制自己工作任务的权力。

3. 以人员为重点的变革方式

这是实现所有变革的基础，无论是结构的变革还是任务和技术的变革，都离不开人员的重要作用。以人员为重点的变革主要是知识的变革、态度的变革、个人行为的变革以及整个群体行为的变革。通常包括的内容有：

（1）更新人员。指组织成员在组织系统中的进出、升降。必要的流动会给组织带来朝气和活力，为组织成员的晋升、成长创造更多的机会。

（2）改变激励机制。指通过改进薪酬制度、考核制度和奖惩制度等，直接影响个体行为，进而间接影响组织行为。

（3）更新素质。指通过调查反馈、班组建设、咨询活动等方法来改变成员的动机、态度、知识（技能）和价值观，进而影响成员的行为。

（三）欧文斯模式

由于组织系统具有整体性特点，人们更多倾向于采取组织变革的系统方式。欧文斯把这种方式归纳为以下几点：

（1）为了使变革长期有效，不仅要改变组织系统的组成部分，即子系统，还必须改变整个系统。

（2）由于各个子系统之间相互关联和依存，一个子系统的任务发生重大变化，将在其他子系统中产生补偿性或报复性变化。

（3）处理事务时要统观全局，考虑有关力量、争论、问题、原因、现象和条件的重要性，不能把事件看作孤立的或单因素的。

（4）组织变革要依据人们当时的行为方式。必须注意这些行为方式不是静止不变的，而是处于一种能动的平衡状态之中。对人们行为方式的分析，不能停留在做一般性的历史资料分析上，而要做一定时期内特定的力场分析。

二　组织变革的模型

组织变革的模型主要从理性和抽象的角度展示了组织变革的过程。

（一）库尔特·卢因的三阶段模型

心理与行为学家库尔特·卢因是计划变革理论的创始人。他特别重视组织变革过程中人的心理机制，“解冻—变革—再冻结”就是他针对组织成员的心理态度和行为而提出的变革三步骤（见图 14 - 3）。他有一个形象的比喻：你有一大块冰立方体，但是想要一个冰锥体，该怎么做？首先必须将冰融化，使其能够改变形状（解冻）；然后需要将冰水注入想要形状的模子中（变革）；最后需要凝固成新的形状（再冻结）。

图 14 - 3　组织变革三阶段模型

1. 解冻——创造变革的动力

这通常是最困难和压力最大的部分。要让组织成员准备好接受变革，关键在于发布强制性的信息，如指出下滑的销售数据、糟糕的财务状况、令人担忧的客户满意度等，表明为何现有的运作方式不能继续，以及必须在构建新的运营方法前改变现状。通过以上措施，组织的成员受到刺激，从而否定目前的行为或态度。这一阶段特别要注意收集有关令人不满的现状资料，与其他组织做比较，请外部专家来证明变革的必要性。

2. 变革——指明改变的方向，实施变革，使成员形成新的态度和行为

人们在解冻阶段制造了不确定性，随后的变革阶段中开始解决这些不确定性并寻找新的运作方式。这个过程需要时间，毕竟并不是所有人都对变革真心认同。与此相关的变革曲线模型主要关注变革环境中人的转变，有助于具体理解这个特定阶段（见图 14-4）。这一阶段要特别注意事先向成员提供有关变革的资料，鼓励成员参与变革计划的拟定，提供对变革问题的咨询，与成员协商谈判变革所引起问题的解决办法。时间和沟通是成功变革的两个关键因素。人们需要时间来理解变革，也需要在变革阶段感受到与组织息息相关。

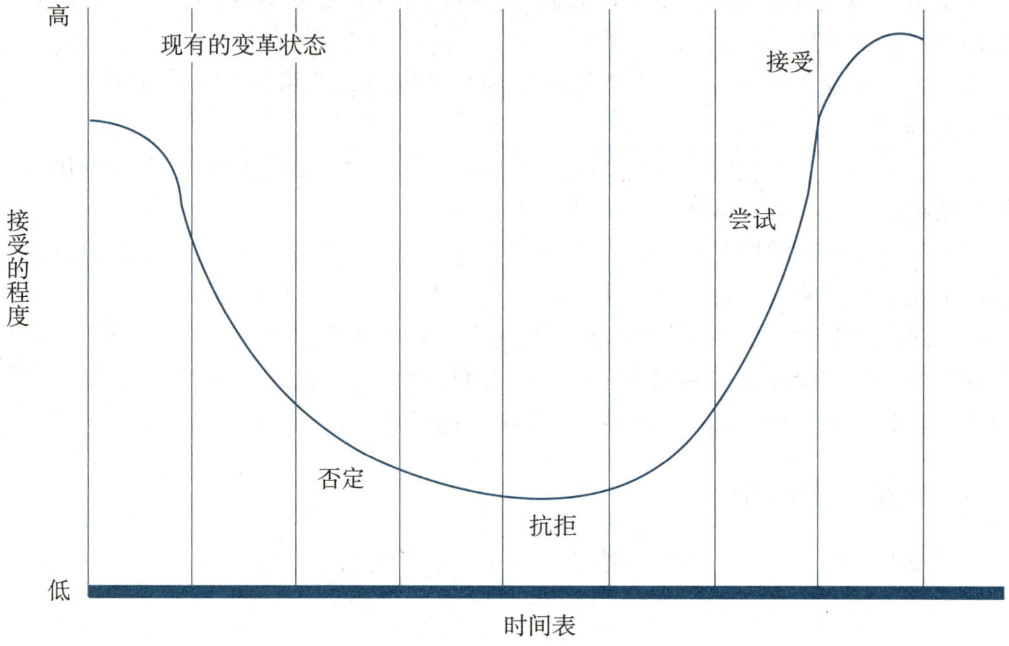

图 14-4 变革曲线模型

3. 再冻结——稳定变革

变革措施顺利实施后，还要采取种种手段不断强化新的心态、行为规范和行为方式，使之巩固并持久化。即确保变革善终如始，并融入日常运营之中。特别要注意系统地收集变革获得成功的客观证据，并把这些信息及时地提供给变革参与者，注意使参与变革的成员在物质需求和社会需求上得到变革带来的利益。伴随着新的稳定性，员工对新的工作方式感到自信和舒适。

（二）李皮特和沃斯顿的变革模型

李皮特和沃斯顿（Lippitt & Waston，1958）将变革模型加以扩大，认为变革过程包括下列五个阶段：

（1）发展变革需要：此阶段即解冻步骤，将旧有态度、传统习俗及支持行为加以改变，并通过各种方式来确认变革需要。

（2）确定变革关系：变革推动者与组织内的成员彼此之间建立起同心协力的工作关系，以便将来实际推行变革时抗拒变革的力量能减至最少，增加变革成功的机会。

（3）实施变革措施：此阶段为实际改变的步骤，经由认同作用（identification）及内化作用（internalization）产生新行为。

（4）维持稳定变革：此阶段即再冻结步骤，设法将变革活动扩大，并配合组织内部的其他措施，使之成为整体管理活动的一环，逐步予以制度化，成为持续性工作并获得内部员工的支持。

（5）结束协助关系：变革推动者应在适当的时机结束行动，为了激励组织学习自我解决的能力，只要组织习得了变革的专业知识，变革推动者就可以退出了。

（三）布洛克和巴滕有计划的变革整合模型

有计划的变革整合模型（integrative model of planned change）是布洛克与巴滕（Bullock & Batten，1989）提出的，他们认为有计划的变革包括四个阶段：探索、计划、行动和整合（见图 14－5）。

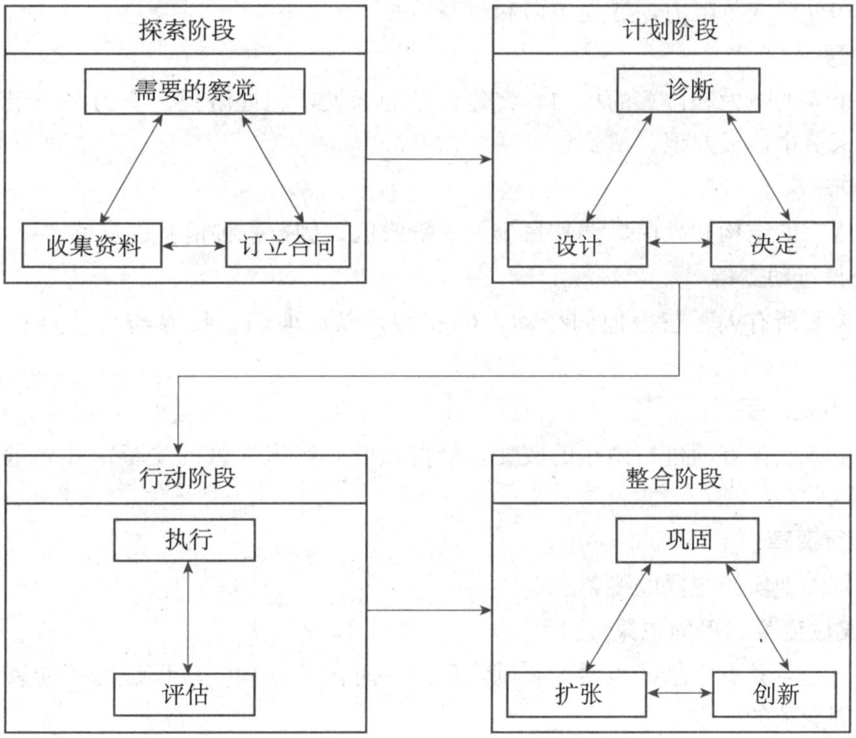

图 14－5　有计划的变革整合模型

资料来源：Cummings T G，Huse E F. Organization development and change. 4nd ed. St. Paul，Minn.：West Publishing，1989：53.

（1）探索阶段（exploration phase）：此阶段由需要的察觉、收集资料和订立合同三个循环过程构成。

（2）计划阶段（planning phase）：此阶段由诊断、设计和决定三个循环过程构成。

（3）行动阶段（action phase）：此阶段由执行和评估两个循环过程构成。

（4）整合阶段（integration phase）：此阶段由巩固、扩张和创新三个循环过程构成。

以上四个阶段循序渐进，整合了阶段（phase）和过程（process）两个方面，构成一个完整的有计划的变革模型。

（四）孙健敏（2002）的组织变革过程模型

1. 环境分析和组织诊断

听听外部环境对变革的呼声，诊断需要变革的方面，把组织惰性转变成变革的杠杆，创造变革的氛围。

2. 改变自己

变革从改变态度、对组织和人性的假设以及领导作风开始。

3. 传达变革愿望

学习、理解和传播别人变革过程的经验，创造内部的变革需求。

4. 预测

预测和处理变革阻力，激发忠诚和献身精神。

5. 沟通

通过个人的魅力和位置的权力，宣传自己的远见，到处游说，努力在与组织变革有关的所有人员中达成共识。

6. 解冻

动摇现有的结构和秩序，调整每个人的舒服区，创造一种混乱的局面。

7. 获得行动支持

努力说服所有人，获得他们行动上的支持，以让他们直接参与变革过程或者发起变革。

8. 从小处入手

从制度或政策方面进行微小的改变，修剪枝叶，实施细微的变革，并尽量从这些变革中获得经验。

9. 推行变革

大刀阔斧地实施主要的变革。

10. 奖励变革，巩固成果

对参与变革并有贡献的人给予奖励，创造一种内部结构，以保证变革能够维持很长时间，巩固变革的成果。

（五）行为研究模型

行为研究（action research）是指一种变革过程，这种过程首先系统地收集信息，然后在信息分析的基础上选择变革行为。行为研究的重要性在于它为推行有计划的变革提供了科学的方法论。行为研究的过程包括五个阶段：诊断、分析、反馈、行动和评价。

（1）诊断。变革推动者在行为研究中通常是外部顾问，他们从组织成员那里收集变革需要的信息。这种诊断与医生了解病人到底得了什么病相似。在行为研究中，变革推动者提出问题，与员工面谈，考察记录，并倾听员工所关注的问题。

（2）分析。第二步要对诊断阶段所收集的信息进行分析。员工认为哪些过程是关键的？这些问题以什么形式出现？变革推动者把这些信息综合成以下方面：主要关心的问题、问题的范围和可能采取的行动。

（3）反馈。行为研究还包括变革对象的广泛参与。也就是说，任何变革方案涉及的员工都必须积极参与问题的确定以及解决办法的寻求。所以，第三步是让员工共同参与解决前两步发现的问题。在变革推动者的帮助下，员工可以开发任何有关变革的行动计划。

（4）行动。员工和变革推动者采取具体行动来解决所发现的问题。

（5）评价。变革推动者评估行动计划的效果。他们以收集到的原始资料为参考点，对而后发生的变革进行比较和评价。

行为研究对组织至少有两点好处：第一，着眼于问题。变革推动者客观地发现问题，问题的类型决定了变革行为的类型。虽然从直观上看这是显而易见的，但事实上大量的变革行为并不是这样，而是以解决问题的方法为中心。变革推动者先有一个好的解决方法——例如，实行弹性工作制、建立工作团队或推行目标管理方案，然后寻求与这种解决方法相对应的问题。第二，由于行为研究中包括员工的大量参与，因此减弱了变革阻力。实际上，只要员工在反馈阶段积极参与，变革过程通常就有了自身的动力。参与变革的员工和群体就成为推动变革持续的内部力量源泉。

（六）卡斯特模型

卡斯特把组织变革过程分为五个步骤，具体如图 14－6 所示。

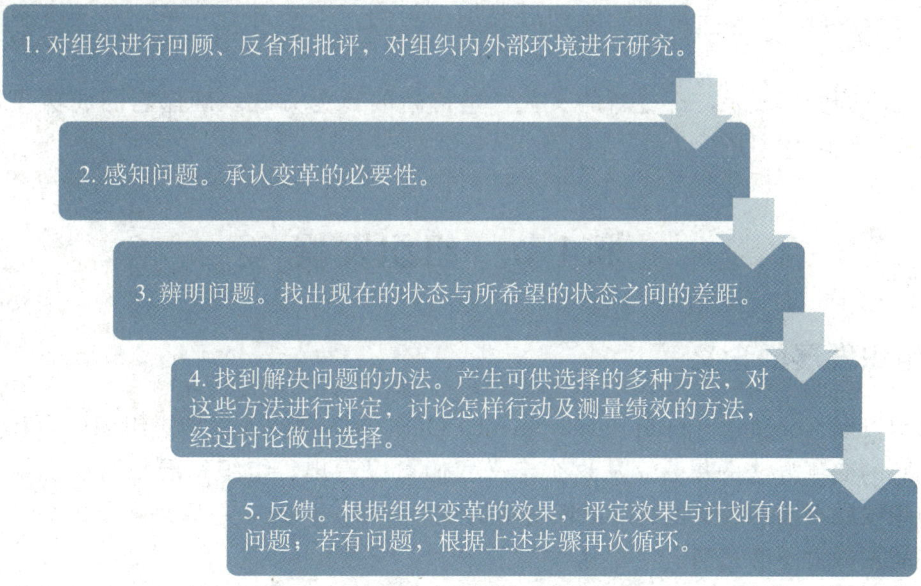

图 14－6　卡斯特模型

（七）唐纳利的八阶段模型

唐纳利等人在《管理学基础》中对组织变革的全过程进行了系统研究，所提出的组织变革模式包括八个阶段：

（1）变革的力量，即要求变革的压力，包括外部的力量和内部的力量。

（2）认识变革的需要，要求领导者能敏锐地在组织发生重大问题之前就认识到变革的需要，善于捕捉组织需要变革的信息。

（3）诊断问题，要弄清问题的实质，即应进行什么变革，变革的目标是什么，如何对这些目标进行衡量等。

（4）确定可供选择的组织变革的方法和策略。

（5）认识限制条件，摸清这些限制条件及其影响程度。

（6）选择方法与策略。

（7）实施变革，要注意选择变革的时机和范围。

（8）评价变革，对实施变革和变革的力量这两个阶段都要提供反馈。

（八）约翰·科特的八阶段模型

约翰·科特是哈佛商学院终身教授，出版了数部畅销的商业经管类著作。在《变革之心》中，科特提出了变革所包含的八个阶段：

（1）增强紧迫感，让组织成员认识到变革的必要性，以及马上采取行动的重要性。

（2）组建一个变革的领导团队。

（3）建立合理、明确、简单而振奋人心的变革愿景以及变革策略。

（4）通过有效沟通，让尽可能多的人理解并接受变革愿景和策略。

（5）通过有效授权，尽可能地为那些愿意投身变革的人清除障碍。

（6）创造短期成效，尽快取得一些看得见的胜利成果，以鼓舞变革的士气。

（7）再接再厉，取得最初的成功后要加倍努力，不断进行变革，直至将愿景变为现实。

（8）巩固变革成果，打造新的文化，坚持新的行为方式，确保它们成功并日益强大，用新文化取代旧传统。

第 4 节　组织发展

一　组织发展的含义

组织发展（organizational development，OD）是各种致力于增进组织效力和员工主观幸福感的变革方法的集合。从这个定义我们可以看出，组织发展与组织变革关系密切，组织发展可以看成实现有效组织变革的重要手段。因此，在管理变革的讨论中，不包括组织发展就不够完整。

然而，组织发展目前仍然是一个很模糊的概念，学术界并没有一个普遍认同的定义。其中由著名组织变革学家伯克（Burke，1982）提出的定义比较有代表性。他认为，组织发展是通过和利用行为科学技术和理论对组织文化实施有计划的变革的过程。

哈佛商学院教授比尔（Beer，1980）对组织发展的定义是：组织发展是一个收集数据、诊断、行动、计划、干预和评价的系统过程。其目的在于提高组织结构、流程、战略、员工和文化的一致性；开发新的和创造性的组织解决方案；提高组织自我更新的能力。组织发展需要组织成员与变革专家共同合作，运用行为科学理论、有关的研究和技术才能实现。

罗宾斯认为，组织发展这个术语包括建立在人本主义民主价值观基础上的有计划变革的干预措施的总和，寻求的是增进组织的有效性和员工的幸福。

以罗宾斯的观点看，组织发展方案重视人员和组织的共同成长、合作与参与精神以及质询精神。变革推动者在组织发展中具有指导作用，但同时组织发展也非常重视合作。组织发展中的变革推动者并不重视权力、权威、控制、冲突以及强制这样的概念。大多数组织发展活动的基本价值观念包括如下几个方面：

（1）尊重人。认为个人是负责的、明智的、关心他人的，应该受到尊重。

（2）信任和支持。有效和健康的组织拥有信任、真诚、开放和支持的气氛。

（3）权力均等。有效的组织不强调等级权威和控制。

（4）正视问题。不应该把问题掩盖起来，要正视问题。

（5）参与。受变革影响的人参与变革决策的机会越多，就越愿意实施这些决策。

二　组织发展的具体方法

如何通过具体的方法进行组织发展？目前来看，在经典教材中经常提到以下几种方法。

（一）敏感性训练

敏感性训练（sensitivity training）指的是通过无结构小组的相互作用改变行为的方法。它的特点是选定一个特征组（经常被称为训练组或 T 组）。特征组没有预定的议程和中心，训练专家仅仅在这种非结构化环境中起促进作用，鼓励参加者认识他们自己和小组中的其他人。在训练中，人们讨论成员自己以及成员之间的相互交往过程，并且由专业的行为科学家进行引导和推动。这种小组是过程导向的，也就是说，个人通过观察和参与来学习，而不是别人说该学什么他就学什么。专业人员为参与者创造机会，让他们表达自己的观点、信仰和态度。专业人员并不具有任何领导角色的作用，而且在此过程中要尽量避免担任领导角色。

敏感性训练可以从以下几方面提高参训者的能力：

（1）使参训者对自己的行为，以及他的行为对周围社会关系的意义有更加清晰的觉察和意识。

（2）增加参训者对他人行为的敏感性，使参训者能更加敏锐地察觉他人行为的变化和行为背后的意义。

（3）加深参训者对促进或约束群体功能发挥的过程类型的认识和理解。

（4）增加参训者对社会、不同群体间及人与人之间情况的判断能力。

(5) 使参训者能更成功地应对群体间或群体内的情况，以提高成员的满足感、效率和产出能力。

(6) 使参加者通过不断分析其人际交往行为，获得更有效、更满意的人际关系。

敏感性训练的理想结果是使个人和组织更为一体化。然而这种方法的效果究竟如何，一直是组织发展学界争论最多的话题之一。

(二) 调查反馈

调查反馈（survey feedback）是一种用来评估组织成员态度、了解组织成员认识差异的调查工具，用于诊断组织并开发适当的工具，以促进组织的发展。通常以问卷形式针对个人、部门或组织进行。调查反馈是组织发展方面的一种主要技术，最开始这种手段只是通过问卷收集关于人员态度的数据，后来发展到用面谈或者收集其他诸如生产率、流动率和缺勤率等更客观的数据来补充说明员工的态度。调查反馈在执行中主要包括以下五个步骤。

第一步：包括最高管理层在内的所有组织成员，共同参与调查工具的最初设计和编制。

第二步：使用调查工具对组织所有部门和人员进行调查。

第三步：组织发展专业人员分析调查数据，将结果列表，提供诊断分析的方法，指导组织开展调查反馈工作。

第四步：从组织最高管理层到部门经理层再到更低层级，依次往下反馈数据。

第五步：举行反馈会议，解释资料，判断问题，共同讨论数据。

(三) 过程咨询

过程咨询（process consultation）旨在帮助部门经理、员工和团队评估并改进沟通、人际关系管理、决策、任务绩效等过程。没有哪个组织能够尽善尽美地运作，管理者常常发现自己部门的工作绩效还可以改进，但却不知道要改进哪些方面以及如何改进。过程咨询的目的就是让外部顾问帮助客户（常常是管理者）对他们必须处理的事件进行认识、理解并付出行动。

过程咨询与敏感性训练的假设很相似：通过协调人际关系和重视参与可以提高组织的有效性。但过程咨询比敏感性训练的任务导向特征更加明显。

过程咨询中的顾问与敏感性训练中的专业人士所起的作用很相似，他们不解决组织中的具体问题，而是作为向导和教练在过程中提出建议，帮助管理者解决自己的问题。

顾问和管理者共同工作，诊断哪些过程需要改进。在这里之所以强调共同工作，是因为管理者在与顾问共同工作的过程中还要培养一种技能，这种技能即使顾问离开以后也能继续起作用。在这个过程中，管理者通过诊断和积极参与，能对过程和解决方法有更好的理解，并选择一个阻力较少的行动方案。

需要强调的是，顾问不必是解决具体问题的专家，他的专业技能在于诊断和开发一种帮助关系。如果管理者和顾问均不具备解决某一问题所需要的技术知识，则顾问会帮助管理者找到这方面的专家，然后指导管理者如何从专家那里尽可能多地获得资源。

过程咨询适用的情境包括：管理者知道问题存在但不知道具体在哪里；管理者不确定究竟应该采纳何种具体的咨询和帮助手段；管理者可以通过参与对问题的诊断工作而获益；目标是顾问与管理者共同制定的，且顾问有能力建立一种帮助管理者实现目标的关系；管理者清楚地知道哪种手段是可行的；管理者有能力学会如何评价和解决他们的问题。

（四）团队建设

团队建设（team building）是有计划地帮助团队成员改善他们完成任务的方式、提升其人际交往及问题解决技能的一系列活动。

团队建设适用于那些拥有团队的组织，无论这些团队是固定的还是临时性的。它可以帮助问题解决型团队最大化地利用成员的资源和贡献；可以为团队成员提供高水平激励，完成群体决策；还可以帮助团队克服诸如冷漠与冲突、成员普遍失去兴趣、生产率下降、团队内抱怨增多、会议缺席率高、缺乏创新、来自团队外部关于服务和产品质量的投诉增多等具体问题。

团队建设也可用于确定每个成员的角色，它可以对每个角色进行鉴别和澄清。对一些团队成员来说，团队建设为他们提供了深入思考某些问题的机会。比如，要使团队达到最优效果，工作应怎样完成？需要承担哪些具体任务？

需要说明的是，团队建设既可以应用于群体内部，也可以应用于群体之间相互依赖的活动中。

团队建设中具体的活动包括：目标设置、团队成员间人际关系开发、用以明确每个成员的角色和责任的角色分析，以及团队过程分析。当然，团队建设也可能强调或排除某些活动，这取决于团队的发展目标和团队遇到的具体问题。但从根本上说，团队建设试图运用成员间的高度互动来提高信任和开放程度。

另外，团队建设顾问与过程咨询顾问从事的活动十分相似，即分析团队内的关键过程，明确完成工作的办法以及如何改进这些过程以提高团队的效率。

（五）群体间发展

组织发展解决的一个重要问题是群体间功能失调所诱发的冲突。因此，这一点也成为组织变革关注的主题之一。

群体间发展（intergroup development）致力于改变群体之间的态度、成见和观念。例如，在一家公司中，工程技术人员认为财务部由一群"害羞而保守的人"组成，人力资源部由一群"更关注受保护群体的员工感情不受伤害，而不是公司利益的极端自由主义者"组成。这些成见显然给部门间的协调活动带来了负面影响。

有不少方法可以改善群体间关系，最常用的是强调解决问题。这种方法首先让每一个群体独立列出一系列清单，其中包括对自己的认识，对其他群体的认识，以及其他群体又是如何看待自己的。然后各群体间共享信息，讨论彼此的相似之处和不同之处。尤其要明确指出不同之处，并寻找导致分歧的原因。比如，群体间的目标不一致吗？有一些认识受到歪曲了吗？成见是在什么基础上形成的？是否有一些好意受到了歪曲而导致了差异？每个群体所界定的概念和术语是否不同？对这些问题的回答可以使我们认识到冲突的真实本质。一旦找到了冲突的成因，各个群体就可进入整合阶段，寻找解决方法改善群体间的关系。

（六）价值探索

以上介绍的几种组织发展方法都是以问题为中心的，它们共同的特征是先找出一个或一系列问题，然后寻找解决问题的办法。价值探索（appreciative inquiry，AI）则反其道而行之，关注的焦点是组织的成功，而不是组织的问题。它强调每个组织都有其独特品质和特殊优势，这些因素可以成为员工改进工作绩效的基础。

价值探索过程由四个步骤构成：发现、梦想、设计和实现。通常在一个大型群体会议中用两三天时间完成这个过程，并且由一位训练有素的变革推动者进行监控和指导。第一步是发现。所谓发现，就是找出大家所认为的组织优势。在这一步，可以请员工讲述他们认为组织最有效的时期，以及他们觉得对自己工作最满意的时刻。第二步是梦想。在这一步，员工们基于发现中获得的信息思考组织的未来应该是什么样子。例如，请大家展望组织五年内的情况。第三步是设计。基于对梦想的描述，参与者为组织的未来找到一个共同愿景，并就组织的独特品质达成共识。第四步是实现。在这一步，参与者尝试确定组织的愿景或如何实现大家的梦想，他们通常还要制定行动计划和实施方案。

很多组织的实践已经证明，价值探索是一项行之有效的变革策略。例如，美国运通公司使用价值探索振兴了自己的组织文化。在讨论会上，员工描述了他们对于在美国运通公司工作感到多么骄傲，变革推动者也鼓励他们通过描述更美好的未来而创造一种变革愿景。通过利用员工提供的信息，高层管理者改进了自己进行财务预测的方法，改善了公司对信息技术的投资，并且为管理者打造了新的绩效管理工具。最终的结果是形成了一种聚焦于优胜态度和行为的全新组织文化。

三　组织发展专业人员的角色和资质要求

（一）组织发展专业人员的角色

组织发展专业人员既可以来自组织内部，也可以来自组织外部。内部咨询专家是组织的成员，而且通常来自人力资源部门。他们可以单独执行组织发展的任务，也可以同时承担其他工作，比如作为薪酬专员、培训专员或者劳资关系专员等。许多大型组织如英特尔、宝洁、花旗集团等都建立了专门的组织发展咨询部门。

外部咨询专家通常就职于咨询公司、大学，或者是自己独立工作。组织通常在自己无法解决组织发展的问题时引入外部咨询专家，此时外部人员往往会提供一个审视组织发展过程的更为独特与客观的视角。表 14 - 3 描述了外部咨询专家和内部咨询专家在不同的变革阶段的角色区别。

表 14-3　外部咨询专家和内部咨询专家的区别

变革的阶段	外部咨询专家	内部咨询专家
进入阶段	● 获得客户 ● 建立关系 ● 学习公司的行话 ● 面临“展示问题”的挑战 ● 耗费时间 ● 压力阶段 ● 根据自己的标准选择项目/客户 ● 不可预测的成果	● 客户已经存在 ● 关系已经存在 ● 了解公司的行话 ● 了解导致问题的根本原因 ● 时间有效率 ● 较为舒适的阶段 ● 有义务与所有人合作 ● 稳定的工资
签订合同	● 正式文件 ● 可以随意中断项目 ● 监控实际支出 ● 信息是保密的 ● 失去合同的危险 ● 保持第三方的角色	● 非正式的协议 ● 必须完成所分派的项目 ● 没有实际支出 ● 信息可以是公开的，也可以是保密的 ● 客户报复的风险和丢掉工作的危险 ● 以第三方、推动者（站在客户的立场上）或者辅助者的身份行事
诊断阶段	● 第一次接触组织中的大部分成员 ● 外部专家身份带来威望 ● 能迅速建立起信任感 ● 信息保密会增加政治上的敏感度	● 同组织中的许多成员都有联系 ● 威望取决于职位的等级和客户的声望、地位 ● 一直以来由于值得信赖而维持着声望 ● 公开共享信息会减少政治上的阴谋
介入阶段	● 坚持主张有效信息，能够在充分信息的基础上自由做出决策并获得内部的认同 ● 活动限制在客户的组织边界内	● 坚持主张有效信息，能够在充分信息的基础上自由做出决策并获得内部的认同 ● 可以跨越组织界限打扰其他客户
评价阶段	● 把重复的业务和客户的推荐作为衡量项目成功的主要工具 ● 很少能看到长期的结果	● 把重复的业务、薪酬的提高以及晋升作为衡量项目成功的主要工具 ● 能够目睹变革最终制度化 ● 出色的工作只能获得较少的认同

（二）组织发展专业人员的资质要求

根据有关研究，有效的组织发展专业人员的资质模型是人格特质、经验以及技能的综合。成功的变革实施者所拥有的特质和能力包括关于行为科学的基本知识、诊断能力、对咨询专业人员操守的理论和方法的了解、设置目标的能力、解决问题的能力、进行自我评估的能力、客观看待事物的能力、想象力、灵活性、诚实、有恒性以及信任。表 14-4 列出了组织发展专业人员的资质要求。

组织发展与变革是 20 世纪 70 年代西方兴起的一股潮流，中国的组织面临全球范围内新的竞争格局，需要做出及时和有效的应对。此时，我们需要不断地进行组织变革和组织发展。但是，必须承认的是，国内以企业为代表的组织变革或组织发展还面临诸多障碍，这些障碍主要体现为传统价值观和行为模式是否适应组织变革，组织高层领导对变革的愿望是否强烈，组织内部管理技能是否到位，以及是否具有有经验的组织变革专家（孙健敏，2000）。

表 14-4　　组织发展专业人员的资质要求

	基础资质	核心资质
知识	1. 组织行为 A. 组织文化 B. 工作设计 C. 人际关系 D. 权力和政治 E. 领导 F. 目标设置 G. 冲突 H. 道德	1. 组织设计：形成和排列组织要素的决策过程，包括但不限于组织结构、人力资源制度、信息系统、奖酬制度、工作设计、政治制度和组织文化。 A. 组合和排列的概念。 B. 组织是由多个子系统组成的，在各种分析层次上进行诊断和设计，包括工作结构、人力资源、信息系统、奖酬制度、工作设计、政治体系等。 C. 组织设计中的关键是领导者。
	2. 个人心理学 A. 学习理论 B. 激励理论 C. 知觉理论	2. 组织研究：现场研究方法，访谈，分析内容，设计问卷和访谈草案，设计变革评价过程，纵向收集和分析数据，理解和测试 α，β 和 γ 的变化，以及使用一系列定量和定性方法。
	3. 群体动力学 A. 角色 B. 沟通过程 C. 决策过程 D. 群体发展阶段 E. 领导	3. 系统动力：描述并理解系统是如何进化和发展的，以及除了计划中的调节（比如进化和革命、间断-平衡理论、混沌理论、灾难理论、渐进-激进变革、转换理论等），系统是如何对外生和内生的干扰做出反应的。
	4. 管理和组织理论 A. 计划、组织、领导和控制 B. 解决问题和决策 C. 系统理论 D. 情境理论 E. 组织结构 F. 环境和技术的特点 G. 组织制度和模型	4. 组织发展和变革的历史：那些导致组织发展、变革出现的社会的、政治的、经济的、个人的推动力，包括关键的筹划领导者，他们行动背后潜在的价值观，关键事件和书面报告以及相关的文件资料。 A. 人际关系活动。 B. 国家训练实验室（National Training Laboratory，NFL）/T 小组/敏感性训练。 C. 调查研究。 D. 工作-生活质量。 E. 研究机构。 F. 关键的领导者。 G. 人本主义的价值观。 H. 道德声明。
	5. 研究方法/统计 A. 集中趋势法 B. 分布方法 C. 基础抽样理论 D. 基础实验设计 E. 样本推断统计法	5. 变革的理论和模型：基本的行为研究模型，共享的行为研究模型，计划模型，变革类型学（比如快速的、缓慢的、渐进的、激进的、革命性的），卢因模型，过渡模型等。
	6. 文化视角 A. 自然文化维度 B. 工业文化维度 C. 制度的内涵	

续前表

	基础资质	核心资质
知识	7. 商业运作实用知识 A. 人际沟通（倾听、反馈和表达） B. 合作精神/共同工作 C. 解决问题 D. 使用新技术 E. 概念化 F. 项目管理 G. 推荐/教育/指导	
技术		1. 管理咨询过程：进入，制定合同，诊断，设计适当的介入措施，实施这些介入措施，管理突发事件以及评价变革过程的能力。
		2. 分析/诊断：实施关于组织有效性的调查，洞察导致目前组织有效性不够的根本原因；核心技能包括对个体、群体、组织和跨组织以及个人自身进行理解和洞察的能力。
		3. 设计/选择适当、相关的介入措施：理解如何选择，调整或设计有效的介入措施以使组织从现有状态调整到所期望的未来状态。
		4. 帮助促进和流程咨询：协助个体或群体向目标前进；对个体和群体流程实施调查，以使客户的制度能够对整个事件进行把握，增加对自身行为活动结果的反应能力，以及培养控制意识和能力。
		5. 培养客户的能力：在实施变革的过程中客户在实施基于价值观和道德行为的变革的计划技术方面有所长进，有能力在未来计划和实施成功的变革。
		6. 评价组织变革：设计和实施评价变革的影响和效果的程序。

资料来源：Cummings T G，Worley C G. Organization development and change. 7th ed. Cincinnati，Ohio.：South-Western College Publishing，2001.

本章小结

1. 组织变革是指根据组织内外变化的要求，运用组织行为学以及相关学科的原理和方法，在组织内部强调改变人的态度、行为和人际关系，以保持和促进组织效率，更快达成组织目标的过程。

2. 组织变革的动力包括外部动力和内部动力。

3. 组织变革的阻力分为组织阻力和个体组织。

4. 组织变革的方式包括：格雷纳模式依据组织内的“权力分配丛集”，将权力分为单方的权力、分享的权力和授权的权力，进而区分出七种不同的变革方式；莱维特模式提出了三种变革方式——以结构为重点的变革方式、以任务和技术为重点的变革方式、以人员为重点的变革方式；欧文斯模式总结了组织变革的系统方式。

5. 组织变革的模型有卢因的三阶段模型、李皮特和沃斯顿的变革模型、布洛克和巴滕的有计划的变革整合模型、孙健敏的组织变革过程模型、行为研究模型、卡斯特模型、唐纳利的八阶段模型、约翰·科特的八阶段模型等。

关键词

组织变革　组织变革模型　组织变革方式　组织发展

复习与思考题

1. 什么是组织变革？它包含哪几种类型？
2. 组织变革的外部动力有哪些？举例说明它们对组织的影响。
3. 为什么组织中的个体会阻碍变革？
4. 描述库尔特·卢因的三阶段模型。在每个阶段需要注意什么？
5. 对比敏感性训练和团队建设两种组织发展方式的异同。
6. 对比内外部咨询专家在组织发展中承担的角色。

参考文献

1. 胡君辰. 组织行为学. 北京：中国人民大学出版社，2010.

2. 张德，吴志明. 组织行为学. 3版. 大连：东北财经大学出版社，2011.

3. 孙健敏，李原. 组织行为学. 上海：复旦大学出版社，2005.

4. 于凯成. 组织行为学. 3版. 大连：大连理工大学出版社，2010.

5. 斯蒂芬·P. 罗宾斯. 组织行为学：第10版. 北京：中国人民大学出版社，2005.

6. 魏国江，李碧珍. 组织行为学. 厦门：厦门大学出版社，2009.

7. 王志电，等. 组织行为学. 郑州：郑州大学出版社，2010.

8. 关培兰. 组织行为学. 3版. 北京：中国人民大学出版社，2011.

9. 里基·W. 格里芬，格利高里·摩海德，唐宁玉. 组织行为学：组织与人员的管理：中国版：第8版. 北京：中国市场出版社，2010.

10. 陈春花，等. 组织行为学. 北京：机械工业出版社，2010.

11. 孙健敏. 我们的变革成功了么？. 人力资源开发与管理，2002（12）.

12. 斯蒂芬·P. 罗宾斯. 组织行为学：第7版. 北京：中国人民大学出版社，1997.

13. 王重鸣. 管理心理学. 北京：人民教育出版社，2000.

14. 王英. 美国的企业组织变革理论. 外国经济与管理，1995（6）：31－33.

15. 约翰·P. 科特. 领导变革：为什么企业转型的努力会失败//变革. 北京：中国人民大学出版社，1999.

16. 罗伯特·H. 谢弗，哈威·A. 汤姆森. 成功的变革方案从结果开始//变革. 北京：中国人民大学出版社，1999.

17. Van de Ven H，Angle H L，Poole M S. Research on the management of innovation：the minnesota studies. Cambridge，Mass.：Ballinger/Harper & Row，1989.

18. Beer M. Organization change and development：a systems view. Reading，Mass.：Addison-Wesley，1980.

19. Cummings T G，Huse E F. Organization development and change. 4th ed. St. Paul，Minn.：West Publishing，1989.

20. Katz D，Kahn R L. The social psychology of organizations. 2nd ed. New York：Wiley，1978.

21. Eden D. OD and self-fulfilling prophecy：boosting productivity by raising expectations. Journal of applied behavioral science，1986 (22)：1-13.

22. Elden M，Chisholm R. Emerging varieties of action research：introduction to the special issue. Human relations，1993，46 (2)：121-142.

23. Kotter J P，Schlesinger L A. Choosing strategies for change. Harvard business review，1979 (March-April)：106-114.

24. Leavitt H J. Applied organization change in industry// March J G. Handbook of organization. Chicago，IL.：Rand McNally & Co.，1976.

25. Lewin K. Field theory in social science. New York：Harper and Row，1951.

26. Sussman G，Evered R. An assessment of the scientific merit of action research. Administrative science quarterly，1978 (12)：582-603.

27. Lippitt R，Waston J. The dynamics of planned change. New York：Harcourt Brace & World，1958.

案例分析

科龙“地震”

2000 年 3 月 22 日，科龙集团宣布调整高层领导班子，聘任屈云波、黄小池、王康平等三人为分管营销、技术、生产的副总裁。原来几个副总裁中除李国明升为常务副总裁，其余四位科龙“开国元勋”被解除职务。科龙集团同时宣布实行决策层与执行层分离，从而正式揭开了科龙大规模人事调整和组织转型的“革命”序幕。

消息传出，社会为之震动。这个刚刚荣获《财富》杂志中文版 1999 年度“整体最受赞赏公司”“产品/质量最受赞赏公司”“具有最创新管理方式”三项荣誉的公司，竟忽然发生了“地震”，这一切戏剧化地出现在公众面前，令人目瞪口呆。一时间，媒体连篇累牍地予以报道。“大换血”“大地震”的新闻标题，配以几位新任副总裁的照片，出现在各大媒体的显要位置。

然而，科龙声称，领导核心的调整只是科龙改革万里长征的第一步。当时的科龙集团总裁王国端同时宣布，酝酿已久的企业组织转型还将在以下几个方面实现方向性改变：

- 观念：产品销售、推销→营销。
- 战略：产品战略→产业战略。
- 组织：专业公司→事业单元制。
  分权分制→集权分制。

● 人事：经验型、忠诚型、勇气型→知识化、专业化、国际化。

● 管理：生产型→快速掌握市场变化。

其实，在这几个方向中，最基本也最紧迫的是向市场导向型企业的转变，因此科龙此次新上任的营销副总裁屈云波是此次科龙改革的关键人物，备受瞩目。

整个集团总部、生产系统、技术系统随即展开大规模的调整。在接下来的时间里，科龙在内部展开了轰轰烈烈的人事换血。所有的中层、基层乃至所有岗位都要竞聘上岗。表面上看，这一次改革确实“动了真格”。

但凡了解科龙的人都知道，这是一家相当优秀的制冷企业，一直以产品质量可靠、经营稳健著称，在股市上一直以业绩较好的蓝筹股形象出现，在管理和与国际接轨方面都给人留下了良好印象。如今，科龙何以一反过去的低调作风，一举换掉三个副总裁？为何进行组织转型？是不是经营管理出现了重大问题？屈云波是营销方面的专家，但在实战方面能不能胜任？如此大规模的变革会不会导致失控？……种种疑问悬于脑际，弥久不散。

然而震动的冲击波还在后面。2000 年 6 月 22 日，科龙集团宣布为实行决策层与执行层的彻底分离，王国端不再兼任总裁，而是聘请当地容桂镇镇长徐铁峰担任总裁，这意味着发动“革命”不久的王国端事实上已经下台。8 月，原一家咨询公司的总经理、与屈云波同时空降到科龙担任战略发展总监的宋新宇宣布辞职，而原海尔集团广告总监张彬悄悄入主科龙，担任新成立的整合传播部总监，小天鹅小家电公司原副总经理陈文军则担任冰箱营销部总监。9 月，又传出消息，常务副总裁李国明辞职，他的离去显示科龙的改革已经将几乎所有的原高层换掉（年底的时候又传出王国端要辞职的消息）。12 月，新任财务副总裁、来自香港安达信财务公司的余楚媛悄然出现在科龙高层阵营中……在来来往往和一系列令人眼花缭乱的变化中，人们发现，科龙正在进行完完全全的“大换血”。

2001 年 1 月 10 日，科龙集团在广东省顺德市容桂镇最豪华的仙泉酒店举行了进入新世纪后的第一场新闻发布会，名为“新世纪，新形象，新科龙”——科龙新 CI 启动仪式暨世纪品牌工程阶段成果发布会。在发布会上，科龙展示了自身变革一年来在营销方面的成就：新 CI，新广告片，新广告口号，与电通、奥美传播方面合作的阶段性结晶。座位上坐着科龙一年组织转型后基本上尘埃落定的高层管理者和来自全国各大媒体的记者。

人们发现，改革后科龙集团确实以一个全新的形象出现在人们面前。然而这个“全新”的形象能赢得企业、社会和消费者的广泛认同吗？这个“新”能把科龙带出困局，并带来新的辉煌吗？

许多人依然心存疑问。但从这次发布会上许多传媒人士感受到，此举标志着科龙内部的调整和转型基本告一段落，下一步它将把眼光放到市场上，正如一篇新闻报道中所称的：“这是一个历史性的转折时刻。科龙将开始向市场展示其令人生畏的力量。它依旧是一支令对手不可忽视的力量。”

确实，科龙在一年多的改革之后，2001 年在空调回款方面取得了很大的成就，并且销售比较喜人，并一度采取提价策略，到四五月，徐铁峰已经在满怀信心地说 2001 年肯定盈利。

种种迹象也显示，科龙在改变，在一步步往好的方向转变，虽然其间还存在种种艰难和曲折，时有不和谐的声音出现。但不管结果怎样、未来如何，经历了一年多痛苦的变革和调整，经历了一年多的披荆斩棘，经历了一年多反复的规划与磨合，经历了诸多的曲曲折折，科龙终于并无大碍地挺了过来，而且未来已经向其打开了希望的大门。

2001 年 10 月 29 日，正在艰难进行而且刚刚出现一抹亮色的科龙“革命”突生“变局”。当天，科龙电器的最大股东、隶属于容桂镇政府的广东科龙（容声）集团有限公司与格林柯尔公司达成股权转让协议，向后者出售科龙电器 20.6%的法人股权，作价 5.6 亿元。这样，格林柯尔一举成为科龙电器的单一最大股东。

11 月 2 日，在科龙召开的临时董事会上，格林柯尔迫不及待地提出更换董事会成员的要求，包括董事长徐铁峰，营销副总裁屈云波，财务副总裁余楚媛，执行董事、冰箱公司总经理以及 4 位非执行董事在内的 8 名董事提出辞职。12 月 23 日，在公司召开的临时股东大会上，上述请辞最后批准生效。2002 年 1 月 31 日，科龙电器股份有限公司在广州举行正式媒体见面会，新的科龙高层管理团队浮出水面。

资料来源：孙健敏，李原．组织行为学．上海：复旦大学出版社，2005.

讨论题

1. 科龙集团在组织变革中是如何体现环境、战略、组织三者联动的？
2. 请选用本章所介绍的任意一个组织变革模型来分析科龙的变革。
3. 请根据上述材料分析科龙变革中遇到的阻力以及它是如何克服的。

图书在版编目（CIP）数据

组织行为学 / 孙健敏主编 .—北京：中国人民大学出版社，2018.12
中国人民大学劳动人事学院第四代系列教材
ISBN 978-7-300-25718-1

Ⅰ.①组… Ⅱ.①孙… Ⅲ.①组织行为学 Ⅳ.①C936

中国版本图书馆 CIP 数据核字（2018）第 069441 号

中国人民大学劳动人事学院第四代系列教材
组织行为学
主　编　孙健敏
副主编　徐世勇
Zuzhi Xingweixue

出版发行	中国人民大学出版社		
社　　址	北京中关村大街 31 号	**邮政编码**	100080
电　　话	010－62511242（总编室）		010－62511770（质管部）
	010－82501766（邮购部）		010－62514148（门市部）
	010－62515195（发行公司）		010－62515275（盗版举报）
网　　址	http://www.crup.com.cn		
经　　销	新华书店		
印　　刷	天津鑫丰华印务有限公司		
规　　格	185 mm×260 mm　16 开本	**版　　次**	2018 年 12 月第 1 版
印　　张	23 插页 1	**印　　次**	2025 年 9 月第 4 次印刷
字　　数	534 000	**定　　价**	49.00 元

中国人民大学出版社　管理分社

教师教学服务说明

中国人民大学出版社管理分社以出版工商管理和公共管理类精品图书为宗旨。为更好地服务一线教师，我们着力建设了一批数字化、立体化的网络教学资源。教师可以通过以下方式获得免费下载教学资源的权限：

- ★ 在中国人民大学出版社网站 www.crup.com.cn 进行注册，注册后进入“会员中心”，在左侧点击“我的教师认证”，填写相关信息，提交后等待审核。我们将在一个工作日内为您开通相关资源的下载权限。
- ★ 如您急需教学资源或需要其他帮助，请加入教师 QQ 群或在工作时间与我们联络。

中国人民大学出版社　管理分社

教师 QQ 群： 648333426（工商管理）　114970332（财会）　648117133（公共管理）

教师群仅限教师加入，入群请备注（学校＋姓名）

联系电话： 010-62515782，82501868，82501048，62514760

电子邮箱： glcbfs@crup.com.cn

通讯地址： 北京市海淀区中关村大街甲 59 号文化大厦 1501 室（100872）

管理书社　　人大社财会　　公共管理与政治学悦读坊